詹万生接受媒体采访

2006年第九届全国德育科研年会在北京人民大会堂举行，图为大会主席台，全国人大、全国政协、中央政法委、中央宣传部、教育部、全国妇联、共青团中央、中央党校、中国社科院、中央教科所、中国伦理学会、北京市教委的领导专家和2600名来自全国各地的德育教师出席大会

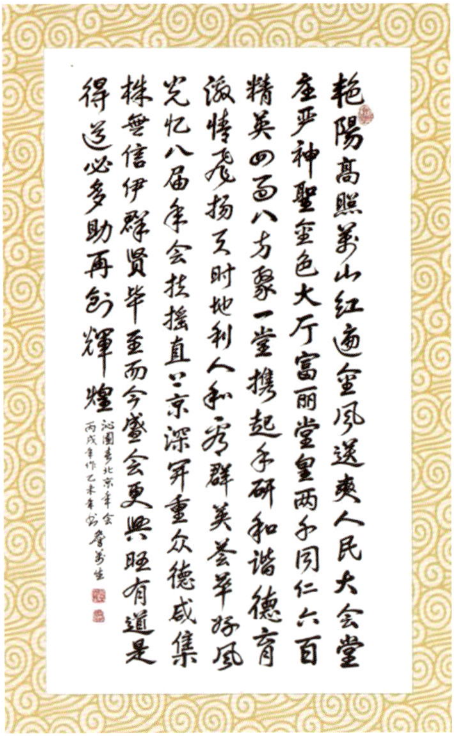

詹万生诗词书法作品《沁园春·北京年会》

詹万生致开幕词并作主题报告

沁园春·北京年会

（2006年10月28—30日）

艳阳高照，
万山红遍，
金风送爽。
人民大会堂，
庄严神圣；
金色大厅，
富丽堂皇。
两千同仁，
六百精英，
四面八方聚一堂。
携起手，研和谐德育，
激情飞扬。
天时地利人和，
看群英荟萃好风光。
忆八届年会，
扶摇直上，
京深开重，
众德咸集，
株无信伊，
群贤毕至，
而今盛会更兴旺。
有道是，得道必多助，
再创辉煌！

——沁园春·北京年会
丙戌年作
乙未年书

时任全国人大副委员长彭珮云在詹万生、齐欣陪同下步入人民大会堂会场

北京人民大会堂金色大厅主会场

詹万生为天津市河西区教研中心德育室主任么青颁奖

詹万生为新疆农职学院党委书记李玉鸿（左一）、副书记何成江（右一）颁奖并合影

詹万生在北京大学百年大讲堂作学术报告

詹万生在全国家庭教育工作大会上作学术报告

2007年第十届全国德育科研年会在长春举行，陶西平、王文湛、吉林省教育厅、长春市朝阳区教育局的领导和来自全国各地1000多名代表出席大会

詹万生致开幕词并作主题报告

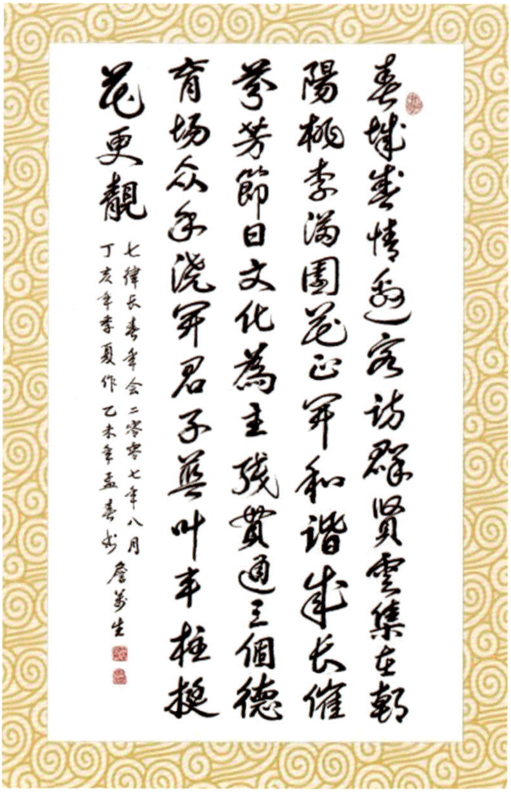

詹万生诗词书法作品《七律·长春年会》

七律·长春年会

（2007年8月8—10日）

春城盛情邀客访，
群贤云集在朝阳，
桃李满园花正开，
和谐成长催芬芳。
节日文化为主线，
贯通三个德育场，
众手浇开君子兰，
叶丰柱挺花更靓。

——七律·长春年会
二零零七年八月
丁亥年秋夏作
乙未年孟春书

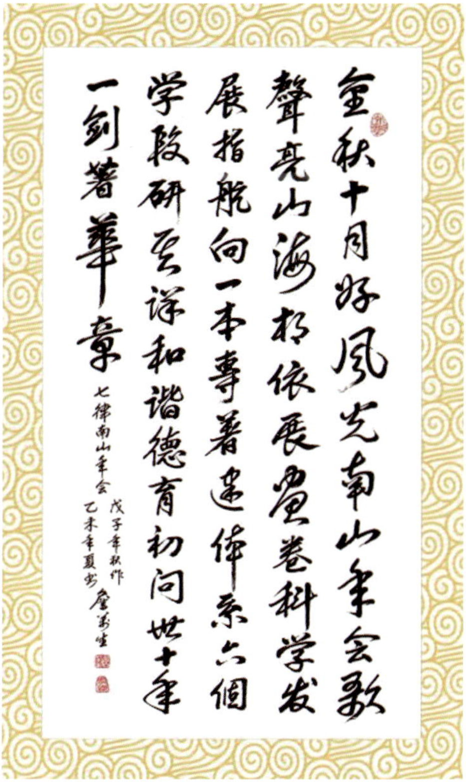

詹万生诗词书法作品《七律·烟台年会》

詹万生作主题报告

七律·烟台年会

（2008年10月18—21日）

金秋十月好风光，
南山年会歌声亮。
山海相依展画卷，
科学发展指航向。
一本专著建体系，
六个学段研其详。
和谐德育初问世，
十年一剑著华章。

——七律·南山年会
戊子年秋作
乙未年夏书

2008年第十一届全国德育科研年会在烟台举行，徐惟诚、山东省教育厅、烟台市教育局、南山集团的领导和来自全国各地的1000多名代表出席大会

2009年全国和谐德育论坛在云南师范大学举行，图为詹万生会长与各位副会长、各位秘书长合影

2009年第十二届全国德育科研年会在贵州仁怀举行，图为詹万生作主题报告

七律·仁怀年会

（2009年8月8—10日）

和谐德育盛会开，
八方同道聚仁怀。
国酒文化传天下，
千人举杯赞茅台。
热烈升腾火品格，
润滑温柔水形态。
水火相容化为酒，
酒向人间都是爱。

——七律·仁怀年会
己丑年秋作
乙未年夏书

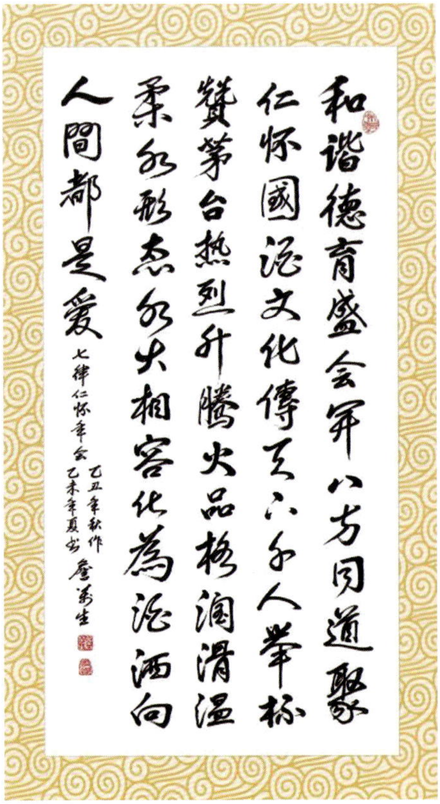

詹万生诗词书法作品《七律·仁怀年会》

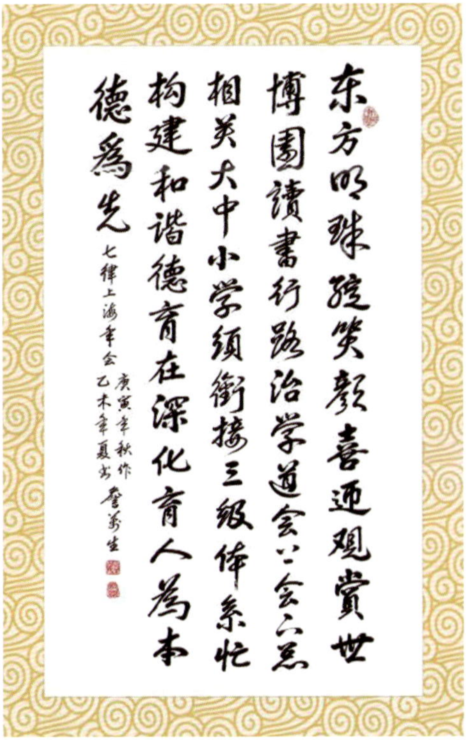

詹万生诗词书法作品《七律 · 上海年会》

詹万生在上海年会作主题报告

七律 · 上海年会

（2010年10月12—15日）

东方明珠绽笑颜，
喜迎观赏世博园，
读书行路治学道，
会上会下总相关。
大中小学须衔接，
三级体系忙构建，
和谐德育在深化，
育人为本德为先。

——七律 · 上海年会
庚寅年秋作
乙未年夏书

2010年第十三届全国德育科研年会在上海举行，中宣部、教育部、上海市教委、闵行区教育局的领导和来自全国各地的1200名代表出席大会

光明日報
GUANGMING DAILY
2006年3月22日 星期三
今日12版
农历丙戌年二月廿三
光明网网址：http://www.gmw.cn
国内统一刊号 CN11-0026 第20516号（代号1-16）

“俄罗斯
胡锦涛

和谐德育论

詹万生

和谐德育的现实价值

和谐德育的基本内涵

詹万生的《和谐德育论》
论文在《光明日报》发表

EDUCATION
教育研究在线
青年时讯
7

十年磨一剑
追问和谐德育与生命价值

——全国教育科学规划德育学科组专家、中央教科所研究员詹万生教授访谈

《中国青年报》发表评论：《十年磨一剑》

詹万生及其学术团队“十一五”时期的研究成果

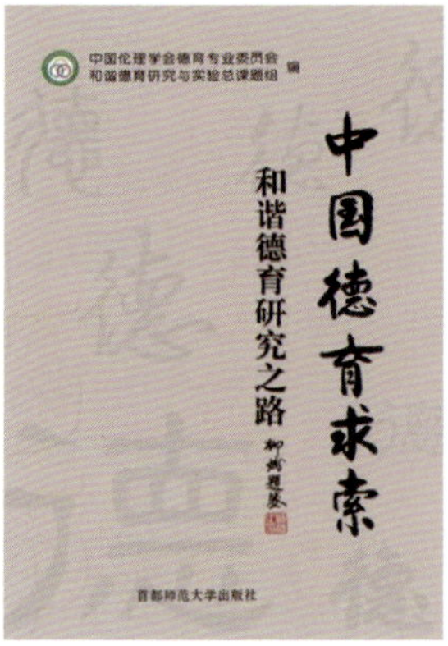

詹万生的论文集《中国德育求索》

詹万生与和谐德育学术团队主要成员合影

詹万生德育文选

ZHANWANSHENG DEYU WENXUAN

第四卷

（2006—2010）

詹万生 著

首都师范大学出版社
CAPITAL NORMAL UNIVERSITY PRESS

图书在版编目(CIP)数据

詹万生德育文选：全5册/詹万生著．—北京：首都师范大学出版社，2018.9

ISBN 978-7-5656-4797-0

Ⅰ.①詹…　Ⅱ.①詹…　Ⅲ.①德育—文集　Ⅳ.①G41-53

中国版本图书馆CIP数据核字(2018)第192122号

ZHANWANSHENG DEYU WENXUAN

詹万生德育文选 第四卷(2006—2010)

詹万生　著

项目统筹：杨林玉　　责任编辑：王慕飞　钱　浩

责任设计：王征发　　责任印制：李春雷

责任校对：李佳艺

首都师范大学出版社出版发行

地　址　北京西三环北路105号

邮　编　100048

电　话　68418523(总编室)　68982468(发行部)

网　址　http://cnupn.edu.com.cn

印　刷　北京科彩印业有限公司

分　销　全国新华书店

版　次　2018年9月第1版

印　次　2018年9月第1次印刷

开　本　710mm×1000mm　1/16

印　张　36.5　　插　页　8

字　数　438千

定　价　498.00元(全5册)

目录

第一编　“十一五”时期德育年会主题报告

2006年第九届北京德育年会的主题报告

同志们：

我代表中国伦理学会德育专业委员会和“十一五”规划中国教育学会重点课题“整体构建学校、家庭、社会和谐德育体系研究与实验”总课题组作开题报告，请各位代表研究讨论。

报告共分六部分：

一、课题研究的背景和法律政策依据；

二、课题研究的理论价值和实践价值；

三、课题研究的理论基础与实践基础；

四、课题研究的总体目标和主要内容；

五、课题研究的基本原则、范式和方法；

六、课题研究的实施步骤和预期成果。

一、课题研究的背景和法律政策依据

(一)课题研究的背景

进入21世纪以来，和平、发展、合作已成为时代的潮流。国家之间超越意识形态、社会制度、发展模式的差异，各种文明相互交流的趋势在增强。中华民族以人为本、自强不息、团结统一、爱好和平、注重和谐的文化传统，我国政府倡导“和谐世界”的主张，正在逐步为更多的国家和民族所认识。

党的十六届四中全会提出了构建社会主义和谐社会的战略任务。十六届六中全会审议通过了《中共中央关于构建社会主义和谐社会若干重大问题的决定》，《决定》提出：“建设和谐文化是构建社会主义和谐社会的重要任务。社会主义核心价值体系是建设和谐文化的根本。”和谐文化建设是和谐社会建设的先导性环节。和谐文化建设与社会主义经济建设、政治建设有机统一于和谐社会建设之中。构建和谐社会与建设和谐文化是本课题研究最根本、最现实的社会背景。

当前，我国社会总体上是和谐的。但是，也存在着不少影响社会和谐的矛盾和问题，主要是：城乡、区域、经济社会发展很不平衡，人口资源环境压力加大；就业、社会保障、收入分配、教育、医疗、住房、安全生产、社会治安等方面关系群众切身利益的问题比较突出；体制机制尚不完善，民主法制还不健全；一些社会成员诚信缺失、道德失范，一些领导干部的素质、能力、作风与新形势新任务的要求还不适应；一些领域的腐败现象仍然比较严重；敌对势力的渗透破坏活动危及国家安全和社会稳定。社会的种种不和谐问题，也在制约着学校德育工作的和谐发展。一些地方和部门的领导对德育工作认识不足，重视不够，没有真正担负起领导责任；全社会关心和支持未成年人思想道德建设的风气尚未全面形成，还存在种种不利于未成年人健康成长的社会环境和消极因素。

在新的社会条件下，我国城乡家庭教育也出现了许多新情况、新问题。第一，流动型家庭问题。随着进城务工人员的增多，务工家庭的父母忙于工作和生计，无暇顾及对孩子的指导教育；人员和家庭的流动还带来了“留守儿童”的问题，这类孩子的家庭教育成为空白点，严重影响到孩子的健康成长。第二，稳定型家庭问题。在生活安定的家庭特别是独生子女家庭，相当数量的家长只重孩子的学习，忽视品德和人格培养，有的则放任娇惯，父母在教育子女的观念和方法上存在许多误区。第三，特殊家庭问题。主要是离婚和再婚家庭的孩子，他们的心理和性格发展存在较复杂的问题。这些问题直接影响着孩子的品德和身心素质的和谐发展，影响着家庭的和谐与幸福，给社会的稳定和谐带来不同程度的消极影响。

从教育系统的实际情况看，多年来教育改革虽然取得重要成就，但根据构建和谐社会对教育提出的要求，还存在突出的问题。第一，教育发展不均衡，优质教育资源不能满足社会日益增长的教育需求。由此带来的社会问题和矛盾，影响着社会和谐发展的进程。第二，应试教育持续升温，重智育轻德育、重课堂教学轻社会实践的现象依然存在，推进素质教育的任务十分艰巨。第三，德育体系尚未形成，思想道德建设在体制机制、思想观念、内容形式、方法手段、队伍建设、经费投入、政策措施等方面还有许多与和谐社会建设不相适应的地方。

总之，社会、学校、家庭存在的不同层面的问题及其对和谐社会的呼唤，是本课题研究最基本、最直接的社会背景。

（二）课题研究的法律政策依据

整体构建学校、家庭、社会和谐德育体系研究与实验的法律政策依据主要有：

1.《公民道德建设实施纲要》

“学校是进行系统道德教育的重要阵地。各级各类学校必须认真贯彻党的教育方针，全面推进素质教育，把教书与育人紧密结合起来。要科学规划不同年龄及各学习阶段道德教育的具体内容，坚持贯彻学生日常行为规范，加强校风校纪建设。要发挥教师为人师表的作用，把道德教育渗透到学校教育的各个环节。要组织学生参加适当的生产劳动和社会实践活动，帮助他们认识社会、了解国情，增强社会责任感。”

“家庭、学校、机关、企事业单位和社会在公民道德教育方面各有侧重、各有特点，是相互衔接、密不可分的统一整体。必须把家庭教育、学校教育、单位教育和社会教育紧密结合起来，相互配合，相互促进。”

2. 党的十六大报告

“依法治国和以德治国相辅相成。要建立与社会主义市场经济相适应、与社会主义法律规范相协调、与中华民族传统美德相承接的社会主义思想道德体系。深入进行党的基本理论、基本路线、基本纲领和‘三个代表’重要思想的宣传教育，引导人们树立中国特色社会主义共同理想，树立正确的世界观、人生观和价值观。认真贯彻公民道德建设实施纲要，弘扬爱国主义精神，以为人民服务为核心、以集体主义为原则、以诚实守信为重点，加强社会公德、职业道德和家庭美德教育，特别要加强青少年的思想道德建设，引导人们在遵守基本行为准则的基础上，追求更高的思想道德目标。加强和改进思想政治工作，广泛开展群众性精神文明创建活动。”

3.《中共中央、国务院关于进一步加强和改进未成年人思想道德建设的若干意见》

“家庭教育在未成年人思想道德建设中具有特殊重要的作用。要把家庭教育与社会教育、学校教育紧密结合起来。各级妇联组织、教育行政部门和中小学校要切实担负起指导和推进家庭教育的责任。要与社区密切合作，办好家长学校、家庭教育指导中心，并积极运用新闻媒体和互联网，面向社会广泛开展家庭教育宣传，普及家庭教育知识，推广家庭教育的成功经验，帮助和引导家长树立正确的家庭教育观念，掌握科学的家庭教育方法，提高科学教育子女的能力。充分发挥各类家庭教育学术团体的作用，针对家庭教育中存在的突出问题，积极开展科学研究，为指导家庭教育工作提供理论支持和决策依据。”

“要建立健全学校、家庭、社会相结合的未成年人思想道德教育体系，使学校教育、家庭教育和社会教育相互配合，相互促进。城市社区、农村乡镇和村民委员会，以及其他一切基层组织要切实担负起加强未成年人思想道德建设的社会责任，整合利用各种教育资源和活动场所，开展富有吸引力的思想教育和文体活动，真正把教育引导未成年人的工作落实到基层。要把为未成年人健康成长创造良好社会环境作为创建文明城市、文明社区、文明村镇、文明单位的重要内容。”

4.《中华人民共和国义务教育法》

“学校应当把德育放在首位，寓德育于教育教学之中，开展与学生年龄相适应的社会实践活动，形成学校、家庭、社会相互配合的思想道德教育体系，促进学生养成良好的思想品德和行为习惯。”

5.《国家“十一五”时期文化发展规划纲要》

“充分调动各方面力量，健全学校、家庭、社会‘三结合’的教育网络。”

6.《中共中央关于构建社会主义和谐社会若干重大问题的决定》

“建设和谐文化是构建社会主义和谐社会的重要任务，社会主义核心价值体系是建设和谐文化的根本，必须坚持马克思主义在意识形态领域的指导地位，牢牢把握社会主义先进文化的前进方向，倡导和谐理念，培育和谐精神，进一步形成全社会共同的理想信念和道德规范，打牢全党全国各族人民团结奋斗的思想道德基础。”

“要建设和谐文化、巩固社会和谐的思想道德基础，建设社会主义核心价值体系，树立社会主义荣辱观，培育文明道德风尚，营造积极健康的思想舆论氛围，广泛开展和谐创建活动。”

7.《教育部关于整体规划大中小学德育体系的意见》

“构建学校、家庭、社会紧密配合的德育网络，使德育工作由学校向家庭辐射，向社会延伸。学校要主动和学生家长及社会各方面加强沟通与合作，使三方教育互为补充、形成合力。要正确引导家庭教育，通过家长学校、家庭教育指导中心、家访等多种形式，引导家长树立正确的人才观、质量观和择业观，掌握科学教育子女的方法。要高度重视并充分发挥校外教育基地、爱国主义教育基地和社区教育的作用，依托社会的各种活动阵地，组织开展富有吸引力的德育活动。”

二、课题研究的理论和实践价值

(一)对构建社会主义思想道德教育体系的理论价值和实践价值

本课题综合运用中外文化中的和谐思想与社会学、教育学等原理，整体构建学校、家庭、社会和谐德育体系，推动学校、家庭、社会德育目标一致，德育理念趋同，德育过程同步，德育方法互补，德育资源共享，对于建立与“四有”目标相一致、与社会主义市场经济相适应、与社会主义法律规范相协调、与中华民族传统美德相承接的社会主义思想道德体系，对于探索德育过程的规律，发展创新中国特色德育理论具有重要的理论价值。本课题运用系统研究法、实验研究法、行动研究法和文献研究法，引导广大教育工作者、家长和社会有关部门掌握和谐德育的基本原则和实践方法，把《中共中央、国务院关于进一步加强和改进未成年人思想道德建设的若干意见》提出的工作要求转化为学校、家庭、社会的共同教育实践，以形成德育过程的和谐与合力，切实增强德育的实效性具有重要的实践价值。

(二)对全面实施素质教育的理论价值和实践价值

整体构建学校、家庭、社会和谐德育体系的本质是全面贯彻党和国家的教育方针，全面推进素质教育。本课题通过建立民主和谐的师生关系、和谐有序的德育过程、和谐优化的学校、家庭、社会德育环境等措施，有效清除各教育途径中因内容和方法的不和谐而产生的内耗，从而促进学生在德育、智育、体育、美育和劳动教育等方面和谐发展；本课题坚持整体和谐的大德育观，从更广阔的领域中探索德育规律，对于倡导和谐理念，培育和谐精神，促进教育哲学、教育学、教育社会学和素质教育理论的发展创新具有重要的理论价值。当前我国基础教育中“应试教育”愈演愈烈的趋势尚未根本扭转，全面推进素质教育的任务十分艰巨。本课题研究的一个重要目的就是通过整体构建学校、家庭、社会和谐德育体系，引领全社会都来关注未成年人的思想道德建设，纠正“重智育轻德育、重分数轻能力、重课堂教学轻社会实践”的不和谐现象。这对于全面推进素质教育，落实德育首要地位具有重要的实践价值。

(三)对建设社会主义和谐社会的理论价值和实践价值

建设社会主义和谐社会是对社会主义建设理论和实践的丰富和发展。我们所要建设的和谐社会，是民主法治、公平正义、诚信友爱、充满活力、安定有序、人与自然和谐相处的社会。和谐社会的这些基本特征与作为社会主体的人的思想道德素质是紧密联系、相互对应的。和谐德育的理论研究以探索新的社会条件下的思想道德教育规律为重点，将为和谐文化建设提供基础理论参照。整体建构学校、家庭、社会和谐德育体系，以提高个体的道德水平为起点，推及社会道德水平的提升，能够加固依法治国的内在基础，缓解社会矛盾，促进社会稳定和谐。构建和谐社会，是社会各领域共同参与的群众性实践过程。构建和谐学校、和谐家庭、和谐社区是构建和谐社会的实施基础。本课题研究将为探索怎样构建和谐学校、和谐家庭、和谐社区以及三个领域的整体和谐，提供适合城乡不同地区的特色化、具体化、可操作的实践模式。这对于构建和谐社会具有重要的实践价值。

三、课题研究的理论基础与实践基础

(一)课题研究的理论基础

1. 中国传统文化中的和谐思想

在中国传统文化中，“和”是一个含义极为丰富、深邃的范畴。按照《说文解字》的解释：“和，相应也。”而“谐”是“配合得当”，“和谐”就是“相应”并且“配合得当”。中国传统文化产生于以小农经济为基础的农业社会和“家国同构”的社会政治结构，是一种伦理型文化。以儒家伦理为主流的传统文化认为宇宙的法则与道德的最高准则是一致的，把人放在与天地、社会的整体联系中加以认识，和谐是这种整体联系中的一个支撑点。传统文化中的和谐思想，可以从三个方面去认识。

第一，天人合一。天人合一在传统文化中有多种含义。儒家对“天”的一种理解是自然之天。孔子说：“天何言哉？四时行焉，百物生焉”，① 认为天就是四季的交替运行，万物的生长发育。孟子讲“天油然作云，沛然下雨”②中的“天”，指自然现象。荀子认为“天”是“列

① 《论语·阳货》。

② 《孟子·梁惠王上》。

星随旋，日月递照，四时代御，阴阳大化，风雨博施”，[1]“天”就是列星、日月、四时、阴阳这些自然物体和现象的总称。儒家天人合一思想中的一种观念是强调天人和谐。《易传》提出：“损益盈虚，与时偕行”，“时止则止，时行则行”，指出人要依循自然规律做事，与自然保持和谐联系。儒家认为人们经过道德修养，可以掌握自然界的运行规律，并且顺应自然规律，从事生产和生活。

第二，整体和谐。《周礼》提出“以和邦国，以统百官，以谐万民”的思想。把个体德性(知、情、意、行)和谐与家庭和谐、社会和谐联系起来做整体性认识，是儒家和谐思想的主要特点。孔子提出“礼之用，和为贵”，[2] 强调礼的作用贵在使事物和谐。他教育弟子“入则孝，出则悌，谨而信，泛爱众，而亲仁”，[3] 即回到家里要孝顺父母，在外面要尊敬长上，做事谨慎有规矩，诚实守信，博爱民众，亲近有仁德的人。《大学》要求个人要从格物、致知、诚意、正心的“修身”做起，然后实现齐家、治国、平天下的人生理想。由个体道德推及社会责任，由家庭和谐扩展到社会和谐。《中庸》提出：“喜怒哀乐之未发，谓之中；发而皆中节，谓之和。……致中和，天地位焉，万物育焉。”即能自觉控制偏离道德准则的喜怒哀乐的情感，叫作中；表达出来的情感都合乎道德规范，叫作和谐。如果能做到“中和”，社会上和自然界的一切事物就会安排得当、健康发育了。这里的和谐所体现的是个体的道德自律精神和道德主体能力。把个人的道德自律精神和主体能力与社会及自然的整体和谐作为条件和结果关系来建构，是儒家和谐

① 《荀子·天论》。
② 《论语·学而》。
③ 《论语·学而》。

德育思想的深刻内涵之一。

第三，和而不同。“和而不同”是孔子倡导的一种道德品质，指与人和谐相处又不盲目附和。这种思想所体现的是传统文化中对和谐的另一种认识和把握，即强调主体间事物间协调、相应、配合得当会促进主体和事物的发展，同时也要保持主体的个性和事物自身特色，以利于主体和事物在和谐的联系中按自身规律持续发展。西周末的史伯把“和”与“同”作为既有联系而又有区别的一对范畴提出，认为“和实生物，同则不继。以他平他谓之和，故能丰长而物归之；若以同裨同，尽乃弃矣”。[①] 意思是不同事物的协调平顺就是和谐，和谐能使事物有所归依而建立联系，所以能促进事物的丰富与发展；如果把相同的事物简单相加，则事将无成。春秋时晏婴进一步发挥了史伯的这一思想，他用喻体论述：“五味”相加，才能成为美羹；“若以水济水，谁能食之？若琴瑟之专一，谁能听之？”[②]强调不同品质的物项协调配合能产生新的效应。值得注意的是，这里不仅从主体方面提出应当怎样把握和谐，还从客体的感受角度提出了和谐的效能及其检验标准问题。

2. 西方文化中的和谐思想

在西方文化中，和谐主要有三种含义。最早提到的和谐的是数的和谐，主要代表是毕达哥拉斯学派。毕达哥拉斯学派中，甚至提出了“和谐学”的说法。和谐的第二种含义当属音乐中不同音符之间的合成与流动。当音节之间的音程具有同样的(数的)比例关系时便产生和谐之美。“毕达哥拉斯是千古第一人表现声音与数字比例相对应，比任

---

① 《国语·郑语》。

② 《左传·昭公二十年》。

何人更早把一种看来好像是质的现象——声音的和谐——量化，从而率先建立了日后成为西方音乐基础的数学学说。”①和谐的第三种含义是上述两种含义向社会事物的延伸，即社会和谐。政治也像音乐，追求社会的和谐。柏拉图提出“公正即和谐”，社会和谐的根本在于社会的公正。

教育和社会之间是相互促进，相互制约的关系。在西方，和谐思想是教育思想的主流之一。“和谐德育”的实践及理论早在古希腊时期雅典城邦的学校教育中就出现了。“和谐发展”一词最早出现于希腊语“calocagatia”，其义是表示健美体格与高尚道德的结合。在雅典的教育中，“和谐”的思想贯穿德育的始终，身心的和谐发展是德育的重要内容。他们认为德育塑造的最伟大的艺术品是人，这种人是内在美与外在美的和谐统一。其主要措施是通过文法、音乐、体操、舞蹈等内容，培养学生在德、智、体、美诸方面的全面发展。古希腊教育家柏拉图认为，如果“一个儿童从小受到好的教育，节奏和谐浸入了他的心灵深处，在那里牢牢地生了根，他就会变得温文有礼；如果受了坏教育，结果就会相反”②。亚里士多德强调德育要与人的自然发展相适应，与人的心理活动相适应。③ 人文主义思想家维多里诺、洛克、卢梭等人均强调培养多方面和谐发展、人格完美的人，对和谐教育思想的承前启后发挥了作用。17 世纪捷克教育家夸美纽斯强调人的身

---

① [法]马泰伊著，管震湖译：《毕达哥拉斯和毕达哥拉斯学派》，北京：商务印书馆，1977 年版，第 91 页。

② 曹孚：《外国教育史》，北京：人民教育出版社，1998 年版，第 26 页，第 56—57 页。

③ 单中惠：《西方教育思想史》，太原：山西人民出版社，1995 年版，第 22 页。

心和谐发展的必要性，认为“人不过身心两方面和谐而已”。在其后的裴斯泰洛齐也提出同样的主张。他说：“为人在世，可贵者在于发展，在于发展各人的天赋的内在力量，使其经过锻炼，使人各尽其才，能在社会上达到他应有的地位。”并提出了体育、劳动教育、德育、智育的和谐教育思想。苏联教育家苏霍姆林斯基说，人的和谐发展，意味着他有能力担当多方面的任务，他应该是社会物质生产和精神生活整个领域中的创造者、享用者、鉴赏者和保护者，是有文化素养和道德风貌的人，是积极参加社会活动的公民和具有道德基础的新家庭的建立者。

3. 马克思主义关于社会和谐与人的全面发展的思想

马克思、恩格斯在继承前人的思想成果基础上，创立了科学社会主义理论。1848 年，马克思、恩格斯在《共产党宣言》中对圣西门、傅立叶、欧文等空想社会主义者的著作和有关主张给予了肯定，明确提出：“提倡社会和谐”是“它们关于未来社会的积极主张”①。马克思、恩格斯在批判继承前人和谐社会思想基础上，提出了自己的社会和谐思想和未来社会发展方向的科学设想。他们在《共产党宣言》中明确指出：“代替那存在着阶级和阶级对立的资产阶级旧社会的，将是这样一个联合体，在那里，每个人的自由发展是一切人的自由发展的条件。”②马克思关于“自由人联合体”“人的全面发展”和“人的自由发展”的表述，都是指未来高级的和谐社会的目标模式。马克思、恩格斯从对人与社会发展规律的思考中提出了人的全面而自由发展的观点，指出：根据共产主义原理组织起来的社会，将使自己的成员能够

---

① 《马克思恩格斯选集》第 1 卷，北京：人民出版社，1972 年版，第 283 页。

② 同上书，第 273 页。

全面发挥他们的得到全面发展的才能。根据马克思主义观点，只有充分具备使人自由发展的条件，才可能实现人的全面发展，即和谐发展；只有个人得到和谐发展，人才能与自然界和社会发展和谐共生。马克思主义关于社会和谐与人的全面自由发展的思想，是我们理解和坚持科学发展观，建设和谐文化，构建和谐社会的基本指导理论。

4. 教育哲学、教育学中的和谐思想

教育哲学和教育学研究表明，教育的基本发展规律是"社会—人—教育"三者之间的相互制约、相互作用的稳定联系。即社会发展对人的素质提出需求，教育根据社会对人的素质需求进行教育改革，以使人的素质适应社会需求；在这样的相互联系中，人的素质作用于社会，促进社会发展，而社会的继续发展，又对人的素质提出新的需求，教育就要根据这一新需求，继续进行改革。如果"社会—人—教育"之间的联系是一种积极的健康的相互促进状态，就体现为社会发展的整体和谐；如果三者之间的联系出现了非积极健康的作用联系，就说明社会发展存在整体联系的不和谐因素。造成"社会—人—教育"不和谐的因素是多方面的，本课题是从学校、家庭、社会三教和谐的层面探索促进"社会—人—教育"和谐发展的规律与方法，因此教育发展规律是研究和谐德育的基础理论依据。教育哲学中关于怎样认识人的和谐发展以及对教育主体等问题的研究，对构建和谐德育体系也具有指导意义。

教育学中关于怎样建立教育者、受教育者和环境之间的和谐关系的论述对和谐德育研究提供了理论原则。根据教育学原理，教学过程的动力和掌握运用教学原则是实现教育者与受教育者和谐关系的两个紧密联系的环节。教学过程的动力是教师提出的教学任务与学生完成这些任务的需要及实际水平之间的矛盾。教学原则是在总结教学实践经验基础上根据对教学规律的认识制定的教学准则。教育者根据教学动力原理使学生保持和增强学习的内在动力，并能综合运用教学原则组织教学，师生双主体的作用就能得到发挥，师生之间就会建立和谐的充满活力的互动关系。教育学对教育环境的研究对构建学校、家庭、社会和谐德育环境有直接的指导意义。古代教育家就十分重视环境的教育作用，荀子说："蓬生麻中，不扶而直；白沙在涅，与之俱黑。"①教育学研究了学校、家庭、社会教育环境中有组织的环境和自发环境的特点，一般情况下学校有组织的环境的影响力大于家庭和社会自发环境的影响力。有组织的环境要靠教育者根据新的教育理念精心设计和构建；对自发环境要进行有意识的发掘和利用；对学生的发展无益或有害、与教育目标不一致的自发环境要加以调节、控制或消除。参考教育学这方面的论述，经过整体构建学校、家庭、社会和谐德育体系的实践，使三个领域的环境不断优化，教育者、受教育者和环境便可以形成和谐的育人关系。

5. 社会学中的和谐思想

社会学中关于人的社会化的理论，对在建设和谐社会背景下构建学校、家庭、社会和谐德育体系研究具有多方面的指导意义。社会化是个体在社会环境影响下由自然人发展成为社会人的过程。社会化是通过个体的学习使社会文化逐步内化实现的。人的社会化过程是人个性化的过程。同时，人的个性化中也有共性的成分，如共同的理想信念、民族情感和风俗习惯等。人的社会化是通过人的整个一生完成的。人在社会化中形成自己的社会角色，人的社会角色是一个"角色丛"，同一个人在学校、家庭、社会的不同生活情境中，承担着不同

① 《荀子·劝学》。

的社会角色。人在学校、家庭、社会中承担的角色是否自然和谐，是人的道德素质是否完整和谐的基本标志。这个问题是构建学校、家庭、社会和谐德育体系研究的一项重要内容。从学生社会化过程看，儿童首先在家庭接受教育的影响而逐步成长，形成基本的品质和个性，这种基本的品质和个性在后续的教育过程中，往往会成为极为重要的发展基础。儿童入学后，在接受学校教育和社会环境影响下，家庭教育继续发挥着教育影响作用。根据人的社会化的这一过程特点，研究怎样使学生在三方面所接受的教育和环境影响是一种和谐建构状态，并促进学生的个性及身心素质和谐发展，可以结合社会学理论进行深入研究。从人的社会化内容看，各科教材是其基本实施载体，其中德育教材在使学生成为“道德人”的过程中起着十分重要的作用。因此，研究社会化内容体系的和谐建构，也是和谐德育研究的重要议题。社会学理论为这些方面的研究提供了理论基础。

(二)课题研究的实践基础

1. 总课题组的研究基础

“九五”“十五”期间，总课题组以德性论、德育论、系统论为理论基础，以贯通古今、融会中西、继承借鉴、发展创新为指导思想，以纵向衔接、横向贯通、分层递进、螺旋上升为基本思路，以整体构建、和谐有序、分层实施、动态发展为基本方法，整体构建了侧重于理论形态的大中小学德育体系，侧重于各个学段的整体构建德育体系实践导引，侧重与学校德育工作和学生生活实际紧密相连的校本德育体系及实施细则。为教育部关于整体规划大中小学德育体系的意见提供了较为系统的理论参照。同时，也为大、中、小学贯彻落实教育部整体规划大中小学德育体系提供了丰富多样的实践模式。同时，还相继开发出了一系列供学生和家长使用的系列实验教材，例如《德育》

《成长册》《当代家长》《好孩子 好习惯》《民族精神教育》《文明礼仪》等。这些教材使参加实验的教师、学生、家长有了一个可靠的抓手和操作的依据。正是这些教材的开发和应用，使课题研究能够深入学生、教师、家长，能够落实到课堂，使课题研究得以健康深入地开展。2006年6—9月，受中央政法委委托，我们课题组又编写出了供小学三年级至高中一年级使用的《法制教育》教材。这是课题组的又一项重要研究成果。

这些研究为我们“十一五”的课题研究，提供了可供借鉴和参照的实践模式，推广和使用这些成果，不但是我们“十一五”课题研究的重要内容，也是课题研究开展的重要基础。

2. 区域性研究基础

在整体构建各学段德育体系和校本德育体系过程中，部分市、县实验区进行了区域性推进素质教育的研究。这些实验区在总课题组的指导下，结合本地实际，适应地方教育改革和社会发展需求，在总体设计和方式方法上进行创新，进行了区域性教育改革，取得了明显的成效，产生了积极的社会影响。

吉林省四平市根据总课题组的研究成果以及指导思想，结合本市教育改革的实际情况，求真务实、开拓创新，探索出了具有四平特色同时具有推广价值的“经历教育”模式。通过有计划的“主体经历的德育活动”，引导学生成为德育的主体、活动的主角，在教育活动和各种实践中获得各种经历，引导学生在经历中体验生活、感悟人生、追求成功、学会发展。浙江省湖州市南浔区开展的区域性推行学生成长导师制的实践与研究，在全区范围尝试了新的育人机制，让教育更适合学生成长发展的需要，为每一个学生的健康成长导航。通过试行家长导师制、创设法制教育导师制、建立社区青少年导师制、创新“导育"模式以及形式多样的主题活动，坚持对学生思想上引导、学业上辅导、心理上疏导、生活上指导，有效地转变了教育观念，融洽了师生关系，提高了学生的综合素质，有机地整合了教育资源，构建并形成了"区域性推行学生成长导师制"的运行机制和操作模式，取得了很好的教育效果。在总课题组的直接指导下，各实验区结合地方需要，相继构建了多种德育模式，并切实进行区域性深化研究与推广实验。如：(1)北京市朝阳区的"教育单元"；(2)北京市平谷区的"家校共育"；(3)天津市河西区的"网络德育"；(4)天津市和平区的"社区教育"；(5)新疆伊宁市的"民族团结教育"；(6)河南省新县的"红色文化"教育；……这些模式各具特点，针对性强，对推进区域性教育改革，加强改进德育工作和实施素质教育发挥了积极的引导和带动作用。

区域性德育模式的构建为社区德育体系的构建以及如何使学校德育与家庭德育、社区德育和谐共振提供了实践参照。

3. 校本德育体系研究基础

"十五"期间，实验学校在《整体构建学校德育体系总论》和各学段《整体构建学校德育体系实践导引》的指导下，构建了具体化、特色化、可操作的校本德育体系，使实验学校的德育工作开始走向科学化、系统化、规范化、现代化的发展轨道，为全面落实《中共中央、国务院关于进一步加强和改进未成年人思想道德建设的若干意见》和《教育部关于整体规划大中小学德育体系的意见》提供了不同类型的实践模式。

北京景山学校依据总课题组"整体构建学校德育体系"的理念，认真总结了本校长期以来德育工作经验，于 2004 年，形成了指导全校德育工作的《北京景山学校德育序列纲要及实施细则(初稿)》；贵州省仁怀市56所实验学校结合长征文化和国酒文化构建了校本德育体系；新疆伊宁市的实验学校，构建了体现边疆特色、民族特色的校本德育课程体系。许多实验学校遵循总课题组的要求，将地方实际与《德育》读本有机结合起来，编写出了校本德育教材，既弥补了国家统编教材地域性不足的缺陷，又实现了与国家课程“互补”“并行”的目标。

校本德育体系的构建，为“十一五”构建具体化、特色化、可操作的学校、家庭、社会和谐德育体系提供了实践参照。

四、课题研究的总体目标和主要内容

(一)研究总体目标

以科学发展观和构建社会主义和谐社会的理论为指导，深化校本德育体系研究，深入进行法制教育研究，加强德育环境优化和德育实效性研究，总结推广区域性和谐德育典型经验，整体构建适应社会主义和谐社会的学校、家庭、社会和谐德育体系。

(二)课题研究的主要内容

1. 整体构建校本德育体系的深化研究

整体构建校本德育体系，是指为了增强学校德育工作的针对性和实效性，各级各类学校以《中共中央、国务院关于进一步加强和改进未成年人思想道德建设的若干意见》和《中共中央、国务院关于进一步加强和改进大学生思想政治教育的意见》为指导，贯彻《教育部关于整体规划大中小学德育体系的意见》，按照总课题组整体构建学校德育体系《引论》《导论》《总论》和各学段《实践导引》的研究思路，依靠本校教师集体研究而构建的具体化、特色化、可操作的学校德育实施系统。

所谓校本德育体系具体化，指的是构成校本德育体系的德育目标、内容、途径、方法、管理、评价等要素的细化、优化与科学化。细化是指将构成校本德育体系各要素分解到细微的程度；优化是各要素之间组合的关系以及整体发挥作用的效度；科学化是校本德育体系的构建适应学生年龄特征和品德发展规律。

校本德育体系特色化，主要是指学校所处的地区特色、层次特色和办学特色在学校德育工作中表现出来的独特风格。特色化是校本德育体系的显著特征，也是校本德育体系构建的出发点。

校本德育体系的可操作，是指把理论形态的德育体系转化为实践形态的、可以适合本校实践运用的德育体系。校本德育体系的可操作性，主要从全程可操作、全面可操作、全员可操作来衡量与检验。

在“十五”期间，我们已经开始对整体构建校本德育体系进行了研究和实验，但是，由于时间紧迫，许多实验学校尚未构建出校本德育体系，即使一些学校构建出了校本德育体系，但还未进行完整的实验，需要检验和完善。因此，在“十一五”期间，我们要开展整体构建校本德育体系的深化研究。

2. 区域性德育体系构建及典型经验研究

《教育部关于整体规划大中小学德育体系的意见》指出：“各级教育部门要从‘培养什么人、如何培养人’的战略高度，切实加强对整体规划大中小学德育体系的领导。”“各地教育部门要研究制定本地区整体规划大中小学德育体系工作的具体实施方案，把工作要求具体化。”“整合社会德育资源，加大投入，努力形成全员、全过程、全方位育人的格局，促进学校德育全面、协调、可持续发展。”

“十五”期间，不少实验区在总课题组的指导下，积极开展区域性德育体系构建的研究，取得了丰硕的成果。“十一五”期间，我们要对各实验区取得的经验进行总结和推广，为整体构建和谐德育体系提供实践参照。各实验区要认真总结自己的经验，及时将自己的成果报总课题组，以便于我们进行梳理和研究，使各地的先进经验能够在全国得到推广和使用。

3. 德育环境优化研究

(1)学校德育环境优化研究。①学校精神环境研究。包括：学校的育人理念和价值取向；校风及人文环境；教风及教师的职业信念、责任意识、创新意识、荣誉感和相应的行为方式；学风，学生的价值观及相应的行为方式。②学校制度环境研究。包括：学校德育管理评价体系的整体构建；德育制度怎样体现以人为本，引导教育者和受教育者和谐全面发展；德育制度怎样维护和保障学校和个人的合法权益。③学校物质环境研究。包括：自然环境；建筑设计的形式、结构、色彩等体现的文化风格和教育理念；校园装饰的育人功能；现代化的教学设备。④学校精神环境、制度环境、物质环境整体和谐研究。

(2)家庭德育环境优化研究。① 家庭精神环境研究。包括家庭成员文化程度、教育理念和教育方法、家庭伦理关系状况、家庭文化审美特点及休闲方式、家庭育人氛围等；②家庭制度环境研究。包括当代大中小城市、农村各类家庭的家庭规范(家规)、家庭潜规则等；③ 家庭物质环境研究。包括家庭建筑、装修、室内陈设、庭院布局体现的生活理念等。④家庭精神环境、制度环境、物质环境整体和谐研究。

(3)社会(社区)德育环境优化研究。①社会精神环境研究。包括地区历史文化及革命传统、公民道德状况及风俗习惯等；②社会制度环境研究。包括在建设和谐社会、和谐社区和社会主义新农村背景下的街道、社区、村镇精神文明建设的各类规范、公约、规章、条例，学校与社会有关单位、部队联系挂靠制度等；③社会物质环境研究。

包括德育基地基础设施建设，地区经济社会发展状况，城市、村镇、社区居住条件及生活水平、文化体育娱乐设施建设等。④社会（社区）精神环境、制度环境、物质环境整体和谐研究。

（4）学校德育环境与家庭德育环境的和谐研究，学校德育环境与社区德育环境的和谐研究，家庭德育环境与社区德育环境的和谐研究。

（5）学校德育、家庭德育、社会德育环境整体和谐研究。

4．深入进行法制教育研究

今年 3 月，中共中央、国务院转发了中宣部、司法部《关于在公民中开展法制宣传教育的第五个五年规划的通知》（中发〔2006〕7 号文件），《通知》要求，法制宣传教育工作，要坚持法制教育与法治实践相结合，坚持法制教育与道德教育相结合，为构建社会主义和谐社会和全面建设小康社会营造良好的法治环境。要开展“法律进学校”活动，推进青少年学生法律素质教育。要发挥第一课堂的主渠道作用，坚持品德教育与法制教育并重，将法制教育列入课程，落实法制教育教材、课时和师资；积极开辟第二课堂，推进学法用法实践活动；开展法制教育师资培训，推动法制副校长、法制辅导员工作规范化；组织和引导学校开展依法治理活动。

为贯彻落实中央文件的精神和胡锦涛总书记关于“八荣八耻”社会主义荣辱观讲话中“以遵纪守法为荣，以违法乱纪为耻”的精神，受中央政法委委托，总课题组按照科学性、系统性、生本性、活动性、可读性、实效性原则编写出了系统的中小学法制教育教材。这套教材共 8 册，供小学三年级到高中一年级学生使用。小学各册，设法律基础知识、依法维护权利、杜绝不良行为、预防违法行为四个单元；中学各册，设法律基础知识、依法维护权利、预防违法行为、抵制犯罪行为四个单元。各实验学校要积极认真开展这套教材的实验，通过实验，使中小学生能够自觉维护法律尊严，增强法制意识，形成法制观念，提高法律素质，为建设社会主义法制社会做出贡献。通过实验，为全国中小学校全面开展法制教育工作，提供理论依据和实践参照。

5. 德育环境优化的德育实效性评价研究

(1)学校德育环境优化的德育实效性评价研究。

(2)家庭德育环境优化的德育实效性评价研究。

(3)社会德育环境优化的德育实效性评价研究。

(4)学校、家庭、社会德育环境整体优化的德育实效性评价研究。

6. 整体构建学校、家庭、社会和谐德育体系研究

(1)学校、家庭、社会在德育目标、德育内容、德育途径、德育方法、德育管理、德育评价诸要素横向贯通上和谐的研究。

本课题在科学发展观的指导下，强调学校德育、家庭德育、社会德育三者整体优化，和而不同，相互补充，形成合力，推动学校、家庭、社会德育目标一致，德育理念趋同，德育管理统一，德育过程同步，德育内容方法互补，德育资源共享。

学校、家庭、社会在德育过程中只有做到“六要素”和谐，才会在相互关联、相互制约、相互作用的关系中获得最佳德育效果。

(2)学校、家庭、社会在幼儿园德育、小学德育、初中德育、高中(中职)德育、高职德育、大学德育各学段纵向衔接上和谐的研究。

本课题遵循青少年儿童思想品德形成发展规律，按照系统科学的整体性、层次性、有序性、动态性、开放性原理，进行横向贯通，纵向衔接，分层递进，螺旋上升，推进大、中、小、幼德育的纵向衔接，避免“倒挂”、“脱节”和简单重复，整体构建学校、家庭、社会和谐德育体系，促进学校、家庭 、社会德育的和谐发展，为进一步加强

和改进青少年儿童的思想道德建设，建设社会主义思想道德体系，进而实现和谐社会提供理论参照和实践模式。

五、课题研究的原则、范式与方法

(一)课题研究的基本原则

本课题研究，继续贯彻“贯通古今，融会中西、继承借鉴、发展创新”的方针，坚持以下基本原则。

1. 科学性原则。科学性是德育科研的生命所在，也是本课题研究的首要原则。本课题是在科学理论指导下，采用科学的方法进行的系统研究。实验区、实验学校、实验教师在开展子课题研究时，要坚守科学性这个基本原则。认真阅读本课题子课题的选题指南，通过严密科学论证确定子课题，要加强对党和国家的有关政策和德育理论著作的学习和研究，用科学的理论指导我们的研究，确保课题研究始终沿着科学的轨道发展。

2. 创新性原则。创新是一个民族进步的灵魂，是一个国家兴旺发达的动力。创新是科学研究的本质特征，同样也是教育科研的本质特征。学校、家庭、社会和谐德育体系是我们首先提出来的，是一项原创性研究。实验学校和实验教师在确定“十一五”的子课题时，要有创见、有新意、有特色，力争进行原创性研究，也可以在“十五”研究基础上，进行继创性研究，一定要避免重复性低效研究。

3. 人本性原则。人本性原则就是以人为本的原则。其实质就是促进教育者和受教育者全面主动发展。“九五”“十五”期间，我们开创了德育活动课程的新理念，提出了德育活动课的“师生双主体论”“新三中心论”“四原则论”，使教育者和受教育者的主体地位得到了落实，提高了教育者和受教育者的积极性和创造性，创建了和谐德育新模式。在本课题的研究中，不但要继续对德育活动课进行深化和推广，还要把这种理念、这种模式在家庭教育和社区教育中进行研究和实验。

4. 实践性原则。道德来源于社会生活，社会生活是实践的，因而实践是道德发生的基础，也是道德的存在形态。实践的观点是德育首要的、基本的观点。学生的道德认知、道德情感、道德意志、道德行为是在德育实践活动中发生发展的。德育实践活动，既有课堂德育活动，又有课外德育活动，既有学校德育活动，又有家庭德育活动，还有社会德育活动。只有把这些活动有效组织，形成合力，才能促进学生良好品德的形成。

5. 实效性原则。提高德育实效性，是本课题研究的根本出发点。德育的实效性既是指德育的内在效果，即德育的要求能够顺利地转化为学生个体的思想道德素质；同时也指德育的外在效益，即德育通过提升学生的思想道德素质促进社会的物质文明和精神文明的建设。学生良好的思想道德素质，是在学校、家庭、社会各方面综合影响下形成和发展的。只有整体构建学校、家庭、社会和谐德育体系，整体优化学校、家庭、社会和谐德育环境，联合开展学校、家庭、社会相结合的丰富多彩的德育实践活动，德育的实效性才能有显著的提高。

(二)课题研究的范式

本课题组经过“九五”“十五”的研究，形成了为决策服务、为实践服务的德育科研宗旨，组建了科研人员、地方行政领导、一线教师相结合的研究队伍，形成了总课题组、实验区、实验学校相结合的科研管理体系，创新了德育科研范式。在“十一五”研究中，我们将坚持这种科研范式，使我们的研究有坚实的实践基础，有明显的实践效果，形成可以推广的实践模式。

1. 坚持理论研究、政策研究、实践研究相结合的研究方针

本课题研究将坚持为德育决策服务，在党和国家方针政策的指导下进行研究的指导思想。认真研究党和国家有关的德育政策，及时将其纳入课题研究的内容，保证研究方向始终沿着正确的方向前进。及时组织相关培训，帮助地方行政领导、一线教师更好地理解有关政策，促进这些政策贯彻落实。与此同时，还要不断深入地开展德育基础理论研究，进行国内外学术交流，把理论研究、政策研究、实践研究紧密结合起来，架起理论指导实践，实践丰富和检验理论的立交桥。

2. 组建专职研究人员、地方行政领导、一线教师相结合的研究队伍

德育科研的根本目的在于提高德育工作的实效性，而德育实效性的提高最终要依赖于一线教师教育能力的提高，吸收一线教师参加德育科研是提高教师教育能力的最佳途径。通过德育科研，将唤醒实验教师的科研意识，普及实验教师的科研知识，提高实验教师的科研能力和德育工作水平。积极争取地方教育行政领导对课题研究的支持和参与。形成专职研究人员、地方行政领导、一线教师相结合的课题研究队伍。

3. 坚持总课题组、实验区、实验学校相结合的管理体系

本课题继续实行总课题组、实验区指导组、实验学校分层管理的体制。进一步明确总课题组、实验区指导组、实验学校的任务和职责。每年，总课题组召开一次实验区负责人工作会议和学术年会，对一年来的研究工作进行总结，对优秀科研成果、先进实验区、先进工作者、先进实验教师进行表彰和奖励，对下一年的研究工作进行部署，邀请领导和专家进行学术报告，积极开展学术交流，引领课题不

断深入发展。各实验区指导组要经常深入实验学校进行工作指导、教师培训、优秀德育活动课评比等项工作。各实验校要组织实验教师开展丰富多彩的实验研究活动，建立健全课题研究档案。总课题组的专家将继续深入各实验区、部分实验校进行课题研究和实验指导。确保课题研究健康开展。

(三)课题研究的主要方法

1. 系统研究法

系统科学研究方法是马克思主义唯物辩证法普遍联系原理的具体化和深化，是研究事物整体联系和运动发展规律的科学。将系统科学理论原则作为研究方法，我们已经在“九五”“十五”的研究中得到了运用，取得了良好的效果。在本课题研究中将继续采用这种研究方法。系统论的基本理论原则是整体性、层次性、有序性、动态性。根据系统论原理，我们把德育作为一个系统进行整体性研究，按照“分系统”来划分德育系统的层级结构。从德育空间划分，可以把它分为学校、家庭、社会三个分系统，按年龄和学段划分，又可以分为幼儿、小学、初中、高中(中职)、大学(高职)五个相对独立的分系统；按德育的要素来划分，还可以划分为目标、内容、途径、方法、管理、评价六个分系统。构建学校、家庭、社会和谐德育体系，就是使以上三个分系统形成横向贯通、纵向衔接、分层递进、螺旋上升的立体德育关系结构。系统研究法的操作要点是：整体、联系、和谐、合力。

2. 实验研究法

德育实验是运用科学实验的原理和具体方法来研究德育现象和问题，以揭示德育活动规律或某些德育内容、方法的有效性，是一种综合性研究活动。德育实验包括提出理论假说、设计实验方案、控制实验变量、评价实验效度、形成实验报告等过程。本课题实验的理论假说是：构建学校、家庭、社会和谐德育体系，可以增强德育实效。

这项实验的自变量有五个。一是《德育》读本，二是活动课，三是《成长册》，四是《一切为了孩子》家长学校教材，五是《法制教育》教材。对于《德育》读本、德育活动课、《成长册》《当代家长》的实验，虽然在"九五""十五"期间已经开展，取得了显著的效果，但是，在本课题研究中，有不少学校是新加入的，没有开展过这项实验；还有不少学校参加这项实验的时间不太长，还没有真正掌握实验的理念和操作方法，因此，还需要继续深化这些实验研究。通过《法制教育》教材的实验，将会使实验学校的法制教育工作科学化、系统化、规范化，将会使实验学生的纪律观念、法制观念明显提高。

要认真做好实验效度评价。在实验过程中，实验教师要做好观察，写好实验笔记，把学生在活动课中的表现、教师自身的印象和体会如实记录下来，获得实验效度的第一手资料，以此作为评价参加实验的学生变化的重要依据。

3. 行动研究法

行动研究法是本课题研究的一种主要方法。因为它适合本课题的研究主体和行动主体——德育科研工作者与教育行政领导、一线教师、学生家长、广大学生。运用行动研究法，就是要边研究边行动，边行动边研究；在研究中行动，在行动中研究；注重研究结果，更强调研究过程。通过行动研究，探索出一条德育科研工作者与教育行政领导、一线教师相结合的德育科研之路。

实验学校的校长和教师要根据本校德育工作存在的问题，进行调研，制定实验方案，并亲身参加研究实验的全过程。通过实验，不但要提高学生的思想道德素质，同时，还要提高教师整体育人能力和师德素养。实验的过程，既是家长对孩子教育的过程也是家长素质不断提高的过程。如何有效整合社区教育资源对学生进行教育，需要经过不断的探索和完善，也是本课题研究的追求目标。这些特点决定了本课题对行动研究法的特殊需要。

4. 文献研究法

文献研究是指根据一定的目的，通过搜集和分析文献资料而进行的研究。文献研究在本课题研究中是作为辅助性的研究方法进行运用，但仍然是非常重要的研究方法。一般来说，科学研究都离不开文献研究。研究文献，可以从前人的研究中获得某种启示，少走弯路，减少盲目性；可以利用前人的权威的观点为自己佐证，使自己的研究增强说服力；当然，还可以从别人的研究中发现问题和不足，引起新的研究和讨论，从而纠正别人的错误，提出自己创新的观点。

本课题是在“整体构建学校德育体系”的研究基础上进行的拓展性研究。“九五”“十五”期间，总课题组相继出版了《整体构建学校德育体系总论》《引论》《导论》《实践导引》等一批研究成果，这些成果是我们开展本项课题研究的重要的理论依据，需要我们认真学习研究。同时，也要对《德育心理学》《德育社会学》《家庭教育学》等德育理论著作进行认真学习和研究，使课题研究工作始终在正确的理论指导下健康开展。

六、课题研究的步骤和预期成果

2006年，召开开题会议，对课题研究进行全面部署。对实验区负责人、实验教师进行系统培训。编辑出版《德苑群星——六个一百成果集》(暂定名)。

2007年，在“九五”“十五”国家重点课题“整体构建学校德育体系”思想理论与实践经验基础上，实验校构建校本德育体系，实验区构建区域性德育体系，开展法制教育研究及法制教育教材实验，进行学校、家庭、社会德育环境优化研究。编辑出版《优秀校本德育体系选集》(暂定名)、《区域性德育体系选集》(暂定名)，编写整体构建学校、家庭、社会和谐德育体系实践指导用书。

2008年，进行整体构建学校、家庭、社会和谐德育体系研究。编写出版《和谐德育论》。

2009年，进行《和谐德育论》推广实验研究，进行德育环境优化研究。编辑出版《德育环境优化研究》。

2010年，建设和评选命名“百所和谐德育示范学校”“百个和谐德育示范家庭”“百个和谐德育示范社区”“百个文明和谐示范企业”，为构建社会主义和谐社会做出贡献。

同志们！我们承担的这项课题是一项复杂而艰巨的系统工程，我们要坚持为决策服务、为实践服务的宗旨，以科学发展观和构建社会主义和谐社会的理论为指导，深化校本德育体系研究，深入进行法制教育研究，加强德育环境优化和德育实效性研究，总结推广区域性和谐德育典型经验，为整体构建适应社会主义和谐社会的学校、家庭、社会和谐德育体系做出贡献！

2007年第十届长春德育年会的主题报告

同志们、朋友们：

中央教科所“整体构建和谐德育体系”课题2007年会暨第十届学术研讨会、中国伦理学会德育专业委员会第三届学术研讨会，在迎接党的十七大的喜庆日子里，在美丽的北国春城长春市胜利召开了。我代表总课题组和研究会向大会作主题报告，请各位代表研究讨论。

整体构建学校、家庭、社区和谐德育体系的研究与实验，是在“九五”“十五”课题研究的基础上，以和谐德育的理念为指导，把已经构建起来的小学、初中、高中、中职、高职、大学的德育体系与家庭德育、社区德育相结合，进一步整体构建学校、家庭、社区和谐德育体系。去年，我在北京人民大会堂召开的“十一五”开题大会上，已经对本课题研究与实验的背景和法律政策依据、理论价值和实践价值、理论基础和实践基础、总体目标和主要内容等方面进行了详细的阐述。本次报告主要对学校、家庭、社区和谐德育体系如何在实验学校中进行实验操作问题作研究报告。

报告分为以下三部分：

一、全面推进《和谐成长》的研究与实验；

二、深入进行《法制教育》的研究与实验；

三、深化研究与推广实验的方法与范式。

一、全面推进《和谐成长》的研究与实验

《和谐成长》是整体构建学校、家庭、社区和谐德育体系的具体化、可操作的系列实验用书(小学、初中、高中、中职每学年一册，共15册)。它是由中央教育科学研究所和谐德育课题组、中国伦理学会德育专业委员会组织全国百余名德育专家历时八个月，为引导和帮助中小学生和谐成长而研究编写的。

(一)《和谐成长》实验的根本目的

《和谐成长》研究与实验的目的，是根据构建社会主义和谐社会的实践要求，为建设和谐学校、和谐家庭、和谐社区以及学校、家庭、社区和谐德育体系提供理论指导和实践模式，引导学校、家庭、社区实施和谐德育，创造和谐氛围，共建和谐生活，促进学生和谐成长。

1. 通过研究与实验，把《中共中央关于构建社会主义和谐社会若干重大问题的决定》《中共中央、国务院关于进一步加强和改进未成年人思想道德建设的若干意见》以及《教育部关于整体规划大中小学德育体系的意见》等文件精神落到实处，进一步实现“为决策服务、为实践服务”的目的。

2. 通过研究与实验，对“九五”“十五”已有科研成果(《整体构建德育体系总论》《整体构建德育体系各学段实践导引》《校本德育体系及实施细则》《德育读本》《成长册》《当代家长》等)进行再研究、再创造，进一步实现“出成果、出经验、出人才”的目的。

3. 通过研究与实验，为实验学校提供和谐德育的实践模式，为班主任提供和谐德育主题班会的实践经验，为学生家长提供和谐家庭的生活体验，为社区干部提供和谐社区的建设平台，为广大学生提供和谐成长的发展时空，争取实现“学校、家庭、社区共创和谐德育”的目的。

(二)《和谐成长》编写的设计思路

1. 框架结构

和谐成长，是在时间和空间的普遍联系中进行的。本书以时间为纵坐标，以空间为横坐标，整体构建而成。时间坐标，是以一年 12 个月中的节日、纪念日和主题日为主线贯穿起来，内容涉及生命健康、孝敬父母、尊老爱幼、环境保护、文化传承、民主法制、科学探索、热爱祖国、世界和平等人类生活的各个方面，使德育内容和形式更加富于文化特色。空间坐标，是以学校、家庭、社区三个生活领域为德育场贯通起来，根据每月节日、纪念日、主题日所蕴含的德育主题，通过“和谐校园”“和谐家庭”“和谐社区”三个栏目，设计亲子互动、师生互动、校区共建等德育活动，使德育内容和形式更加突出生活化特色。

2. 主要功能

本书有五大功能，一是亲子共读，在“和谐家庭”栏目中介绍和谐家庭建设的知识经验和典型案例，设计“亲子互动”的具体内容和方法，使其成为和谐家庭的生活导师；二是师生共用，在“和谐校园”栏目中介绍和谐校园建设的先进经验和典型事例，设计可操作的主题活动方案，使其成为和谐校园的活动指南；三是校区共建，在“和谐社区”栏目中，介绍和谐社区建设的成功经验和先进事迹，提出共建活动的参考方案，使其成为和谐社区的建设平台；四是经典诵读，在不同年级插编了《弟子规》《三字经》《论语》精读等内容，以提高学生的国学素养；五是和谐成长，在每月的最后部分，给学生设计了开放式的子栏目“体验感悟”“交流互动”“成长在线”，为学生的和谐成长导航。

3. 使用方法

本书是按照每年1至12月的时间顺序编排的。在使用时，可以从每学年第一学期开学的9月或第二学期的3月开始使用，也可以根据需要选取任意一个月使用。为实现出成果、出经验、出人才的科研目的，总课题组将在每学期末通过实验区、实验校向广大实验教师征集实验报告、典型案例、活动方案，并予以评审表彰。

（三）《和谐成长》编写的基本原则

1. 和谐性原则

和谐是本课题研究的核心概念。《和谐成长》研究与实验的和谐性原则，主要是坚持学校、家庭、社会德育理念融通、德育目标趋同、德育内容互补、德育过程互动、德育管理协调、德育评价一致，运用这样的理念和方法，构建具有课题研究特色的学校、家庭、社会和谐德育体系的实施载体，促进和谐学校、和谐家庭、和谐社会建设，从而促进学生思想品德及整体素质和谐发展。

2. 人文性原则

人文性是21世纪德育发展的大趋势。《和谐成长》研究与实验的人文性原则，主要体现在节日纪念日的文化内涵和人文价值上。中国的节日纪念日，历史积淀久远，文化内涵深厚，蕴含着中华民族的价值观念、伦理道德、民族情感和审美情趣。在节日风俗和纪念活动中贯穿着扬美德、树正义、显智慧、鉴善恶、展愿景的思想情感脉络，是民族精神和民族文化的独特凝聚点。国际的和西方的节日纪念日，伴随着改革开放的不断深入，也逐渐融入国人的生活之中。节日纪念日作为一种文化现象和文化活动，具有社会性和团体性，学校、家庭、社区可以共同参与。将节日纪念日这一独特文化资源纳入《和谐成长》研究与实验之中，使学校、家庭、社会和谐德育体系更加富于文化特色。

3. 创新性原则

创新是科学研究的本质特征。《和谐成长》研究与实验的创新性主要体现在以下几个方面：其一，以节日纪念日为线索设计主题活动，以主题活动引导和谐家庭、和谐校园、和谐社区建设是本书的主要特色；其二，以月份为单元，根据每个月节日纪念日的内容和学生的年龄特点，设计本月事典、和谐校园、和谐家庭、和谐社区与和谐成长五个栏目，这是本书的又一个创新特色；其三，每个栏除了知识性、经验性的内容之外，还分别设计了主题活动、亲子互动、共建活动、体验感悟、互动交流、成长在线等子栏目，为教师、家长、社区干部与学生的互动交流搭建了平台，这是构建和谐德育体系的生长点和创新点。

4. 实践性原则

实践性是德育的根本属性，也是本课题研究的突出特点。《和谐成长》研究与实验的主要任务是引导学生、家长、班主任、社区干部的和谐德育实践。实践性原则就是要贴近实际、贴近生活、贴近学生，体现“近、小、实、亲、活”，注重以生活化的丰富多彩的知识、案例和实践活动引发学生、家长、班主任、社区干部的参与热情。

(四)《和谐成长》实验的主要内容

表 1 各年级实验主题

月份	小学一年级	小学二年级	小学三年级
1	过新年了 元旦 1 月 1 日	又长一岁 元旦 1 月 1 日	迈好新年第一步 元旦 1 月 1 日
2	爆竹声里过除夕 春节	元宵汤圆亲兄弟 元宵节	天气变化早知道 气象日 2 月 10 日
3	童谣伴我成长 世界儿歌日 3 月 21 日	珍惜每一滴水 世界水日 3 月 22 日	我与小树一起长大 植树节 3 月 12 日
4	干干净净上学去 世界卫生日 4 月 7 日	献上一朵小白花 清明节 4 月 5 日	“红绿灯” 交通安全日 4 月 30 日
5	多吃点　少吃点 学生营养日 5 月 20 日	自己的事情自己做 国际劳动节 5 月 1 日	给妈妈洗脚 母亲节 5 月第二个周日
6	胸前飘起红领巾 国际儿童节 6 月 1 日	我有一个好爸爸 父亲节 6 月第三个周日	我爱自己的节日 国际儿童节 6 月 1 日
7	庆祝上学一周年 开学典礼	美丽的校园 国际建筑日 7 月 1 日	我们捧回紫荆花(开了) 香港回归 7 月 1 日
8	军旗　军徽我知道 建军节 8 月 1 日	艺术家	科学家
9	我是一名小学生 教师节 9 月 10 日	牙齿好　身体棒 爱牙日 9 月 20 日	老师，我爱你 教师节 9 月 10 日
10	与小动物交朋友 动物日 10 月 4 日	点燃祖国生日的蜡烛 国庆节 10 月 1 日	粒粒皆辛苦 世界勤俭日 10 月 31 日
11	文学家	消防安全知多少 消防日 11 月 9 日	世界——您好 世界问候 11 月 21 日
12	没病也要打针吗 世界强化免疫日 12 月 15 日	伸出你的手 世界残疾人日 12 月 3 日	冬天在那里 冬至日 12 月 24 日

	小学四年级	小学五年级	小学六年级
1	我是小哥哥小姐姐 元旦 1 月 1 日	新年钟声敲响时 元旦 1 月 1 日	精致的贺卡 元旦 1 月 1 日
2	欢天喜地过大年 春节	让地球的肺更健康 湿地日 2 月 2 日	春联、民俗、文化、 春节
3	我为妈妈做件事 国际劳动妇女节 3 月 8 日	明明白白"3・15" 消费者权益日 3 月 15 日	给地球披上绿衣裳 植树节 3 月 12 日
4	小手拉大手 世界地球日 4 月 22 日	踏着英烈足迹走 清明节 4 月 5 日	琅琅读书声 国际儿童图书日 4 月 2 日
5	碘是我们的朋友 碘缺乏病防治日 5 月 5 日	我有一双勤劳的手 国际劳动节 5 月 1 日	我们都有一个家 国际家庭日 5 月 15 日
6	追寻屈原 端午节五月初五	我是祖国一朵花 国际儿童节 6 月 1 日	感恩母校 国际儿童节 6 月 1 日
7	人类大家庭 世界人口日 7 月 11 日	五星红旗，我为你骄傲 申奥成功纪念日 7 月 13 日	奏响义勇军进行曲 抗日 7 月 7 日
8	我的快乐假期	英雄伴为成长 建军节 8 月 1 日	告别童年　设计未来
9	我听奶奶讲中秋 中秋节八月十五	师恩难忘 教师节 9 月 10 日	异口同声话普通 推广普通话周 9 月第三周
10	献给祖国一首歌 国庆节 10 月 1 日	爷爷(奶奶)白发有几根 重阳节 农历九月初九	我自豪，我是中国人 国庆节 10 月 1 日
11	历史人物	我是校园小记者 中国记者日 11 月 18 日	荧屏里的大世界 世界电视日 11 月 21 日
12	少年毛泽东	圣诞老人的礼物 圣诞节 12 月 25 日	科学精神

	初一年级	初二年级	初三年级
1	新年新起点 元旦	元旦与绿色消费 元旦	辞旧迎新 元旦
2	欢欢喜喜过大年 春节	我给亲朋送春联 春节	习俗中的传承与创新 春节
3	我与小树共成长 植树节 3 月 12 日	雷锋——我青春的坐标 学雷锋日 3 月 5 日	尊重妇女　关爱女性 国际妇女节 3 月 8 日
4	风筝是我　家是线 潍坊国际风筝节 4 月 20 日	清明踏春雨丝长 清明节	可爱的地球我的家 世界地球日 4 月 22 日
5	我和妈妈进厨房 国际劳动节 5 月 1 日	扬起青春的风帆 “五四”青年节	微笑与健康 世界微笑日 5 月 8 日
6	学当环保小卫士 世界环境保护日 6 月 5 日	深沉的父爱伴我行 父亲节 6 月第三个星期日	看清世界　看清人生 全国爱眼日 6 月 6 日
7	我把党来比母亲 七一建党纪念日	泪洒卢沟桥 七七事变	学会合作　共同生活 国际合作节 7 月第一个星期六
8	爱我钢铁长城 建军节	我也有奇思妙想 爱迪生发明有声电影纪念日 8 月 27 日	放飞梦想 北京奥运会 8 月 8 日
9	新环境新朋友 开学典礼	桃李芬芳九月天 教师节 9 月 10 日	理想与职业 冯如第一次试飞成功 9 月 21 日
10	祖国在我心中 国庆节	秋日重阳话孝心 重阳节	知识改变命运 国际消除贫困日 10 月 17 日
11	滴水之恩　涌泉相报 感恩节（11 月第四个星期日）	“防”字当头警钟鸣 全民消防活动日 11 月 9 日	感恩的心 感恩节
12	同享一片蓝天 国际残疾人日 12 月 3 日	法律保护我成长 全国法制宣传日 12 月 4 日	相互关爱　共享生命 世界艾滋病日 12 月 1 日

月份	高一年级	高二年级	高三年级
1	时代呼唤开拓创新 ——新年共话新使命	良好的开端 ——元旦感想	十年之后再相会 ——新年联欢会的畅想
2	感受时代发展的历程 ——三代人话童年春节	走进民族文化百花园 ——春节民俗文化采风	家中新生的一个顶梁柱 ——成年后的第一个春节
3	学会尊重 文明修身 ——从三八妇女节、向雷锋学习纪念日谈起	乘“E”飞翔，健康成长 ——献给全国青少年网络文明行动日的礼物	领取二十一世纪的通行证 ——周恩来诞辰日的启迪
4	地球只有一个，生命只有一次 ——与世界地球日与世界卫生日对话	共建学习型班级和家庭 ——世界读书日告诉我们什么	志存高远，学会选择 ——詹天佑诞辰日的思考
5	劳动使青春永驻 ——纪念五一劳动节和青年节	人人都献出一点爱 ——全国助残日行动进行时	调整心态，笑迎考验 ——与大中学生心理健康日对话
6	远离黄赌毒，筑起新长城 ——从世界禁毒日说起	从端午节到奥林匹克日 ——从世界文化遗产日谈传承人类文化	今日我以母校为荣，明日母校为我骄傲 ——毕业典礼的承诺
7	走访身边的共产党员 ——党的生日与党员零距离接触	友好相处，学会合作 ——从国际合作节谈教育的四大支柱	安度过渡期，向社会学习
8	体验军旅生活 ——纪念八一建军节	健康休闲，丰富情趣 ——从国际电影节谈起	笑对人生，路在脚下 ——说说国际微笑行动
9	迈好和谐成长第一步 ——开学典礼寄语	民族精神铸我人生路 ——民族精神弘扬月节日纪念日聚焦	奏响命运交响曲 ——成人宣誓仪式的启迪
10	感悟共和国成长 ——国庆节漫步	做具有国际意识的现代中国人 ——从联合国日谈我们的责任	做好迎考的心理准备 ——献给世界精神卫生日的礼物
11	实现学习方式的变革 ——纪念华罗庚诞辰日谈学习	崇尚科学，务实创新 ——从居里夫人诞辰日谈科学素养	追抚成长史，感恩师长情 ——感恩节的师长生三心互动
12	志愿者的人生足迹 ——向国际志愿者日汇报	法律伴随我成长 ——全国法制宣传日告诉我们什么	点亮人生旅程的灯塔 ——纪念毛泽东诞辰日

月份	中职一年级	中职二年级	中职三年级
1	新的憧憬 ——为自己树根标杆元旦	展示自我 ——书写自强自立的人生 校本科技节	十指相扣的力量 ——团结协作新里程 元旦
2	一年之计在于春 ——计划未来，新的一年步步高 春节	快乐家庭 ——感受亲情 传承文化 元宵节	特别的“爱”给特别的你 ——亲情友情和爱情 除夕、春节、元宵节、腊八节
3	尊重异性 ——团结友爱，感恩回报 3·8 妇女节	维护权益 ——我的权益要维护 3·15 权益日	做颗“时代”螺丝钉 ——雷锋精神岗位再现 “向雷锋同志学习”题词
4	关爱健康 ——健康使一切皆有可能 世界卫生日	共护家园 ——远离生存危机 世界地球日	阳光总在风雨后 ——挫折是块磨刀石 海伦·凯勒逝世纪念日 端午节(屈原精神)
5	劳动与生存 ——劳动最光荣 国际劳动节	大显身手 ——谱写“五四”精神新篇章 青年节	做个快乐的劳动者 ——劳动没有贵贱之分 国际劳动节
6	我们只有一个地球 ——世界环境日向我们发出了警示 世界环境日	爱心奉献　共同成长 ——学会尊老爱幼 父亲节	敢问路在何方 ——千里之行始于脚下 校本、毕业典礼
7	党旗飘飘 ——党在我心中 建党纪念日	铁肩担道义 ——继承传统　捍卫和平 抗战胜利日	十八岁，我举手宣誓 ——与自己签一份成人约 成人仪式
8	爱好和平 ——青春与美好家园 八一节、国防日	让青春闪光 ——在实践中磨砺自己 建军节、国防教育日	有梦就会有未来 ——绘制人生蓝图 国际微笑行动
9	新的成长道路 ——条条道路通“成功” 教师节	学会交往 ——青年人必备的生存本领 世界旅游日	拜“师”学“技”“德”为先 ——上好岗前第一课 教师节、公民道德宣传日
10	爱国爱家 ——我们的温馨家园 国庆节	科技强国　健康生活 ——科技文化伴我成长 国庆节	我和我的“第一桶”金 ——用好第一份工资 国庆节、国际老人节、重阳节、中秋节

续表

月份	中职一年级	中职二年级	中职三年级
11	学会感恩 ——让感恩的心伴随我们成长 感恩节	职业防护 ——关注健康，珍爱生命 消防宣传日、糖尿病日、记者日	感恩，滋润生命树 ——过好人生每一天 感恩节
12	懂得关爱 ——在爱中快乐地生活 国际残疾人日	与法同行 ——学法、知法、守法 法制宣传日	责任，为生命打伞 ——岗位责任在我心 中国法制宣传日

二、深入进行《法制教育》的研究与实验

(一)《法制教育》研究与实验的背景

近年来，未成年人犯罪的数量逐年攀升，占全部刑事犯罪人数的比例越来越大，而且日益呈现出暴力化、团伙化趋势，严重危害了社会治安。犯罪类型集中为抢劫、强奸和盗窃，在押未成年犯中上述犯罪类型人数比例分别为64.4%、11.3%、10.5%，占全部犯罪类型的八成以上，明显高于其他人群。

表2　青少年犯罪情况

年度	1995	1996	1997	1998	1999	2000	2001	2002
全国青少年人数(万人)	24598.5	24234.5	23237.5	22557.5	27454.7	—	21695.6	22614.4
青少年犯罪人数(人)	247391	269749	199212	208076	221153	220981	253465	217909
青少年犯罪率(万分之一)	10.06	11.03	8.57	9.22	8.06	—	11.68	9.64

表 3　1995—2002 年全国青少年犯罪人数占刑事犯罪人数的百分比

年度	1995	1996	1997	1998	1999	2000	2001	2002
刑事罪犯	543276	665556	526312	528301	602380	6339814	746328	710858
青少年罪犯	247391	269749	199212	208076	221153	220981	253465	217909
百分比(%)	45.54	40.33	37.85	39.39	36.37	34.54	33.96	31.05

表 4　1995—2002 年全国青少年犯罪人数分年龄段统计数据

年度	1995	1996	1997	1998	1999	2000	2001	2002
青少年犯罪人数	247391	269749	199212	208076	221153	220981	253465	217909
其中未满 18 周岁人数	35832	40220	30446	33612	40014	41709	49883	50030
其中 18—25 周岁人数	211559	229529	168776	174464	181139	179272	203582	167879

表 5　青少年犯罪主体文化程度状况(抽样调查)

年度	文盲或不识字(占比)	小　学(占比)	初　中(占比)	高中及其以上(占比)	无效答案(占比)	合计
1990	163 6.2%	868 33.1%	1303 49.7%	263 10.0%	23 0.9%	2620 100%
1993	145 6.7%	835 38.4%	1010 46.5%	172 7.9%	12 0.6%	2175 100%
1996	119 5.5%	805 37.0%	1010 46.5%	224 10.3%	15 0.7%	2175 100%
1999	40 2.9%	502 36.2%	669 48.3%	155 11.2%	20 1.4%	1387 100%

表 6　青少年犯罪类型统计(抽样调查)

犯罪类型	抢劫	性犯罪	故意伤害	其他
占犯罪总人数的比例	53～70%	21～22%	4～5%	3～24%

(二)《法制教育》研究与实验的意义

1. 有利于贯彻依法治国与以德治国相辅相成的治国方略

党的十六大报告指出："依法治国与以德治国相辅相成。"按照这一基本方略的要求，应当深入开展法制宣传教育，大力推进依法治理，坚持法制教育与法治实践相结合，坚持法制教育与道德教育相结合，为构建社会主义和谐社会和全面建设小康社会营造良好的法治环境。我们坚持德育"五要素说"，主张德育内容应当包括思想教育、政治教育、道德教育、法治教育、心理教育。但在德育实践中，法制教育则相对薄弱。通过《法制教育》课本的研究与实验，可以增强法制教育的科学性、系统性、规范性、实效性，对贯彻落实"依法治国与以德治国相辅相成"的治国方略具有重要意义。

2. 有利于落实"法律进学校"的要求

2006年3月17日，中共中央、国务院转发了中宣部、司法部《关于在公民中开展法制宣传教育的第五个五年规划的通知》(中发〔2006〕7号文件)，《通知》指出：要开展"法律进学校"活动，推进青少年学生法律素质教育。要发挥第一课堂的主渠道作用，坚持品德教育与法制教育并重，将法制教育列入课程，落实法制教育教材、课时和师资；积极开辟第二课堂，推进学法用法实践活动；开展法制教育师资培训，推动法制副校长、法制辅导员工作规范化；组织和引导学校开展依法治理活动。通过《法制教育》课本的研究与实验，可以使中央文件关于"法律进学校"的要求落到实处。

3. 有利于保护未成年人的健康成长

胡锦涛总书记关于"八荣八耻"社会主义荣辱观讲话中提出"以遵纪守法为荣，以违法乱纪为耻"，《中共中央、国务院关于进一步加强和改进未成年人思想道德建设的若干意见》指出全社会都要关心未成年人的健康成长。通过《法制教育》课本的研究与实验，使全国中小学生认真学习法律基础知识，依法维护权利，杜绝不良行为，预防违法行为，抵制犯罪行为，自觉地维护法律尊严，增强法制意识，形成法制观念，提高法律素质。这对于促进未成年人的健康成长具有重要意义。

(三)《法制教育》研究与实验的原则

1. 科学性原则。法是建立在一定经济基础上，由国家制定或认可，并以国家强制力保证实施的表现掌握国家政权的阶级意志的行为规范的总和。要认真学习和研究法学基本理论和法律规范，在引用、阐释法律条款时，必须准确、规范，坚决维护法律的严肃性和严密性，从而保证《法制教育》研究与实验的科学性。

2. 系统性原则。法律规范是一个庞大的体系，它规定了人们在一定情况下可以做什么、应当做什么、不能做什么，从而为人们确立了明确的行为模式和标准。《法制教育》研究与实验以学习法律基础知识、依法维护权利、杜绝不良行为、预防违法行为、抵制犯罪行为为横坐标，以学生从小学到高中的成长轨迹为纵坐标，科学设计各学段、各年级的法制教育目标内容，形成横向贯通、纵向衔接、分层递进、螺旋上升的法制教育体系。

3. 生本性原则。《法制教育》研究与实验要坚持以学生为本位的教育理念，从中小学生年龄特点和身心发展规律出发，充分考虑他们的知识水平、生活阅历、接受能力、兴趣爱好、实际需要，使他们喜欢看、看得懂、学得会、记得住、用得着、有实效，为中小学生学法、知法、懂法、用法、守法、护法打下良好的基础，帮助他们用法律的武器保护自己健康成长。

4. 活动性原则。《法制教育》研究与实验要设计形式多样、新颖有趣的法制教育活动，让学生在亲身经历或如身临其境中体验法律，感悟法律，理解法律，遵守法律。小学的法制教育活动应以情景模拟式、角色扮演式、情感体验式为主；中学的法制教育活动应以辩论明理式、知识竞赛式、调查访谈式为主。案例教学和模拟法庭应当成为中小学通用的法制教育活动的基本形式。

5. 实效性原则。《法制教育》研究与实验要从社会生活实际出发，贴近生活、贴近实际、贴近学生。深入研究中小学生的成长经历和生活环境，坚持“近、小、实、亲”，使中小学生真切地感受到法律就在自己身边，就在日常生活中；法律是维护自身权益、保护自己健康成长的武器。认真研究当代中小学生亟待普及的法律知识，亟待解决的法律问题，力求法制教育的实效性。

(四)《法制教育》研究与实验的内容

表7　全国中小学《法制教育》各册目录一览

单元 年级	法律基础 知识	依法维护 权利	杜绝不良 行为	预防违法 行为	抵制犯罪 行为
三年级	推开法律之门； 法律就在我身边； 遵守交通法规。	紧急情况会求助； 遇到伤害会自护； 面对危险会自救。	从“狼来了”说起； 不奢侈不浪费； 不去“禁止进入”的场所。	不扰乱公共秩序； 警惕玩火引灾难； 保护环境我有责。	
四年级	法律神圣不可侵犯； 依法接受义务教育； 法律保护未成年人。	我的信件你别拆； 我的人格不可辱； 如遭遗弃求保护。	旷课逃学是劣习； 骂人打架引祸端； 痴迷网吧害处多。	不毁坏公私财物； 不破坏文物； 不谎报险情。	

续表

单元 年级	法律基础知识	依法维护权利	杜绝不良行为	预防违法行为	抵制犯罪行为
五年级	什么是法律； 追溯法律源头； 维护社会治安。	结交网友要慎重； 假冒伪劣要拒绝； 残疾儿童莫歧视。	恃强凌弱后患无穷； 夜不归宿易入歧途； 离家出走引发悲剧。	欺诈他人终陷囹圄； 偷盗钱财难逃法网； 强索财物触犯法律。	
六年级	宪法； 公民的基本权利； 公民的基本义务。	受到虐待要维权； 我有上初中的权利； 依法维护女性权益。	吸烟酗酒害处多； 淫秽制品似砒霜； 参与赌博危害大。	吸毒是违法行为； 偷税漏税国法不容； 文明上网莫违法。	
七年级	什么是刑法； 什么是犯罪； 什么是刑罚。	维护公正评价权； 隐私权受法律保护； 我们不能当童工。		不携带管制刀具； 不结伙斗殴； 不参与邪教。	盗窃行为受惩处； 抢劫是暴力犯罪； 严防性犯罪。
八年级	什么是民法； 民事权利； 民事责任。	肖像权不容侵犯； 警惕消费陷阱； 生命健康权受法律保护。		无效婚姻不受法律保护； 虐待老人法律不容； 观看比赛投掷杂物违法。	哄抢公私财物受惩罚； 包庇窝赃要治罪； 故意伤害他人酿苦果。
九年级	行政法常识； 合同法常识； 劳动法常识。	依法维护继承权； 依法维护劳动权利； 法律保护正当防卫权。		不能签订违法合同； 猥亵他人是违法行为； 使用手机莫违法。	故意杀人要严惩； 纵火是严重的犯罪行为； 投毒犯罪必受惩罚。
十年级	刑事诉讼法； 民事诉讼法； 行政诉讼法。	依法维护婚姻家庭关系； 依法维护诉讼权； 依法维护知识产权。		履行国防义务； 反对分裂国家； 禁止违法游行。	贪污受贿国法不容； 网络犯罪危害极大； 远离黑社会性质犯罪。

三、深化研究与推广实验的方法与范式

(一)深化研究与推广实验的方法

本课题研究主要运用了系统研究法、实验研究法和行动研究法。

1. 系统研究法

系统科学研究方法是马克思主义唯物辩证法普遍联系原理的具体化和深化，是研究事物整体联系和运动发展规律的科学方法。将系统科学理论原则作为研究方法，我们已经在“九五”“十五”的研究中得到了运用，取得了良好的效果。在本课题研究中将继续采用这种研究方法。系统论的基本理论原则是整体性、层次性、有序性、动态性。根据系统论原理，我们把德育作为一个系统进行整体性研究，按照“分系统”来划分德育系统的层级结构。从德育空间划分，可以把它分为学校、家庭、社会三个分系统；按年龄和学段划分，又可以分为幼儿、小学、初中、高中(中职)、大学(高职)五个相对独立的分系统；按德育的要素来划分，还可以划分为目标、内容、途径、方法、管理、评价六个分系统。构建学校、家庭、社会和谐德育体系，就是使以上三个分系统形成横向贯通、纵向衔接、分层递进、螺旋上升的立体德育关系结构。系统研究法的操作要点是：整体、联系、和谐、合力。

2. 实验研究法

德育实验是运用科学实验的原理和具体方法来研究德育现象和问题，以揭示德育活动规律或某些德育内容、方法的有效性，是一种综合性研究活动。德育实验包括提出理论假说、控制实验变量、评价实验效度、形成实验报告等过程。

(1)提出理论假说。本课题实验的理论假说是：以《和谐成长》和

《法制教育》为载体开展德育活动，构建学校、家庭、社会和谐德育体系，可以增强德育实效。

(2)控制实验变量。这项实验的自变量有两个。一是《和谐成长》和《法制教育》；二是德育活动课。所谓控制实验变量，就是指实验教师设法运用《和谐成长》和《法制教育》，开展丰富多彩的德育活动课，以验证理论假说的过程。德育活动课是以《和谐成长》和《法制教育》为载体，以主体班会、团队会为基本组织形式的活动课程。德育活动课必须贯彻“师生双主体互动”“新三中心”“知、情、意、行四环节”“近、小、实、亲四原则”等德育新理念，不能单纯传授知识，让学生死记硬背，必须让学生主体参与，充分调动学生的主观能动性。这是能否提高德育实效的关键，也是本次实验成败的关键。广大实验教师要认真操纵自变量，设计出丰富多彩、行之有效的德育活动课方案，使德育新理念在实验学校深入人心。使《和谐成长》和《法制教育》真正成为：师生共用——和谐校园的活动指南；亲子共读——和谐家庭的生活导师；校区共建——和谐社区的建设平台；和谐德育——学生和谐成长的航标。

(3)做好实验效度评价。要评价一项实验的效度，主要看它的内在效度和外在效度。评价内在效度的方法，实验学校主要运用前侧后侧评价法。这是一种自身纵向比较的方法，可以判断被试在参与实验前后思想道德素质的发展变化，是一种有效的评价方法。实验教师主要采用观察法，在实验过程中，实验教师要做好观察，写好实验笔记，把学生在活动课中的表现、教师自身的印象和体会如实记录下来，获得实验效度的第一手资料，以此作为评价实验效果的重要依据。评价外在效度的方法，我们主要运用了在不同地区进行重复性实验的方法。这种方法不仅有助于完善实验方案、增进实验效益，而且可以验证实验的外在效度。

(4)撰写实验报告。总课题组每年都要征集和评审实验教师的实验报告，对成绩优秀的要给予表彰和奖励。

3. 行动研究法

"行动"和"研究"，在西方社会科学工作者那里，是两个用以说明由不同的人从事的不同性质的活动的概念。"行动"主要指实践者、实际工作者的实践活动和实际工作；"研究"则主要指受过专门训练的专业工作者、学者专家对人的社会活动和社会科学的探索。人们把这两个词结合起来，表述为"行动研究"(action research)是20世纪三四十年代的事情。

行动研究法是本课题研究的一种主要方法。因为它适合本课题的研究主体和行动主体——德育科研工作者与教育行政领导、一线教师、学生家长、广大学生。运用行动研究法，就是要边研究边行动，边行动边研究；在研究中行动，在行动中研究；注重研究结果，更强调研究过程。通过行动研究，探索出一条德育科研工作者与教育行政领导、一线教师相结合的德育科研之路。

实验学校的校长和教师要根据本校德育工作存在的问题，进行调研，制定实验方案，并亲身参加研究实验的全过程。通过实验，不但要提高学生的思想道德素质，同时，还要提高教师整体育人能力和师德素养。实验的过程，既是家长对孩子教育的过程也是家长素质不断提高的过程。如何有效整合社区教育资源对学生进行教育，需要经过不断的探索和完善，也是本课题研究的追求目标。这些特点决定了本课题对行动研究法的特殊需要。

4. 文献研究法

文献研究是指根据一定的目的，通过搜集和分析文献资料而进行的研究。文献研究在本课题研究中是作为辅助性的研究方法进行运用，但仍然是非常重要的研究方法。一般来说，科学研究都离不开文献研究。研究文献，可以从前人的研究中获得某种启示，少走弯路，减少盲目性；可以利用前人的权威的观点为自己佐证，使自己的研究增强说服力；当然，还可以从别人的研究中发现问题和不足，引起新的研究和讨论，从而纠正别人的错误，提出自己创新的观点。

(二)深化研究与推广实验的范式

本课题组经过“九五”“十五”的研究，形成了理论研究、政策研究、实践研究相结合的研究方针，组建了科研人员、地方行政领导、一线教师相结合的研究队伍，形成了总课题组、实验区、实验学校相结合的科研管理体系，创新了德育科研范式。在“十一五”研究中，我们将坚持这种科研范式，使我们的研究有坚实的实践基础，有明显的实践效果，形成可以推广的实践模式。

1. 坚持理论研究、政策研究、实践研究相结合的研究方针

本课题研究将坚持为德育决策服务，在党和国家方针政策的指导下进行研究的指导思想。认真研究党和国家有关的德育政策，及时将其纳入课题研究的内容，保证研究方向始终沿着正确的方向前进。及时组织相关培训，帮助地方行政领导、一线教师更好地理解有关政策，促进这些政策贯彻落实。与此同时，还要不断深入地开展德育基础理论研究，进行国内外学术交流，把理论研究、政策研究、实践研究紧密结合起来，架起了理论指导实践，实践丰富和检验理论的立交桥。

2. 组建专职研究人员、地方行政领导、一线教师相结合的研究队伍

德育科研的根本目的在于提高德育工作的实效性，而德育实效性

的提高最终要依赖于一线教师教育能力的提高，吸收一线教师参加德育科研是提高教师教育能力的最佳途径。通过德育科研，将唤醒实验教师的科研意识，普及实验教师的科研知识，提高实验教师的科研能力和德育工作水平。积极争取地方教育行政领导对课题研究的支持和参与。形成专职研究人员、地方行政领导、一线教师相结合的课题研究队伍。

3. 坚持总课题组、实验区、实验学校相结合的管理体系

加强对课题研究的管理。本课题继续实行总课题组、实验区指导组、实验学校分层管理的体制。进一步明确总课题组、实验区指导组、实验学校的任务和职责。每年，总课题组召开一次实验区负责人工作会议和学术年会，对一年来的研究工作进行总结，对优秀科研成果、先进实验区、先进工作者、先进实验教师进行表彰和奖励，对下一年的研究工作进行部署，邀请领导和专家进行学术报告，积极开展学术交流，引领课题不断深入发展。各实验区指导组要经常深入实验学校进行工作指导、教师培训、优秀德育活动课评比等项工作。各实验校组织实验教师开展丰富多彩的实验研究活动，建立健全课题研究档案。总课题组的专家将继续深入各个实验区、部分实验校进行课题研究和实验指导。确保课题研究健康开展。

2008年第十一届烟台德育年会的主题报告

同志们：

我代表和谐德育研究总课题组和中国伦理学会德育专业委员会向大会作主题报告。请各位代表和领导专家予以审议。

本次会议的主题是：以十七大精神为指导，深入贯彻落实科学发展观，坚持“育人为本，德育为先”，落实《教育部关于整体规划大中小学德育体系的意见》，深化和谐德育的研究与实验，积极构建校本和谐德育体系，为全面推进素质教育，促进学生健康和谐成长，为建设社会主义和谐社会而努力实践。

经过“九五”“十五”两个五年规划历时十年的研究与实验，我们创立了和谐德育的理论体系和实践模式。2006年，我在北京人民大会堂“十一五”开题报告中，对和谐德育的研究与实验进行了全面部署；2007年，总课题组完成了和谐德育实验载体《和谐成长》的研究与编写，并在长春年会的主题报告中提出了实验的具体要求；2008年上半年研究出版了综合性理论成果《和谐德育论》。本届年会的主要任务是：深入开展和谐德育研究与实验，积极构建校本和谐德育体系。

报告共分四部分：

一、校本和谐德育体系的基本内涵；

二、校本和谐德育体系的主要特征；

三、校本和谐德育体系的构建原则；

四、校本和谐德育体系的实践模式。

一、校本和谐德育体系的基本内涵

校本和谐德育体系是在本课题研究成果《和谐德育论》中提出来的一个特有概念。在《和谐德育论》第二章第三节阐述课题研究如何服务实践时明确提出："理论研究与实践操作的会合点和落脚点，是运用和谐德育原理构建校本和谐德育实施体系，这是和谐德育研究服务实践的直接形式之一。"要完整地理解把握校本和谐德育体系的内涵，首先应认识把握和谐德育的基本内涵。

(一)和谐德育的基本内涵

和谐德育，是以满足社会发展需要和受教育者发展需要的和谐统一为出发点，在遵循受教育者思想品德和身心发展规律的基础上，构建德育体系诸要素之间的和谐关系，使之协调相应、配合得当，形成合力，以引导教育者掌握德育规律，提高育人能力，从而促进受教育者思想品德及整体素质和谐发展的一种教育模式。和谐德育的这个定义包含的内容要点可以从六个方面作阐释性表述。

1. 和谐德育以满足社会发展需要和受教育者发展需要的和谐统一为出发点

社会发展需要和谐。我国确立建设社会主义和谐社会的发展目标，深刻说明社会和谐是国家富强、民族振兴、人民幸福的必要条件。社会和谐有利于解放生产力，发展生产力。科学发展观是社会和谐发展的具体体现，如统筹建构城乡、区域、经济社会、人与自然、国内发展与改革开放的和谐关系，全面加强社会主义经济、政治、文化、社会建设，使其和谐共生，相互支撑，这些和谐关系的建构，都是社会健康和可持续发展所必需的。

个体发展需要和谐。在当代，人自身成长发展对和谐的需要表现为：第一，身心和谐，人的品德的知、情、意、行需要和谐发展，人的品德与智力、身体、审美、劳动诸素质需要和谐发展，人的德性与个性需要和谐发展；第二，个体与他人的和谐，如个体与同学同事、与师长父母、与社会群体、与生活环境的和谐，其中个体的健康心理是个体与他人相和谐的一种心理需要；第三，个体与社会的和谐，如个体思想行为与社会主流意识的和谐，与社会发展方向的和谐；第四，人与自然的和谐，如个体与现实的物质（人工）生活环境的和谐，与自然环境的和谐。

社会发展需要与个体发展需要和谐统一。和谐是社会和个体发展的共同需要，就二者关系看，建设和谐社会是个体和谐发展的社会前提，而个体的和谐发展又是实现社会和谐发展的根本条件。和谐社会的基本特征，如民主法治、公平正义、诚信友爱、充满活力、安定有序、人与自然和谐相处，都是人的思想品德的社会化体现。社会的和谐发展与个体的和谐发展是相互依存的辩证统一。这种辩证统一关系是和谐德育研究的现实背景和出发点。

2. 遵循受教育者思想品德和身心发展规律

遵循受教育者思想品德和身心发展规律确定了和谐德育研究的科学理论基础。思想品德发展规律是品德形成发展过程中品德内部诸要素之间，对品德形成有影响作用的内外部诸因素之间的必然联系。如品德发展与生活情境和实践活动紧密联系规律，思想品德发展的动力规律，品德知、情、意、行各要素相互联系、相互促进规律，品德各要素发展的差异性和教育的多端性规律，品德发展的他律与自律辩证统一规律。受教育者身心发展规律如儿童心理和机体行为能力的年龄特点规律，思维情感和行为习惯长期培养积累规律，个体社会化与个性化辩证统一规律，等等。遵循这些基本规律是和谐德育研究的必备前提和基础。

3. 构建德育体系诸要素的和谐关系

构建德育体系诸要素的和谐关系，主要指教育者与受教育者和谐；德育环境的和谐；品德结构的和谐；德育与智、体、美、劳诸育的和谐；德育的目标、内容、途径、方法、管理、评价“六要素”和谐；德育在幼儿、小学、初中、高中(中职)、大学(高职)、研究生“六学段”衔接上的和谐。这些和谐关系都以其内在的客观的联系为基础。在每一组要素联系中，每一个要素内部都包含着更具体的要素联系，如德育内容在年级之间的和谐联系、德育途径中学科教学与班主任和团队工作的和谐联系等。

4. 引导教育者掌握教育规律

以遵循教育规律的实践理性进入课题研究和实践，在科学理念和教育实践的紧密结合与相互验证中，在构建德育体系诸要素的和谐关系中，引导教育者深化对教育规律的认识并自觉地将规律运用到具体的教育过程中，是和谐德育研究的主导环节。其中如何构建德育体系诸要素的和谐关系，如何通过构建和谐形成教育合力，从“和谐”到“合力”都有哪些教育规律，是和谐德育研究的重点领域。在实施和谐德育过程中，引导教育者掌握教育规律是培育和提升教育者主体性的核心环节，是培育受教育者主体性的决定因素，是和谐德育研究的本质目的。教育者主体与受教育者主体和谐互动、共同成长，体现了对教育规律的完整把握，明确了和谐德育的完整的必然的归结点。

5. 促进受教育者思想品德及整体素质和谐发展

促进受教育者思想品德及整体素质和谐发展是和谐德育研究与实践的直接目的，是德育实效性的具体体现。和谐德育的定义中完整地包含了德育工作的针对性、主动性、科学性和实效性，即和谐是我国社会发展的主题，教育及德育工作如何适应和谐社会建设这一要求是一个十分紧迫的理论和实践问题；和谐德育研究直接面对这一现实问题，充分体现了课题研究的针对性和主动性，也体现了课题研究的时代性；课题研究从遵循规律入手，经过研究实践深化教育者对教育规律的掌握和运用能力，使德育工作的规律性具体化、过程化、系统化，体现了课题研究的科学性；课题研究以增强德育诸要素的合力为重点，以提升教育者的主体性和促进受教育者思想品德及整体素质和谐发展为归结，充分体现了对德育工作实效性的追求。从这个意义说，和谐德育研究是一种更贴近社会和个体发展需要的应用型德育理论与实践模式研究。

6. 和谐德育是一种教育模式

教育模式是一种为解决教育面临的问题而建立的科学操作和科学思维的方法。教育模式的总体特点，是教育理论和教育实践之间的“中介”，在理论和实践之间起着由下而上和由上而下的双向联结作用。即一方面，教育者在教育改革实践中通过对一些经验方法进行归纳综合，总结提炼出模式，经过实践验证，使模式具有了理论属性；另一方面，可以在理论指导下，经类比、演绎和具体化而提出多种教育模式，进而运用到教育实践中，以解决不同的问题。问题是否得到解决，是检验模式是否具有科学性的基本标准。教育模式，推上，有理论基础；推下，有操作程序。模式处于理论与应用的中介。在理论与实践之间，模式能够承上启下，便于引导实践。教育模式对教育者掌握运用教育理论，创新发展教育方法具有重要意义。

和谐德育以解决德育及整体教育过程中的不和谐问题为研究重点，这种研究不仅关注德育内部诸要素之间的和谐问题，而且从德育与社会教育、家庭教育及社会发展等多向联系中进行研究。它是德育理论和德育实践之间的“中介”，在理论和实践之间起着由下而上和由上而下的双向联结作用。因此，和谐德育既是一种德育思想，又是一种德育模式，其属性归结点和完整定义域是一种教育模式。

(二)校本和谐德育体系的构建要点

校本和谐德育体系就是以学校为基本实践范围，运用和谐德育的基本原理构建的以解决学校德育工作现实问题为出发点，以推进学校整体工作科学发展为目的的德育实施体系。

构建校本和谐德育体系应认识和把握以下要点：

1. 以校为本、以人为本、育人为本

以校为本就是基于学校教育工作改革发展需要，以学校为基本实践范围，学校全体人员参与，通过构建校本和谐德育体系归于构建和谐学校，促进教育者和受教育者健康和谐发展。以校为本的实质归结点是以人为本，或者说以校为本是为了达成育人为本，促进人的发展，以体现教育的本质，实现教育目的。构建和谐学校一般通过构建和谐的校园精神文化、物质文化、制度文化，为教育者和受教育者的和谐发展创造基础条件。在工作范围上，以校为本体现为以学校教育为中心，同时辐射家庭教育和社会教育，在学校、家庭、社会的和谐互动中提高办学效益，促进学校工作健康持续发展。

2. 以解决学校德育工作的现实问题为出发点

解决学校德育工作的现实问题体现了德育工作的针对性和实效性，也是德育科研的直接目的和生命力之所在。确保德育工作具有实效性的重要条件是教育者对教育工作方式科学性的认识和把握。构建校本和谐德育体系的过程是引导教育者探索掌握教育规律的过程，是将追求德育的科学性的工作理念转化为科学化的教育能力的实践过程。学校德育工作的现实问题不是孤立发生和存在的，现实问题是历史问题的延续形态，也可能是未来发生问题的前提原因。因此，校本和谐德育体系的构建范围可以是由德育目标内容、途径方法、管理评价构成的整体性的工作体系，也可以是侧重于一条途径或一项内容的实践操作体系，以此带动整体工作，其根本着眼点是为了解决实际问题，即以解决现实问题为出发点。不能解决实际问题的体系构建脱离了校本实际，因而没有实际意义。

3. 以推进学校整体工作科学发展为目的

构建校本和谐德育体系，解决学校德育工作的现实问题的根本目的是推进学校整体工作科学发展。其工作境界是把科学发展观落到实处，包括把以人为本落到实处，如通过构建校本和谐德育体系形成了和谐的校园物质文化、精神文化和制度文化，提升了教育者的精神质量和教育主体性，提高了科学育人能力，促进了学生主体性的形成和整体素质的和谐发展；构建校本和谐德育体系，学校实现了全面协调可持续发展，如全面贯彻党的教育方针，教育教学过程遵循教育规律，进入实施素质教育轨道，学校各项工作和谐有序，与家庭、社区协调配合，形成教育合力；通过构建校本和谐德育体系学校确立了切合实际的近期和中长发展目标，增强了凝聚力，办学效益逐步提高，学校进入可持续发展阶段。

4．运用和谐德育基本原理构建体系

和谐德育的基本原理已在《和谐德育论》上篇“和谐德育理论构建”和中篇“和谐德育体系构建”的各章内容中进行了较系统的阐释。和谐是和谐德育的研究主线和实践宗旨。《和谐德育论》对什么是和谐，从德育系统及教育过程需要构建哪些和谐关系，以及怎样构建这些和谐关系等方面都进行了研究论述。只有运用和谐德育的基本原理来认识学校德育工作，并以此原理为基本参照构建出符合本校实际的德育工作实施体系，才能具备校本和谐德育体系的基本属性。和谐是个体、教育和社会健康发展的客观需求，校本和谐德育体系是各级各类学校做好德育工作的客观需求。运用和谐德育基本原理是构建校本和谐德育体系的必然要求。

“构建”突出表现了德育的主体性、主动性和实践性。“体系”是思想理论或教育要素的整体联系。构建校本和谐德育体系的主体是教育管理者和广大教师，教育者的主体性、主动性和实践能力是构建校本和谐德育体系的主导力量，学生主体性的形成反映着构建校本和谐德育体系的效果，也是教育者主体性发挥的对象化体现。体系由和谐而来，即由教育要素的整体和谐的联系机制而来。和谐既是教育要素之间相互联系的状态、程度，也是教育的方法、过程和结果。和谐由构建而来，和谐产生合力，合力来自体系。因此，构建校本和谐德育体系要强调构建，强调体系。强调构建，就是突出教育者的主体性、实践性和创造力；强调体系，就是突出教育要素整体和谐的联系机制。体系是构建的方式和手段，也是在德育工作机制上要达成的目标和结果。

二、校本和谐德育体系的基本特征

在总结本课题已有校本和谐德育体系研究成果的基础上，我们把校本和谐德育体系的基本特征概括为具体化、特色化、可操作。

(一)校本和谐德育体系具体化

所谓校本和谐德育体系具体化，指的是构成校本和谐德育体系的德育目标、内容、途径、方法、管理、评价等要素的细化、优化与科学化。细化是指将构成校本德育体系各要素分解到细微的程度；优化是各要素之间组合的关系以及整体发挥作用的效度；科学化是校本德育体系的构建适应学生年龄特征和品德发展规律。

1. 目标内容具体化

校本和谐德育目标，是指学生在德育方面所要达到的要求和水平。它对构建整个校本和谐德育体系具有导向、激励、调节、控制等作用，是选择、构建德育内容的前提和基础，也是提高整个校本德育科学性与实效性的关键。因此，校本德育目标要具体化，要“近、小、实、亲”，不要“高、大、空、远”。

校本和谐德育目标体系分为总体目标、学段目标和年级目标。按照“总体目标，一以贯之；学段目标，各有侧重；年级目标，具体明确；情意兼顾，知行统一”的原则，整体构建校本和谐德育目标体系应由“认知目标、情感目标和行为目标”构成“三维德育目标体系”。其横向结构由政治、思想、道德、法纪、心理五项德育目标群构成，每一项都含有认知目标、情感目标和行为目标；纵向结构是学生成长的各个年级，要根据循序渐进的规律，对不同年级的学生的要求应分层递进，螺旋上升。

校本和谐德育内容体系的具体化，就是指根据学生的年龄特点和思想品德的发展规律，以道德、心理、法律、思想、政治等相关内容为横坐标，以低年级、中年级到高年级为纵坐标，理顺德育内容自身的逻辑关系，由浅入深、由低到高、由感性到理性、由具体到抽象进行合理部署与安排，做到“德育内容，循序渐进；德目规范，形成序列；要素完整，层次清楚；注意衔接，螺旋上升”。

2. 途径方法具体化

德育途径是开展学校德育工作的渠道。校本和谐德育途径体系具体化，指的是把七大类德育途径：课程类、实践类、组织类、环境类、管理类、咨询类、传媒类具体化为可操作的实施途径，主要根据“德育途径，对应内容；一项内容，多条途径；有主有辅，协调配合；分工合作，形成合力”的原则，把它们运用到各年级的德育工作中去。例如，课程类德育途径的具体化，就是要构建各个年级的学科课程与活动课程相结合、必修课程与选修课程相结合、显性课程与隐性课程相结合的课程类德育途径体系，并且找准各门功课的寓德点。又如，管理类德育途径的具体化，就是要使德育校长、德育主任、班主任的管理职能具体化。比如班主任工作具体化就是要建立以主题班会为基本形式，贯彻落实“双主体”“三中心”“四环节”等德育新理念的班主任工作规程。再如，环境类德育途径具体化，充分发挥校园环境的育人功能，精心设计校园物质文化和精神文化，使校园里每一堵墙，每一片绿，每一棵树都会说话，使整个校园成为一部立体的、多彩的、富有吸引力的生活教科书。

德育方法是为了实现德育目标，完成德育任务所采取的手段与方式。校本和谐德育方法体系具体化，就是把语言说理类、榜样示范类、修养指导类、实践锻炼类、行为训练类、规范制约类、评价激励类等方法具体化，按照“根据内容，对应途径；多种方法，优选组合；

辩证思维，法无定法；留有余地，鼓励创新”的原则分布到各年级的德育工作中去。比如，语言说理的德育方法还可以细化为商讨式谈话、谈心式谈话、点拨式谈话、触动式谈话、渐进式谈话、突击式谈话等多种方式，可针对不同的学生、不同的情况灵活运用；在运用评价激励的德育方法时，坚信“好学生是夸出来的”，根据不同的对象采取登榜表彰法、上报表彰法、写信表扬法、大拇指称赞法、微笑点头法、背后夸奖法等，可收到良好的效果。

3. 管理评价具体化

校本和谐德育管理体系具体化，就是按照“理顺健全领导机制，稳定提高教师队伍，建立健全规章制度”的要求，把学校领导体制、规章制度、队伍建设、督导检查、考核测评等要素进行优化组合。主要表现在如下几个方面：①确定校长的职责和学校党组织的职责；②成立由学校党政主要领导、德育骨干、社区和家长代表参加的德育领导小组；③建立相应的德育工作机构，确立各机构的职责、任务、工作制度；④建立优化德育队伍的机制，培养与选拔班主任、团(队)干部、心理咨询教师。总之，校本德育管理体系构建要营造一种团结的、民主的、和谐的校园人际关系，形成齐抓共管的学校德育工作格局。

校本和谐德育评价，是校本德育的监督保障机制，具有导向和激励功能。校本和谐德育评价体系具体化，要求按照导向性和激励性、科学性和系统性、形成性和阶梯性、主体性和个体性、操作性和趣味性等评价原则，运用评分、评等、评语相结合的方法，制定科学简明的学校德育、班级德育和学生品德三级评价指标体系。对学生思想品德的评价要通过家校结合、亲子互动、师生互动、生生互动等评价方法，对学生的思想道德素质进行评价，既要注意评价的客观性，又要注意评价的导向性，学校领导、教师和家长要从各方面观察、记录、分析学生的优势和弱点，特别要注意发现每一个学生的特点和闪光点，引导和激励学生健康成长。

(二)校本和谐德育体系特色化

特色，就是事物表现出来的独特色彩和风格。校本和谐德育体系特色化，主要是指学校所处的地方特色、层次特色和办学特色在学校德育工作中表现出来的独特风格。特色化是校本和谐德育体系的显著特征，也是校本和谐德育体系构建的出发点。

1. 地方特色化

校本和谐德育体系地方特色化，就是要求各级各类学校立足地方经济、政治、文化和社会建设的需要，努力挖掘地方德育资源，建设富有各地风土民情的、具有地域独特性的校本德育体系。比如新疆伊宁市针对多民族的现状，构建了“民族之花常开”“我的中国心”等具有浓郁的边疆地方特色的校本德育体系，突出了民族团结，建设边疆、保卫边疆的主题；河南信阳市发挥鄂豫皖革命根据地的德育资源优势，构建了“将军哺育我成长”“我为家乡添光彩”等具有革命老区特色的校本德育体系，培养青少年继承革命传统，热爱家乡、建设家乡，热爱祖国、建设祖国的真挚情感；贵州省遵义市则以长征文化、名酒文化为特色，构建“重走长征路”“名酒文化礼赞”等颇具地方特色的校本德育体系。校本和谐德育体系地方特色化充分体现学校教育环境的独特性，有利于调动学校教师、学生的积极性，使学校德育更有地方特色、教师的教学更有特点、学生的发展更有特长。

2. 层次特色化

校本和谐德育体系层次特色化，指的是根据各级各类学校办学层次上的区别，结合学生各年龄段的特点，针对各个层次学校的不同的办学目标、不同的文化背景、不同的办学条件，制定校本德育目标、内容、途径、方法、管理、评价的具体内容。比如道德教育，小学应从一般的文明礼貌、行为规范做起，强调道德行为习惯的养成；中学则应当对道德原则、规范进行系统教育，使学生对传统道德与社会主义道德有较深刻的认识；到了大学阶段，则应进行伦理学和道德基本理论教育，使学生对道德的起源、本质、功能有深刻的理解。校本德育体系层次特色化，适应不同年龄阶段学生的身心特点、知识水平和品德形成发展规律，避免了大、中、小学德育的“倒挂”、“脱节”、简单重复和脱离实际的问题，使校本德育体系能够贴近实际，贴近生活，贴近学生，从而增强德育的实效性。

3. 办学特色化

校本和谐德育体系的办学特色化，就是学校在构建校本和谐德育体系的过程中根据本校的文化传统、办学优势、师生特点、德育资源和学校环境以及教育者的办学追求和情趣，努力形成独特的德育风格，确立学校德育工作独特的发展方向。简言之，就是在具有一般校本和谐德育体系共性的基础上，突出与众不同的个性，即“人无我有，人有我优，人优我精”。一个富有生命力的校本德育体系必然有其独特的优势和风格。学校德育千篇一律、千校一面的现象，不利于学生的发展、学校的发展，乃至社会发展的需要。富有特色的校本和谐德育体系则能够满足学校发展的需要，提高学校的教育质量，为培养个性鲜明、特长突出的优秀学生搭建成长平台。

(三)校本和谐德育体系可操作

校本和谐德育体系可操作是指把理论形态的德育体系转化为实践形态的、可以适合本校实践运用的德育体系。校本和谐德育体系是否有可操作性，主要从以下三个方面来衡量与检验。

1. 全程可操作

全程是一个时间概念，指学生从入学到毕业的时间过程。全程可操作，是指学校德育工作贯穿于学生从入学到毕业的整个过程之中，德育无时不在，环环相扣，贯穿始终。校本和谐德育体系如同一个生产流程，学生从低年级发展到高年级，每一个成长阶段都是生产流程上的一道道工序。如初中校本德育体系可以将三年六个学期分成12个阶段，每一个阶段设计一个德育主体活动。第一学年主要有“迈好中学第一步；法律保护我成长；学会交往，创造和谐的成长环境、登上知识之船，扬起理想的风帆”等内容。第二学年主要有“花季困惑指南、塑造健全人格、不断完善自我、讴歌民族精神”等专题；第三学年考虑到学生初中毕业在即，面临升学压力，可以构建“鼓起勇气，迎接挑战；调整自我，增强自信；脚踏实地，自强不息；找准定位，确定理想坐标”等内容。德育贯穿学校教育的全过程，针对学生成长的每一个阶段的需要开展主题教育活动，有利于增强德育的针对性和实效性。

2. 全面可操作

全面是一个空间概念，是指学生生活、学习的全部环境。全面可操作，是指学校德育工作全方位地深入到学生学习、生活活动的全部领域。学校是一个德育信息场，教师的德育信息、学生的德育信息、管理者的德育信息以及学校物质形态所包含的德育信息相互作用，形成一定的张力作用，构成一种立体的德育空间。构建全面可操作的校本德育的要义在于营造像电场、磁场、引力场一样的校本德育场。全面可操作的工作的着力点主要体现在如下三个方面：其一，要把德育内容具体化为学生喜闻乐见、易于接受的名言警句、温馨提示等形式，分布到学校教学楼、餐厅、宿舍、体育场、文化广场，使德育信息无处不在；其二，通过情景感染、榜样示范等手段，使学生耳濡目染、亲身体验，养成良好的行为习惯；其三，通过检查督导、评比竞赛等手段，引导和激励学生自觉遵守学校的规章制度，树立社会主义荣辱观。

3. 全员可操作

全员是指学校领导和全体教职员工所组成的教师集体。全员可操作是在“人人都是教育者”的观念指导下，通过强化全员意识，建立全员机制，开辟全员渠道等措施，使每一个教职员工均能根据自己的职责分工做到“教书育人、管理育人、服务育人”。强化全员意识，就是强化党、政、工、团齐抓共管，班主任、科任教师和职工通力合作，学校、家庭、社会互相结合的德育意识；建立全员机制，主要指在建立学校德育管理机制的基础上，逐步建立年级组长负责本年级德育工作，班主任负责本班德育工作，全体教职工责任到人的全员德育工作机制；开辟全员渠道，就是针对每一阶段的德育主题，分别确定学校、学生处、年级组长、班主任、任课教师、共青团、学生会，以及学校、家庭、社会德育工作的要点、方法，使德育工作真正落到实处。

三、校本和谐德育体系的构建原则

校本和谐德育体系是运用和谐德育的基本原理构建的应用于学校教育实践的工作体系，因而其构建原则与和谐德育的实践原则是一致的。和谐德育的实践原则是对和谐德育实践过程和实践方式的基本要求，是本课题在研究过程中从实践经验中总结出来的理性认识，是在把握德育过程的基本规律基础上制定出来的实施和谐德育应遵循的基本准则。校本和谐德育的构建原则主要包括以人为本原则、整体和谐原则、继承创新原则、服务实践原则。

(一)以人为本原则

以人为本的核心是关注人的成长发展需要，一切工作都以人的全面和谐发展为出发点和归结点。以人为本关系到教育主体的精神质量和生命价值，是个体最现实、最直接的成长需要和生活感受。在实施和谐德育的过程中坚持以人为本原则，就是以和谐德育的实践主体为本，就是以教师为本，以学生为本，以家长为本。

1. 以学生为本，就是要热爱学生，满腔热情地关心指导学生和谐成长。在教育过程中，要尊重学生的独立人格，民主、平等、公正地对待学生；要遵循青少年思想品德和身心发展规律，关注学生的成长需要；帮助学生认识生命、珍惜生命、尊重生命、热爱生命，促进学生身心健康发展；培养和保护学生在学习过程中的积极性、自觉性、主动性和创造性等主体意识和主体行为，充分发挥师生、亲子“双主体”的和谐互动效应；教育过程要注意以学生为中心，以活动为中心，以体验为中心；教育的内容和方法坚持“近、小、实、亲”，使学生和谐、主动、活泼、快乐地生活和成长，促进学生的思想品德及整体素质和谐全面发展。

2. 以教师为本，就是要关注教师的精神质量和生命价值，尊重教师的个性和自我实现的需要。要把对教师的职业素质要求与教师工作发展阶段结合起来，对教师的要求要适合教师工作发展实际，让教师经努力亲身体验到成功的喜悦，尊重教师的职业成就感；要为教师创造学习提高和自我实现的发展条件，支持鼓励创新，保护和发展教师的创新精神，让教师感受到创新的愉悦和工作的价值；要及时肯定教师的成绩，树立教师威信，让教师感受到学校、学生、家长的认可，感受职业生命的价值；要丰富教师的精神文化生活，关心和提高教师的身心健康水平；关注教师的物质待遇，使教师的物质待遇与工作付出相匹配。以教师为本的一个基本指标，是让教师体验到教师职业和教师生活的幸福快乐。

3. 以家长为本，就是从关注学生与家长亲子关系的和谐程度入手，了解家长的精神与物质生活及其教育能力状况，尊重家长的要求和愿望。与家长建立和谐的工作联系，及时地、有针对性地指导家庭教育，帮助家长掌握科学的教育理念和教育方法，养成健康文明的生活方式，促进家庭生活的和谐幸福。

(二)整体和谐原则

整体和谐是和谐德育的认识方法，也是和谐德育的实践方法。构建校本和谐德育体系必须坚持整体和谐的原则。其中包括：

1. 树立整体和谐的工作意识。整体和谐原则要求教育者在思想观念上把握：和谐是教育目的之一，和谐是教育主体构建的联系机制，是可以体验的教育方法和教育结果。整体和谐以局部和谐为基础，和谐是合力的生成机制。要始终把德育工作视为由诸多要素相互联系构成的整体来认识。整体和谐主要包括：教育者、受教育者和教育环境的整体和谐；教育者与受教育者“双主体”相互影响、情感互动的整体和谐；德育、智育、体育、美育、劳动教育的整体和谐；学校、家庭、社会相互联系、相互作用的整体和谐；德育的目标、内容、途径、方法、管理、评价的整体和谐；幼儿园、小学、初中、高中、大学、研究生各教育阶段纵向衔接的整体和谐等。

2. 坚持整体和谐的构建过程。校本和谐德育体系的最高境界是构建主体，即教育者、受教育者形成和谐德育意识和自觉执行和谐德育的行为方式。在校本和谐德育体系的构建过程中，要培育和发挥教育者、受教育者的和谐德育体系构建主体性，要充分发挥学校领导、教师集体、广大学生的积极性、主动性和创造性，让他们积极参与和谐德育体系构建的讨论，使和谐德育体系不仅成为完成教育任务的保障，而且适应个人成长发展需求，引导个体切身意识到和谐德育体系是集体和个人发展的保障，形成对和谐德育体系的情感认同和自觉执行的责任意识。此外，还要广泛征求家长代表、社区干部的意见，职业院校和高等学校还要征求用人单位的意见。使校本和谐德育体系的构建过程成为学校、家庭、社区以及用人单位紧密联系、互相沟通、和谐共建的过程。

3. 建立整体和谐的运行机制。在校本和谐德育体系的实施过程中，要建立整体和谐的运行机制。在全程育人方面，要把德育贯穿学校教育的全过程，针对学生成长的每个阶段开展主题教育活动，做到循序渐进，螺旋上升，避免“倒挂”、“脱节”、简单重复。在全员育人方面，要在建立学校德育管理机制的基础上，逐步建立校长负责全校德育工作，年级组长负责本年级德育工作，班主任负责本班德育工作，全体教职工德育责任到人，分工合作、齐抓共育的全员工作机制，把教书育人、管理育人、服务育人落到实处。在学校与家庭、社会相结合方面，要注重协调配合，逐步达成德育理念融通、德育目标趋同、德育内容方法互补、德育管理协调、德育资源共享、德育评价一致，使相互之间的和谐与合力成为可感受、可认识、可操作的育人方式。

(三)继承创新原则

贯通古今，融汇中西，继承借鉴，发展创新，是本课题研究一以贯之的指导思想和基本原则。这一原则可以从以下三点展开。

1. 贯通古今，批判继承。系统研究和梳理我国传统文化，我们发现传统文化中的和谐思想的内涵极为丰富，其中包括：天人合一、天人和谐，以和邦国、以谐万民，人我和谐、群己和谐，和而不同、和而不流，和必中节、仇必和解等。这样就为和谐德育探寻到了思想渊源。可以认为，中国传统文化形成了以“和”为核心，以“仁、义、礼、智、信、忠、孝、廉、耻、勤”十个德目为规范的道德教育体系。批判继承中国传统道德文化，构建符合传统美德和时代精神的道德行为规范体系，是和谐德育研究的一个重要任务。同时，还要系统研究和继承我国传统道德教育的有效方法，如注重家教和社会环境的合力；强调知、情、意、行的和谐统一；注重道德自我修养和理想人格追求；讲究德性涵养从小训化，从小事、琐事做起，由小到大，由近及远；因材施教，启发诱导，学、问、思、辨；寓理于形，情理并举，重视榜样垂范；寓教于乐，以诗歌音乐诵读熏陶；以身作则，长善救失，防微杜渐；等等。把建设和谐学校、和谐家庭、和谐社区与社会公德、职业道德、家庭美德、个人品德教育和谐贯通起来，探索总结“和谐贯通”的经验方法，建构与创新和谐德育实践模式。

2. 融汇中西，合理借鉴。要进一步解放思想，开阔视野，深入研究国外和谐思想、德育理论、德育内容与方法的历史与现状，借鉴其合理的成分作为和谐德育的思想材料。诸如：古希腊哲学中的毕达格拉斯学派从奇数与偶数的对立统一看到了事物的和谐，从音乐的音符组合看到了音乐艺术的和谐，进而断言“美德乃是一种和谐”。苏格拉底建立了一种“爱知”与“爱德”和谐统一的伦理思想体系。柏拉图提出了“公正即和谐”的思想，他认为理想国就是以“正义、理智、勇敢、节制”四种德行为支柱的和谐社会。卢梭尊重儿童个性与情感的自然主义教育原则和对儿童自幼进行爱国主义教育的思想；赫尔巴特关于一切教育都应围绕对学生进行道德教育、培养“完善的人”以及“内心自由”“完善”“仁慈”“正义”“公平或报偿”五种“美德”是巩固世界和社会秩序的永恒准则的思想；杜威强调生活实践，以学生为中心和品德发展三阶段思想；科尔伯格的道德认知发展理论；以罗杰斯、马斯洛等人为代表的人本主义道德教育论和以拉恩斯等人为代表的价值澄清理论，以及以班杜拉为代表的社会学习理论；等等。这些理论体系都包含着合理成分，也有其局限性，需要用发展的辩证的观点进行比较分析，吸收其合理成分以丰富中国的德育理论及内容方法体系。

3. 继承借鉴，发展创新。弘扬中华民族优秀文化传统，借鉴人类有益文明成果，是为了倡导和谐理念，培育和谐精神，发展创新中国特色思想道德教育体系。具体实践环节主要体现在发展创新民族性与时代性并融的德育的目标、内容、途径、方法、管理、评价体系之中。要从文化发展规律中认识社会主义核心价值体系是建设和谐文化的根本，研究怎样把马克思主义基本原理、中国特色社会主义共同理想、以爱国主义为核心的民族精神和以改革创新为核心的时代精神、社会主义荣辱观转化为适合各年龄阶段的德育内容；创新教育模式，在深化国家统一的课程改革的同时，加强地方和校本课程建设，探索总结把社会主义核心价值体系融入国民教育和精神文明建设全过程的实践原理和实践方法；研究并总结出社会主义核心价值体系四项内容的内在联系及其教育规律，增强教育过程的科学性和实效性。要站在文化发展和道德教育的时代前沿，总体把握当代世界发达国家和发展中国家德育理论及内容方法的历史、现状及发展趋势，提炼优化我国德育的新经验、新成果，和谐会通，辩证取舍，原创性与继创性并行互促，进行德育理论与实践模式的综合创新，整体构建适应素质教育、促进社会和谐的，代表先进文化前进方向的，面向现代化、面向世界、面向未来的中国特色社会主义德育体系。

(四)服务实践原则

服务实践是和谐德育研究的根本目的。本课题研究始终坚持为教育科研服务、为教育改革实践服务、为教育决策服务的宗旨。和谐德育研究坚持服务实践原则，主要体现在以下两个方面。

1. 理论研究与实践操作相结合。理论研究与实践操作紧密结合是和谐德育研究的基本特点和贯穿始终的原则。这一原则在本课题研究与实验过程中呈现为前后相继的四个环节，即通过现状调研发现不和谐问题—研究分析不和谐的原因—通过实践探索达成和谐的方法—总结建构和谐的经验与规律。在具体的工作实践中，这四个环节不是一次性终结，而是持续循环往复进行的。在教育科研方法上，这四个环节实质是调查研究法、实验研究法、行动研究法等方法自然融合并用。课题研究的最终成果表明，理论研究与实践操作的会合点和落脚点是运用和谐德育原理构建校本和谐德育实施体系，这是课题研究服务实践的直接形式和最终目的。校本和谐德育实施体系要具体化，即德育目标内容具体化、途径方法具体化、管理评价具体化；校本和谐德育体系要特色化，即地方特色化、层次特色化、学校特色化；校本和谐德育体系要可操作，即全员可操作、全面可操作、全程可操作。这正是理论研究与实践操作相结合的结果。

2. 课题研究实验与成果推广应用相结合。本课题一贯主张：课题研究的直接目的是出成果、出经验、出人才。出成果，不仅要出理论性成果，也要出应用性成果；出经验，是在理论指导下的实践经验；出人才，不仅要出理论型人才，更要出应用型人才。课题研究的成果不是为了自我欣赏，不是为了晋升职称，更不是为了束之高阁，而是为了推广应用，指导实践，推动德育工作增强科学性和时效性。因此在课题研究过程中特别重视成果的推广和应用。总课题组的研究成果，不论是理论著作还是实验教材，都要广泛征求一线领导和教师的意见，都要吸收一线领导和教师参与进来，都要经过实践—研究—再实践的过程。这就为成果推广应用奠定了良好的基础。在课题研究和成果推广应用的过程中，我们充分发挥总课题组、实验区、实验校的积极性、主动性和创造性，经过自上而下、自下而上的交流研讨，实现推广应用的效果。首先是校内交流，实验学校定期举办课题研讨会、经验交流会，使本校成果首先在校内得到传播和推广。其次是实验区组织的学校之间、学校与家庭之间、家庭与家庭之间、学校与社区之间的经验交流，交流和谐班级、和谐校园、和谐家庭、和谐社区、和谐单位等方面的成果经验，使课题研究成果在本地区相互借鉴，以达到深化认识、共同提高的目的。最后是总课题组组织的学术研讨和推广交流活动，例如，每年一度的实验区负责人工作会议、每年一度的课题年会暨大型学术研讨会、各学段的专题研讨会、实验区实验校的开题会、中期汇报会、结题验收会等。通过这些活动达到了课题研究为德育实践服务的目的。

四、校本和谐德育体系的实践模式

校本和谐德育体系作为一种教育模式，其建构类型可以包括宏观、中观、微观三个层次。宏观层次校本和谐德育实践模式，是指在一定区域内幼儿园、小学、中学、大学各学段德育工作和谐衔接，学校教育、家庭教育、社区教育协调配合的教育模式。构建宏观层次校本和谐德育实践模式是实验区的重要研究任务。中观层次校本和谐德育实践模式，是指学校自身和谐德育系构建与和谐学校文化建设形成的教育模式。其中包括学校德育的目标内容、途径方法、管理评价构成的德育实施体系，还包括学校精神文化、物质文化、制度文化等构成的和谐学校文化建设。构建中观层次校本和谐德育体系是实验校的主要任务。微观层次校本和谐德育体系主要是以班级德育为主体的德育工作体系，如和谐班集体建设模式、德育课程教学模式、班团队会与主题教育活动模式等。这是实验教师的研究任务。我这里主要讲微观层次校本和谐德育体系的实践模式。

本课题在微观层次校本和谐德育体系实践模式的研究与实验，主要通过编写幼儿园、小学、初中、中职、高职和谐德育实验教材，为实验提供操作载体，以引导实验校构建校本和谐德育体系。

(一)幼儿园以《好孩子 好习惯》实验教材为载体的和谐德育实践模式

《好孩子 好习惯》实验教材于“十五”期间研究编写，在总结实验幼儿园和实验教师的经验成果基础上，于2008年上半年组织研究人员进行了修订。

1. 设计理念与编写原则。《好孩子 好习惯》依据幼儿身心特点和品德习惯形成发展规律，坚持“近、小、实、亲”和“分层递进、螺旋上升”的原则。整套教材图文并茂，简洁明快，生动活泼，受到幼儿、教师和家长的喜爱。

2. 框架结构与主要内容。以幼儿阶段托班、小班、中班、大班为纵坐标，以生活习惯、卫生习惯、学习习惯、自理习惯、文明礼貌习惯、交往合作习惯等为横坐标，把德育内容融入幼儿一点一滴的日常言行之中，突出了德育的主体性、生活化、实效性、易操作的特点。

3. 栏目设计与操作方法。《好孩子 好习惯》教材每课包含五个栏目：(1)“宝宝的歌”：以儿歌形式简述好习惯内容；(2)“宝宝能做到”：提出养成教育目标；(3)“专家点拨”：由教育专家指出这种习惯的意义、要点、培养方法等；(4)“宝宝自己说”：讲述与这种习惯相关的故事，以利幼儿模仿；(5)“活动建议”：为幼儿园老师及幼儿家长提出师生互动、亲子互动、宝宝互动，强化良好习惯养成的相关活动建议。

(二)中小学以《和谐成长》系列实验教材为载体的和谐德育实践模式

小学、初中、高中、中职以《和谐成长》系列实验教材为载体，开展和谐德育实践模式的研究与实验。这套教材自2006年开始研究与编写，小学、初中、高中、中职每年级一册，共15册。2007年进入实验，今年将全面铺开。

1. 设计理念与编写原则。《和谐成长》的设计理念，就是从学校、家庭、社区的共同生活中选取德育内容，结合德育内容和生活实例介绍教育方法，使学校、家庭、社区形成德育目标趋同、德育内容互补、德育途径方法协调配合的整体化育人格局。

2. 框架结构与主要内容。《和谐成长》的内容结构：纵向以时间为坐标，即以一年12个月中的节日、纪念日和主题日为引线，从中提炼德育主题，逐月延展编排，内容涉及生命健康、孝敬父母、尊老爱幼、环境保护、文化传承、民主法制、科学探索、热爱祖国、世界和平等人类生活的各个方面，富于生活气息和文化内涵。横向以空间为坐标，即以学校、家庭、社区三个生活领域为教育环境，将其整体贯通起来，根据每月节日、纪念日、主题日所蕴含的德育主题开展教育活动，突出了德育生活化和实践性特色。

3. 栏目设计与主要功能。《和谐成长》通过“和谐校园”“和谐家庭”“和谐社区”三个栏目，设计师生互动、亲子互动、校区共建等德育活动，实现了学校、家庭、社区三方德育内容既互相联系，又互相补充；德育方法既互相沟通，又互相配合。《和谐成长》有五大功能：一是亲子共读，在“和谐家庭”栏目中介绍和谐家庭建设的知识经验和典型案例，设计“亲子互动”的具体内容和方法，使其成为和谐家庭的生活导师；二是师生共用，在“和谐校园”栏目中介绍和谐校园建设的先进经验和典型事例，设计可操作的主题活动方案，使其成为和谐校园的活动指南；三是校区共建，在“和谐社区”栏目中，介绍和谐社区建设的成功经验和先进事迹，提出共建活动的参考方案，使其成为和谐社区的建设平台；四是经典诵读，在小学插编了《弟子规》《三字经》全文，中学插编了《论语》精读等内容，以提高学生的国学素养；五是和谐成长，在每月的最后部分，给学生设计了开放式的子栏目“体验感悟”“交流互动”“成长在线”，为学生的和谐成长导航。

4. 实践价值与修订设想。《和谐成长》经过一年来在部分实验区、实验校的使用，主要从两个方面显示出其科研和实践价值：第一，弥补了现行德育课程在课外活动设计指导方面的不足，丰富了主题教育活动的内容，成为统编课程的有益补充和延伸；第二，成为班主任的有力助手，突出体现在开展主题活动和与家庭教育、社区教育的和谐互动机制上，使学校与家庭和社区伴随着生活进程有了共同的联系平台和交流对话的载体。根据《和谐成长》实验取得的研究成果，总课题组已定于年底对其内容进行新一轮修订。年会议后，总课题组将进一步征求实验教师的修订意见和三个栏目的活动设计方案，使其更好地贴近学生、贴近生活、贴近实际，更好地发挥和谐德育实践模式的引导作用、操作功能和实践价值。

（三）高职院校以《就业指导》《心理健康》《文明礼仪》为载体的和谐德育实践模式

2007年年会以来，总课题组组织高等职业院校的领导、专家和教师研究编写了《就业指导》《心理健康》《文明礼仪》三本教材。本届年会将组建大学研究部，希望普通高等学校借鉴高等职业院校的经验，结合普通高校的实际，研究编写出德育实验教材。

1. 编写目的

本套教材作为高等职业学校就业指导课程教材和思想政治理论课校本教材，旨在认真贯彻党的十七大精神，进一步贯彻落实《中共中央、国务院关于进一步加强和改进大学生思想政治教育的意见》（中发〔2004〕16 号）和有关配套文件精神，以中国特色社会主义理论体系为指导，深入贯彻落实科学发展观，根据构建社会主义和谐社会的实践要求，紧密结合高等职业教育的特点，加强高等职业院校德育课程教材建设，探索高等职业院校和谐德育实践模式，提高德育的科学性、针对性和实效性，促进高职大学生健康和谐发展。

2. 编写原则

(1)科学性原则。本套教材的编写要将社会主义核心价值体系融入各册教材之中，针对高职办学定位和办学实际，遵循高职大学生成长规律，体现素质教育，促进高职大学生在思想政治、文明礼仪、心理健康和职业素质等方面健康和谐成长，推进高等职业院校德育课程体系科学化、系统化、规范化。

(2)针对性原则。根据高职大学生在不同年级、不同专业学习阶段的思想、心理特点，有针对性地开展思想品德教育，遵循不同年级学生身心发展规律和高等职业学校的教育规律，增强德育的针对性、主动性和实效性。

(3)活动性原则。贯彻“双主体”“新三中心”“四环节”“四原则”等和谐德育理念，设计形式多样、新颖有趣的德育活动，使学生在活动中体验、感悟、理解、遵守、创新。通过开展学生亲身参与、切身体验的德育活动，努力探索和创建开放式、研究式、体验式德育活动的教学模式，注重理论与实践的结合、规范要求向内化信念及实践行为的转化。

(4)可操作性原则。编写内容要从高职大学生学习、生活的实际出发，贴近生活、贴近实际、贴近学生，根据编写提纲设计单元活动。认真研究高职大学生的阅读兴趣，课文标题醒目、语言简明。呈现方式要图文并茂，教学和实践活动要具有可操作性。

3. 结构体例

为了提高高职大学生的学习兴趣，立足“学生喜欢，方便教学”的编写宗旨，本套教材的结构体例包含三个板块六个栏目。

第一板块：案例评析，分为“典型案例”“分析评点”两个栏目。“典型案例”：选取与高职学生学习生活密切相关的典型事例，引发学生的兴趣和思考。案例要具有典型意义和代表性，既可以是成功的经验，也可以是失败的教训，以正面引导为主。“分析评点”：针对案例进行分析评论，指导学生学习知识原理，形成正确的是非判断标准和思想观念。案例以简洁、客观的描述为基本特点；分析要紧扣主题，抓住要害，深入浅出，语言精练。

第二板块：认知明理，分为“学习探究”“交流研讨”两个栏目。“学习探究”：围绕章节的主题思想简明扼要地讲述知识，阐述道理，引导学生树立正确的思想观念，以指导规范自己的言行。论述条理清楚，易懂易记。合理编排辅助资料，使内容丰富多彩。可以引用小故事、小资料、经典范文、诗词、典故、名人名言、谚语、警句、对联以及照片、漫画等素材。“交流研讨”：结合知识原理和行为规范的学习，进行研讨、探究和交流，以深化认识，指导实践。

第三版块：实践体验，分为“自我测试”“活动体验”两个栏目。

"自我测试"：结合学习主题和高职大学生中常见的思想、情感和言行状况，进行自我测试。对照测试标准和参考答案，引导学生进行自我矫正，自主教育。设计自测既要关注那些事关学生世界观、人生观、价值观、荣辱观和政治立场、态度的大事，也要关注日常生活中那些似是而非、容易被忽略的细节问题，做到从大处、远处着眼，小处、近处着手，引导学生扬长避短，不断自我觉醒、自我完善。"活动体验"：设计引导学生进行自主教育、亲身体验，激发其在实践中内化教育内容，并外化为实际行动。

三本教材体例结构基本一致，根据每本书的内容特点，在栏目的设计上保持适度的张力和灵活性。如《心理健康》突出教育内容的专题性；《文明礼仪》在"实践体验"之后增编了"礼仪故事""美学选讲""礼仪文化"等内容，以使大学生学习文明礼仪的知识素养更趋完整。

构建校本和谐德育体系是高等职业院校提高办学效益的内在需求。《就业指导》《心理健康》《文明礼仪》的教学内容与高职院校日常教育管理、思想教育、行为规范教育直接联系，三本教材不仅是德育课程的教学载体，同时也是建设和谐校园，构建校本和谐德育体系的实践载体。

(四)德育课程和主题教育活动的实践模式

在和谐德育研究与实验过程中，实验区、实验校和实验教师对主题教育活动的方式方法进行了创造性的探索和实践，形成了体现德育规律和特点的教学与实践模式体系。

1. 讨论探究式。针对教学内容、德育情境和生活中的问题，引导学生进行讨论，探究事物的现象和本质之间的联系，培养学生发现问题、形成观点、指导生活的能力。

2. 辩论明理式。针对教学内容、德育情境和生活中的问题，运用辩论的方式激发认识兴趣，发展道德认知能力，引导道德行为。

3. 情感体验式。以激发情感、体验情感为重点的教育内容和活动方式，在情感体验中深化道德认识，陶冶道德情感，引导道德行为。

4. 情景模拟式。以对生活情景的模拟为活动形式，如用多媒体演示礼仪规范动作，模拟残疾人生活，“模拟法庭”活动等，让学生直观感受，亲身体验，深化认识。

5. 角色扮演式。在设定的情境中，让学生充当某种角色，采用相应的语言、动作进行表演，使学生理解人与人、人与物等方面的关系，并从中获得真切感受。

6. 演讲报告式。通过演讲发表自己的观点见解，既提高了学生的语言表达能力和思维能力，同时讲述了知识道理、介绍了先进事迹和经验。

7. 审美鉴赏式。以培养学生的审美能力为重点，指导学生感受生活中的人物美、艺术美、自然美、社会美，以陶冶情操，涵养品格，孕育创造力。

8. 文艺演出式。通过文艺演出活动，为学生创造了展示才华、展现自我价值的天地，也为师生营造了文明、高雅的艺术氛围，在演出中使参加人员都受到思想品德教育。

9. 知识竞赛式。把思想品德教育寓于知识竞赛和技能竞赛之中，是学生乐于参与的活动之一。幼儿、小学可以设计游戏竞赛，学生在娱乐中受到教育。

10. 网上互动式。运用互联网举办网上主题班会，网上课堂、网上心理咨询等新型主题教育活动，以其独特的内容和形式受到学生欢迎。

11. 展示交流式。展示成长成果，交流学习经验，如通过橱窗、板报、手抄报、广播、录像等方式展示学生在不同领域的创造成果，使学生互相学习，互相借鉴。

12. 评价激励式。把品德评价生活化、情趣化、情感化，如《和谐成长》创造了丰富多样的评价方式，素质评价成为生动的教育过程激励学生健康成长。

13. 调查访谈式。指导学生开展社会调查和访谈，收集第一手资料信息，深化课内所学知识，开阔眼界，提高认识，增强社会责任感。

14. 参观考察式。组织学生参观考察德育基地，如博物馆、科技馆、福利院、和谐社区等，使学生加深了解地方文化传统，认识改革开放以来祖国建设取得的伟大成就，培养学生热爱家乡、热爱祖国的情感。

15. 社会实践式。参加各种社会实践活动，在活动中融入思想品德教育，培养学生的分析综合能力、动手实践能力、社会适应能力和创新能力。

16. 综合活动式。多种活动形式的综合运用。根据不同的德育内容，综合运用上述两种或几种活动形式，是德育主题教育活动的基本组织形式。

微观层次校本和谐德育体系实践模式是最具体的教育教学工作方法。因此，探索和创新这个领域的实践模式是实验教师的重要任务。模式是思维和实践的阶段成果。建立一类教育模式，是为了总结经验，提升教育理念，深化教育实践。但这并不是实践和认识的终点，建立模式的深层目的，是为了在已有模式基础上超越这类模式，进行再创新，而不是固守“模式化”。模式是创新的发生基础。基于教育模式具有理论和实践的“中介”的特性，因而通过和谐德育研究与实践构建出不同层次、不同特点的德育或教育模式群，这对引导教育者运用科学理论，掌握教育规律，推广创新教育方法，培养教育主体性等方面都具有重要的理论和实践价值。

本届年会之后，总课题组和德育专业委员会将向实验区、实验校和实验教师征集宏观、中观、微观三个层次的和谐德育模式的研究成果、实践经验和“精彩一课”，经过专家评审，将在明年年会上予以表彰和奖励。希望大家积极行动起来，在行动中研究，在研究中行动，为增强本地区、本学校德育工作的科学性和实效性，为推动全国各级各类学校的德育工作的整体发展水平，做出我们的贡献！

2009 年第十二届仁怀德育年会的主题报告

各位代表、同志们、朋友们：

我代表中央教科所和谐德育研究与实验总课题组和中国伦理学会德育专业委员会向大会作主题报告。请各位代表和领导专家予以审议。

经过“九五”“十五”两个五年规划历时十年的研究与实验，我们创立了和谐德育的理论体系和实践模式。进入“十一五”规划，我们又承担了“和谐德育的研究与实验”课题。2006 年，我在北京人民大会堂的“十一五”开题报告中，对和谐德育的研究与实验进行了系统论述和全面部署；2007 年上半年，总课题组完成了和谐德育实验载体《和谐成长》的研究与编写，8 月长春年会的主题是全面推进《和谐成长》的实验研究；2008 年上半年出版了综合性理论成果《和谐德育论》，10 月山东龙口南山年会的主题是深入开展和谐德育研究与实验，积极构建校本和谐德育体系。今年上半年，完成了高等职业院校德育教材《就业指导》《文明礼仪》《心理健康》的编写任务，召开了和谐德育与高校党风及校风、教风、学风建设研讨会，标志着和谐德育研究向高等学校深入发展。最近又编写出版了《和谐德育研究》论文集与《和谐班集体建设——班主任治班方略》，标志着和谐德育研究向各级各类学校实践操作层面的深入发展。和谐德育的纵深发展，为建设和谐学校文化奠定了基础。

本次会议的主题是：贯彻落实党的十七大精神，学习实践科学发展观，深化和谐德育研究，推进和谐学校文化建设，向新中国成立六十周年献礼！

报告共分五部分：

一、和谐学校文化建设的指导思想；

二、和谐学校文化建设的主要内容；

三、和谐学校文化建设的基本原则；

四、和谐学校文化中的“三风”建设；

五、推进和谐德育研究的重要举措。

一、和谐学校文化建设的指导思想

建设和谐学校文化要以党的十七大精神和《中共中央关于构建社会主义和谐社会若干重大问题的决定》为指导，学习实践科学发展观，倡导和谐理念，培育和谐精神，创建和谐氛围，构建和谐学校，培育学生和谐成长。

《中共中央关于构建社会主义和谐社会若干重大问题的决定》指出“建设和谐文化，是构建社会主义和谐社会的重要任务。社会主义核心价值体系是建设和谐文化的根本。必须坚持马克思主义在意识形态领域的指导地位，牢牢把握社会主义先进文化的前进方向，弘扬民族优秀文化传统，借鉴人类有益文明成果，倡导和谐理念，培育和谐精神，进一步形成全社会共同的理想信念和道德规范，打牢全党全国各族人民团结奋斗的思想道德基础。”构建和谐社会，离不开和谐文化；构建和谐学校，同样离不开和谐学校文化。和谐学校文化是学校文化的最佳存在样态，是学校精神高度文明、学校物质发挥最大效能、学校制度高度人性化，且各因素间相互照应、相互协调、相互融合、相互补充并实现最优化配置的理想状态。建设和谐学校文化的指导思想具体有以下几个方面。

(一)以社会主义核心价值体系为导向，形成学校文化的精神纽带

马克思主义指导思想，中国特色社会主义共同理想，以爱国主义为核心的民族精神和以改革创新为核心的时代精神，社会主义荣辱观，构成社会主义核心价值体系的基本内容。坚持把社会主义核心价值体系融入国民教育和各级各类学校文化建设的全过程。坚持用马克思主义中国化的最新成果指导学校文化建设，用民族精神和时代精神凝聚力量、激发活力，倡导爱国主义、集体主义、社会主义思想，加强理想信念教育，加强国情和形势政策教育，不断增强对中国共产党领导、社会主义制度、改革开放事业、全面建设小康社会目标的信念和信心。加强马克思主义理论研究和建设，增强党的思想理论工作的创造力、说服力、感召力。坚持以社会主义核心价值体系引领社会思潮和学校精神，最大限度地形成学校文化建设的思想共识。

(二)树立社会主义荣辱观，培育学校文明道德风尚

坚持依法治校与以德育人相结合，树立以“八荣八耻”为主要内容的社会主义荣辱观，倡导爱国、敬业、诚信、友善等道德规范，开展社会公德、职业道德、家庭美德和个人品德教育，加强青少年思想道德建设，在学校形成知荣辱、讲正气、促和谐的风尚，形成尊师爱生、礼让宽容、民主和谐的人际关系。弘扬科学精神和人文精神，养成健康文明的生活方式。发扬艰苦奋斗精神，提倡勤俭节约，反对拜金主义、享乐主义、极端个人主义。弘扬我国传统文化中人我和谐、群己和谐、和而不同、和而不流的思想，形成符合传统美德和时代精神的道德规范和行为规范。加强校务诚信、教务诚信、考试诚信建设，增强师生的诚实守信意识，形成优良的校风、教风、学风。

(三)唱响主旋律，营造积极健康的学校思想舆论氛围

正确的思想舆论导向是促进和谐学校文化建设的重要因素。校刊校报、校广播站、校园网、文学艺术社团、社会科学教学，要坚持正确导向，唱响主旋律，为学校文化建设营造良好思想舆论氛围。学校新闻媒体要增强社会责任感，宣传党的主张，弘扬社会正气，通达校情民意，引导社会热点，疏导公众情绪，搞好舆论监督。健全突发事件新闻报道机制，及时发布准确信息。加强对互联网等的应用和管理，理顺管理体制，倡导文明办网、文明上网，使各类新兴媒体成为促进社会和谐的重要阵地。哲学社会科学要坚持以马克思主义为指导，以重大现实问题研究为主攻方向，发挥认识世界、传承文明、创新理论、咨政育人、服务社会的作用。文学艺术要弘扬真善美，创作生产更多陶冶情操、愉悦身心的优秀作品，丰富师生文化生活。校园内要禁止黄、赌、毒、邪、黑现象，营造健康向上的育人环境。

(四)倡导和谐理念，形成人人促进和谐学校建设的局面

在师生员工中大力倡导和谐理念，广泛开展和谐学校创建活动。要突出思想教育内涵，广泛吸引师生参与，以建设和谐学校、和谐家庭、和谐社区、家校和谐共育、校区和谐共建为主题，开展丰富多彩的和谐创建活动。加强心理健康教育，健全心理咨询网络，促进师生的心理和谐，塑造自尊自信、理性平和、积极向上的心态。加强人文关怀和心理疏导，引导人们正确对待自己、他人和社会，正确对待困难、挫折和荣誉。加强生命教育和安全教育，杜绝校园行为暴力、校园心理暴力和安全隐患，排除干扰和谐的不良因素，形成人人促进和谐学校建设的局面。

二、和谐学校文化建设的主要内容

学校文化是学校师生在长期的工作、学习历程中创造的学校物质财富和精神财富的总和。它是学校办学特色、文化底蕴和精神状态的集中体现；是与地域环境、时代空间、社会背景密切相关，并具有独特风格的环境氛围、总体风貌和生存条件；是全校广大师生员工共同倡导、共同拥有、共同遵循的价值观念、思维模式和行为规范。学校文化从其存在样态来看主要包括精神文化、物质文化和制度文化。

(一)学校精神文化建设的内容

学校精神文化是学校精神的高度概括，是学校精神成果的总和，是师生经过长期创造的特定的精神环境和文化氛围，是一所学校的灵魂。它反映着全校师生员工的价值取向、理想追求和探索精神，反映并规范着全校师生员工的行为和作风，对学校物质文化和制度文化具有统领和导向功能。

学校精神文化建设就是通过创建和谐、高雅、文明、向上的学校精神，促进学校整体办学水平不断提高的工作过程。学校精神文化建设是构建和谐学校文化建设的核心，和谐学校文化首先应表现在办学思想、办学理念的和谐，师生心理的和谐，教风、学风、领导作风及表述性文化的和谐等。学校精神文化建设主要包括以下几方面的内容：

1. 办学目标

办学目标是学校集体价值观的集中体现，一个学校的办学目标决定了学校的工作方向、工作策略和工作标准，是学校教育教学行为的发展方向、预期成果和评价标准，也是学校文化建设的出发点和归宿点。

2. 办学理念

办学理念是学校为实现办学目标而在教学、科研、管理等方面持有的基本信念，是学校领导及全校职工对教育方针、教育策略、人才培养等方面的理性思考。它是在学校长期的办学实践中总结、积淀、概括、提升形成的，具有相对合理性、先进性和稳定性。

3. 办学特色

办学特色是学校在长期工作中形成的、本校特有的、优质而独特的风貌。特色蕴藏着优势，优势体现着良好的办学水平。学校办学目标、办学理念、工作模式、工作环境的多样性和教育者与受教育者之间的差异性，为学校形成不同的办学特色提供了可能。学校间追求卓越、谋求最优化发展的竞争态势，为学校形成鲜明的办学特色创造了必然。只有大力培育特色并发展自身优势，才能更好地提高学校整体实力与核心竞争力。

4. 学校精神

学校精神是学校教育观念、传统习惯、工作态度、行为方式的高度概括和总结，体现了一个学校师生的群体特征和精神风貌。学校精神主要以校训、校歌、校徽、校旗等为表现形式。校训是对一所学校办学精神和办学理念的高度概括，是学校精神的集中体现。校歌、校徽、校旗等是学校的标志性作品，不仅要求在创作过程中体现学校的精神内涵，同时，还要追求艺术色彩，达到思想内涵与艺术形式的高度统一。

5. 校风、教风、学风

校风是一所学校在长期的教育教学实践中形成的相对稳定的办学

风格、精神风貌、工作作风、教学风气和校园风尚的总和。它是学校精神文化的集中体现。校风主要由学风、教风、领导作风及校园文化氛围等构成，也包括科研作风、体育风尚、美育特色等。学风是学生集体在学习过程中表现出来的学习风气、学习态度、学习习惯和学习行为方式。教风是教师在长期教育实践活动中形成的教育教学特点、作风和风格，是教师的教育理念、师德风范、专业水平、治学态度、学术规范、教学技能等素质的综合表现。领导作风主要指领导班子的思想觉悟、精神状态和工作方式。领导作风对良好校风的形成发挥着核心、导向作用。

6. 学校道德

学校道德是调节教职工之间、师生之间、学生之间、师生与学校之间、学校与社会之间关系的准则和规范。道德与制度虽同属行为准则和规范，但制度带有强制性，道德具有自律性。道德结构包括道德意识、道德情感、道德意志、道德信念、道德行为。

7. 学校文化活动

指学校为完成教育教学目标、丰富学校生活而组织实施的师生群体行动。学校活动在内容上可涉及学科教学、社团活动、文娱活动、体育活动、艺术活动、节日纪念日活动等。根据内容和形式的不同，学校活动主要包括：综合性学校活动，例如，开学典礼、毕业典礼、校庆典礼、文化艺术节、体育节、科技节、读书节等；艺术性学校活动，例如，歌咏比赛、集体舞比赛、书画展、影视评论等；节日性学校活动，例如，迎新年活动、青年节纪念活动、儿童节庆祝活动、教师节尊师教育活动、国庆节爱国教育活动、抗日战争纪念活动、一二・九传统教育活动等；主题教育日活动，例如，安全教育日、学雷锋纪念日、世界卫生日、世界地球日、世界无烟日、世界环境保护日等；周期性主题活动，例如，文明礼貌月活动、弘扬和培育民族精神月活动等。

(二)学校物质文化建设的内容

学校物质文化是学校师生在教学、生活、活动中所依赖的一切物质对象，是人们通过感官可以感受的一切物质对象的总和。主要指学校所处的外部自然环境、学校内部的规划布局以及学校建筑、绿化、雕塑和文化传播的设施等。学校物质文化既是学校物质文明建设的成果，又是学校精神文明建设的反映。作为学校文化中的有形部分，是学校中看得见、摸得着的物化的文化形态。是其他文化形态存在和发展的基础，是学校文化的外在标志。

学校物质文化建设就是通过改善学校物质环境和学校文化设施，实现办学条件最优化、办学环境最优化的工作过程。学校物质文化建设是构建和谐学校文化建设的基础，和谐学校文化要有充裕的办学设施、先进的教学器材、优雅的工作环境、良好的工作条件作保证。学校物质文化建设是形成学校制度文化和精神文化的物质支撑，是提高办学水平、办学实力，实现学校可持续发展的必要手段。

学校物质文化建设主要涉及以下内容：

1. 学校建筑

包括教学楼、办公室、科技楼、德育楼、图书馆、体育馆(场)、活动室、实验室、食堂、宿舍、厕所、道路、大门、操场、绿地、学校景观等建筑性设施。

2. 学校环境

包括橱窗、报栏、雕塑、亭台、假山、喷泉、园林、花坛、标语、口号、文化长廊、墙壁设计、花草树木以及学校的地理位置、地形风貌等。地理位置、地形风貌属于自然环境，受建校地点、建校时间和社会环境的限制较多，其他方面大都是具有人文因素的物理环境，是经过人们的建设和改造能够形成的学校景观。

3. 教学设施

包括多种功能教室，如普通教室、语音室、计算机室、实验室、多媒体室、图书室、电子阅览室、音乐室、舞蹈室、排练厅、体育厅、报告厅等；办公教学仪器设备，如多媒体、桌椅橱柜、教学器材、图书资料等；专业活动场地，如篮球场、足球场、跑道等。

(三)学校制度文化建设的内容

学校制度是指学校师生在长期的教育实践过程中逐渐形成和发展起来的各项规章制度，它包括校规校纪、行为规范、道德准则等。制度文化是由外在形式(制度)和内部体验(态度、方式)有机结合形成的一种文化。包括各种成文的条理化的和不成文的约定俗成的规约、制度，还包括人们形成的对待制度的行为方式与态度。学校制度文化建设是通过规范、完善、建立健全学校各项规章制度，实现学校管理科学化、师生行为规范化、学校工作有序化的工作过程。和谐的学校制度文化建设能规范工作秩序，促使学校形成融洽、和谐的人际关系，提高工作、学习效率。

学校制度文化建设主要涉及以下几方面的内容。

1. 学生管理制度

指管理学生工作的各项计划、条例、规章制度等。包括：中小学生守则、中(小)学生日常行为规范、学生一日常规、学生礼仪规范、学生就餐制度、学生宿舍制度、“三好生”评选制度、学生活动安全制度等。

2. 员工管理制度

指对教师、行政人员、工勤人员的管理制度。包括岗位职责、教师职业道德规范、考勤制度、评教制度、业务培训制度、优秀教职工评选制度等。

3. 教学管理制度

指在组织教学过程中涉及的各项工作制度。包括：学籍管理制度，考试管理制度，听、评课制度，教学督导制度，课程管理与建设制度，实验实习管理制度，排课、调课管理制度，教研教改制度等。

4. 教育科研管理制度

指在教科研方面的管理制度。包括：学校教育科研规划、课题申报制度、课题经费审批制度、科研成果奖励制度、教育科研培训制度等。

5. 行政后勤管理制度

指对行政、后勤工作流程及工作原则方面的管理规定。包括人事制度、财务制度、工作纪律、后勤服务制度、资产管理制度等。

三、和谐学校文化建设的基本原则

(一)以人为本原则

以人为本是和谐学校文化建设的核心与根本。要树立用先进的、和谐的文化引导人、陶冶人、塑造人的工作意识，实施“以文化人”，即用优秀文化培育和教化人的性情和品格。学校的精神文化、物质文化和制度文化建设都要有助于人的精神世界的充实和提升，有助于人的品德、智力、审美及身心整体素质全面、和谐、健康发展。在教风和师德建设中，要热爱学生，尊重学生的独立人格，民主、平等、公正地对待学生；要遵循青少年思想品德和身心发展规律，研究和关注学生的成长需要，以此为依据设计教育内容，使用教育方法；要指导学生认识生命、尊重生命、珍惜生命、热爱生命，使他们健康、快乐、和谐地成长和生活。要关心教师的精神质量，尊重教师的个性和自我实现的需要，为教师创造学习提高和自我实现的精神、制度、物质环境和条件；要通过学校文化建设，丰富教师的精神文化生活，提高教师的身心健康水平，让教师体验到教师职业的价值和教师生活的幸福快乐。

(二)整体和谐原则

学校文化要素之间的和谐联系与相互作用，构成对人有熏陶和塑造作用的学校整体文化。整体来自和谐，和谐构成整体。要运用和谐德育的思想方法，整体认识和构建学校精神文化、物质文化、制度文化之间的和谐关系，整体认识和构建三种文化与教育教学活动过程以及人的全面发展的和谐关系。在教育教学过程中，要建构课内文化知识与课外文化知识的和谐联系，学科知识是学校文化的基础要素，要研究把握学科知识之间以及知识教学与能力培养之间的整体和谐联系，教育者与受教育者之间的整体和谐联系；研究把握知、情、意、行品德要素的整体和谐联系，德、智、体、美、劳“五育”的整体和谐联系。运用整体和谐原则，就是引导教育者通过现状调研发现学校文化建设中不和谐的现象和问题，进而研究分析不和谐的原因，再通过和谐德育研究实验探索实现和谐的方式方法，然后总结和谐德育的经验与规律，形成和谐学校文化建设的实践理念和实践模式。

(三)继承创新原则

在和谐学校文化建设中坚持继承创新原则，主要是和谐学校文化建设内容的继承创新与和谐学校文化建设方法的继承创新。学校文化建设内容的继承创新，主要是继承中国传统优秀文化和吸收国外有益文化，如清华校训是对传统文化及民族精神的凝结和继承，北大校训则包含对西方优秀文化的吸收和应用，许多学校开展的诵读经典，打造书香文化、孝敬文化、感恩文化、君子淑女文化等，都体现出学校文化建设内容对中外优秀文化的继承借鉴和发展创新。学校文化建设方法的继承创新主要有：中外学校文化建设经验的继承借鉴与发展创新；构建精神文化、物质文化、制度文化的和谐联系，实施“以文化人”的继承与创新；课程文化、校园文化、地方文化和谐育人关系的途径方法的继承与创新；等等。每个方面都包含丰富具体的实践内容和创新点。学校文化建设坚持继承创新是学校文化构筑发展根基并富于生命力的保证。

(四)突出特色原则

和谐学校文化的特色与校本和谐德育体系的特色是互通一致的。在内容建构和育人功能上，和谐学校文化是校本和谐德育体系的一种实施载体和构建方式。和谐学校文化更突出文化内涵、文化特点，是校本和谐德育体系的提升和拓展。因此，和谐学校文化的特色可以重点从地方特色、层次特色、办学特色三个方面来深化认识。和谐学校文化的地方特色，就是要充分挖掘地方历史事件、文化名人资源，经过整理使之成为更亲近更容易被接受的德育内容，将其渗透和显示于学校精神文化、物质文化、制度文化之中，使之具有鲜明的地方特色。和谐学校文化的层次特色，就是根据学校的办学层次，结合学生的年龄特点，在学校精神文化、物质文化、制度文化构建中体现出来的学段特色。层次特色适应不同年龄阶段学生的身心特点、知识水平、审美情趣和品德形成发展规律，是建设和谐学校文化应遵循的重要原则。和谐学校文化的办学特色，主要是根据学校的培养目标、办学理念、工作模式和学校环境来建构学校文化的内涵和价值取向。办学特色适应了学校和社会发展的需要，有利于提高学校教育质量，为培养素质全面、特长突出的优秀学生创造了成长发展的优良环境。

四、和谐学校文化中的“三风”建设

校风、教风、学风建设是学校精神文化建设的重要内容和集中体现。也是和谐德育研究的重要内容之一。和谐学校文化是和谐德育的构成要素和重要条件。因此，和谐学校文化建设的重点是校风、教风、学风建设。

(一)和谐学校文化中的校风建设

校风是一所学校在长期的教育教学实践中形成的相对稳定的办学风格、精神风貌、工作作风、教学风气和校园风尚的总和。它是学校精神文化的集中体现。

主要由学风、教风、领导作风及校园文化氛围等构成，也包括科研作风、体育风尚、美育特校风色等。随着我国教育事业的大力发展，有些高校注重扩大办学规模，尚未来得及抓紧内涵发展；有些高校合并后历史较短尚未形成普遍认同的校风；有些高等职业院校是由升格形成，校风尚未完全建成；有些中小学或千篇一律，或没有文化追求，尚未形成具有本校特色的校风。这种情况说明，学校校风建设既是长期的任务，又是当务之急的工作。

和谐德育研究校风建设中诸因素的和谐关系，使之协调响应，配合得当，形成优良校风。同时研究校际之间校风建设的异同，使之和而不同，形成独特风格。因此，和谐德育研究有利于推进校风建设。

1. 正面导向功能

和谐德育的正面导向功能主要表现为目标导向和价值导向。目标导向，就是通过制定科学合理的培养目标，激发师生的工作学习热情。价值导向，就是通过学校精神文化建设，实现学校师生价值取向上的趋同性，并树立起正确的价值标准，引导师生向同一目标奋斗。

校训是学校精神文化的核心，对校风、教风、学风具有导向功能。例如，北京大学的校训：爱国、进步、民主、科学。北京林业大学的校训：养青松正气、法竹梅风骨。山东菏泽一中的校训：厚德至善、博学致远。就对师生具有很强的导向功能。

2. 凝聚激励功能

凝聚功能是由和谐德育产生的一种向心的内聚力，它可以促进全体成员之间的团结与合作，增强整体合力；它主要通过学校精神文化对师生心理和情感的激励，产生积极向上、和谐发展的推动力，这种推动力也可以把它叫作“魂”，这是任何一所学校和任何一个组织所不可缺少的内在动力。校训是学校精神文化的核心，对校风、教风、学风具有激励功能。例如，清华大学的校训：自强不息、厚德载物。北京舞蹈学院的校训：文舞相融、德艺双馨。上海建平中学：今天我以建平为荣、明天建平以我为荣。内蒙古阿荣旗那吉屯一中的学校文化追求是：东方帕夫雷斯，北国诗书圣园；校训是：蓄德修能，自强不息。就对师生具有很强的凝聚激励功能。

3. 规范约束功能

和谐德育是一种创新性的理论体系，又是一种实践性很强的教育模式。学校精神文化是一种教育情景和精神氛围，各种教育引导、制度约束相互作用，暗示、感染、激励的方式相互交织。这些都会对每个师生产生影响，尤其是会对其言行起到规范、约束作用。虽然学校在精神文化建设的同时还需要制度文化来约束师生的行为，但精神文化的约束作用是无形的、潜在的、持久的。校训是学校精神文化的核心，对校风、教风、学风具有规范功能。例如，北京师范大学的校训：学为人师、行为世范。复旦大学的校训：博学而笃志、切问而近思。河南濮阳市油田十九中的校训：省吾身、做小事、善为人。对师生具有很强的规范约束功能。

4. 同化辐射功能

同化，是指个人或群体自愿接受他人的思想、观念、信念、行为，使自己的思想行为与他人相融合。和谐德育与学校文化的同化功能分对内、对外两方面。对内主要是指对师生员工的潜移默化功能；对外，由于和谐德育坚持学校、家庭、社会在育人上的和谐统一，学校文化是社会文化的一部分，因而在与社会文化的紧密联系与交流中，会发生学校精神文化的对外传播和扩散现象，使学校精神文化对社会或区域文化产生示范、影响和辐射功能。校训是学校精神文化的核心，对校风、教风、学风乃至社会风气具有同化辐射功能。如中山大学的校训：博学、审问、慎思、明辨、笃行。中国海洋大学的校训：海纳百川、取则行远。天津南开中学的校训：允公允能、日新月异。都会对社会文化产生同化辐射功能。

(二)和谐学校文化中的教风建设

教风是教师在长期教育实践活动中形成的教育教学特点、作风和风格，是教师的教育理念、师德风范、专业水平、治学态度、学术规范、教学技能等素质的综合表现。良好教风包括：敬业爱生，甘为人梯；严谨治学，诲人不倦；言传身教，为人师表；开拓进取，勇于创新等。然而，少数教师不太注意教风的修养，有的重学术轻师德；有的重科研轻教学；有的上课来，下课就走，不与学生沟通交流；有的甚至出现写论文抄袭、评职称作弊等学术腐败现象。这些情况严重破坏了优良教风的形成。

优良教风重在建设，贵在激励。和谐德育研究教风建设中诸因素的和谐关系，如师生关系、自律与他律的关系、学术自由与学术责任的关系等。因此，和谐德育研究有利于推进优良教风建设。

1. 师生关系和谐

教师是教风建设的主体。一所学校的教风正是靠着一代又一代优秀的教师、学者积累起来的。教师不仅是知识的创造者和传播者，而且是教风和学风的创造者和传播者。师生间在知识技能、学术规范、治学态度等方面的薪火传承与发展创新，正是学校教风、学风世代相传的结果。

和谐德育倡导师生关系和谐。和谐融洽的师生关系不仅是有效进行教育教学活动、完成教育教学任务的重要条件，而且本身也是一种重要的教育力量。在教育教学活动中，教师传道、授业、解惑；学生尊师、重教、勤学。教师的道德情操、个性品质、师德风范和优良教风就能够潜移默化地影响和感染学生。这样就能形成教风带动学风、学风促进教风，教学相长、良性互动的局面。因此，和谐的师生关系是优良教风、学风建设的基础。

2. 自律与他律的和谐

教师是太阳底下最光辉的职业。教师职业最突出的特点是为人师表，学高为师，身正为范。自尊和自律是教师最鲜明的人格特征。自尊表现为教风端正、学养深厚和师道尊严。自律是个人自觉控制自己的情绪，自觉约束自己的行为的品质和能力，就是中国传统道德修养中的“慎独”。因此，优良教风建设关键就是唤起教师的自尊、自律意识。

然而，自律不是自发的，它需要外部环境、教师群体、学术圈内甚至学生评价的影响和制约。这种来自外部环境、制度规范和他人的影响和制约，就是他律。他律包括监督机制和激励机制两方面。由于教师的职业特点，他律应以激励为主。激励的方法很多，其中包括评选学科带头人、先进教师、晋升职称、劳动模范等。总之，自律与他律的和谐统一，才是优良教风建设的动力与合力。

3. 学术自由与学术责任的和谐

学校教风建设，特别是高校教风建设应提倡学术自由和学术宽容。只有这样学术才会繁荣，才会进步。和谐德育主张“文人相亲”，反对“文人相轻”。不同学科之间、不同学术流派之间、不同师承关系之间、同一学科的不同观点之间都应互相尊重、互相欣赏、互相借鉴，不要互相鄙视、互相拆台、互相攻击。这不仅是学术自由、学术宽容的表现，而且是优良教风的内涵之一。

提倡学术自由和学术宽容，更要提倡学术责任。学术责任首先是遵循学术道义，其次是遵守学术规范，重要的是承担社会责任。学校是培养社会主义建设者和接班人的重要场所。教师要担当起这个社会责任，弘扬科学精神和人文精神，把学术自由与学术责任和谐统一起来，为建设优良教风做出贡献。

(三)和谐学校文化中的学风建设

学风是学生集体在学习过程中表现出来的学习风气、学习态度、学习习惯和学习行为方式。良好的学风包括：认真学习，勤于实践；大胆质疑，虚心求教；行为规范、勇于创新；一专多能，全面发展等。然而，我们也应看到有少数学生学风不正的现象。他们有的自制力差，不思进取，经常逃课；有的上课时看言情、武打小说或戴上耳机听音乐；有的泡在网吧、游戏厅、录像厅等场所，考试时临时抱佛脚，甚至作弊；有的轻生自杀、报复杀人，有的打架、斗殴、酗酒，违反校规校纪，甚至触犯法律。由此可见，学风建设已是当务之急。

优良学风建设，重在教育，贵在养成。和谐德育研究学风建设中诸因素的和谐关系，如个人理想与共同理想的关系、学习知识与社会实践的关系、尊重个性与崇尚奉献的关系等。因此，和谐德育研究有利于推进优良学风建设。

1. 个人理想与共同理想和谐

和谐德育注重对学生进行理想教育。理想是对未来的美好憧憬和向往。青少年学生是祖国的未来和希望，他们是最富于理想的群体。每一个学生都有自己的个人理想，如职业理想、生活理想等，理想教育的关键是要把个人理想融入全民族的共同理想之中，坚定中国特色社会主义信念，积极投身改革开放和社会主义现代化建设，在改革开放中加快推进社会主义现代化，全面建设小康社会，把中华民族伟大复兴的宏伟蓝图变成美好现实。作为青少年学生，谁不想报效祖国呢？谁不想走向成功呢？谁不想实现人生价值呢？那么，就要从我做起，从现在做起，养成良好的学风。只有这样，才能在为祖国、为人民的不懈奋斗中实现自己的个人理想和人生价值。理想教育是养成优良学风，乃至日后走向成功的不竭动力。

2. 学习知识与社会实践和谐

当今世界，科技进步日新月异，知识更新步伐加快。因此，学习比以往任何时候都显得更加重要而紧迫。一个人能有多大发展，能为社会做出多大贡献，很大程度上取决于这个人学习抓得紧不紧、知识基础打得牢不牢。青少年学生只要勤于学习、敏于求知，不断积累新知识、增强新本领，就一定能奠定人生进步的根基，成为国家建设需要的有用人才。

古人讲，既要“读万卷书”，又要“行万里路”。这在一定程度上揭示了人才成长的规律。古往今来凡成大事者，无不经过社会实践的历练和艰苦环境的考验。对青少年学生来说，社会实践是了解国情、增长本领的最好课堂，是磨炼意志、汲取力量的火热熔炉，是施展才华、开拓创业的广阔天地。只有深入到实践中去，到群众中去，才能加深对社会的认识，增进同人民群众的感情，提高解决实际问题的能力。和谐德育主张学习知识与社会实践的和谐统一，这是养成优良学风，乃至日后走向成功的必由之路。

3. 尊重个性与崇尚奉献和谐

在我们社会主义社会里，既尊重个性、承认物质利益，更倡导互助友爱、崇尚奉献精神。一个人如果不能正确处理集体和个人、奉献和索取的关系，片面强调个人设计，过于追求个人利益，他的人生道路只会越走越窄。只有勇于担当、甘于奉献，才能真正体验到人生的快乐和幸福，成为品德高尚、精神充实的人。

和谐德育主张把尊重个性与崇尚奉献统一起来，引导青少年学生在尊重个性、张扬个性的同时，要自觉践行社会主义荣辱观，带头倡导社会公德、职业道德、家庭美德、个人品德，多做关心集体、热心公益、孝亲敬长、尊老爱幼的好事，为发展社会主义和谐人际关系、形成文明进步的良好社会风尚贡献一分力量。这是养成优良学风，乃至日后走向成功的必然要求。

五、推进和谐德育研究的重要举措

和谐德育研究与实验自全国教育科学规划办公室批准立项以来，已经走过了三个年头，现在开始进入深化研究阶段。为了推进和谐德育的深化研究，总课题组和中国伦理学会德育专业委员会采取以下几项重要举措。

(一)讲和谐，促文明，树新风，开展学校文化展评活动

学校和谐文化建设是社会主义和谐社会建设的重要组成部分，是教育系统贯彻落实科学发展观，推进素质教育，深化教育改革的必然要求，是促进师生健康和谐发展，形成办学特色，提高办学效益，推

进学校整体工作科学发展的必由之路。为探索和谐校园文化建设的规律，总结推广实验区(校)和谐校园文化建设工作经验，展示和谐校园文化建设成果，推动校园文化建设工作健康发展，中央教育科学研究所和谐德育总课题组、中国伦理学会德育专业委员会决定组织举办全国首届和谐校园文化建设成果展评。主题是“展示和谐学校文化，向建国60周年献礼”。

征集对象和展示内容是：

1. 学校成果：包括幼儿园、小学、中学、中职学校、高职院校、普通高校在精神文化、物质文化、制度文化建设方面的成果。和谐校园精神文化成果，以系统介绍学校、幼儿园的办学目标，办学理念，办学特色，校训、校风、校旗、校徽、校歌等学校精神文化为内容；和谐校园物质文化成果，以系统介绍校园的规划、建筑、设施、绿化、美化等校园物质文化为内容；和谐校园制度文化成果，以介绍校园在学生管理、员工管理、教学管理、教育科研管理、行政后勤管理等全方位或某一方面的规章制度为内容。

2. 教师成果：包括幼儿园、小学、中学、中职学校、高职院校、普通高校教师在学校精神文化、物质文化、制度文化建设等方面的理论研究成果，包括论文、专著、课件等。

3. 学生成果：包括幼儿园、小学、中学、中职学校、高职院校、普通高校学生创作的校园歌曲、校园舞蹈、校园情景剧、校园文学、动画片、公益广告、声乐、器乐、舞蹈、书法、绘画、摄影艺术作品等。

（二）职业化，专业化，专家化，实施德育人才培养工程

党的十七大报告指出：“育人为本、德育为先。”《教育部关于整体规划大中小学德育体系的意见》要求：“切实加强德育工作队伍建设。

要像重视和关心业务学术骨干的选拔培养那样重视德育队伍人员的选拔培养。教育部制定政策，做出规划，组织示范性培训。各地教育部门要组织实施德育人才培养工程，实现德育队伍的职业化、专业化和专家化。”为了贯彻落实中央和教育部上述文件精神，中央教育科学研究所和谐德育总课题组、中国伦理学会德育专业委员会决定组建“和谐德育专家报告团”，实施德育人才培养工程。这一举措对于提高广大教师的德育素养、教育水平和工作能力，加强德育工作的科学性、针对性和实效性具有重要意义。

希望各实验区认真组织好这项活动。同时欢迎各地教育局、各级各类学校(幼儿园)选派教师参加。亦可根据需要组织本单位的教师集体参加，在本地或到北京或到其他城市开设专场报告。

(三)树品牌，显特色，闪亮点，举办班主任专业能力大赛

为了贯彻《中共中央、国务院关于进一步加强和改进未成年人思想道德建设的若干意见》《班主任工作条例》等文件精神，充分发挥班主任在未成年人思想道德建设中的主力军作用，提高班主任的思想素养和业务素质，增强班主任工作的科学性和实效性，引导和帮助学生健康和谐成长，中央教育科学研究所和谐德育总课题组、中国伦理学会德育专业委员会决定在全国范围内举办“首届全国中小学优秀班主任和谐育人专业能力大赛”。通过举办班主任专业能力大赛，实现“一区一品牌，一校一特色，一班一亮点”的目标。

大赛内容由班主任和谐育人教育故事叙说、情景答辩与案例分析、主题班(队)会设计、精彩一课录像与现场赛课、才艺展示等组成。分幼儿园、小学、中学、中职、高职、大学六个系列。其中精彩一课录像与现场赛课使用的教材是：幼儿园使用《好孩子 好习惯》，小学、初中、高中、中职使用《和谐成长》，高职使用《就业指导》《文明礼仪》《心理健康》，大学使用现行的思想政治课教材。大赛的组织形式是统一设计，整体规划，分学段实施，分项目操作。目前，天津市红桥区教育局已率先申请承办中小学班主任教育故事叙说项目。欢迎各实验区组织班主任报名参赛。

（四）出成果，出经验，出人才，打造“十个一百”工程

教育科研的直接目的是“出成果、出经验、出人才”，推动教育生产力的发展。科研成果是检验科研课题成功与否的标志，先进经验是科研成果转化为现实教育生产力的结果，优秀人才是课题研究出成果、出经验的关键。基于这样的科研理念，我们始终坚持走科研工作者和一线教师相结合的道路，努力创造一个自由、宽松的德育科研环境，着力发现、培养、爱护和扶持基层德育人才，每年都要评审表彰一批课题研究先进实验区、先进实验校、先进实验教师、先进工作者和优秀成果，在“十五”期间评审表彰“六个一百”的基础上，中央教育科学研究所和谐德育总课题组与中国伦理学会德育专业委员会决定在“十一五”期间全力打造“十个一百工程”。“十个一百”即百所德育示范学校、百部德育优秀著作、百篇德育优秀论文、百节德育示范课、百项校园文化优秀成果、百个校本和谐德育体系范例、百名德育专家、百位德育名师、百位家教优秀家长、百名品德优秀学生。

通过建设“十个一百”工程，把和谐德育研究的优秀成果向全国推广，以便相互学习和借鉴；使课题研究中涌现出的德育示范学校的成功经验全国共享，起到示范和引领作用；把伴随着课题研究成长起来的德育名师和德育专家的德育人生之路推介给大家，发挥榜样的示范作用；把在和谐德育理念及其育人环境影响下全面发展的优秀学生树立为全国青少年学生可亲、可信的学习榜样；把关心、支持、参与课题研究实验的优秀家长向全国的家长推荐，帮助和引导千万家长提高家教水平。这一举措对深化教育改革，实施人才强国战略，建设社会主义和谐社会具有重要意义。希望各实验区、实验校认真做好“十个一百”的推荐和评审工作。

同志们，和谐德育研究与实验是一项课题，更是一种事业。它是惠及广大教师、学生和家长的事业，是积善成德的事业，是利国利民的事业，是功在当代、利在千秋的事业。我们要发扬团结和谐、求真务实、艰苦奋斗、开拓创新的精神，在成就事业之中实现自己的幸福人生。

2010年第十三届上海德育年会主题报告

同志们：

我代表中国伦理学会德育专业委员会、和谐德育研究与实验总课题组向本届年会作主题报告，请大家研究讨论。本次会议主题是：贯彻《国家中长期教育改革和发展规划纲要(2010—2020年)》精神，整体构建区域和谐德育体系、校本和谐德育体系、班级和谐德育体系，做好“十一五”课题结题与“十二五”课题立项的有效衔接工作。

报告分为三部分：

一、贯彻《纲要》精神，构建三级和谐德育体系；

二、坚持“三出”目标，全力打造“十个一百”；

三、继续深化研究，做好“十二五”课题衔接。

一、贯彻《纲要》精神，构建三级和谐德育体系

根据党的十七大关于“优先发展教育，建设人力资源强国”的战略部署，为促进教育事业科学发展，全面提高国民素质，加快社会主义现代化进程，国务院于今年7月29日颁布了《国家中长期教育改革和发展规划纲要(2010—2020

年)》。百年大计，教育为本。教育是民族振兴、社会进步的基石，是提高国民素质、促进人的全面发展的根本途径，寄托着亿万家庭对美好生活的期盼。强国必先强教。优先发展教育、提高教育现代化水平，对实现全面建设小康社会奋斗目标、建设富强民主文明和谐的社会主义现代化国家具有决定性意义。

《纲要》明确规定："坚持德育为先。立德树人，把社会主义核心价值体系融入国民教育全过程。加强马克思主义中国化最新成果教育，引导学生形成正确的世界观、人生观、价值观；加强理想信念教育和道德教育，坚定学生对中国共产党领导、社会主义制度的信念和信心；加强以爱国主义为核心的民族精神和以改革创新为核心的时代精神教育；加强社会主义荣辱观教育，培养学生团结互助、诚实守信、遵纪守法、艰苦奋斗的良好品质。加强公民意识教育，树立社会主义民主法治、自由平等、公平正义理念，培养社会主义合格公民。加强中华民族优秀文化传统教育和革命传统教育。把德育渗透于教育教学的各个环节，贯穿于学校教育、家庭教育和社会教育的各个方面。切实加强和改进未成年人思想道德建设和大学生思想政治教育工作。构建大中小学有效衔接的德育体系，创新德育形式，丰富德育内容，不断提高德育工作的吸引力和感染力，增强德育工作的针对性和实效性。加强辅导员、班主任队伍建设。"其中"构建大中小学有效衔接的德育体系"，正是我们和谐德育学术团队自"八五"规划以来一直承担的研究课题和孜孜以求的奋斗目标。

"八五"时期，是和谐德育研究的发端阶段。我们运用和谐的思想方法分析德育现状，针对某些不和谐问题，提出了整体构建学校德育体系的建议，得到了李岚清同志的肯定性的批示，我们的建议被中央文件所采纳。

“九五”时期，是和谐德育研究的实践阶段。我们使用和谐的概念整体构建德育体系，研究编写了纵向衔接的小学、初中、高中、中职、中师五个学段的《德育》读本18册和《成长册》18册，并在实验区实验校进行实验；最终成果是《整体构建德育体系总论》四部理论著作。

“十五”时期，是和谐德育思想的形成阶段。我们运用整体和谐理念深化研究与推广实验，向幼儿园和高职大学上下延伸，研究编写了《好孩子 好习惯》8册幼儿园教材和4册高职教材，同时与家庭教育相结合，研究编写了四个学段的《当代家长》教材34册，并在实验区实验校进行推广实验；最终成果是《整体构建德育体系导论》和小学、初中、高中、中职、高职、师范、大学《整体构建德育体系实践导引》8部著作。我们的和谐德育思想、理念和方法被《教育部整体规划大中小学德育体系的意见》所采纳。2005年伊宁年会的主题报告明确提出了和谐德育的基本概念、理论基础、主要内容、社会价值和实践方法，此后在《光明日报》和《中国德育》杂志发表，标志着和谐德育的理论体系和实践模式初步形成。

“十一五”时期，是和谐德育思想的发展阶段。在完成了大、中、小、幼纵向和谐衔接的基础上，我们又研究编写了四个学段的《和谐成长》实验教材，实现了学校德育、家庭教育、社区教育横向和谐贯通；2008年正式出版了综合性理论成果《和谐德育论》，标志着和谐德育的理论体系和实践模式基本建成。

从本届年会起，“十一五”和谐德育研究与实验进入结题阶段，预计在2012年完成结题工作。在此期间，我希望并要求实验区、实验校、实验教师基本完成三级和谐德育体系的构建任务。第一级是宏观层次和谐德育体系的构建，即区域和谐德育体系的构建，这是实验区的任务；第二级是中观层次和谐德育体系的构建，即校本和谐德育体系的构建，这是实验学校的任务；第三级是微观层次和谐德育体系的构建，即班级和谐德育体系的构建，这是实验教师(班主任)的任务。第一级、第二级和谐德育体系的构建，我已经在以往历届年会的主题报告中特别是2008年山东南山年会的主题报告中作了详细的论述，本届年会主要讲第三级即班级和谐德育体系的构建。

(一)构建班级和谐德育体系的重要意义

1. 有利于班主任队伍职业化、专业化、专家化建设

《国家中长期教育改革发展规划纲要(2010—2020)》明确提出要“加强辅导员、班主任队伍建设”。《教育部关于整体规划大中小学德育体系的意见》要求：“切实加强德育工作队伍建设。要像重视和关心业务学术骨干的选拔培养那样重视德育队伍人员的选拔培养。各地教育部门要组织实施德育人才培养工程，实现德育队伍的职业化、专业化和专家化。”班主任队伍职业化、专业化、专家化建设，关键在专业化。班主任专业化要从教师专业化说起。

从国际教育发展来看，自从现代教学形式——班级授课制的建立、教师开始成为一种专门职业算起，教师专业化已经走过了300多年的历史。特别是20世纪60年代以后，教师专业化成为一种强劲的思想浪潮，并极大地推动了许多国家教师教育新理念和新制度的建立。1966年联合国教科文组织和国际劳工组织提出《关于教师地位的建议》，首次以官方文件形式对教师专业化做出了明确说明，提出“应把教育工作视为专门的职业，这种职业要求教师经过严格地、持续地学习，获得并保持专门的知识和特别的技术”。1986年，美国的卡内基工作小组、霍姆斯小组相继发表《国家为培养21世纪的教师作准备》《明天的教师》两个重要报告，同时提出以教师的专业性作为教师

教育改革和教师职业发展的目标。1996年，联合国教科文组织召开的第45届国际教育大会提出，“在提高教师地位的整体政策中，专业化是最有前途的中长期策略”。

我国教师专业化虽然起步较晚，但发展很快。1994年我国开始实施的《教师法》规定：“教师是履行教育教学职责的专业人员”，第一次从法律角度确认了教师的专业地位。1995年国务院颁布《教师资格条例》，2000年教育部颁布《教师资格条例实施办法》，教师资格制度在全国开始全面实施。2000年，我国出版的第一部对职业进行科学分类的权威性文件《中华人民共和国职业分类大典》，首次将我国职业归并为八大类，教师属于“专业技术人员”一类。2001年4月1日起，国家首次开展全面实施教师资格认定工作，进入实际操作阶段。

我国现有一千多万中小学教师，是国内最大的一个专业团体，承担着世界上最大规模的中小学教育。尽管我国教师的教育教学活动已经在一定程度上达到了专业化标准的要求，但是与发达国家相比，教师专业化尚有不少差距。改革与发展教师教育，推进我国中小学教师的专业化水平势在必行。

教师专业化是指教师职业具有自己独特的职业要求和职业条件，有专门的培养制度和管理制度。教师专业化的基本含义是：(1)教师专业既包括学科专业性，也包括教育专业性，国家对教师任职既有规定的学历标准，也有必要的教育知识、教育能力和职业道德的要求；(2)国家有教师教育的专门机构、专门教育内容和措施；(3)国家有对教师资格和教师教育机构的认定制度和管理制度；(4)教师专业发展是一个持续不断的过程，教师专业化也是一个发展的概念，既是一种状态，又是一个不断深化的过程。

班主任专业化的内涵基本上与教师专业化的内涵相近，这就是班主任专业化与教师专业化的共性，因为一个优秀的班主任，首先应该是一个优秀的教师。然而，班主任的专业角色与一般教师的专业角色是有所不同的，他们除了和任课教师一样要完成好教学工作之外，还要履行班主任的职责。班主任专业化是一种特殊的教师专业化，是教师专业化的重要组成部分。

虽然目前对“班主任专业化”的内涵还没有明确的界定，但根据教育研究现状，可以认为班主任专业化的概念可总结为：班主任经过培养和训练，逐步掌握德育和班主任工作的理论知识，形成班级德育和班集体建设与管理的能力和技巧，全面有效地履行班主任职责的过程。大体归纳有专业职责、专业素质和专业能力三个要素。

第一，班主任专业职责。教育部颁布的《中小学班主任工作规定》要求“加强中小学班主任工作，充分发挥班主任在教育学生中的重要作用。班主任是中小学日常思想道德教育和学生管理工作的主要实施者，是中小学生健康成长的引领者，班主任要努力成为中小学生的人生导师。班主任是中小学的重要岗位，从事班主任工作是中小学教师的重要职责。教师担任班主任期间应将班主任工作作为主业。加强班主任队伍建设是坚持育人为本、德育为先的重要体现。”

第二，班主任专业素质。班主任专业素质应当包括以下几个方面：(1)育人为本的专业理念。班主任工作的根本目的是“育人”。要“以学生为本位”，“一切为了学生，为了一切学生，为了学生的一切”，为学生的成人、成才、成功乃至一生幸福奠基。(2)德育为先的专业精神。班主任工作要全面实施素质教育。在德、智、体、美、劳“五育”中，德育居于首要地位、领先地位。德育在素质教育中发挥着导向、动力、保证的作用。要转变“重智育轻德育、重课堂教学轻社会实践、重知识传授轻能力培养”的观念，要纠正“德育说起来重要，干起来次要，忙起来不要”的现象。(3)关爱学生的专业道德。关爱学生是班主任的天职，没有爱就没有教育。关爱学生包括关爱学生的自然生命和精神生命。关爱自然生命，就要热爱生命，保护学生安全，呵护学生健康。关爱精神生命，就要关心、理解、尊重、信任学生，善于发现学生的特点、优点、闪光点，尊重学生的人格，尊重学生的情感，尊重学生的隐私，尊重学生的差异，激励学生“我能行”，使每一个学生都有自信心，都能快乐、健康、和谐地成长。(4)和谐育人的专业技能。德育过程是教师与学生双主体和谐互动的过程，民主、和谐的师生关系不仅是有效进行教育活动、完成教育任务的重要条件，而且本身也是一种重要的教育力量。在德育活动中，教师与学生如果能够平等相处，诚恳相待，学生人格就会得到尊重，个性潜能就能得以激发；教师的高尚道德情操、优良个性品质就能够潜移默化地影响和感染学生，收到良好的教育效果。

第三，班主任专业能力。班主任的专业能力包括班集体的组织管理能力、主题班会的设计实施能力、班干部的指导培养能力、走进学生心灵的能力、任课教师的协调能力、学生家长的沟通能力、社会实践的组织能力等。这些能力都需要班主任具备较强的书面表达和语言表达能力。班主任还应当多才多艺，具有一定的音乐、舞蹈、朗诵、书法、绘画、体育等个人才艺的展示能力。

加强班主任专业化建设，担当班主任专业职责，提高班主任专业素质和专业能力，需要构建班级德育体系。构建班级和谐德育体系是班主任职业化、专业化、专家化建设的必由之路。

2. 有利于班级德育科学化、系统化、规范化发展

班主任工作是光荣而神圣的。国运兴衰，系于教育；教育成败，系于教师。教师尤其是班主任的素质决定着学生的素质，学生的素质

关系到祖国的前途和命运。班主任工作是繁重而艰苦的，班主任是班集体的建设者、组织者、领导者和管理者。一个有责任心的班主任总是全身心投入工作，呕心沥血，殚精竭虑，无私奉献。红烛精神、人梯精神，正是对班主任高尚人格的真实写照。班主任工作又是科学而有规律的，在新的形势下，班主任面临着许多新情况和新问题，只凭老经验是远远不够的。

当前，班主任工作存在的主要问题有三点。其一是盲目性，有的学校不重视班主任培训工作，班主任缺少理论学习和经验交流，对班主任工作规律性和科学性的认识不够，处于“被动应付”的状态。其二是零散性，有的学校没有班级德育工作纲要或班主任工作规程，班主任工作缺少计划性和系统性，处于“零敲碎打”的状态。其三是随意性，有的学校对班主任工作疏于管理，缺少章法，没有规章制度，班主任工作缺少制度化和规范性，处于“自发随意”的状态。

要加强班主任专业化建设，使班主任工作上一个新台阶，达到一个新水平，就必须从盲目性转向科学性，从零散性转向系统性，从随意性转向规范性。构建班级和谐德育体系是班主任工作实现科学性、系统性、规范性的必由之路。

3. 有利于培养学生全面地、和谐地、健康地成长

构建班级和谐德育体系的根本目的是培养学生全面地、和谐地、健康地成长。《中共中央关于构建社会主义和谐社会若干重大问题的决定》指出：“我们所要建设的和谐社会，是民主法治、公平正义、诚信友爱、充满活力、安定有序、人与自然和谐相处的社会。”和谐社会的这些基本特征与作为社会主体的人的思想道德素质是紧密联系、相互对应的。和谐社会的六大基本特征正是构建班级和谐德育体系的基本内容。

和谐德育坚持大德育观，主张德育应包括政治教育、思想教育、道德教育、法治教育和心理教育“五要素”。“五要素”各有自己的特定内涵，但又互相联系，互相渗透，互为条件，互相制约，构成了和谐德育统一体。政治教育确立了把祖国建设成为富强、民主、文明、和谐的社会主义现代化国家而努力学习的奋斗方向；思想教育通过对人类社会发展规律的认识和理解，为政治教育提供科学理念支撑，使学生形成科学的世界观、人生观、价值观，树立起社会主义的理想信念；道德教育以培养道德的情感意识和良好的道德行为习惯为重点，形成正确的荣辱观，是实现理想信念的常态活动方式；法治教育以增强法律意识，树立法律观念，培养知法、懂法、守法、护法的品质为重点，充实和保证政治、思想、道德教育的进行；心理教育以培养健康的心理素质为重点，在政治、思想、道德、法纪教育过程中，始终起着维持、调节和统合个体的知、情、意、行的作用，是德育不可缺少的要素。这五者不可割裂，更不能互相取代。如果在理论上仅仅把德育视为“政治思想教育的同义语”或“道德教育的简称”，那么在德育实践上就会失去之偏颇。和谐德育要求完整、准确、全面地理解德育概念的内涵，坚持德育内容的“五要素说”，根据不同学段、不同年级学生的年龄特点和成长规律，由浅入深，从低到高，从具体到抽象，从感性到理性，分层递进，螺旋上升，构建班级和谐德育体系，从而对青少年的思想道德教育发挥更好、更大的作用，培养学生全面地、和谐地、健康地成长。

(二)构建班级和谐德育体系的基本思路

1. 以和谐德育为基本理念

和谐德育，是以满足社会发展需要和受教育者发展需要的和谐统一为出发点，在遵循受教育者思想品德和身心发展规律的基础上，构建德育体系诸要素之间的和谐关系，使之协调相应、配合得当，形成合力，以引导教育者掌握德育规律，提高育人能力，从而促进受教育者思想品德及整体素质和谐发展的一种教育模式。和谐德育的基本内涵包括以下几点。

第一，民主融洽的师生观——教师、学生“双主体”和谐。和谐德育认为教师是教育主体，学生是学习主体，德育过程主要是教师与学生双主体和谐互动的过程。其互动的效果决定了学生思想品德发展的水平，而师生互动的效果则是由师生关系和谐程度决定的。构建班级和谐德育体系，要体现师生双主体和谐。热爱学生是教师的天职(没有爱就没有教育)，教师要关心、理解、尊重、信任学生，要善于发现学生的闪光点，要激励学生“我能行”。在德育活动中，教师是主导，学生是主角，要以学生为中心，以活动为中心，以体验为中心，充分调动和发挥学生的主动性、积极性和创造性。

第二，整体优化的大德育观——学校、家庭、社会“三教”和谐。和谐德育认为只有在学校、家庭、社会三方面教育力量和谐一致的时候，学生的品德发展才是顺利的和健康的。然而，现实生活中家庭教育存在着不少误区。如独生子女家庭的“四二一溺爱综合征”、稳定型家庭的重智轻德、单亲家庭的家教缺失、留守儿童的家教薄弱等。社会生活中的黄、赌、毒、邪、黑的负面影响，造成“五加二等于零”的问题。构建班级和谐德育体系，要体现学校与家庭和社会教育相结合，使三方面的教育合而不同、相互配合、相互补充、形成合力，推动学校、家庭、社会德育目标趋同，德育理念融通，德育内容方法互补，德育资源共享，德育评价一致，从而产生综合的德育效应，使学生成为学校的好学生、家庭的好孩子、社会的好公民。

第三，和谐有序的德育过程观——知、情、信、行“四环节”和谐。和谐德育认为德育过程是“知、情、信、行”和谐有序、相互作用的过程。学校德育工作要取得实效，取决于四个环节的和谐统一的程度。德育不同于智育，智育的任务是传授知识兼培养能力，它主要解决知不知、会不会的问题；而德育只到此并没有完结，它不仅要解决知不知、会不会的问题，而且更要解决信不信、行不行的问题，即不但要授之以知、晓之以理，而且更要动之以情、导之以行。构建班级和谐德育体系，应当把“知、情、意、行”和谐有序地整合在一起，以传授道德知识作基础，陶冶道德情感为关键，培养道德信念作保证，以养成良好的道德行为习惯为归结，取得真正意义上的德育实效。

第四，全面和谐的德育内容观——政治、思想、道德、法治、心理“五要素”和谐。和谐德育主张德育内容应包括政治教育、思想教育、道德教育、法治教育和心理教育“五要素”(如同智育、体育、美育一样是有多学科构成的)。政治教育、思想教育、道德教育、法治教育和心理教育，各有自己的特定内涵，但又互相联系，互相渗透，互为条件，互相制约，构成了和谐德育的统一体。构建班级和谐德育体系，要完整、准确、全面地理解德育概念的内涵，坚持德育内容的“五要素说”，促进学生思想道德素质全面的、和谐的成长。

第五，全面发展的教育质量观——德、智、体、美、劳“五育”和谐。和谐德育提倡全面发展、和谐发展的教育质量观，其实质在于全面实施素质教育。和谐德育主张要正确处理德、智、体、美、劳之间的关系，实现“五育”和谐发展 。一方面，强调德育首要地位，充分发挥德育对智育、体育、美育、劳动教育的导向、动力和保证作用；另一方面，使德育寓于智育、体育、美育、劳动教育之中，充分发挥智育、体育、美育、劳动教育对德育的传输、渗透、内化和巩固功能。构建班级和谐德育体系，要使“五育”相互交织、相互渗透、相互融合，共同促进学生的全面发展、和谐发展。

2. 以德育六要素为基本框架

现代系统科学认为，任何事物都是作为系统而存在的。和谐德育把学校德育工作的各个要素视为一个相互联系、辩证统一的整体。这个整体是由德育目标、内容、途径、方法、管理、评价“六要素”构成。“六要素”和谐，就是把德育目标、内容、途径、方法、管理与评价构成一个和谐有序的整体，是德育诸要素在相互关联、相互制约、相互作用的关系中获得最佳德育效果。构建班级和谐德育体系，就是要以德育“六要素”为基本框架。

第一，德育目标。德育目标是指学生在德育方面所要达到的要求和水平。它对构建和谐德育体系具有导向、激励、调节、控制等作用，是选择、构建德育内容的前提，也是提高整个德育科学性与实效性的关键。因此，班级和谐德育目标要具体化，要“近、小、实、亲”，不要“高、大、空、远”。

第二，德育内容。构建班级和谐德育内容体系就是根据学生的年龄特点和思想品德的发展规律，以道德、心理、法律、思想、政治等相关内容为横坐标，以低年级、中年级到高年级为纵坐标，理顺德育内容自身的逻辑关系，由浅入深、由低到高、由感性到理性、由具体到抽象进行合理部署与安排，做到“德育内容，循序渐进；德目规范，形成序列；要素完整，层次清楚；注意衔接，螺旋上升”。

第三，德育途径。构建班级和谐德育途径体系，指的是把七大类德育途径：课程类、实践类、组织类、环境类、管理类、咨询类、传媒类具体化为可操作的实施途径，根据“德育途径，对应内容；一项内容，多条途径；有主有辅，协调配合；分工合作，形成合力”的原则，把它们运用到各年级的德育工作中去。

第四，德育方法。构建班级和谐德育方法体系，就是把语言说理类、榜样示范类、修养指导类、实践锻炼类、行为训练类、规范制约类、评价激励类等方法具体化，按照“根据内容，对应途径；多种方法，优选组合；辩证思维，法无定法；留有余地，鼓励创新”的原则分布到各年级的德育工作中去。

第五，德育管理。构建班级和谐德育管理体系，就是建立健全班级规章制度，明确班主任和任课教师的职责，建立学生干部的培养、选拔制度，建立学生成长记录袋、家长联系卡，营造一种团结、民主的、和谐的班级人际关系，形成齐抓共管的班级德育工作格局。

第六，德育评价。构建班级和谐德育评价体系，要运用评分、评等、评语相结合的方法，制定科学简明的班级德育和学生品德两级评价指标体系。对学生思想品德的评价要通过家校结合、亲子互动、师生互动、生生互动等评价方法，既要注意评价的客观性，又要应注意评价的导向性，班主任、任课教师和家长要从各方面观察、记录、分析学生的优点和弱点，特别要注意发现每一个学生的特点和闪光点，引导和激励学生健康成长。

3. 以主题班会课为基本模式

构建班级和谐德育体系是全程德育的体现。全程是一个时间概念，指学生从入学到毕业的时间过程。全程德育，是指学校德育工作贯穿于学生从入学到毕业的整个过程之中，德育无时不在，环环相扣，贯穿始终。班级和谐德育体系要针对学生成长的每一个阶段的需要开展主题教育活动，有利于增强德育的科学性、系统性、针对性和实效性。

例如，小学的孝敬父母专题在六个年级具体内容的分配，要根据小学生的年龄特点，由浅入深，由低到高，循序渐进，螺旋上升。一年级：我爱爸爸妈妈；二年级：记住爸爸妈妈的生日；三年级：自己的事情自己做；四年级：当爸爸妈妈不在家的时候；五年级：我当一天家长；六年级：我和爸爸同上一天班。

再如，初中班级和谐德育体系可以将三年六个学期分成12个阶段，要根据中学生的年龄特点和成长需要，每一个阶段设计一个德育主体。第一学年主要有：迈好中学第一步；学会交往；登上知识之船；扬起理想的风帆。第二学年主要有：走出花季困惑；法律保护我成长；友谊与诚信；责任与担当。第三学年主要有：鼓起勇气，迎接挑战；调整自我，增强自信；脚踏实地，自强不息；找准定位，确定理想坐标。

主题班会的基本模式，根据广大实验教师在教育实践中创造，我们归纳总结为16种类型：

(1)讨论探究式。针对教学内容、德育情境和生活中的问题，引导学生进行讨论，探究事物的现象和本质之间的联系，培养学生发现问题、形成观点、指导生活的能力。

(2)辩论明理式。针对教学内容、德育情境和生活中的问题，运用辩论的方式激发认识兴趣，发展道德认知能力，引导道德行为。

(3)情感体验式。以激发情感、体验情感为重点的教育内容和活动方式，在情感体验中深化道德认识，陶冶道德情感，引导道德行为。

(4)情景模拟式。以对生活情景的模拟为活动形式，如用多媒体演示礼仪规范动作，“模拟法庭”活动等，让学生直观感受，亲身体验，深化认识。

(5)角色扮演式。在设定的情境中，让学生充当某种角色，采用相应的语言、动作进行表演，使学生理解人与人、人与物等方面的关系，并从中获得真切感受。

(6)演讲报告式。通过演讲发表自己的观点见解，既提高了学生的语言表达能力和思维能力，同时讲述了知识道理、介绍了先进事迹和经验。

(7)审美鉴赏式。以培养学生的审美能力为重点，指导学生感受生活中的人物美、艺术美、自然美、社会美，以陶冶情操，涵养品格，孕育创造力。

(8)文艺演出式。通过文艺演出活动，为学生创造了展示才华、展现自我价值的天地，也为师生营造了文明、高雅的艺术氛围，在演出中使参加人员都受到思想品德教育。

(9)知识竞赛式。把思想品德教育寓于知识竞赛和技能竞赛之中，是学生乐于参与的活动之一。幼儿、小学可以设计游戏竞赛，学生在娱乐中受到教育。

(10)网上互动式。运用互联网举办网上主题班会，网上课堂、网上心理咨询等新型主题教育活动，以其独特的内容和形式受到学生欢迎。

(11)展示交流式。展示成长成果，交流学习经验，如通过橱窗、板报、手抄报、广播、录像等方式展示学生在不同领域的创造成果，使学生互相学习，互相借鉴。

(12)评价激励式。把品德评价生活化、情趣化、情感化，如《和谐成长》创造了丰富多样的评价方式，素质评价成为生动的教育过程激励学生健康成长。

(13)调查访谈式。指导学生开展社会调查和访谈，收集第一手资料信息，深化课内所学知识，开阔眼界，提高认识，增强社会责任感。

(14)参观考察式。组织学生参观考察德育基地，如博物馆、科技馆、福利院、和谐社区等，使学生加深了解地方文化传统，认识改革开放以来祖国建设取得的伟大成就，培养学生热爱家乡、热爱祖国的情感。

(15)社会实践式。参加各种社会实践活动，在活动中融入思想品德教育，培养学生的分析综合能力、动手实践能力、社会适应能力和创新能力。

(16)综合活动式。多种活动形式的综合运用。根据不同的德育内容，综合运用上述两种或几种活动形式，是德育主题教育活动的基本组织形式。

(四)构建班级和谐德育体系的主要策略

1. 依托区域和学校德育特色

构建班级和谐德育体系要依托本地或本校的德育特色。德育特色就是根据本地或本校的文化传统、办学优势、师生特点、学校环境以及教育者的办学追求和情趣，努力形成独特的德育风格。简言之，就是突出与众不同的个性，做到“人无我有，人有我优，人优我精”。富有特色的德育能够满足学校发展的需要，能够提高学校的教育质量，为培养个性鲜明、特长突出的优秀学生搭建成长平台。

关于地方德育特色，各实验区相继构建了和谐德育十几种模式，创建了本地区的德育特色。例如：(1)北京市朝阳区的“三礼教育”；(2)北京市平谷区的“家校共育”；(3)天津市河西区的“网络德育”；(4)天津和平区的“社区教育”；(5)天津市红桥区的“班集体教育”；(6)新疆伊宁市的“民族团结教育”；(7)黑龙江省哈尔滨市南岗区的“主题活动教育”；(8)贵州省仁怀市的“校本德育体系”；(9)河南省新县的“红色文化”教育；(10)重庆市渝中区的“荣辱观教育”；(11)江苏省无锡市、河北省石家庄市的“心理健康教育”；(12)江西省定南县的“感恩教育”；(13)内蒙古赤峰市的“养成教育”；(14)深圳市的“学科德育”；(15)吉林省四平市的“经历教育”；(16)浙江省湖州市南浔区的“学生成长导师制”……这些模式各具特点，针对性强，对推进区域性教育改革，加强改进德育工作和实施素质教育发挥了积极的引导和带动作用。

关于学校德育特色，我们曾评审了“百所德育科研名校”，他们都不同程度地创建了本校的德育特色。例如，北京景山学校的“三个面向教育”；北京宏志中学的“自我励志教育”；河北衡水中学的“追求卓越”教育；广东中山纪念中学的“诗意德育”；天津南开中学的“为中华崛起而读书”教育；重庆江北中学的“生命教育”；北京通州运河中学的“传统美德教育”；贵州贵阳白云三中的“激励教育”；辽宁大连二十中的“网络德育”；辽宁锦州实验中学的“爱国主义教育”；北京通州潞河中学的“八个一工程”；北京电业中学的“以爱育爱”；天津一〇九中学的“一主多途”德育模式；山东昌邑实验中学的“四点四会”德育模式；宁夏银川实验中学的“心理健康教育”；北京房山张坊中学的“孝道教育”；河南濮阳油田十九中的“三省教育”；天津实验中学的“三自三主”教育模式；广东深圳华富中学的“国学教育”；广东深圳教苑中学的“三全德育”；广西柳江中学的“自育共建”教育；新疆伊宁第十五小学的“五育人”德育模式；山东威海古寨小学的“阳光教育”；重庆长寿第一实验小学的“成长教育”；北京酒仙桥中心小学的“校园新星”教育；吉林四平中央东路小学的“情感体验”教育；内蒙古赤峰天义实验小学的“新三中心”德育模式；江苏南通通州实验小学的“新三好”德育模式；等等。

这些区域和学校德育特色，对班级和谐德育体系的构建具有重要的指导意义和引领作用。班级和谐德育体系的构建应当依托和借助本地和本校的德育特色，并使之具体化、可操作，增强实效性。

2. 紧密结合本班实际

构建班级和谐德育体系必须紧密结合本班实际，加强德育的针对性和实效性。

(1)本班学生情况。班主任应当对本班学生的情况做到基本了解，进而比较熟悉，最好了如指掌。学生的情况包括全体学生的身心健康状况、性格特点、个性特长、品德优缺点、学习成绩；学生干部和个别学生的情况；学生非正式团体的情况。构建班级和谐德育体系要把集体教育与个别教育相结合，要抓两头带中间，面向全体学生。

(2)学生家庭情况。班主任还应当对本班学生的家庭情况做到大概了解，家庭情况包括家庭成员、经济条件、文化程度、职业职务等。要特别关爱单亲家庭子女、重组家庭子女、进城务工人员子女、留守儿童的教育问题。

(3)特长班情况。如果你带的是特长班，例如奥数班、宏志班、国学班、体育特长班、艺术特长班等，那么构建班级和谐德育体系就一定要体现本班特色。特长班的学生往往个性鲜明、独立性强。在构建德育体系和开展德育活动中，一方面要保持班集体的和谐统一，另一方面要鼓励学生张扬个性，发展特长，培养拔尖后备人才。

3. 充分利用地方资源

构建班级和谐德育体系要立足地方经济、政治、文化和社会建设的需要，努力挖掘地方德育资源，建设富有各地风土民情的、具有地域独特性的班级和谐德育体系。

(1)红色文化资源。地处井冈山、遵义、延安、西柏坡等革命圣地附近的学校，构建班级和谐德育体系要以革命传统教育为主线，兼顾其他德育内容，突出红色文化的德育特色。

(2)历史文化资源。地处炎帝陵、黄帝陵、大禹陵、周公祠、孔庙以及各地历史文化名城附近的学校，构建班级和谐德育体系要以中国文化与传统美德教育为主线，兼顾其他德育内容，突出历史文化的德育特色。

(3)文化名人资源。地处我国历史上伟大的思想家、政治家、军事家、科学家、教育家、文学家、艺术家诞生地附近的学校，构建班级和谐德育体系要以爱国主义为核心的民族精神教育为主线，兼顾其他德育内容，突出历史文化名人的德育特色。

(4)英模事迹资源。新中国成立以来各条战线的英雄模范人物层出不穷，如大庆的铁人精神、雷锋精神、焦裕禄精神、载人航天精神、抗洪抢险与抗震救灾精神等。地处英雄模范人物先进事迹发生地附近的学校，构建班级和谐德育体系要以英模事迹教育为主线，兼顾其他德育内容，突出学英雄争先进的德育特色。

(5)建设成就资源。新中国成立以来特别是改革开放以来，我国在经济、政治、文化、社会建设各方面都取得了令人瞩目的成就，如葛洲坝水利工程、航空航天工程、环境保护工程、南水北调工程、西气东输工程以及各地的城乡建设工程等。地处这些国家重点工程附近的学校，构建班级和谐德育体系要以改革开放为核心的时代精神教育为主线，兼顾其他德育内容，突出时代精神的德育特色。

(6)节日文化资源。节日纪念日是世界各民族在文化传承中法定的或约定俗成的有特定文化内涵的固定时间。节日纪念日反映着人类对美好生活的追求和向往，对优良品德的认同和弘扬。中国的节日，历史积淀久远，文化内涵深厚，蕴含着中华民族的价值观念、伦理道德、民族情感和审美情趣，在节日风俗和纪念活动中贯穿着扬美德、树正义、显智慧、鉴善恶、展愿景的思想情感脉络，是民族精神和民族文化的独特凝聚点，具有其他资源不可替代的德育价值。各种法定节日，传统节日，革命领袖、民族英雄、杰出名人等历史人物的诞辰和逝世纪念日，建党纪念日、红军长征、辛亥革命等重大历史事件纪念日，“九一八”“南京大屠杀”等国耻纪念日，以及学生的入学、入队、入团、成人宣誓等有特殊意义的重要日子，都蕴藏着宝贵的思想教育资源。构建班级和谐德育体系要组织丰富多彩的主题班会、队会、团会，举行各种庆祝、纪念活动和必要的仪式，引导学生弘扬民族精神，增进爱国情感，提高道德素养。

二、坚持“三出”目标，全力打造“十个一百”

课题研究的直接目的是“出成果、出经验、出人才”，推动教育生产力的发展。科研成果是检验课题成功与否的标志，实践经验是科研成果转化为现实教育生产力的标准，优秀人才是课题研究出成果、出经验的关键。基于这样的科研理念，我们决定在“十一五”和“十二五”期间实施“德育人才培养工程”，全力打造“十个一百”，即百所德育示范学校、百篇德育优秀论文著作、百节德育示范课、百项校园文化优秀成果、百个校本和谐德育体系范例、百个班级和谐德育体系范例、百名德育专家、百位德育名师、百位家教优秀家长、百名品德优秀学生。

(一)打造“十个一百”的重要意义

1. 认真贯彻中央和教育部文件的重要举措

中央两个《意见》明确指出：“要加强对未成年人成长规律的科学研究，为做好未成年人思想道德建设工作提供科学依据。”要求“建立专项评优奖励制度，定期评比表彰思想政治教育工作先进集体和个人，树立、宣传、推广一批先进典型”。教育部在学习贯彻两个《意见》的实施意见中还明确提出“各地教育部门要组织实施德育人才培养工程，实现德育队伍的职业化、专业化和专家化”，“大力表彰优秀班主任和德育先进工作者”。实施“十个一百德育人才培养工程”是认真贯彻落实中央和教育部上述文件精神的重要举措。

2. 全面推动课题研究可持续发展的重要决策

成果是检验课题成功与否的试金石，经验是推出成果的催化剂，成果的实现，经验的提升均有赖于人才的培养。多年来，我们始终坚持“以人为本”“人才资源是第一资源”的理念，走科研工作者和一线教师相结合的道路，努力创造一个自由、宽松的德育科研环境，着力发现、培养、爱护和扶持基层德育人才，在过去表彰大批课题研究先进实验区、先进实验校、先进实验教师、先进工作者和在“十五”全力打造“六个一百”工程的基础上，倾力建设“十个一百德育人才培养工程”，期待部分优秀实验教师能脱颖而出，成为引领德育课题向前发展的先锋，成为深化教育改革的领头人，使德育科研事业可持续发展。

3. 大力促进德育科研兴旺发达的重要保证

实施“德育人才培养工程”，打造“十个一百”，旨在把精品的优秀成果向全国推广，以便相互学习和借鉴。把涌现出的科研名校的德育资源和理念在全国共享并起到应有的先导作用，把在伴随着课题成长起来的科研名师和专家的学术精神追求和求真务实的科研作风发扬光大，把受到课题的德育理念熏陶全面发展的优秀中小学生树立为全国青少年学生可亲、可信的学习榜样，把关心、支持、参与课题研究实验的优秀家长的经验向全国推广，帮助和引导千万家长提高家教水平。这一举措对促进德育科研事业的兴旺发达，对深化教育改革，实施人才强国战略，建设社会主义和谐社会具有重要意义。

(二)“十个一百”的评选条件

略。

(三)“十个一百”的评审规则

略。

三、继续深化研究，做好“十二五”课题衔接

本届年会以后，“十一五”课题“和谐德育的研究与实验”进入结题阶段。课题研究虽然有结束，但德育科研永无止境。“十二五”期间，我们将继续深化和谐德育研究，预计在两年内完成“十一五”结题与“十二五”立项的衔接工作。

(一)“十二五”规划德育科研的基本思路

中国伦理学会德育专业委员会在“十二五”期间，将继续坚持以中国特色社会主义理论为指导，继续深入学习实践科学发展观，继续坚持为决策服务、为实践服务、为繁荣学术服务的科研宗旨，继续坚持科研人员、行政领导、一线教师相结合的科研道路，继续坚持出成果、出经验、出人才的科研目标，贯彻落实中共中央、国务院2004年8号、16号文件精神和《国家中长期教育改革和发展规划纲要》，结合社会发展和教育改革需求，结合中国伦理学会的学术范围，充分发挥学术团体对建设和谐学校、和谐家庭、和谐社区、和谐企业的研究与服务的职能，为建设和谐文化，构建和谐社会做出积极的贡献。为此，特制定《“十二五”规划重点课题申报指南》。

(二)“十二五”规划重点课题选题指南

略。

2010年九江德育工作会议主题报告

同志们，朋友们，大家好！

中国伦理学会德育专业委员会二届三次会长会议暨实验区负责人会议在历史名城九江市开幕了。本次会议是在制定《国家中长期教育改革和发展规划纲要(2010—2020)》的背景下举办的，《纲要》(征求意见稿)在战略目标中明确要求“整体构建大中小学有效衔接的德育体系”。这个要求正是我们学术团队自“八五”规划以来承担的国家重点课题所研究的内容。

我们经过“八五”“九五”“十五”“十一五”四个五年规划历时近二十年的研究与实验，形成了和谐德育思想，创立了和谐德育的理论体系和实践模式。总结近二十年的德育科研经历，我们走出了一条中国特色的德育科研之路。其基本经验是：

第一，始终坚持以邓小平理论、“三个代表”重要思想和科学发展观为指导，把理论研究、实践研究与方针政策研究紧密结合。

第二，始终坚持为德育决策服务、为德育实践服务、为广大师生服务的科研宗旨，把德育专家、行政领导与一线教师紧密结合。

第三，始终坚持深入基层、深入学校，依靠基层组织、依靠广大教师，把总课题组、实验区、实验学校紧密结合。

第四，始终坚持弘扬中华文化与民族精神，把贯通古今、融会中西、继承借鉴、发展创新作为基本原则。

第五，始终坚持出成果、出经验、出人才的工作目标，为课题组成员和实验教师搭建高层科研平台。

第六，始终坚持和谐德育思想，目标专一，执着追求，咬定青山不放松，不断推动德育科研可持续发展。

这些基本经验，是我们学术团队兴旺发达、事业成功的法宝。在今后的学会工作和课题研究中，我们必须长期坚持并发扬光大。

同志们，我们度过了不平凡的2009年，迎来了创新发展的2010年。2009年8月7日，中国伦理学会德育专业委员会顺利实现了换届选举，新一届德育专业委员会力量更加壮大，为本会的大团结、大发展、大繁荣提供了组织保证。

2009年8月8—10日，第十二届全国和谐德育年会在贵州仁怀召开，取得了圆满成功。这届年会推动了和谐德育研究向纵深发展，确立了为基层办好事、办实事的四项措施：(一)讲和谐，促文明，树新风，开展学校文化展评活动；(二)职业化，专业化，专家化，实施德育人才培养工程；(三)树品牌，显特色，闪亮点，举办班主任专业能力大赛；(四)出成果，出经验，出人才，打造“十个一百”工程。

2009年12月5—8日，首届全国中小学班主任和谐育人专业能力大赛在天津红桥举办，取得了圆满成功。通过教育故事叙说、案例分析、情境答辩、才艺展示四个比赛环节，参赛的班主任展示了教育理念、个人才艺、师德风范和人格魅力。与会的领导、专家和参会参赛教师给予了充分肯定和高度评价。

事实证明，班主任大赛是深受实验区、实验校和班主任欢迎的活动，是推动学校德育工作、培养锻炼班主任队伍的重要途径，是课题深化研究向实践层面发展的重要步骤；历史还将证明，班主任大赛是德育人才成长的加速器，是推动班主任专业化建设的必由之路。

同志们，和谐德育研究与实验是一项课题，更是一种事业。它是正义的事业，是行善的事业，是积德的事业，是惠及广大教师、学生和家长的事业，是与党中央构建和谐社会保持高度一致的事业，是利国利民的事业，是功在当代、利在千秋的事业。

为了使我们的事业健康顺利的可持续发展，根据当前面临的新形势和新任务，我们做出了近期和长期两项战略决策。一是把和谐德育研究与实验课题转为中国伦理学会和中国教育学会立项课题，今后的课题研究归属两个国家一级学会管理。二是制定《中国伦理学会德育专业委员会2010—2020年发展规划纲要》，我们将以这个纲领性文件指导今后十年的学会工作和课题研究。

下面我做《中国伦理学会德育专业委员会2010—2020年发展规划纲要》的报告。

为了贯彻落实党的十七大关于“育人为本、德育为先”和《中共中央关于构建社会主义和谐社会若干重大问题的决定》的精神，与《中国教育改革与发展中长期发展规划纲要》相配合，推动本会工作全面、协调、可持续发展，特制定本会《2010—2020年发展规划纲要》。

一、加强思想文化建设，构建和谐学术团队

（一）坚持以中国特色社会主义理论为指导，认真学习实践科学发

展观，贯彻中央和教育部有关德育工作的一系列文件精神，落实本会的宗旨，为建设中国特色社会主义思想道德体系，增强德育工作的科学性、系统性、针对性、实效性，提高中华民族思想道德素质，推进社会主义精神文明建设，促进社会和谐与文化繁荣，培育社会主义事业合格建设者和可靠接班人做出贡献。

(二)倡导“和谐、求真、务实、创新”的会风。倡导和谐理念，培育和谐精神，创建和谐氛围，坚持实事求是、讲求实效、开拓进取、发展创新的工作理念和工作作风。发挥会旗、会徽、会歌在本会工作中的作用。

(三)坚持“培基、固本、开源”的工作方针。坚持德育理论研究、政策研究、实践研究相结合，夯实立会之基；坚持德育科研工作者、行政管理者、实践工作者相结合，巩固建会之本；坚持为德育科研服务、为教育改革服务、为社会发展服务，开拓兴会之源。

(四)坚持走中国特色的德育科研之路。

——坚持以邓小平理论、“三个代表”重要思想和科学发展观为指导，把理论研究、实践研究与方针政策研究紧密结合。

——坚持为德育决策服务、为德育实践服务、为广大师生服务的科研宗旨，把德育专家、行政领导与一线教师紧密结合。

——坚持深入基层、深入学校，依靠基层组织、依靠广大教师，把学会工作与单位会员、个人会员紧密结合。

——坚持弘扬中华文化与民族精神，把贯通古今、融会中西、继承借鉴、发展创新作为基本原则。

——坚持出成果、出经验、出人才的工作目标，为本会会员、课题组成员和实验教师搭建高层科研平台。

——坚持和谐德育思想，促进和谐学校、和谐家庭、和谐社区建设，不断推动德育科研可持续发展。

（五）推动本会工作全面、协调、可持续发展

——继承已有成果，在继承的基础上谋发展。在整体构建德育体系各类成果基础上，沿着和谐德育的研究方向开拓发展，继续带领和指导单位会员（实验校）推出原创性、继创性、精品性成果，总结时代性、规律性、实效性经验，培养管理型、理论型、实践型人才。继承学会已有工作经验和优良作风，客观认识存在的困难和问题，求真务实，集思广益，勇于承担，齐心协力，共谋发展。

——增强创新意识，以创新求发展。要坚持解放思想、实事求是、与时俱进的理念，用创新思维分析问题，规划发展。要不断加固创新发展的工作基础，注重全面掌握情况，善于适时总结经验。要正视问题，从研究问题解决问题中寻求创新发展的思路和方案。要学会创新、鼓励创新，开创课题研究和学会工作的新局面，使学会工作在思想理论、工作方式等方面始终保持生机与活力。

——坚持以人为本，实现科学发展。要关注本会成员的工作事业和生活发展需求，建设团结和谐学术团队。要加强学会领导班子建设，营造既有民主，又有集中，既有统一意志，又有个人心情舒畅的工作氛围。要鼓励会员走职业化、专业化、专家化道路，实施德育人才培养工程。要支持会员出成果、出经验、出人才，着力打造“十个一百”工程。要统筹兼顾大中小幼各学段研究部的协调发展，统筹兼顾不同类别子课题、不同方面专家学者共同发展，统筹兼顾近期、中期、长期的工作计划，保持学会工作全面、协调、可持续发展。

二、加强组织机构建设，制定完善规章制度

（一）加强研究部门的组织机构建设。各研究部设主任1—2名，

由常务副会长或副会长兼任；设副主任 2—4 名，由副会长、常务副秘书长、副秘书长兼任；设学术委员会主任 1 人，由常务副会长或副会长兼任；设学术委员会委员若干人，从“四个一百”中选聘。

(二)加强学会工作队伍建设，选拔志同道合、德才兼备、勇于负责、乐于奉献、善于合作的同志参与学会工作，形成学术、管理、开发三结合，老、中、青三结合，专职、兼职、特聘三结合的学会工作队伍。

(三)巩固发展已经成立的学前教育研究部、小学教育研究部、初中教育研究部、高中教育研究部、中职教育研究部、高职教育研究部、大学教育研究部。加强家庭教育研究部的建设。筹建校外教育研究部、社区教育研究部、企业文化研究部。发展专题研究中心和地方研究中心。

(四)建立实验区转为地方研究中心、实验校转为单位会员、实验教师转为个人会员的会员发展机制。进一步完善会员入会申请、批准入会、会员登记、会员退会、会员考核等工作机制，实现十年内单位会员、个人会员翻两番。

(五)贯彻民主集中制的组织原则，建立并不断健全岗位职责，其中包括会长、副会长、秘书长、副秘书长、办公室主任以及各研究部主任、专题研究中心主任、地方研究中心主任的岗位职责。

(六)加强规范化管理，制定并不断完善各项规章制度。其中包括人事管理制度、财务管理制度、印章管理制度、档案管理制度、课题管理制度、会员管理制度、会议管理制度等。

三、深入开展学术研究，大力推广科研成果

(一)不断深化和谐德育研究，进一步发展和谐德育的理论体系和

实践模式，进一步完善和谐德育的基本概念、理论基础、主要内容、社会价值和实践方法，进一步细化师生双主体和谐，学校、家庭、社会三教和谐，知、情、意、行四环节和谐，德、智、体、美、劳五育和谐，德育目标、内容、途径、方法、管理、评价六要素和谐，幼儿园、小学、初中、高中(中职)、大学(高职)、研究生六学段和谐的研究。

(二)不断推出三大系列研究成果，第一系列为学会(总课题组)研究成果，继续编写和谐德育丛书，每年出版一部专著或一套丛书、一部论文集；第二系列为地方研究中心(实验区)研究成果，每年出版 10 部论文集或地方教材；第三系列为单位会员和个人会员(实验学校和实验教师)研究成果，每年出版 10 部专著或论文集。三大系列成果统一开本和封面设计。

(三)继续研究编写幼儿园、小学、初中、高中(中职)、大学(高职)、研究生各学段和谐德育实验教材及与之配套的音像资料，形成系列，推广普及，使其成为地方教材或校本教材，作为国家德育课程的有益补充。

(四)继续研究编写家长培训教材及与之配套的音像资料，推动和谐家庭建设，促进家庭教育与学校教育的德育理念趋同，德育内容互补，德育资源共享，德育评价一致，培养学生和谐健康成长。

(五)开发创新社会教育读本，研究编写社区伦理、企业伦理、军营伦理、干部伦理等系列著作。推动和谐社区、和谐企业、和谐军营、和谐单位建设，促进社会主义精神文明建设。

(六)大力支持本会会员承担的全国教育科学“十一五”规划 2009 年立项的国家一般课题“诗意德育促进学生积极人格和谐发展案例与理论问题研究”、教育部重点课题“增强学生社会责任感的公民教育实践模式研究”、教育部重点课题“新媒体在和谐校园文化建设中的应用研究”三项课题。

(七)鼓励和支持本会会员积极申报全国哲学社会科学、全国教育科学“十二五”“十三五”课题、教育部委托课题、国际各种基金课题、中国伦理学会课题，为会员搭建高层德育科研平台，促进学术繁荣。

(八)大力开展成果推广活动。其中包括：讲和谐，促文明，树新风，开展学校文化展评活动；职业化，专业化，专家化，实施德育人才培养工程；树品牌，显特色，闪亮点，举办班主任专业能力大赛；出成果，出经验，出人才，打造“十个一百”工程。这些活动要常抓不懈，形成品牌，逐步推向全国，促进科研成果转化为现实的教育生产力。

(九)坚持按期开好每年一届的学术年会、五年一届的会员代表大会，各学段研究部适时召开专题研讨会，各专题研究中心、地方研究中心(实验区)及时召开交流会。通过各种会议交流科研成果，推动德育研究，凝聚学术队伍。

四、重视媒体宣传工作，加强会刊会网建设

(一)继续办好会刊《新德育》杂志。进一步发挥其在传播德育要闻、宣传政策法规、传达学会工作、指导课题研究、介绍单位会员的先进经验、发表个人会员的研究成果等方面的重要作用。要不断提高办刊质量，扩大读者面和发行量，争取早日成为全国有影响的正式刊物，并向全国核心期刊发展。

(二)继续办好会网“新德育”网。进一步加大信息量，加快更新速度，除开设本会概况、德育论坛、德育实践、德育人生、课题研究、名师名校、资料阅览等常规栏目外，还要开设入会须知、成果展示、

公告、快讯、视频下载等窗口，做到点击率要逐年攀升，每月达到1万次以上，更好地发挥学会联系会员的桥梁和纽带作用。

（三）加强与社会主流媒体的联系与合作。积极主动与中央电视台、中国教育电视台、有关省市电视台建立联系与合作关系；积极主动与《人民日报》《光明日报》《中国教育报》《中国青年报》等各大报刊建立联系与合作关系；积极主动与人民网、中国教育资源、搜狐网、新浪网等各大网站建立联系与合作关系。

五、加强联系社会各界，积极争取政府支持

（一）加强与中共中央中宣部、中央精神文明办、中央党校、中国社科院、教育部、团中央、全国妇联的联系，积极争取他们的支持、指导和帮助。

（二）加强与教育部基础教育一司、基础教育二司、思想政治工作司、社会科学司、职业与成人教育司、师范教育司等有关司局的密切联系，积极争取他们的支持、指导和帮助。

（三）加强与中国伦理学会、中国教育学会、中国高等教育学会、中国国际教育交流学会、中国青少年研究会、中国家庭教育研究会的联系，积极争取他们的支持、指导与合作。

（四）加强与联合国教科文组织和国际儒学联合会等有关教育机构的联系，开展国际伦理文化与道德教育的交流与合作。

（五）进一步完善政府支持、社会资助、本会自筹、会员交会费相结合的多元经费筹措机制。

（六）加强与国际国内支持德育事业的个人、企业和慈善机构的联系，争取他们的捐助，开拓多种渠道，筹建中国德育基金会。

（七）加强与地方政府、大专院校的联系与合作，共同开发建设中

国德育馆或中国德育基地。

（八）积极创造条件，争取把德育专业委员会办成国内有影响的德育专业学术团体。

同志们，制定十年发展纲要，是学会一件大事。需要广大会员特别是理事、常务理事的智慧，需要大家集思广益，群策群力，共谋发展大计。提供给大家的这个稿子，是在上次全体会长会议充分讨论的基础上修改而成。本次会议进一步征求实验区负责人即理事、常务理事的意见，将在闭幕式上表决通过，作为本会今后十年工作的纲领性文件。请各位多提宝贵意见。谢谢！

第二编　和谐德育产生背景研究

和谐社会呼唤和谐德育

中国共产党第十七次全国代表大会的报告明确指出："中国特色社会主义道路，就是在中国共产党领导下，立足基本国情，以经济建设为中心，坚持四项基本原则，坚持改革开放，解放和发展社会生产力，巩固和完善社会主义制度，建设社会主义市场经济、社会主义民主政治、社会主义先进文化、社会主义和谐社会，建设富强民主文明和谐的社会主义现代化国家。"①把"和谐社会"鲜明地写在党的旗帜上，这是自党的十六大以来对中国特色社会主义理论的新发展，是对中国特色社会主义道路的新概括，是对马克思主义中国化的新贡献，是对中国特色社会主义事业总体布局的新拓展。构建社会主义和谐社会，呼唤和谐文化与和谐教育。因为和谐文化与和谐教育是构建社会主义和谐社会的基础。和谐文化与和谐教育呼唤和谐德育，因为和谐德育是建设和谐文化与和谐教育的重要组成部分与

① 《中国共产党第十六届六中全会文件汇编》，北京：人民出版社，2006年版，第11页。

核心内容。

一、构建和谐社会是对中国特色社会主义事业总体布局的新拓展

2002年11月8日，中国共产党第十六次全国代表大会的报告指出：“我们要在本世纪头二十年，集中力量，全面建设惠及十几亿人口的更高水平的小康社会，使经济更加发展、民主更加健全、科教更加进步、文化更加繁荣、社会更加和谐、人民生活更加殷实。”①这是在党的重要文献中首次把“社会更加和谐”作为建设小康社会的奋斗目标而提了出来。

2004年9月19日，中国共产党第十六届四中全会通过了《中共中央关于加强党的执政能力建设的决定》，明确提出“构建社会主义和谐社会”的战略任务，并将其列为中国共产党全面提高执政能力的五大能力之一。《决定》指出：“加强党的执政能力建设要按照推动社会主义物质文明、政治文明、精神文明协调发展的要求，不断提高驾驭社会主义市场经济的能力、发展社会主义民主政治的能力、建设社会主义先进文化的能力、构建社会主义和谐社会的能力、应对国际局势和处理国际事务的能力等。”②

2006年10月11日，中国共产党第十六届六中全会通过了《中共中央关于构建社会主义和谐社会若干重大问题的决定》，全面分析了

① 《全面建设小康社会，开创中国特色社会主义事业新局面》，北京：人民出版社，2002年版，第19页。

② 《中共中央关于加强党的执政能力建设的决定》，《人民日报》，2004年9月27日。

“我国已进入改革发展的关键时期，经济体制深刻变革，社会结构深刻变动，利益格局深刻调整，思想观念深刻变化”的社会形势，就“构建社会主义和谐社会的重要性和紧迫性；构建社会主义和谐社会的指导思想、目标任务和原则；坚持协调发展，加强社会事业建设；加强制度建设，保障社会公平正义；建设和谐文化，巩固社会和谐的思想道德基础；完善社会管理，保持社会安定有序；激发社会活力，增进社会团结和睦；加强党对构建社会主义和谐社会的领导”①等八个方面的问题进行了详细的论述，构建社会主义和谐社会的理论体系基本形成。

2007年10月，中国共产党第十七次全国代表大会明确指出：“中国特色社会主义理论体系，就是包括邓小平理论、‘三个代表’重要思想以及科学发展观等重大战略思想在内的科学理论体系”，“深入贯彻落实科学发展观，要求我们积极构建社会主义和谐社会。社会和谐是中国特色社会主义的本质属性。科学发展和社会和谐是内在统一的。没有科学发展就没有社会和谐，没有社会和谐也难以实现科学发展。”②深刻阐明了科学发展与社会和谐的辩证统一关系，从贯彻落实科学发展观的战略高度进一步强调了构建社会主义和谐社会的重要意义。

我们党提出构建社会主义和谐社会，不仅确立了中国特色社会主义建设目标，进一步回答了“社会和谐是中国特色社会主义的本质属性”这一什么是社会主义的重大问题，而且拓展了中国特色社会主义

---

① 《中共中央关于构建社会主义和谐社会若干重大问题的决定》，北京：人民出版社，2006年版，第1—35页。

② 《中国共产党第十七次全国代表大会文件汇编》，北京：人民出版社，2007年版，第11页，第17页。

事业总体布局，进一步回答了怎样建设社会主义的重大问题，是对中国特色社会主义理论的丰富和发展。

为了推进中国特色社会主义事业，我们党不断思考和研究这一事业所包含的各方面的目标、任务，确定推进这一事业的总体布局。自从邓小平同志提出建设中国特色社会主义道路以来，我们党为了全面推进这一伟大事业的发展，根据时代条件的变化，随着改革开放的深入，先后从不同角度做出了规划和部署，对中国特色社会主义事业总体布局的认识不断深化。

对于中国特色社会主义现代化建设总体布局，首次提出并加以论述的是党的十二届六中全会《关于社会主义精神文明建设指导方针的决议》。《决议》明确提出："我国社会主义现代化建设的总体布局是：以经济建设为中心，坚定不移地进行经济体制改革，坚定不移地进行政治改革，坚定不移地加强精神文明建设，并且使这几个方面互相配合，互相促进。"①正是根据这样的认识，党的十三大确定了党在社会主义初级阶段的基本路线，明确概括了"一个中心、两个基本点"的主要内容，并号召我们为建设富强、民主、文明的社会主义现代化国家而奋斗。这是我们党对中国特色和会主义事业总体布局认识的深化。党的十五大提出社会主义初级阶段的基本纲领，围绕富强民主文明的目标，明确规定了中国特色社会主义经济、政治和文化建设的基本政策和基本要求。这实际上是从建设中国特色社会主义的目标出发安排的战略布局。

党的十六大在论述"全面建设小康社会"的奋斗目标和历史任务时，已经明确把"社会更加和谐"同"经济更加发展、民主更加健全、

---

① 《邓小平文选》第3卷，北京：人民出版社，1993年版，第181页。

科教更加进步、文化更加繁荣、人民生活更加殷实”一起提了出来。党的十六届四中全会从增强党的执政能力的角度提出要不断提高“构建社会主义和谐社会的能力”，并且把它同“驾驭社会主义市场经济的能力”“发展社会主义民主政治的能力”“建设社会主义先进文化的能力”并列提出来。在这里，把和谐社会建设放到同经济建设、政治建设、文化建设并列的突出位置，就扩展了中国特色社会主义建设的思想内涵。表明了中国特色社会主义事业的总体布局，由发展社会主义市场经济、社会主义民主政治和社会主义先进文化这样的“三位一体”，扩展为包括社会主义和谐社会的内容，实现了社会主义经济建设、政治建设、文化建设、社会建设“四位一体”的飞跃。

党的十七大进一步明确指出中国特色社会主义的奋斗目标是：“建设社会主义市场经济、社会主义民主政治、社会主义先进文化、社会主义和谐社会，建设富强民主文明和谐的社会主义现代化国家。”①物质文明、政治文明和精神文明的建设为构建社会主义和谐社会提供坚实的物质基础、政治保障和精神支撑，而和谐社会建设又为三大文明建设提供有利的社会条件。它们有机统一、互相促进，共同构成中国特色社会主义事业“四位一体”的总体布局。这必将使全党同志在建设中国特色社会主义的伟大实践中更加自觉地加强社会主义和谐社会建设，使社会主义物质文明、政治文明、精神文明建设与和谐社会建设全面发展。这是整体构建和谐德育体系的根本目的与指导思想。

---

① 《中国共产党第十七次全国代表大会文件汇编》，北京：人民出版社，2007年版，第11页。

二、社会主义核心价值体系是和谐文化建设的根本

和谐文化建设是构建社会主义和谐社会的思想道德基础，而社会主义核心价值体系则是和谐文化建设的根本。党的十七大报告指出："社会主义核心价值体系是社会主义意识形态的本质体现。要巩固马克思主义指导地位，坚持不懈地用马克思主义中国化最新成果武装全党、教育人民，用中国特色社会主义共同理想凝聚力量，用以爱国主义为核心的民族精神和以改革创新为核心的时代精神鼓舞斗志，用社会主义荣辱观引领风尚，巩固全党全国各族人民团结奋斗的共同思想基础。"①建设社会主义核心价值体系，形成全民族奋发向上的精神力量与团结和睦的精神纽带。这是自党的十六届六中全会以来党中央适应我国社会思想道德建设的新形势，向全党提出的重要任务。任何社会都有自己的核心价值体系。核心价值体系是社会意识的本质体现，决定着社会意识的性质和方向。建设社会主义核心价值体系，对于团结、引领全体社会成员在思想道德上共同进步，对于整体构建和谐德育体系，对于进一步加强和改进未成年人的思想道德建设，具有重大意义。

第一，建设社会主义核心价值体系，有利于抓住和谐文化建设的根本。构建社会主义和谐社会必须建设和谐文化。我们建设的和谐文化，是建设社会主义先进文化，是以社会主义核心价值体系为根本的和谐文化。社会主义核心价值体系，不断汲取中华民族优秀传统文化，不断吸收世界优秀文明成果，不断在实践中创新发展。这就决定

① 《中国共产党第十七次全国代表大会文件汇编》，北京：人民出版社，2007年版，第33页。

了社会主义核心价值体系有很强的创造力、感召力和包容性、整合性。在和谐文化建设中，抓住了社会主义核心价值体系这个根本，才能形成全社会共同的理想信念，增强全社会的凝聚力；才能树立全社会的和谐理念，培育全社会的和谐精神；才能形成全社会的良好道德风尚，形成全社会的和谐人际关系；才能营造全社会的和谐舆论氛围，为构建社会主义和谐社会奠定思想道德基础。

第二，建设社会主义核心价值体系，有利于巩固全党全国人民团结奋斗的共同思想基础。共同的思想基础，是一个党、一个国家、一个民族赖以存在和发展的根本前提。我们党历来重视共同思想基础的建设。毛泽东同志强调党要有“共同语言”，社会主义国家要有“统一意志”。邓小平同志指出，我们这么大一个国家，要团结起来、组织起来，一靠理想，二靠纪律，否则建设就不能成功。江泽民同志指出，一个民族、一个国家，如果没有自己的精神支柱，就等于没有灵魂，就会失去凝聚力和生命力。胡锦涛同志多次指出：要增强“民族精神”，巩固“精神支柱”，形成“共同理想信念”。这里强调的都是共同思想基础建设。建设社会主义核心价值体系的科学概括和清晰界定，明确了共同思想基础的基本内涵和基本要求，有利于团结全党全国人民为建设中国特色社会主义共同奋斗。

第三，建设社会主义核心价值体系，有利于引导全社会在思想道德上共同进步。思想道德是经济基础的反映。同我国还处在社会主义初级阶段相适应，同我国多种所有制经济并存相适应，同我国多种分配方式并存相适应，同对外开放的环境相适应。人们的思想观念、道德意识、价值取向越来越呈现出层次性。这种层次性要求我们，在思想道德建设上一定要从实际出发，既要鼓励先进，又要照顾多数，把先进性要求同广泛性要求结合起来，对不同层次的人们提出不同的要求。社会主义核心价值体系，既体现了思想道德建设上的先进性要求，又体现了思想道德建设上的广泛性要求；既坚持了先进文化的前进方向，又符合不同层次群众的思想状况；既体现了一致的愿望和追求，又涵盖了不同的群体和阶层。社会主义核心价值体系具有广泛的适用性和包容性，具有强大的整合力和引领力，是联结各民族、各阶层的精神纽带，有利于引导全社会在思想道德上共同进步。

党的十七大报告明确提出了社会主义核心价值体系的基本内容，主要包括以下几个方面：

第一，坚持马克思主义指导思想。马克思主义是我们立党立国的根本指导思想。在社会主义核心价值体系建设中，马克思主义为我们提供了正确的世界观和方法论，提供了正确认识世界和改造世界的强大思想武器。只有用马克思主义的立场、观点、方法来正确认识经济社会发展大势，正确认识社会思想意识中的主流与支流，才能在错综复杂的社会现象中看清本质、明确方向。建设社会主义核心价值体系，第一位的就是坚持马克思主义的指导地位。马克思主义是科学，总是随着时代、实践和科学的发展而不断发展。我们坚持马克思主义，是坚持发展着的马克思主义。只有坚持用马克思主义中国化的最新成果武装全党、教育人民，才能真正发挥马克思主义认识世界和改造世界的强大思想武器的作用，马克思主义才能真正成为我们的行动指南。

第二，坚持中国特色社会主义共同理想。理想信念，是一个政党治国理政的旗帜，是一个民族奋力前行的向导。理想是有层次的。对于共产党人来说，最高理想是实现共产主义。在现阶段，建设中国特色社会主义是我们全社会的共同理想。这个共同理想，既实在具体，又鼓舞人心，昭示了我们要在中国特色社会主义道路上，在本世纪头

20年，集中力量全面建设小康社会，再继续奋斗几十年，到本世纪中叶基本实现现代化，把我国建成富强民主文明和谐的社会主义国家。这个共同理想，集中代表了我国工人、农民、知识分子和其他劳动者、建设者、爱国者的利益和愿望，具有很强的广泛性和包容性。这个共同理想，把国家、民族与个人紧紧地联系在一起，强调了国家要基本实现现代化、民族要实现伟大复兴、人民要过上宽裕的小康生活，有利于调动全体人民的积极性共同为之奋斗。

第三，坚持以爱国主义为核心的民族精神和以改革创新为核心的时代精神。民族精神和时代精神是一个民族赖以生存和发展的精神支撑。一个民族，没有振奋的精神和高尚的品格，不可能自立于世界民族之林。有没有高昂的民族精神，是衡量一个国家综合国力强弱的一个重要尺度。民族精神是我们民族的生命力、凝聚力和创造力的不竭源泉。在五千多年的发展中，中华民族形成了以爱国主义为核心的团结统一、爱好和平、勤劳勇敢、自强不息的伟大民族精神。在改革开放新时期，中华民族又形成了勇于改革、敢于创新的时代精神。这一民族精神和时代精神，包括了我们党领导人民在长期革命斗争中形成的井冈山精神、长征精神、延安精神、西柏坡精神等优良传统；包括了在社会主义建设时期形成的大庆精神、雷锋精神、“两弹一星”精神等优良传统；包括了在改革开放新时期形成的“64字创业精神”、“九八”抗洪精神、抗击“非典”精神、青藏铁路建设精神等优良传统。这一民族精神和时代精神，是中华民族五千多年来生生不息、发展壮大的强大精神动力，也是中国人民在未来的岁月里薪火相传、继往开来的强大精神动力。

第四，坚持社会主义荣辱观。胡锦涛同志明确提出了以“八荣八耻”为主要内容的社会主义荣辱观。他强调指出：“在我们的社会主义社会里，是非、善恶、美丑的界限绝对不能混淆，坚持什么、反对什么，倡导什么、抵制什么，都必须旗帜鲜明。”①荣辱观是世界观、人生观、价值观的重要内容，树立正确的荣辱观是形成良好社会风气的重要基础。只有分清荣辱，明辨善恶美丑，一个人才能形成正确的价值判断，一个社会才能形成良好的道德风尚。以“八荣八耻”为主要内容的社会主义荣辱观，明确了当代社会最基本的价值取向和行为准则，涵盖了人生态度、社会风尚的方方面面，体现了社会主义基本道德规范，体现了中华民族传统美德、优秀革命道德与时代精神的完美结合，应当成为引领社会风尚的一面旗帜。

党的十七大报告明确要求：“切实把社会主义核心价值体系融入国民教育和精神文明建设全过程，转化为人民的自觉追求。”②整体构建和谐德育体系，正是贯彻落实党的十七大精神，切实把社会主义核心价值体系融入国民教育全过程的重要举措。

三、和谐德育是构建和谐社会与和谐文化的基础工程

党的十七大报告指出：“和谐文化是全体人民团结进步的重要精神支撑。”同时对建设和谐文化提出了明确的要求：“大力弘扬爱国主义、集体主义、社会主义思想，以增强诚信意识为重点，加强社会公德、职业道德、家庭美德、个人品德建设，发挥道德模范榜样作用，引导人们自觉履行法定义务、社会责任、家庭责任。加强和改进思想政治工作，注重人文关怀和心理疏导，用正确方式处理人际关系。动

---

① 《胡锦涛关于“八个为荣、八个为耻”的重要论述》，《人民日报》，2006年3月5日。

② 《中国共产党第十七次全国代表大会文件汇编》，北京：人民出版社，2007年版，第11页。

员社会各方面共同做好青少年思想道德教育工作，为青少年健康成长创造良好社会环境。”①

动员社会各方面共同做好青少年思想道德教育工作，为青少年健康成长创造良好社会环境，是和谐文化建设的重要任务，也是和谐德育研究的根本任务。文化的实质是“人化”。人的思想道德素质是建设和谐文化的主导因素。整体构建和谐德育体系是社会主义思想道德体系的重要组成部分，社会主义思想道德建设是建设和谐文化的重要内容和中心环节。社会主义思想道德建设要从青少年学生抓起，未成年人的思想道德建设是全社会思想道德建设的基础。从这个意义上说，和谐德育是构建和谐社会、建设和谐文化的基础工程，对于建设和谐文化，乃至构建和谐社会具有重要的现实意义。

第一，和谐德育有利于为建设和谐文化与和谐社会奠定基础。

当前，我国社会的发展正处于关键时期。我国人均国民生产总值已突破 1000 美元，正在向人均 3000 美元的新目标跨越。许多国家的发展进程表明，人均 GDP 在 1000 到 3000 美元之间的发展阶段，往往既是一个国家经济发展的黄金期，也是矛盾凸显期。随着改革开放和社会主义市场经济的深入发展，我国经济社会生活也发生了深刻变化，社会经济成分、组织形式、就业方式、利益关系和分配方式日益多样化，社会利益关系更为复杂，出现了许多新情况、新问题。现代物质文明的非和谐发展，不仅造成了“自然和谐”的破坏，而且也造成了“人和自然”“人与人”之间和谐的破坏。市场经济就像一把双刃剑。它激发了人们主体意识的生成，同时诱发个人主义倾向；增强了效益

① 《中国共产党第十七次全国代表大会文件汇编》，北京：人民出版社，2007 年版，第 34 页。

观念和求实精神，同时诱发了拜金主义和重利轻义思想；也造成一些领域道德失范，诚信缺失、假冒伪劣、欺骗欺诈活动的蔓延，甚至某些地方封建迷信、邪教和黄赌毒等社会丑恶现象沉渣泛起，这一切都给社会的和谐发展造成不可忽视的负面影响。建构和谐德育，以提高个体的道德水平为起点，推及社会道德水平的提升，能够纾解社会矛盾，促进社会稳定。这就为社会的和谐发展奠定了基础。

构建社会主义和谐社会，从根本上讲就是要实现人与自然、人与社会、人与人以及人自身的和谐发展，这是中国特色社会主义的本质要求。和谐德育对于建设和谐文化与和谐社会的奠基作用同样表现在人与自然、人与社会、人与人以及人自身的和谐发展几个方面。

——人与自然和谐。人类只有一个地球，工业化造成的大气污染、河流污染、海洋污染，已经威胁到人类的生存和发展。人类只有树立环境保护意识，与大自然和谐相处，达到"天人合一""天人和谐"的境界，人类才能更好地生存和发展。这是全人类的共同利益。和谐德育把环境道德教育作为重要内容之一，引导和帮助青少年树立环保意识，为人与自然和谐相处奠定思想道德基础。

——人与社会和谐。"人是一切社会关系的总和。"社会是由人构成的，人不可能脱离社会而存在。人只有与社会和谐相处，才能在社会中生存和发展。和谐德育以集体主义为原则，以爱祖国、爱人民、爱劳动、爱科学、爱社会主义为基本要求，把集体主义精神渗入学校教育、家庭教育、社会教育的各个层面，引导青少年学生正确认识和处理国家、集体、个人的利益关系，提倡个人利益服从集体利益、局部利益服从整体利益、当前利益服从长远利益，反对小团体主义、本位主义和损公肥私、损人利己，把个人的理想与奋斗融入广大人民的共同理想和奋斗之中。这就为构建和谐社会奠定了思想道德基础。

——人与人和谐。倡导人与人之间和谐相处、团结友爱、扶老携幼、扶困济贫、共同发展，是和谐社会的基本要求。和谐德育坚持以人为本，以为人民服务为核心，主张“人人为我、我为人人”；对青少年学生进行社会公德、职业道德、家庭美德、个人品德教育。把这些主要内容具体化、规范化，使之成为全体公民普遍认同和自觉遵守的行为准则。并且根据不同年龄阶段学生的身心特点、知识水平和品德形成发展规律，循序渐进，螺旋上升，整体构建了大、中、小学的德育体系，为全社会建设社会主义思想道德体系奠定了基础。

——人自身的和谐。坚持以人为本，倡导人文关怀，注重人的全面和谐发展，是和谐社会的题中应有之义。和谐德育主张人的身体与心理全面和谐发展，把健康教育，包括身体健康和心理健康教育作为德育内容之一，认为这是德育的生长点、素质教育的基本点、德育与智育的结合点；和谐德育主张德、智、体、美全面和谐发展，把德育寓于智育、体育、美育之中作为德育的重要途径之一；和谐德育主张品德结构知、情、意、行全面和谐发展，把知、情、意、行结合作为德育的重要原则之一。和谐德育这些观点的价值就在于引导学生的全面和谐发展，塑造身心和谐，知行统一，真、善、健、美和谐发展的人，为培养社会主义事业建设者和接班人奠定了基础。

第二，和谐德育有利于加强和改进青少年思想道德教育工作。

《中共中央关于构建社会主义和谐社会若干重大问题的决定》指出：“我们所要建设的和谐社会，是民主法治、公平正义、诚信友爱、充满活力、安定有序、人与自然和谐相处的社会。”[①]和谐社会的这些

① 《中共中央关于构建社会主义和谐社会若干重大问题的决定》，北京：人民出版社，2006年版，第5页。

基本特征与作为社会主体的人的思想道德素质是紧密联系、相互对应的。和谐社会的六大基本特征正是和谐德育的基本内容。

——民主法治。构建和谐社会，就是社会主义民主政治得到充分发展，依法治国方略得到切实落实，真正实现了党的领导、人民当家做主和依法治国的有机统一。和谐德育坚持以“依法治国与以德治国相辅相成”的治国方略为指导，把民主法制教育与思想道德教育并列为和谐德育的两大主要内容。认为民主法制教育与思想道德教育如“车之两轮、鸟之双翼”是辩证统一的、相辅相成的、缺一不可的。

——公平正义。构建和谐社会，就是社会的各个阶层都能公平地分享改革和发展带来的成果，各种社会矛盾得到正确的处理，整个社会的体制改革和制度创新都体现公平、公正和正义的要求。和谐德育把公平正义作为重要内容之一，教育青少年学生做人要正直，做事要公道，待人要公平，处世要正义。

——诚信友爱。构建和谐社会，就是社会的诚实、信义、关爱等道德素质和优良品质在社会公德、职业道德、家庭美德、个人品德等各方面得到真正的培育和发扬。和谐德育把明理诚信、团结友爱作为基本道德规范来要求学生，并且贯彻到学校、家庭、社会德育活动的过程之中。

——充满活力。构建和谐社会，就是一切有利于社会全面进步和人的全面发展的积极因素和创造动力得到尊重、支持、肯定和发挥。和谐德育作为素质教育的首位与核心，始终把素质教育的两个重点“培养创新精神和实践能力”作为培养目标和主要内容，引导和鼓励学生积极参与社会实践活动，增强创新意识、创新能力和实践能力。

——安定有序。构建和谐社会，就是社会的组织机制健全，并在此基础上形成管理完善、秩序井然、社会安定团结、人民安居乐业的经济社会和政治秩序。和谐德育把讲团结、讲秩序、守纪律作为青少年学生的行为规范，贯彻到学校日常的德育活动之中。

——人与自然和谐相处。构建和谐社会，就是人口、资源、环境之间协调发展，人、社会和自然之间实现和谐相处。和谐德育把环保意识、环境道德作为社会公德和个人品德的重要内容，贯彻到学校、家庭、社会德育活动的过程之中。

总之，和谐德育的内容与和谐社会的六大特征是密切联系、相互对应的。这是因为和谐德育坚持的是大德育观，主张德育应包括政治教育、思想教育、道德教育、法纪教育和心理教育“五要素”。政治教育、思想教育、道德教育、法纪教育和心理教育，各有自己的特定内涵，但又互相联系，互相渗透，互为条件，互相制约，构成了和谐德育统一体。政治教育确立了把祖国建设成为富强、民主、文明、和谐的社会主义现代化国家而努力学习的奋斗方向；思想教育通过对人类社会发展规律的认识和理解，为政治教育提供科学理念支撑，使学生形成科学的世界观、人生观、价值观，树立起社会主义的理想信念；道德教育以培养道德的情感意识和良好的道德行为习惯为重点，形成正确的荣辱观，是实现理想信念的常态活动方式；法纪教育以增强法律意识、树立法律观念、培养知法、懂法、守法、护法的品质为重点，充实和保证政治、思想、道德教育的进行；心理教育以培养健康的心理素质为重点，在政治、思想、道德、法纪教育过程中，始终起着维持、调节和统合个体的知、情、意、行的作用，是德育不可缺少的要素。这五者不可割裂，更不能互相取代。如果在理论上仅仅把德育视为“政治思想教育的同义语”或“道德教育的简称”，那么在德育实践上就会失去之偏颇。“文革”期间，由于“突出政治”代替一切，道德教育被忽视乃至被取消，造成了一代人道德水准下降以至整个社会风气败坏。80年代后期，由于“淡化政治”，政治思想教育薄弱，致使自由化思潮乘虚而入，泛滥成灾，最终酿成动乱。这两方面的教训是极其深刻的，必须永远记取。和谐德育要求完整、准确、全面地理解德育概念的内涵，坚持德育内容的“五要素说”，使德育工作与构建社会主义和谐社会的基本要求相一致，对青少年的思想道德教育发挥更好、更大的作用。

第三，和谐德育有利于为青少年健康成长创造良好社会环境。

当前，我国社会总体上是和谐的。但是，也存在着不少影响社会和谐的矛盾和问题，主要是：城乡、区域、经济社会发展很不平衡，人口资源环境压力加大；就业、社会保障、收入分配、教育、医疗、住房、安全生产、社会治安等方面关系群众切身利益的问题比较突出；体制机制尚不完善，民主法制还不健全；一些社会成员诚信缺失、道德失范，一些领导干部的素质、能力、作风与新形势新任务的要求还不适应；一些领域的腐败现象仍然比较严重。社会的种种不和谐问题，也在制约着学校德育工作的和谐发展。一些地方和部门的领导对德育工作认识不足，重视不够，没有真正担负起领导责任；全社会关心和支持未成年人思想道德建设的风气尚未全面形成，还存在种种不利于未成年人健康成长的社会环境和消极因素。

在新的社会条件下，我国城乡家庭教育也出现了许多新情况、新问题。第一，流动型家庭问题。随着进城务工人员的增多，务工家庭的父母忙于工作和生计，无暇顾及对孩子的指导教育；人员和家庭的流动还带来了“留守儿童”的问题，这类孩子的家庭教育成为空白点，严重影响到孩子的健康成长。第二，稳定型家庭问题。在生活安定的家庭特别是独生子女家庭，相当数量的家长只重孩子的学习，忽视品德和人格培养，有的则放任娇惯，父母在教育子女的观念和方法上存在许多误区。第三，特殊家庭问题。主要是离婚和再婚家庭的孩子，他们的心理和性格发展存在较复杂的问题。这些问题直接影响着孩子的品德和身心素质的和谐发展，影响着家庭的和谐与幸福，给社会的稳定和谐带来不同程度的消极影响。

从教育系统的实际情况看，多年来教育改革虽然取得重要成就，但根据构建和谐社会对教育提出的要求，还存在突出的问题。第一，教育发展不均衡，优质教育资源不能满足社会日益增长的教育需求。由此带来的社会问题和矛盾，影响着社会和谐发展的进程。第二，应试教育持续升温，重智育轻德育、重课堂教学轻社会实践的现象依然存在，推进素质教育的任务十分艰巨。第三，德育体系尚未形成，思想道德建设在体制机制、思想观念、内容形式、方法手段、队伍建设、经费投入、政策措施等方面还有许多与和谐社会建设不相适应的地方。

和谐德育以整体构建学校、家庭、社会和谐德育体系为己任，主张学校、家庭、社会德育理念融通，德育目标趋同，德育内容互补，德育途径互动，德育管理协调，德育资源共享，德育评价一致。它的研究与实验的目的，是根据构建社会主义和谐社会的实践要求，为建设和谐学校、和谐家庭、和谐社区以及学校、家庭、社区和谐德育体系提供理论指导和实践模式，引导学校、家庭、社区实施和谐德育，创造和谐氛围，共建和谐生活，促进学生和谐成长。因此，和谐德育有利于为青少年健康成长创造和谐校园、和谐家庭、和谐社区等良好的社会环境。

素质教育诉求和谐德育

党的十七大报告指出："教育是民族振兴的基石，教育公平是社会公平的重要基础。要全国面贯彻党的教育方针，坚持育人为本、德育为先，实施素质教育，提高教育现代化水平，培养德智体美全面发展的社会主义建设者和接班人，办好人民满意的教育。"①自 20 世纪 80 年代中期提出素质教育，到十七大从建设人力资源强国、改善民生、教育公平、社会和谐的战略高度，再次强调"坚持育人为本、德育为先，实施素质教育"，已经走过了二十多年的历程。然而，"素质教育"仍未全面实现，"德育为先"尚未完全到位。素质教育一直在诉求着和谐德育。

一、素质教育的提出与全面推进是教育改革的必然选择

1985 年，《中共中央关于教育体制改革的决定》首次提

① 《中国共产党第十七次全国代表大会文件汇编》，北京：人民出版社，2007 年版，第 36 页。

出“教育改革的根本任务是提高国民素质，多出人才，出好人才”。①1993年，《中国教育改革和发展纲要》指出“中小学要由‘应试教育’转向全面提高国民素质的轨道”。② 1996年3月《中华人民共和国国民经济和社会发展“九五”规划和2010年远景目标纲要》明确提出了要“改革人才培养模式，由‘应试教育’向全面素质教育转变”。5月，时任中共中央政治局常委、国务院副总理的李岚清同志亲赴湖南视察汨罗的教育工作，充分肯定了汨罗在素质教育方面所做的工作，并做了《基础教育的根本任务是提高全民族的素质》的重要讲话。从此，素质教育工作的热潮在全国普遍兴起。素质教育从1985年提出，到1996年确立，经历了长达十余年的发展历程。这是中国教育改革在世纪之交面对新的形势所作出的必然选择。

这期间教育界对什么是素质、什么是素质教育、什么是应试教育以及素质教育与应试教育的区别等问题进行了广泛深入的讨论。关于素质教育与应试教育的区别，归纳起来有以下几点。

——从教育目的来看，“应试教育”以应付考试为出发点，以考取高分、片面追求升学率为目的。素质教育以受教育者个体发展和社会发展的需要为出发点，旨在提高国民素质，追求教育的长远利益与根本目标。

——从教育对象来看，“应试教育”重视高分学生，忽视升学无望的学生，致使部分学生流失，大部分学生成为教育的“失败者”而走向社会。这就违背了义务教育的宗旨，违背了“教育机会人人均等”的原

---

① 廖隐邨、彭诗琅：《校长手册》，北京：红旗出版社，1996年版，第1050页。

② 同上书，第1077页。

则。素质教育面向全体学生，尊重差异，因材施教，使每个人都在他原有的基础上有所发展，都在他天赋允许的范围内充分发展。

——从教育内容来看，“应试教育”紧紧围绕考试和升学需要，考什么就教什么，重智育轻德育，重知识传授轻能力培养，重课堂教学轻社会实践。素质教育坚持育人为本、德育为先，立足于学生综合素质的提高，德、智、体、美全面发展。

——从教育方法来看，“应试教育”大搞题海战术，猜题押题、加班加点、死记硬背、“填鸭式”等，不仅加重了学生的课业负担，也使学生的能力得不到全面的培养。素质教育则要求开发学生的潜能与优势，重视启发式教学，因材施教，重视培养学生的创新精神和实践能力。

——从教育评价标准来看，“应试教育”以分数作为衡量学生学习水平、教师教学水平和学校办学质量的唯一标准。素质教育则立足于学生素质的全面提高，以多种形式全面衡量学生的综合素质、教师的教育教学水平和学校的办学质量。

从中共中央的决定到国家法律性文件的规定，从教育理论大讨论到教育实践新探索，确立了素质教育的地位。对于中小学教育改革和发展来说，如果讲大事，这是头等大事；如果讲重要，这是重中之重；如果讲紧迫性，这是当务之急。

1996 年到党的十七大召开的十余年，是全面推进素质教育的十余年。1999 年《中共中央、国务院关于深化教育改革全面推进素质教育的决定》指出：“实施素质教育，就是全面贯彻党的教育方针，以提高国民素质为根本宗旨，以培养学生的创新精神和实践能力为重点，造就‘有理想、有道德、有文化、有纪律’的、德智体美等全面发展的社会主义事业建设者和接班人。”①为我国新世纪教育改革明确了方向和任务。

为什么要全面实施素质教育？这是时代的呼唤，是社会发展的需要。

首先，实施素质教育是我国社会主义现代化建设的需要。进入21世纪，我国的经济体制正在从计划经济体制向社会主义市场经济体制转变。我们正在实施“科教兴国”战略和“可持续发展”战略，在我国这样一个人口多、底子薄的发展中国家，如何把沉重的人口负担转化为人力资源的优势，是现代化建设的关键所在。我国现代化建设的进程，在很大程度上取决于我国国民素质的提高和人才资源的开发。国民素质的提高必须依靠教育，人力资源的开发同样必须依靠教育。这就要求我们，必须优先发展教育，而且必须实施素质教育。只有这样，才能实现“提高民族素质”这一教育发展的根本任务。正如《中国教育改革和发展纲要》所指出的：“发展教育事业，提高全民族的素质，把沉重的人口负担转化为人力资源优势，这是我国实现社会主义现代化的一条必由之路。”②

其次，实施素质教育是迎接21世纪科技挑战的需要。当代科学技术迅猛发展，知识经济已见端倪，信息社会已经到来。科学技术的发展呈现出新的特点：发展速度加快，新领域突破增多；学科高度分化而又高度综合；科学技术转化为生产力的周期大大缩短；知识信息传播超越时空。科学技术的飞速发展，同时也就带来了产业结构的不

---

① 《中共中央国务院关于深化教育改革全面推进素质教育的决定》，《人民日报》，1999-06-21。

② 廖隐邨、彭诗琅：《校长手册》，北京：红旗出版社，1996年版，第1077页。

断调整和新兴职业的层出不穷。所有这些都对未来人的素质的培养和教育提出了新要求。为了更好地迎接21世纪科学技术和知识经济的挑战，每一个人都必须终身学习，不断调整、提高、发展自己。因此，培养学生的创新精神和实践能力，就必然成为素质教育的两个重点。

最后，实施素质教育是教育改革与发展的内在要求。我国正在实施普及九年义务教育。义务教育的实施，标志着社会教育观念从少数到全体、从权利到义务、从家庭和个人的事情到国家社会责任的革命性转变。义务教育的本质要求就是要使每一个人都得到应有的发展，素质教育面向全体，反映了义务教育的这一本质要求。实施素质教育是克服“应试教育”倾向的需要。我国中小学教育长期为“应试教育”倾向所左右，为片面追求升学率所困扰，违背了《教育法》和《义务教育法》的原则，影响了国家教育方针的全面贯彻实施，不利于青少年一代的全面发展和健康成长，不利于教育为社会主义现代化建设服务，更不能适应21世纪社会经济、政治、文化、社会的发展。因此，中国的教育必须改革，改革的根本出路在于实施素质教育。

二、育人为本、德育为先是全面实施素质教育的首要任务

进入21世纪，党中央十分关心和高度重视青少年的思想道德建设和学校的德育工作，不断强调德育在素质教育中的首要地位。

2001年10月，中共中央颁发了《公民道德建设实施纲要》(以下简称《纲要》)，首次构建了社会主义道德建设实施体系的总体框架，这一体系包括公民道德建设的指导思想、主要内容、途径形式、方法手

段、管理机制等方面。《纲要》在指导思想中首次提出了“以人为本”的观点。对学校教育，《纲要》指出：“学校是进行系统道德教育的重要阵地。各级各类学校必须认真贯彻党的教育方针，全面推进素质教育，把教书与育人紧密结合起来。”①

2002年11月，党的十六大报告关于文化建设的任务中指出：“加强社会主义思想道德建设，是发展先进文化的重要内容和中心环节。”“切实加强思想道德建设。依法治国和以德治国相辅相成。要建立与社会主义市场经济相适应、与社会主义法律规范相协调、与中华民族传统美德相承接的社会主义思想道德体系。”“必须把弘扬和培育民族精神作为文化建设极为重要的任务，纳入国民教育全过程，纳入精神文明建设全过程。”②

2004年，中共中央、国务院颁布了《关于进一步加强和改进未成年人思想道德建设的若干意见》和《关于进一步加强和改进大学生思想政治教育的意见》(以下简称《意见》)。两个意见深刻阐明了进一步加强和改进未成年人思想道德建设和大学生思想政治教育的重要意义、指导思想、基本原则和主要任务。

上述中央文件从不同的视角反复强调了德育在素质教育中的首要地位和先导作用。

第一，从中华民族的伟大复兴、国家的前途命运、党的事业后继有人的战略高度强调了德育工作的重要地位。

《意见》指出：“目前，我国18岁以下的未成年人约有3.67亿。

---

① 黄楠森：《〈公民道德建设实施纲要〉重在落实》，《中国教育报》，2001年11月15日。

② 《全面建设小康社会，开创中国特色社会主义事业新局面》，北京：人民出版社，2002年版，第12页。

他们的思想道德状况如何，直接关系到中华民族的整体素质，关系到国家前途和民族命运。高度重视对下一代的教育培养，努力提高未成年人思想道德素质，是我们党的优良传统，是党和国家事业后继有人的重要保证。”①胡锦涛同志在全国进一步加强和改进未成年人思想道德建设大会上的报告中指出：进一步加强和改进未成年人思想道德建设，是中央从推进新世纪新阶段党和国家事业发展、实现党和国家长治久安出发做出的一项重大决策，对于确保我国在激烈的国际竞争中始终立于不败之地，确保实现全面建设小康社会、进而实现现代化的宏伟目标，确保中国特色社会主义事业兴旺发达、后继有人，确保实现中华民族的伟大复兴，具有重大而深远的战略意义。

第二，从新世纪、新阶段面临的新情况、新问题的角度，强调了德育工作的重要性和紧迫性。

《意见》指出：面对国际国内形势的深刻变化，未成年人思想道德建设既面临新的机遇，也面临严峻挑战。我国对外开放的进一步扩大，为广大未成年人了解世界、增长知识、开阔视野提供了更加有利的条件。与此同时，国际敌对势力与我争夺接班人的斗争也日趋尖锐和复杂，他们利用各种途径加紧对我未成年人进行思想文化渗透，某些腐朽没落的生活方式对未成年人的影响不能低估。我国社会主义市场经济的深入发展，社会经济成分、组织形式、就业方式、利益关系和分配方式的日益多样化，为未成年人的全面发展创造了更加广阔的空间，与社会进步相适应的新思想新观念正在丰富着未成年人的精神世界。与此同时，一些领域道德失范，诚信缺失、假冒伪劣、欺骗欺

① 《中共中央国务院关于进一步加强和改进未成年人思想道德建设的若干意见》，北京：人民出版社，2004年版，第1页。

诈活动有所蔓延；一些地方封建迷信、邪教和黄赌毒等社会丑恶现象沉渣泛起，成为社会公害；一些成年人价值观发生扭曲，拜金主义、享乐主义、极端个人主义滋长，以权谋私等消极腐败现象屡禁不止等等，也给未成年人的成长带来不可忽视的负面影响。互联网等新兴媒体的快速发展，给未成年人学习和娱乐开辟了新的渠道。与此同时，腐朽落后文化和有害信息也通过网络传播，腐蚀未成年人的心灵。在各种消极因素影响下，少数未成年人精神空虚、行为失范，有的甚至走上违法犯罪的歧途。这些新情况、新问题的出现，使未成年人思想道德建设面临一系列新课题。

第三，从思想道德建设存在着不适应、较薄弱的问题出发，强调了加强和改进德育工作的重要意义。

面对新的形势和任务，未成年人思想道德建设工作还存在许多不适应的地方和亟待加强的薄弱环节。一些地方和部门的领导对这项工作认识不足，重视不够，没有真正担负起领导责任；全社会关心和支持未成年人思想道德建设的风气尚未全面形成，还存在种种不利于未成年人健康成长的社会环境和消极因素；学校教育中重智育轻德育、重课堂教学轻社会实践的现象依然存在，推进素质教育的任务艰巨，教师职业道德建设有待进一步加强；随着人员流动性加大，一些家庭放松了对子女的教育，一些家长在教育子女尤其是独生子女的观念和方法上存在误区，给未成年人教育带来新的问题；未成年人思想道德建设在体制机制、思想观念、内容形式、方法手段、队伍建设、经费投入、政策措施等方面还有许多与时代要求不相适应的地方。这些问题应当引起足够重视，并采取有效措施加以解决。

《意见》指出："实现中华民族的伟大复兴，需要一代又一代人的不懈努力。从未成年人抓起，培养和造就千千万万具有高尚思想品质和良好道德修养的合格建设者和接班人，既是一项长远的战略任务，又是一项紧迫的现实任务。我们要从确保党的事业后继有人和社会主义事业兴旺发达的战略高度，从全面建设小康社会和实现中华民族伟大复兴的全局高度，从树立和落实科学发展观，坚持以人为本，执政为民的高度，充分认识加强和改进未成年人思想道德建设的重要性和紧迫性，适应新形势新任务的要求，积极应对挑战，加强薄弱环节，在巩固已有成果的基础上，采取扎实措施，努力开创未成年人思想道德建设工作的新局面。”①《意见》进一步指出：“学校是对未成年人进行思想道德教育的主渠道，必须按照党的教育方针，把德育工作摆在素质教育的首要位置，贯穿于教育教学的各个环节。要把弘扬和培育民族精神作为思想道德建设极为重要的任务，纳入中小学教育的全过程。”②

作为教育工作者，一方面要贯彻落实上述中央文件精神，深刻领会“育人为本、德育为先”的思想内涵，另一方面还应从素质教育和德育工作的实践中深刻体会德育在素质教育中的重要地位和作用。

其一，德育是素质教育的首要任务。素质教育要求全面提高学生的素质，包括思想道德素质、科学文化素质、身体心理素质、审美艺术素质和劳动技术素质等方面。其中的思想道德素质在全面素质结构中占有首要地位。我们培养的学生如果科学文化素质不合格就是次品，如果身体心理素质不合格就是残品，如果思想道德素质不合格就是危险品。这个比喻说明了思想道德素质在人的整体素质中的重要

---

① 《中共中央、国务院关于进一步加强和改进未成年人思想道德建设的若干意见》，北京：人民出版社，2004 年版，第 3—7 页。

② 同上。

性。少年儿童时期是一个人成长的重要时期，基础教育阶段不仅要教会他们求知、办事、健体，更要教会他们做人，教会学生学会做人是素质教育的首要任务。正如国家教委原副主任柳斌同志所说的素质教育的要求从大的方向可以用两句话来概括：一是以德育人，二是因材施教。以德育人是大根本，因材施教是总法则。

其二，德育在素质教育中发挥着导向、动力和保证作用。只有树立了远大的理想，学习才会有强大而持久的动力；只有树立了正确的人生观、价值观、世界观，科学文化素质和身体心理素质才能沿着正确的方向发展；只有具备良好的道德品质，正确处理好各种人际关系，才能在学习、生活、工作中顺利前进；只有具备较强的法纪观念，才能在生活的道路上不失足；只有心理健康，才能在升学考试的压力、家庭生活的变故、社会生活的变化面前保持良好心态，提高心理适应、承受和调节能力；只有热爱祖国、热爱人民、热爱社会主义，才能更好地发挥聪明才智，在社会主义现代化建设中做出更大贡献。就一所学校而言，只有搞好了德育工作，端正办学思想，形成良好的校风和学风，教学工作和其他各方面工作才能顺利开展。

其三，德育到位是实施素质教育的重要标志。近年来各级教育行政部门和各级各类学校为加强和改进德育工作做了大量的工作，但在有些学校，德育工作并没有真正到位，尤其是大、中、小学德育的结合部，德育工作甚至还很薄弱。究其原因除了社会环境发生变化的外部原因之外，根本的原因就是“应试教育”，片面追求升学率严重冲击着德育工作。中考和高考录取以分数为唯一标准，升学率的高低事实上成为驱动学校、校长、教师和学生的指挥棒。结果智育是硬任务、硬指标，德育成了软任务、软指标。要使德育由软变硬，由虚变实，必须变“应试教育”为素质教育。德育工作能否到位，能否落实是衡量

“应试教育”和素质教育的一个重要标志。

三、整体构建和谐德育体系是加强改进德育工作的根本措施

为贯彻落实《中共中央、国务院关于进一步加强和改进未成年人思想道德建设的若干意见》(中发〔2004〕8 号)和《中共中央、国务院关于进一步加强和改进大学生思想政治教育的意见》(中发〔2004〕16 号)精神，2005 年 3 月，教育部颁布了《整体规划大中小学德育体系的意见》(以下简称《规划意见》)。这个文件吸纳了全国教育科学“九五”“十五”规划国家重点课题“整体构建学校德育体系的研究与实验”的研究成果以及由整体构建生成的和谐德育的核心理念。整体构建和谐德育体系是加强与改进德育工作的根本措施。

第一，整体构建和谐德育体系为整体规划大中小学德育体系提供了理论参照和实践模式。

整体构建学校德育体系“九五”研究成果《整体构建德育体系总论》以德性论、德育论、系统论为理论基础，以贯通古今、融会中西、继承借鉴、发展创新为基本原则，以德育目标、德育内容、德育途径、德育方法、德育管理、德育评价等要素系统为横坐标，以小学德育、中学德育(中职德育)、大学德育等层次系统为纵坐标，进行横向贯通、纵向衔接、分层递进、螺旋上升，整体构建 21 世纪有中国特色的、代表先进文化前进方向的、适应素质教育要求的学校德育体系，为增强学校德育工作的科学性、针对性和实效性提供了理论参照和实践模式。其中整体构建学校德育体系的基本原理和总体思路“横向贯通、纵向衔接、分层递进、螺旋上升”被教育部的文件所采纳。《规划

意见》指出："整体规划大中小学德育体系的总体要求是：以邓小平理论和'三个代表'重要思想为指导，全面贯彻党的教育方针，坚持以人为本，遵循学校德育工作规律和青少年学生成长成才规律，适应社会发展要求，贴近实际，贴近生活，贴近学生，把理想信念教育、爱国主义教育、公民道德教育和基本素质教育贯穿始终，使大中小学德育纵向衔接、横向贯通、螺旋上升，不断提高针对性实效性和吸引力感染力，更好地促进青少年学生健康成长。"①

整体构建德育体系的实验用书《德育》读本的总体设计思路是：把德育内容的要素结构和层次结构划分出来，以五大要素（即政治教育、思想教育、道德教育、法纪教育、心理教育）为横坐标，以各项要素的不同层次为纵坐标，按照整体性、有序性、动态性的原则，把他们有机地结合起来，依据学生不同年龄阶段的身心特点、知识水平和品德形成发展规律，由浅入深，由低到高，由近及远，由具体到抽象，由感性到理性，分层递进，螺旋上升，构建从小学一年级到大学毕业每个年级的德育内容，形成科学化、系统化、规范化的德育内容体系。这里关于德育内容"五要素"的观点、德育活动课的基本理念以及整体构建德育内容体系的基本方法，为教育部的德育决策提供了理论依据，为各级各类学校的德育工作从盲目性走向科学性，从零散性走向系统性，从随意性走向规范性，提供了实践模式。《规划意见》指出："学校教育，育人为本；德智体美，德育为先。德育主要是对学生进行政治、思想、道德、法制、心理健康教育。青少年学生的爱国情感，文明行为习惯，良好道德品质，遵纪守法意识，科学的世界观、人生观、价值观和中国特色社会主义理想信念，是一个通过教育

① 《教育部关于整体规划大中小学德育体系的意见》，2005 年 3 月。

逐步形成和发展的过程。整体规划大中小学德育体系，就是根据不同教育阶段学生身心特点、思想实际和理解接受能力，准确规范德育目标和内容，科学设置德育课程，积极开展德育活动，努力拓展德育途径，有针对性地进行教育和引导，使学校德育更具科学性，更好地促进青少年学生全面健康成长。目前，大中小学德育各阶段的德育目标划分还不够准确，内容安排还不尽合理，存在着一定程度的简单重复交叉和脱节的问题。整体规划大中小学德育体系，充分发挥学校教育的主渠道、主阵地、主课堂作用，是一项极为紧迫的重要任务，是加强和改进大学生思想政治教育和中小学生思想道德教育的重要举措，是贯彻党的教育方针的必然要求。”①

第二，整体构建和谐德育体系为解决德育工作存在的问题提供了思想方法和工作方式。

十余年来，各级各类学校在努力推进素质教育和加强改进德育工作的进程中，尽管做了大量工作，但仍然存在许多问题。2001 年，中共中央办公厅、国务院办公厅颁发的《关于适应新形势进一步加强和改进中小学德育工作的意见》指出：“重智育轻德育、一手硬一手软的现象依然在一些地方和学校严重存在；德育工作不适应青少年学生身心发展的特点，不适应社会生活的新变化，不适应全面推进素质教育的要求，方法与手段滞后，针对性和实效性不强；重课堂教学轻社会实践，重校内教育轻校外教育的倾向比较严重；全社会关心和支持教育的风气尚未全面形成，一些地区的社会环境不利于青少年学生健康成长；一些教师的思想道德素质与教书育人、为人师表的要求存在较大差距，教师职业道德建设亟待加强；德育工作的保障措施不够有

① 《教育部关于整体规划大中小学德育体系的意见》，2005 年 3 月。

力，体制、机制、队伍建设和经费投入等政策措施不到位。”

这些问题形成于20世纪80年代，发展于90年代，虽然在近几年有所改善，但仍然是现在和今后困扰素质教育的难题，是德育工作必须面对的严峻问题和真实情况。上述几个方面的问题表明，学校德育面临的任务和要解决的问题是整体性的、全方位的，某些方面的专题研究和单项改革是不能从根本上解决我国学校德育工作存在的问题的。整体构建和谐德育体系的研究要略就是把大、中、小学德育工作视为一个由德育的目标、内容、途径、方法、管理、评价六个子体系构成的整体，整体构建和谐德育体系就是研究如何使六个子体系在各学段横向贯通，纵向衔接，分层递进，螺旋上升。上述德育工作存在的问题都可以归结到德育的目标、内容、途径、方法、管理、评价上来。我们认为：整体构建和谐德育体系的思想方法和工作方式是符合实际的，需要继续深化研究和推广实验。通过研究，能够从整体上推进学校德育问题的解决。因此，迫切需要加强德育管理，调整德育目标，改革德育内容，改进德育方法，拓宽德育途径，重视德育评价，实现德育诸要素的和谐健康发展，以进一步增强学校德育工作的针对性、实效性和主动性。

第三，整体构建和谐德育体系为贯彻素质教育的宗旨和两个重点提供了工作思路和实施途径。

素质教育是全面贯彻党的教育方针，以提高国民素质为根本宗旨。素质教育及其宗旨的确立，有助于我们加深理解教育的本质问题。教育的本质，主要是对教育—社会—人三者之间关系的认识。考察教育史，中国古代教育家对教育本质和功能的论述，大都偏重于教育的社会作用。西方教育家对教育本质的论述主要分为两个派别，即个体本位论与社会本位论。我国教育界关于教育本质的讨论，基本上是依据马克思主义哲学原理来分析教育现象的。主要观点有：教育是上层建筑；教育是生产力；教育一部分是上层建筑，一部分是生产力；教育是一种特殊的社会实践。这些观点实际上是对教育的社会职能和归属的阐述，偏重于教育的政治功能和经济功能，而对教育的文化功能特别是教育与人的发展关系未能涉及。近年来，理论研究关于教育本质的认识逐步深入了。如认为教育是人类特有的传承和交往方式，是人类自身的再生产和再创造；教育是“生产力之母”；教育的本质是社会主体和个人主体之间的精神文化和行为文化的相互传承等。综合上述观点，我们可以形成这样的认识：教育的本质简言之就是适应社会要求培育人或塑造人的社会活动。具体一点表述：教育就是由教育者根据社会要求和人的身心发展规律，对受教育者施加的一种系统的以提高人的素质为目的的培育和塑造活动。这样的认识，就在社会—教育—人之间建立起合乎规律的联系。我国的教育方针，科学地、具体地反映了教育的本质。以往那种或偏向人本或偏向社会的认识，都有合理成分，但都未能把握教育本质的完整内涵。用辩证的观点看，素质教育的宗旨，可以说是个体本位论和社会本位论在综合其合理成分基础上的一种深化和回归。整体构建和谐德育体系正是基于这样的教育本质观，来理解素质教育的宗旨，全面把握德育与其他诸育的关系。一是构建德育内部诸要素之间的和谐关系；二是构建德育与智育、体育、美育之间的和谐关系；三是构建学校德育与家庭德育、社会德育之间的和谐关系。从而促进学生在德、智、体、美等综合素质得到全面和谐的发展。

素质教育的两个重点是培养学生的创新精神和实践能力。面对世界科技飞速发展的挑战，我们必须把增强民族创新能力提到关系中华民族兴衰存亡的高度来认识。教育在培育民族创新精神和培养创造性人才方面肩负着特殊的使命。教育是知识创新、传播和应用的主要基地，也是培育创新精神和创新人才的摇篮。无论在培养高素质的劳动者和专业人才方面，还是在为提高创新能力提供知识、技术创新成果以及增强民族凝聚力方面，教育都具有独特的重要意义。我国的各级各类教育机构，我们的全体教育工作者，对增强包括民族凝聚力在内的综合国力，承担着庄严的职责。

和谐德育注重创新精神和实践能力的培养。我们认为，人的创新精神和实践能力的形成，是人的思想道德素质和科学文化素质和谐统一的结果。德育的本质是塑造创新人格的教育。创新人格包括创新精神和创新能力两个大的方面。创新精神的培养本来就是德育的题中应有之意。而创新能力的培养，则是德育与智育辩证统一的结果。在人的心理过程中，纯粹的智力过程是不存在的。任何智力活动，如观察、注意、记忆、思维、想象都是在对问题的兴趣、动机、情感、意志等心理因素的支撑下进行的。这些起着支撑作用的心理因素，在现实生活中，可以表现为对事物的好奇心，强烈的求知欲，勤奋的学习态度，爱科学、爱创造、爱事业、爱祖国的情感，抵抗挫折、坚忍不拔的毅力和崇高的理想信念，科学的世界观、人生观、价值观等诸项思想道德素质，对人的智力和创造活动起着导向、动力、调节和支撑作用。这些被称为“非智力”的因素与智力活动是一个相互依托、相互作用的整体，两个方面谐调发展，才形成人的健全个性。心理学也把人的智力活动和“非智力”的因素概括为认识和意向。人的任何心理过程都由认识和意向两种能力共同作用构成，两个方面的和谐作用才能完成认识任务。人的科学的世界观、价值观、人生观既是人的认识，又是人的意向，是认识和意向的和谐统一，对人的成长发展和进取创造具有重要的导向和动力作用。这表明人的创造能力与人的品德素质是紧紧相连的。也就是说人的健全的个性是人的知识修养与品德修养的和谐统一，人的创造力实质是这种和谐统一结出的果实。

关于实践能力，我们都已注意到九届人大以来在对教育方针的表述中，将教育与生产劳动相结合改为与社会实践相结合。培养学生的实践能力在素质教育中具有多方面的意义。社会生活在本质上是实践的。实践是人的根本的存在方式。教育过程是内容极为丰富的实践过程。实践是知识和能力的源泉。学生学习能力、创造能力本质上是实践能力。人的思想道德在其现实性上是以实践能力表现出来的。和谐德育在培养学生实践能力方面承担着重要的任务。这是因为德育在本质上是实践的。德育实践活动观是和谐德育首要的基本的观点。德育过程本身是实践活动，德育实践活动是学生品德形成的基础。学生品德形成规律告诉我们，学生的思想道德素质是在实践活动和人际交往中形成的，且是在实践活动和人际交往中才能表现出来，并在实践活动和人际交往中才能进行评价与检验。这是因为在实践中思想道德认识见之于客观行为，潜在品质变为显性品质。总之，学生的品德只有在实践中才有意义，这可以与智育相比较。在智育中，学生主要学习知识、技能并以此为中介发展能力，学生学到的知识技能既可马上运用，也可以储存起来以备后用，还可以作为一种乐趣、爱好搞知识游戏。这就是说，在智育中学生学到的知识不必一定拿去应用，付诸实践。而德育就不同了，学生如果不把学到的道德知识运用到实践中去，不仅自身品德素质难以提高，而且会出现“知行不一”的双重人格。因此，和谐德育主张德育过程知、情、意(信)、行四环节的和谐统一。在德育实践中，既要授之以知、动之以情，更要引之以信、导之以行，那种只讲道德知识、道德情感，不注重道德信念、道德行为的教育，不是完整的、真正的德育。

总之，实施素质教育、加强和改进德育工作诉求和谐德育。

整体构建生成和谐德育

1994年，我在《我国各级各类学校德育现状调查研究总报告》中提出了“整体构建学校德育体系”的建议，被《中共中央关于进一步加强和改进学校德育工作的若干意见》所采纳。从此我和我的学术团队一直致力于整体构建学校德育体系的研究与实验。“九五”规划承担了全国教育科学国家重点课题“整体构建学校德育体系的研究与实验”，“十五”规划又承担了全国教育科学国家重点课题“整体构建学校德育体系的深化研究与推广实验”。经过“九五”和“十五”两个五年规划，历时十年的研究与实验，光明日报和中国德育杂志于2006年发表了我的论文《和谐德育论》。中国青年报以《十年磨一剑——追问和谐德育及生命价值》为题进行了采访报道。整体构建学校德育体系的研究成果生成了和谐德育的理论体系和实践模式。

一、整体构建德育体系的发端与背景

“整体构建学校德育体系的研究与实验”发端于“八五”规划。1991年12月26日，中央教科所德育研究中心成立，原国家教委在成立批示中明确指出："德育研究中心要进行德育基础理论和应用理论研究；为国家教委的德育决策提供科学依据，为各级各类学校德育工作提供理论指导；长远目标要建设中国特色社会主义德育体系。"要完成国家教委交给的德育科研任务，贯彻科研宗旨，实现宏伟目标，就要选准德育科研的切入点和突破口。为此，中央教科所德育研究中心承担了"八五"规划国家教委重点课题——"我国各级各类学校德育现状调查研究"。这项调查研究既包括大、中、小学德育工作现状的调查研究，又包括大、中、小学生思想道德素质现状的调查研究。调查样本涉及23个省(直辖市、自治区)，225所学校，12500名学生。这项调查是首次全国性、系统性、全方位的大型德育现状调查研究。在大面积问卷调查研究的基础上，还分别召开了各种类型的座谈会进行典型调查，把定量分析与定性分析相结合，撰写了45份分门别类的调查报告。在此基础上，撰写了总体研究报告。

总报告指出：在改革开放和建立社会主义市场经济体制的过程中，学校德育面临着许多新情况和新问题。例如：在经济体制转轨、经济形式多元存在的情况下，如何坚持社会主义意识形态的一元导向？在扩大对外开放，吸收国外先进技术、经验的情况下，如何振奋民族精神，树立民族自信心和自豪感？在社会生活中存在着"一切向钱看"思想的影响下，如何树立正确的人生观、价值观？在社会生活中出现"黄毒赌""假冒伪劣""坑蒙拐骗"等消极影响的情况下，如何教育学生增强遵纪守法观念和诚信意识？在人际交往日益频繁、复杂的情况下，如何培养学生具有待人接物和立身处世的良好道德品质？在升学考试、就业竞争激烈的情况下，如何培养学生承受挫折、适应环境、积极进取的健康心理素质？面对这些问题，德育工作者做了大量工作和坚持不懈的努力。但是，从总体上来看，学校德育还有许多不适应、不和谐的地方，还存在不少亟待解决的问题。

首先，大、中、小学没有形成整体化德育大纲。现行的《小学德育纲要》《中学德育大纲》和《高等学校德育大纲》是分别制定的，对大、中、小学德育的衔接没有给予充分的考虑，因此不同程度地存在着“倒挂”、“脱节”、不必要的重复、脱离学生身心发展特点和品德形成发展规律的问题。这三个大纲都是“八五”规划以前制定的，随着时间的推移和形势的发展，它们也需要不断地发展和完善。

其次，大、中、小学的德育途径没有形成有效的教育合力。小学思想品德课、中学思想教育课、大学马克思主义理论课和思想品德课，是德育的主要实施途径。但是这些课程并不能涵盖德育的全部内容，有的甚至已经学科化、应试化，削弱了德育功能。尽管可以把其他德育内容放在学校的党团工作、班主任工作、“三育人”、课外活动、社会实践中来实施，但是这些德育实施途径并没有整体规划、明确分工和形成合力，在时间、空间、人力、物力上得不到保证，容易落空或流于形式。

再次，大、中、小学没有建立起可行的德育评价机制。目前，学校德育工作没有建立起科学、简明、便于操作的评价体系。没有形成检查、督导、评估德育质量的有效机制。因此，智育一手硬，德育一手软的问题依然在一些地方和学校严重存在着，德育“说起来重要，干起来次要，忙起来不要”的情况难以得到根本转变。

总报告的结论部分是《加强和改进学校德育工作的对策性建议》，共提出六项建议，其中包括制定大、中、小学整体化德育大纲，制定大、中、小学德育课程系列教学大纲，整体构建大、中、小学德育体系，建立科学化、系统化、规范化的，相对稳定的，整体和谐的，有中国特色的社会主义德育体系。这个建议可以说是和谐德育思想的萌芽。这个建议初稿刊登在中央教科所的内部刊物《科研与决策》1994年第4期。时任中共中央政治局常委、国务院副总理的李岚清同志看到这个材料之后，于5月14日做了明确批示："教委：调查中的有些建议，可以纳入'加强和改善德育工作'讨论稿。"国家教委有关领导也做了批示，要求"组织文件起草小组的同志仔细商量一下，与全教会主报告、中央常委讨论意见一并吸收有关精神，写入文件稿"。这里所说的"文件稿"就是1994年8月31日颁布的《中共中央关于进一步加强和改进学校德育工作的若干意见》，这个文件采纳了我们的建议，第5条明确规定要"整体规划学校的德育体系"。

为了贯彻落实中央文件关于"整体规划学校的德育体系"的精神，在对《小学德育纲要》《中学德育大纲》和《高校德育大纲》进行认真研究的基础上，我们写出了涵盖大、中、小学的、系统的、整体化的《有中国特色的社会主义德育体系的初步构想》。与此同时，还出版了《中国德育全书》(200万字)，对大、中、小学校德育进行了系统的、全面的研究，为整体构建学校德育体系奠定了良好的基础。

二、整体构建德育体系深化研究的内容与过程

整体构建德育体系的指导思想和总体目标是：以马列主义、毛泽东思想、邓小平理论、"三个代表"重要思想和科学发展观为指导，坚持解放思想、实事求是、与时俱进、开拓创新的思想路线，坚持系统科学的理论原则，把各级各类学校德育作为一个系统加以统筹规划，整体构建学校德育体系。为建立科学化、系统化、规范化、现代化的、整体和谐的、具有中国特色社会主义的、代表先进文化前进方向的、适应素质教育要求的学校德育体系提供理论参照和实践模式。

整体构建学校德育体系研究的内容与过程如下图所示：

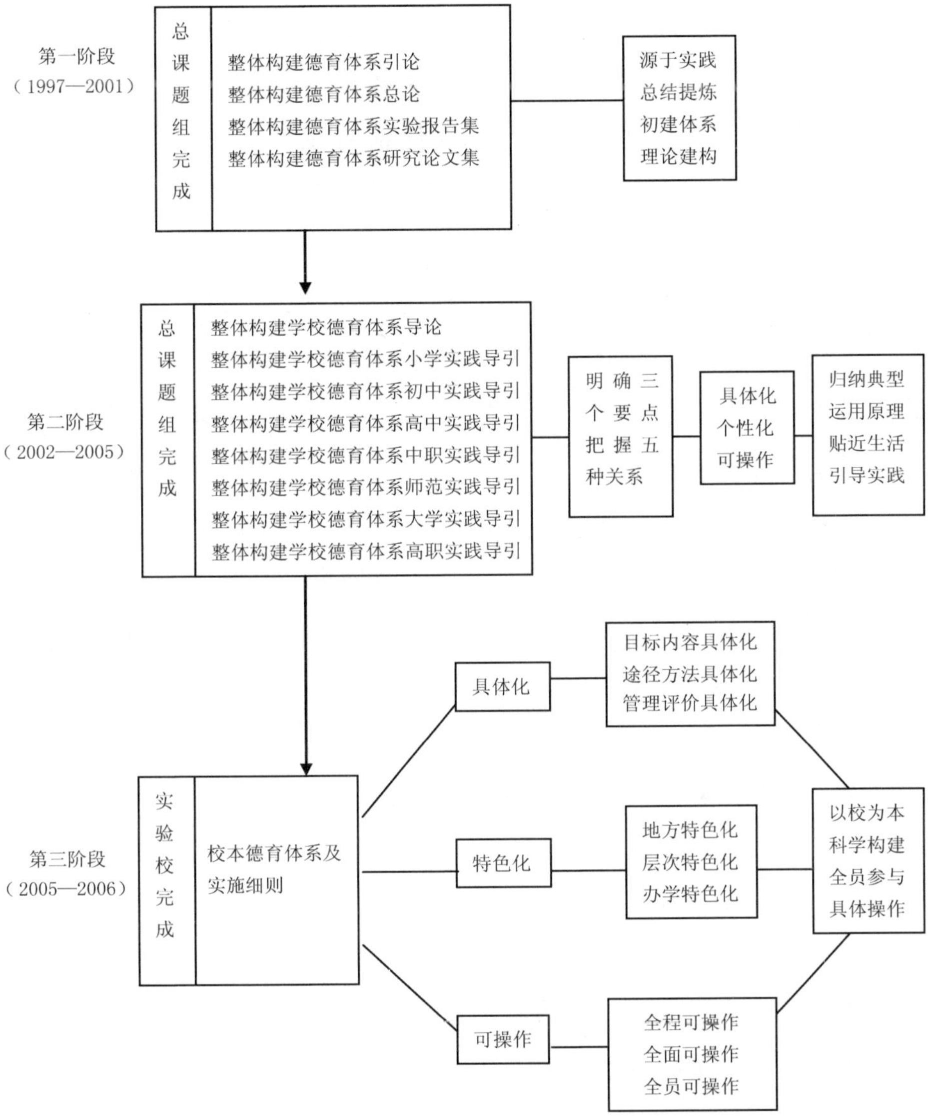

上图反映了本课题从“九五”（1997—2001）到“十五”（2002—2006）研究的主体内容及深化发展过程，全部过程可以分为三个阶段。这三个阶段紧密联系，逐步深化，体现了从宏观到微观、从抽象到具体、从理论到实践的总体研究思路。

第一阶段：整体构建大中小学德育体系总论的研究

“九五”时期在对学校德育工作现状调查研究基础上，组织指导实验区、实验校进行整体构建学校德育体系的分学段、分专题的研究与实验。最后，由总课题组全面总结提炼实验区、实验校的研究成果，形成《整体构建德育体系总论》等“九五”四部最终成果。《整体构建德育体系总论》以德性论、德育论、系统论为理论基础，以贯通古今、融会中西、继承借鉴、发展创新为基本原则，以德育目标、德育内容、德育途径、德育方法、德育管理、德育评价等要素系统为横坐标，以小学德育、中学德育(中职德育)、大学德育等层次系统为纵坐标，进行横向贯通、纵向衔接、分层递进、螺旋上升，整体构建21世纪有中国特色的、代表先进文化前进方向的、适应素质教育要求的学校德育体系，为增强学校德育工作的科学性、针对性和实效性提供了理论参照和实践模式。

1. 德育目标和内容的整体构建

第一，深入研究怎样落实德育的总目标，即教育和引导学生树立中国特色社会主义的理想信念和正确的世界观、人生观、价值观，养成高尚的思想品质和良好的道德情操，努力培育有理想、有道德、有文化、有纪律的，德、智、体、美全面发展的中国特色社会主义事业建设者和接班人。第二，研究德育的分学段目标和分年级目标如何表述，如何体现年龄特点和德性形成的发展规律，这是德育目标深化研究的重点。第三，研究德育内容——政治教育、思想教育、道德教育、法纪教育、心理教育“五要素”各自的具体内容、特点和规律，如同智育学科的数学、物理、化学、生物、语文、外语有着不同的教学内容、特点和规律一样，德育中的政治教育、思想教育、道德教育、法纪教育、心理教育也有不同的内容、特点和规律。如果不能正确划分其内容，不能正确认识其特点，不能正确遵循其规律，就难以实现德育的科学性，也就不能收到实效性。因此，这是德育内容深化研究的难点。第四，中共中央颁布的《公民道德建设实施纲要》把“爱国守法、明礼诚信、团结友善，勤俭自强、敬业奉献”确定为公民基本道德规范。如何把基本道德规范具体化为若干个“德目”，怎样构建与培育“四有”新人目标相一致、与社会主义市场经济相适应、与社会主义法律规范相协调、与中华民族传统美德相承接的德育内容体系，这些内容怎样形成序列、循序渐进地分布到各个学段，每个年级又如何把这些内容化为教师可操作、学生可接受的具体内容，这是德育内容深化研究的重点。第五，随着科学技术的迅猛发展，环境污染的日趋严重，网上垃圾信息的令人忧虑，全世界普遍关注和呼唤“科技道德、环境道德和网络道德”。如何对青少年学生加强科技道德，环境道德和网络道德教育，这是德育内容深化研究的又一个重点。

2．德育途径和方法的整体构建

学校的德育途径包括思想品德和思想政治课（中职德育课、高校“两课”）、德育活动课、学科德育、三育人（教书育人、管理育人、服务育人）、班主任工作、党团队工作、校园文化建设、校外基地建设、心理咨询和职业指导、学校教育与家庭教育及社会教育三结合等。各条途径如何发挥各自的功能，协调配合，形成全员育人、全程育人、全面育人的德育工作格局，这是德育途径深化研究的难点。德育的本质是实践的，实践的观点是德育首要的和基本的观点。在改革思想政治课的同时，建设一门德育活动课，并使二者互为补充，互相结合，如同高校“两课”一样使之共同成为德育工作的主渠道和主阵地。如何加强德育的实践环节，如何建设德育活动课，如何使学校德育贴近实际、贴近生活、贴近学生，这是德育途径深化研究的重点。班主任和任课教师是学校德育工作的主力军。如何深化研究班主任工作，如何加强学科德育和任课教师的教书育人，这是德育途径深化研究的又一个重点。家长是孩子的第一任教师，家庭是青少年的第一所学校。在社会生活和家庭生活发生很大变化的今天，在面对独生子女教育的特殊年代，如何加强家庭教育，如何搞好学校教育与家庭教育的结合，如何办好家长学校，这是学校德育途径深化研究向家庭教育的延伸。

3. 德育管理和评价体系的整体构建

德育管理深化研究的重点是，坚持以人为本，构建具有时代特点的、体现德育规律的、有利于增强德育实效性的学校德育体制、机制、德育队伍、德育制度、德育环境管理体系。德育评价的深化研究是本课题的重点和难点。说它是重点，是因为德育评价是德育管理工作中的重要环节，是检查、督导、评估德育质量的重要机制，是切实加强和改进学校德育工作，使德育由虚变实、由软变硬、由弱变强的不可缺少的重要措施。说它是难点是因为德育评价难以量化，难以建立一套科学、有效、便于操作的评价指标体系。德育评价与智育评价不同，智育评价通过考试，就可以测量学生的知识和能力的水平，而德育评价只靠考知识、考能力是不够的，还需要对学生的情感、意志、行为进行评价，而这方面的评价是不太容易量化的。因此，增加了德育评价的难度。经过研究，我们已经总结出德育评价的原则和方法。德育评价的原则是：①定性评价与定量评价相结合；②终结性评价与形成性评价相结合；③全面评价与特色评价相结合；④他人评价与自我评价相结合。评价的主要方法有：①评语鉴定测评法；②等级评定测评法；③综合记分测评法；④评语、评分、评等综合测评法。德育评价深化研究的任务是：如何建立健全学校、班级、学生三级评价体系，如何运用德育评价的原则和方法构建一套科学、实用、有效的德育评价指标体系，如何运用现代信息技术手段研制德育评价电脑软件。

《整体构建德育体系总论》首次整体构建了总括大中小学各学段的理论形态学校德育体系，初步归纳出部分创新性实践模式。进入新世纪，学校德育工作面临着新形势和新问题，我们必须与时俱进，不断开拓创新。《整体构建德育体系总论》是认识的发展阶段，而不是认识发展的终结，理论形态德育体系仍是动态发展中的理论体系。理论形态德育体系的发展应继续坚持开放的观点、实践的观点、继承借鉴和发展创新的观点。密切关注实践形态德育体系的动态发展情况，注意发现和总结其中的规律性问题，进行深入研究和实验，在新的认识基础上充实和完善理论形态德育体系，做到在实践中检验理论，在理论的运用中发展理论。

第二阶段：整体构建各学段德育体系分论的研究

第二阶段是“十五”承接“九五”深化研究的开端。其重点研究内容是整体构建各学段德育体系（因是《总论》的分学段具体展开，故简称《分论》）。

1. 各学段《分论》研究的重点内容

《分论》以《整体构建德育体系总论》等“九五”成果为基础，进行分年级德育的科学化、系统化、规范化、精细化研究，分别构建小学、初中、高中、中等职业学校、高等职业学校、普通高等学校的学段德育体系。为教育部制定或修订德育大纲提供决策依据，为各级各类学校德育工作从盲目性走向科学性、从零散性走向系统性、从随意性走向规范性提供理论参照和实践模式。

2. 各学段《分论》研究把握的三个重点

(1)整体构建学校德育体系研究的目标指向

这个目标是：通过课题研究构建科学化、系统化、规范化、现代化的社会主义学校德育体系。科学化、系统化、规范化的核心是引导教育者探索、掌握和运用德育规律。现代化即德育工作的时代性，主要指德育的思想理念和内容方法是“三个面向”的、代表先进文化前进方向的、适应素质教育要求的。掌握规律和体现时代性的目的与结果是增强德育的实效性。时代性、规律性、实效性是与“整体构建”同步展现的课题研究特色。

(2)整体构建学校德育体系的思维路向

这个思路是：运用系统科学的整体性、层次性、有序性、动态性和相互联系的理论设计德育体系，优化德育的要素和结构，追求整体效应。通过德育目标、内容、途径、方法、管理、评价各要素的横向贯通和小学、初中、高中(含中职)、大学(含高职)各学段纵向衔接，增强教育合力和教育过程的系统性，促进学生品德及整体素质和谐发展，促进学校德育工作整体和谐地发展。

(3)整体构建学校德育体系的基本原则

这个原则是：贯通古今，融汇中西、继承借鉴、发展创新。整体构建学校德育体系是对德育理论和实践的一种创新性研究，同时也是一种德育文化建设的创新研究。构建代表先进文化前进方向的德育体系，要继承中华民族优秀传统文化，传承民族精神，同时也要吸收借鉴国外优秀文明成果，弘扬改革创新的时代精神。在文化的融会和整合中发展创新中国特色德育文化。民族精神是文化建设的精神支撑，要把弘扬和培育民族精神贯穿到整体构建德育体系的各项研究之中。

3. 各学段《分论》把握的五种关系

五种关系是：①《分论》与《引论》《总论》的关系，强调《分论》是将《引论》《总论》所建构的理论形态的德育体系转化为实践形态的具体化的德育体系；②《分论》与试验区、实验校研究成果的关系，强调要系统整理课题已有成果，作为各学段德育体系构建的基础材料，选拔这些成果中的优秀作者参加《分论》的研究撰写工作；③《分论》与《分论》的关系，强调各学段《分论》之间纵向衔接、分层递进的关系；④《分论》与普通德育论、学段德育论的关系，强调《分论》编写要以德育基础理论为指导，同时要避免照搬理论，注意突出课题自身特色；⑤《分论》与新课程体系的关系，强调《分论》与新课程体系相互融合、相互促进的关系。

4. 各学段《分论》编写的重点要求

各学段《分论》编写的重点要求，就是建立具体化、个性化、可操作的学段德育模式

(1)具体化是《分论》在呈现方式上的要求

主要体现在三个方面：第一，各学段德育体系应包括德育目标、内容、途径、方法、管理、评价六项子体系。每一项子体系原则上要具体化到年级，小学可分为低年级、中年级、高年级三段，初中以上每学年分为一段。每段要按层次列出目标内容和评价指标的细目，各学段在把握时代性、规律性和实效性基础上制定出德育管理实施细则，为学校构建校本德育体系提供基本参考模式。第二，具体化即生活化，分论编写要体现“近、小、实、亲”的原则，各章节都应有来自教学第一线的工作实例，以具体形象的语言说明整体构建德育体系的生活形态，运用鲜活可感的教育实例阐释课题实验研究提出的新理念。第三，分论要把“整体构建”的理论要点贯穿始终，这种理论阐述

应是具体的、平实的、易于广大教育者理解和运用的。

(2)个性化是《分论》在学段特点上的要求

个性与共性的关系普遍存在于社会生活之中。相对于《总论》来说，《分论》具有一定的个性；相对于各学校德育工作来说，《分论》具有一定的共性，每个学段的德育工作具有自己的个性。各学段《分论》在确定德育目标、选择德育内容、运用德育途径、设计德育方法等方面都要从具体的教育实际出发，以学段或年级序列目标内容为参考构建方案，形成体系，充分体现德育工作的针对性、主动性和科学性，增强德育的实效性。《分论》要处理好个性与共性的关系，构建具有个性特色的德育模式，同时，又要引导教育者从不同的德育模式中把握其中的共性因素，认识和掌握德育规律。

《分论》的个性特点主要体现在三个方面：第一，每个学段分论要体现本学段学生年龄、心理和品德教育的特点。要全面深入地研究本学段学生身体、心理和品德在成长发展中的特点、成因和规律，为学校和教师开展德育工作提供科学依据和实践依据。第二，每个学段要体现本学段学校德育工作的特点。大、中、小学的德育工作都有各自的特点，各学段分论在德育目标、内容、途径、方法、管理、评价的研究中都要充分体现本学段德育工作的特点。第三，各学段要解决好与相邻学段的和谐衔接，避免“倒挂”、“脱节”、简单重复和脱离实际，把分层递进、螺旋上升的研究理念具体落实到年级、学段的体系构建之中。

(3)操作是《分论》在实施上的要求

具体化、个性化是德育模式可操作的重要基础，可操作是教育科研成果能否转化为教育生产力的关键环节。可操作要在“是什么”的基础上重点解决“怎么样”的问题。分论各章节都要在“怎么样”上下功夫。第一，在学校德育体系整体构建的层面上，从基本原则到实施方法都要具有可操作性；第二，每个子体系的实施要有可操作性，如怎样制定德育目标，怎样选择德育内容，怎样运用德育途径，怎样设计德育方法等都要便于实际操作；第三，对教师的德育过程、德育方法、德育科研要给予具体的实例引导，利于教师参考借鉴，使分论成为学校制定校本德育体系及实施细则和教师开展德育工作的理论指导和实践参考模式。

第三阶段：整体构建校本德育体系及实施细则的研究

第三阶段的主要研究内容就是在第二阶段已经构建各学段德育体系基础上，深化到学校现实的德育工作层面——即校本德育体系的研究与构建。校本德育体系及其实施细则的研究与构建是在总课题组和实验区指导组的指导下由各实验校自主完成。

整体构建校本德育体系，是指为了增强学校德育工作的针对性和实效性，各级各类学校以《中共中央、国务院关于进一步加强和改进未成年人思想道德建设的若干意见》和《中共中央、国务院关于进一步加强和改进大学生思想政治教育的意见》为指导，贯彻教育部《整体规划大中小学德育的意见》，按照总课题组整体构建学校德育体系《引论》《导论》《总论》和各学段《分论》的研究思路，依靠本校教师集体研究而构建的具体化、特色化、可操作的学校德育实施系统。

构建校本德育体系的原则与要求体现在如下几个方面。

1. 校本德育体系具体化

所谓校本德育体系具体化，指的是构成校本德育体系的德育目标、内容、途径、方法、管理、评价等要素的细化、优化与科学化。细化是指将构成校本德育体系各要素分解到细微的程度；优化是各要素之间组合的关系以及整体发挥作用的效度；科学化是校本德育体系的构建适应学生年龄特征和品德发展规律。

(1)目标内容具体化

校本德育目标，是指学生在德育方面所要达到的要求和水平。它对构建整个校本德育体系具有导向、激励、调节、控制等作用，是选择、构建德育内容的前提和基础，也是提高整个校本德育科学性与实效性的关键。因此，校本德育目标要具体化，要“近、小、实、亲”，不要“高、大、空、远”。

校本德育目标体系分为总体目标、层次目标和阶段目标。按照“总体目标，一以贯之；学段目标，各有侧重；年级目标，具体明确；情意兼顾，知行统一”的原则，整体构建德育目标体系应由“认知目标、情感目标和行为目标”构成“三维德育目标体系”。其横向结构由政治、思想、道德、法纪、心理五项德育目标群构成，每一项都含有认知目标、情感目标和行为目标；纵向结构是学生成长的各个年级，要根据循序渐进的规律，对不同年级的学生分步要求，螺旋上升。

德育内容体系的具体化，就是指根据学生的年龄特点和思想品德的发展规律，以道德、心理、法律、思想、政治等相关内容为横坐标，以低年级、中年级到高年级为纵坐标，理顺德育内容自身的逻辑关系，由浅入深、由低到高、由感性到理性、由具体到抽象进行合理部署与安排，做到“德育内容，循序渐进；德目规范，形成序列；要素完整，层次清楚；注意衔接，螺旋上升”。

(2)途径方法具体化

德育途径是开展学校德育工作的渠道。构建具体化的校本德育途径体系，指的是把七大类德育途径：课程类、实践类、组织类、环境类、管理类、咨询类、传媒类具体化为可操作的实施途径，主要根据“德育途径，对应内容；一项内容，多条途径；有主有辅，协调配合；

分工合作，形成合力”的原则，把它们运用到各年级的德育工作中去。其一，课程类德育途径的具体化，就是要构建各个年级的学科课程与活动课程相结合、必修课程与选修课程相结合、显性课程与隐性课程相结合的课程类德育途径体系，并且找准各门各课的寓德点。其二，管理类德育途径的具体化，就是要使德育校长、德育主任、班主任的管理职能具体化。比如班主任工作具体化就是要建立以主题班会为基本形式，贯彻落实“双主体”“三中心”“四环节”等德育新理念的班主任工作规程。其三，环境类德育途径具体化，充分发挥校园环境的育人功能，精心设计校园物质文化和精神文化，使校园里每一堵墙、每一片绿、每一棵树都会说话，使整个校园成为一部立体的、多彩的、富有吸引力的生活教科书。

德育方法是为了实现德育目标，完成德育任务所采取的手段与方式。校本德育方法体系具体化，就是把语言说理类、榜样示范类、修养指导类、实践锻炼类、行为训练类、规范制约类、评价激励类等方法具体化，按照“根据内容，对应途径；多种方法，优选组合；辩证思维，法无定法；留有余地，鼓励创新”的原则分布到各年级的德育工作中去。比如，语言说理的德育方法还可以细化为商讨式谈话、谈心式谈话、点拨式谈话、触动式谈话、渐进式谈话、突击式谈话等多种方式，可针对不同的学生、不同的情况灵活运用；在运用评价激励的德育方法时，坚信“好学生是夸出来的”，根据不同的对象采取登榜表彰法、上报表彰法、写信表扬法、大拇指称赞法、微笑点头法、背后夸奖法等，可收到良好育人效果。

(3)管理评价具体化

建立具体化的校本德育管理体系，就是按照“理顺健全领导机制，稳定提高教师队伍，建立健全规章制度”的要求，把学校领导体制、规章制度、队伍建设、督导检查、考核测评等要素进行优化组合。主要表现在如下几个方面：① 确定校长的职责和学校党组织的职责；②成立由学校党政主要领导、德育骨干、社区和家长代表参加的德育领导小组；③建立相应的德育工作机构，确立各机构的职责、任务、工作制度；④建立优化德育队伍的机制，培养与选拔班主任、团(队)干部、心理咨询教师。总之，校本德育管理体系构建要营造一种团结的、民主的、和谐的校园人际关系，形成齐抓共管的学校德育工作格局。

校本德育评价，是校本德育的监督保障机制，具有导向和激励功能。校本德育评价体系具体化即要求按照导向性和激励性、科学性和系统性、形成性和阶梯性、主体性和个体性、操作性和趣味性等评价原则，运用评分、评等、评语相结合的方法，制定科学简明的学校德育、班级德育和学生品德三级评价指标体系。对学生思想品德的评价要通过家校结合、亲子互动、师生互动、生生互动等评价方法，对学生的思想道德素质进行评价，既要注意评价的客观性，又要应注意评价的导向性，学校领导、教师和家长要从各方面观察、记录、分析学生的优势和弱点，特别要注意发现每一个学生的特点和闪光点，引导和激励学生健康成长。

2. 校本德育体系特色化

特色，就是事物表现出来的独特色彩和风格。校本德育体系特色化，主要是指学校所处的地区特色、层次特色和办学特色在学校德育工作中表现出来的独特风格。特色化是校本德育体系的显著特征，也是校本德育体系构建的出发点。

(1)地方特色化

校本德育体系地方特色化就是要求各级各类学校立足地方经济文

化建设的需要，努力挖掘地方德育资源，建设富有各地风土民情的、具有地域独特性的校本德育体系。比如新疆伊宁市针对多民族的现状，构建了“民族之花常开”“我的中国心”等具有浓郁的边疆地方特色的校本德育体系，突出了民族团结，建设边疆、保卫边疆的主题；河南信阳市发挥鄂豫皖革命根据地的德育资源优势，构建了“将军哺育我成长”“我为家乡添光彩”等具有革命老区特色的校本德育体系，培养青少年继承革命传统，热爱家乡、建设家乡，热爱祖国、建设祖国的真挚情感；贵州省遵义市则以长征文化、名酒文化为特色，构建“重走长征路”“国酒文化礼赞”等颇具地方特色的校本德育体系。校本德育体系地方特色化充分体现学校教育环境的独特性，有利于调动学校教师、学生的积极性，使学校德育更有地方特色、教师的教学更有特点、学生的发展更有特长。

(2)层次特色化

校本德育体系层次特色化，指的是根据各级各类学校办学层次上的区别，结合学生各年龄段的特点，针对各个层次学校的不同办学目标、不同的文化背景、不同的办学条件，制定校本德育目标、内容、途径、方法、管理、评价的具体内容。比如道德教育，小学应从一般的文明礼貌、行为规范做起，强调道德行为习惯的养成；中学则应当对道德原则、规范进行系统教育，使学生对传统道德与社会主义道德有较深刻的认识；到了大学阶段，则应进行伦理学和道德基本理论教育，使学生对道德的起源、本质、功能有深刻的理解。校本德育体系层次特色化，适应不同年龄阶段学生的身心特点、知识水平和品德形成发展规律，避免了大、中、小学德育的“倒挂”、“脱节”、简单重复和脱离实际的问题，使校本德育体系能够贴近实际、贴近生活、贴近学生，从而增强德育的实效性。

(3)办学特色化

校本德育体系的办学特色化，就是学校在构建校本德育体系的过程中根据本校的文化传统、办学优势、师生特点、德育资源和学校环境以及教育者的办学追求和情趣，努力形成独特的德育风格，确立学校德育工作独特的发展方向。简言之，就是在具有一般校本德育体系的共性基础上，突出与众不同的个性，即“人无我有，人有我优，人优我精”。一个富有生命力的校本德育体系必然有其独特的优势和风格。学校德育千篇一律、千校一面的现象，不利于学生的发展、学校的发展乃至社会的发展需要。富有特色的校本德育体系则能够满足学校发展的需要，提高学校的教育质量，为培养个性鲜明、特长突出的优秀学生搭建成长平台。

3. 校本德育体系可操作

校本德育体系可操作是指把理论形态的德育体系转化为实践形态的、可以适合本校实践运用的德育体系。校本德育体系是否有可操作性，主要从以下三个方面来衡量与检验。

(1)全程可操作

全程是一个时间概念，指学生从入学到毕业的时间过程。全程可操作，是指学校德育工作贯穿于学生从入学到毕业的整个过程之中，德育无时不在，环环相扣，贯穿始终。校本德育体系如同一个生产流程，学生从低年级发展到高年级，每一个成长阶段都是生产流程上的一道道工序。如初中校本德育体系可以将三年六个学期分成 12 个阶段，每一个阶段设计一个德育主体活动。第一学年主要有“迈好中学第一步、法律保护我成长、学会交往，创造和谐的成长环境、登上知识之船，扬起理想的风帆”等内容；第二学年主要有“花季困惑指南、塑造健全人格、不断完善自我、讴歌民族精神”等专题；第三学年考虑到学生初中毕业在即，面临升学压力，可以构建“鼓起勇气，迎接挑战；调整自我，增强自信；脚踏实地，自强不息；找准定位，确定理想坐标”等内容。德育贯穿学校教育的全过程，针对学生成长的每一个阶段的需要开展主题教育活动，有利于增强德育的针对性和实效性。

(2)全面可操作

全面是一个空间概念，是指学生生活、学习的全部环境。全面可操作，是指学校德育工作全方位地深入学生学习、生活活动的全部领域。学校是一个德育信息场，教师的德育信息、学生的德育信息、管理者的德育信息以及学校物质形态所包含的德育信息相互作用，形成一定的张力作用，构成一种立体的德育空间。构建全面可操作的校本德育的要义在于营造像电场、磁场、引力场一样的校本德育场。全面可操作的工作的着力点主要体现在如下三个方面，其一，要把德育内容具体化为学生喜闻乐见、易于接受的名言警句、温馨提示等形式，分布到学校教学楼、餐厅、宿舍、文化广场，使德育信息无处不在；其二，通过情景感染、榜样示范等手段，使学生耳濡目染、亲身体验，养成良好的行为习惯；其三，通过检查督导、评比竞赛等手段，引导和激励学生自觉遵守学校的规章制度，树立社会主义荣辱观。

(3)全员可操作

全员是指学校领导和全体教职员工所组成的教师集体。全员可操作是在“人人都是教育者”的观念指导下，通过强化全员意识，建立全员机制，开辟全员渠道等措施，使每一个教职员工均能根据自己的职责分工做到“教书育人、管理育人、服务育人”。所谓全员意识，就是强化党、政、工、团齐抓共管，班主任、科任教师和职工通力合作，学校、家庭、社会互相结合的德育意识；全员机制主要指在建立学校德育管理机制的基础上，逐步建立年级组长负责本年级德育工作，班主任负责本班德育工作，全体教职工责任到人的全员德育工作机制；开辟全员渠道即针对每一阶段的德育主题，分别确定“学校、政教处德育工作，年级组长、班主任德育工作，学科德育工作，共青团、学生会德育工作，心理辅导工作，学校、家庭、社会德育工作”的工作要点、工作方法，使德育工作真正落到实处。

三、整体构建德育体系推广实验的内容与过程

整体构建学校德育体系深化研究与推广实验各有侧重，相辅相成。深化研究侧重于体系构建，推广实验侧重于研究成果中实践载体的实验。整体构建学校德育体系实施载体推广实验主要有三项：一是以《德育》读本为载体的德育活动课的实验；二是以《成长册》为载体的德育评价的实验；三是以《当代家长》为载体的家庭教育的实验。在推广实验的发展阶段上，与德育体系深化研究共同分为相互融合、协调一致的三个阶段。

推广实验的内容与过程如下图所示：

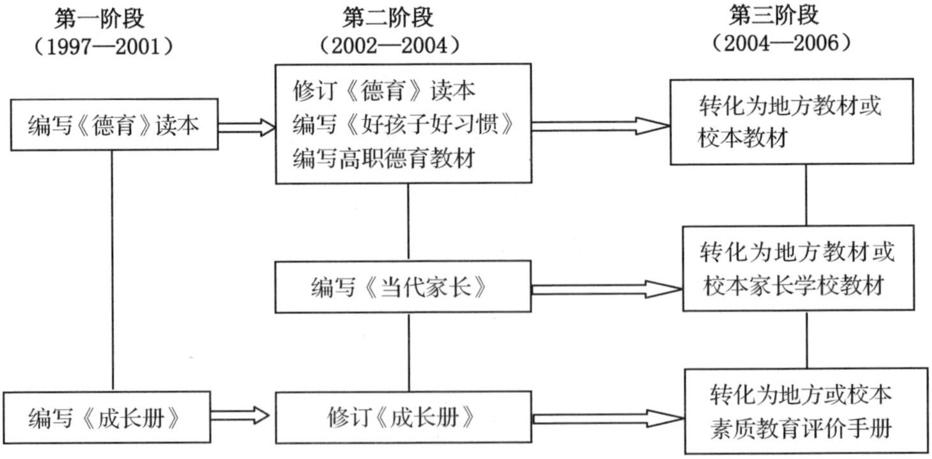

第一项实验：《德育》系列读本的研究与实验

1.《德育》读本的研究与实验

《德育》系列实验读本(其中包括小学、初中、高中、中师、中职，每学年一册共18册)的深化研究与推广实验的总体思路是：把德育内容的要素结构和层次结构划分出来，以五大要素(即政治教育、思想教育、道德教育、法纪教育、心理教育)为横坐标，以各项要素的不同层次为纵坐标，按照整体性、有序性、动态性的原则，把他们有机地结合起来，依据学生不同年龄阶段的身心特点、知识水平和品德形成发展规律，由浅入深，由低到高，由近及远，由具体到抽象，由感性到理性，螺旋上升，构建从小学一年级到大学毕业每个年级的德育内容，形成科学化、系统化、规范化的德育内容体系。《德育》系列实验读本就是德育内容体系在各级各类学校贯彻实施的一个载体，是建立德育活动课的一种模式，是对思想品德课和思想政治课的一个补充，是推进各级各类学校德育课程改革的一种探索。

《德育》读本深化研究与推广实验的重点内容是：

(1)培养学生的创新精神和实践能力

为了贯彻落实中共中央、国务院《深化教育改革，全面推进素质教育的决定》精神，我们把培养学生的创新精神和实践能力作为深化研究的重点内容，激发学生的好奇心、求知欲，帮助学生自主学习、独立思考。鼓励学生探索创新，营造崇尚科学、追求真理的氛围，开发学生潜在的创新能力。在活动设计上狠下功夫，引导学生自觉、主动地参与德育活动的全过程，包括活动设计、活动准备、活动组织、活动评价等，增强他们的道德实践能力。

(2)加强课程的综合性和实践性

坚持课程的综合性和实践性，是《德育》读本的基本思路和主要特色。《德育》读本的深化研究始终坚持综合性，首先是德育内容的综合性，把政治教育、思想教育、道德教育、法纪教育、心理教育五大要素融为一体；其次，坚持德育过程的综合性，把知、情、意、行融为一体；第三，坚持德育体系的综合性，把德育目标、内容、途径、方法、管理、评价融为一体。《德育》读本的深化研究始终突出实践性，不仅着眼于解决学生知不知、会不会的问题，而且着力于解决学生信不信、行不行的问题，即不仅授之以知，晓之以理，而且更注重动之以情，导之以行。避免了单纯传授知识、空洞讲解理论、死记硬背概念等脱离实际的倾向。

(3)深入研究和开创德育活动课程的新理念

在《德育》读本深化研究与推广实验中，我们提出了德育活动课程的新理念。

一是“双主体论”，即教师是教育主体，学生是学习主体，教师和学生应当互相尊重对方的主体地位。在德育目标的确定上，不仅要考虑社会的要求，更要重视学生自身成长的需要。在德育内容的安排上，不仅要依据社会规范，更要遵循学生的年龄特征和品德形成发展规律。在德育途径和方法的运用上，不仅要发挥教师的主导作用，更要强调学生的主体参与。在德育活动课的实施上，教师的主体性表现在活动的策划、设计和指导上，教师的教育理念、师德风范和人格魅力则蕴含其中；学生的主体性则体现在活动的“主角”地位上，学生积极主动地在活动中认知，在活动中体验，在活动中锻炼，在活动中自我评价。师生双主体在德育活动中平等交往、积极互动、共同发展。

二是“新三中心论”，在德育活动中充分调动学生的积极性、主动性和创造性，把“师本”观念让位于“生本”观念，建构“以学生为中心、以活动为中心、以体验为中心”的“新三中心论”。淡化传统的“以教师为中心，以教材为中心，以课堂为中心”的“旧三中心论”。使学生在自主参与的德育活动中体验生活，感悟道德，养成良好的行为习惯。

三是“四环节论”，德育过程是知、情、意(信)、行诸环节构成的。实践的观点是德育首要的基本的观点。德育不同于智育，智育的任务是传授知识兼培养能力，它主要解决知不知、会不会的问题；而德育只到此并没有完结，它不仅要解决知不知、会不会的问题，而且更要解决信不信、行不行的问题，即不但要授之以知、晓之以理，而且更要动之以情、导之以行。只有知识传授，而无情感陶冶、意志磨炼和行为引导不是完整的德育。

四是“四原则论”，在德育活动中，要坚持“近、小、实、亲”四原则。近，就是贴近生活，贴近学生，贴近实际；小，就是从小处着眼，从小处入手，从小事做起；实，就是倾注真情实感，讲述真实情形，做诚实守信的人；亲，就是亲切融洽，可亲可信，亲身践行。

(4)深入研究和开发德育活动课教学软件

随着信息网络技术的迅猛发展，我国大中小学的教学系统，正进一步朝着网络化、远程化的方向发展，网络走进平民百姓，闯入中小学生的学习生活已成现实。然而，德育在运用信息网络技术方面则相对滞后，引发和正在引发社会、家庭、学校的诸多焦虑。传统德育向互联网转型已成为不可逆转的趋势。2001 年 12 月 26 日，德育研究中心在成立十周年之际正式开通了“中国德育网”(www.chinamoraledu.com)，搭建了德育走向信息化的平台。从此，我们把研究和开发德育活动课教学软件作为《德育》读本深化研究的重点之一，遵循育德性、系统性、交互性、生动性、仿真性的原则，开发了德育活动课方案设计文字软盘、德育活动课优秀课例实录、德育活动课教学软件等，丰富了中国德育网的内容，为中国德育的现代化、网络化做出了贡献。

2. 幼儿园《好孩子 好习惯》的研究与实验

“十五”期间，我们对“九五”期间已经整体构建的小学、初中、高中(中职)、高职、大学德育内容体系向幼儿教育阶段进行了纵向延伸，研究编写了幼儿系列德育读本《好孩子 好习惯》。以情感教育和培养良好的行为习惯为主线，以幼儿应该养成的生活习惯、健体习惯、交往习惯、学习习惯、安全习惯等为横坐标，以托班、小班、中班、大班等幼儿成长的轨迹为纵坐标，根据不同年龄幼儿身心发展规律，以本课题的理论为指导，吸纳了国内外最新的幼儿道德教育成果，提出了系统的幼儿良好行为习惯培养和教育的方法、步骤、措施，为幼儿园老师设计《好孩子 好习惯》主题教育活动方案，指导实验幼儿园的老师撰写观察日记、教育随笔和实验报告等，为幼儿园老师及幼儿家长培养幼儿良好行为习惯提供了系列教材。这套教材既有适合幼儿学习的“宝宝的歌”“宝宝能做到”“宝宝自己说”等栏目，又有适合老师和家长学习的“专家提示”“活动建议”等栏目，是一套可供师生共读、亲子共读的综合教材，是引导和促进幼儿全面发展、健康成长的指导性读物。《好孩子 好习惯》的研究实验使幼儿园的德育工作更符合儿童成长实际。

3. 高等职业学校《思想道德修养》的研究与实验

近年来，我国高等职业教育作为一种新的办学类型发展很快。高等职业教育大发展的形势，对其思想政治理论课程的建设提出了新的艰巨任务和较高要求。然而，该课程的建设却相对滞后，还不能适应我国高等职业教育快速、健康、持续发展的要求。随着高等职业教育的发展，高职院校思想政治理论课的教学环境、对象和实际要求均发生了较大变化，迫切要求根据新的形势和客观需要对该课程的教学模式和方法进行新的思考和探索，运用教学设计的理论和方法构建教学新模式。在整体构建德育体系的过程中，我们根据德育目标和高职生思想品德发展的基本规律，针对高职生的特点和高等职业学校的办学模式编写了《思想道德修养》《法律基础》《就业指导》教材，编写了《思想道德修养教学参考书》《德育活动》读本等教学辅导用书和《思想道德修养》课程多媒体教学课件。其中，《思想道德修养》以人生观、价值观、道德观、职业观教育为主线，以提高高职生思想道德素质为主要内容，将“三个代表”重要思想、依法治国与以德治国思想、《公民道德建设实施纲要》有关精神、教育部《“思想道德修养”教学基本要求》、中华民族优良传统道德、职业道德基本理论渗透到教材中去；《法律基础》以教育部《“法律基础”教学基本要求》为依据，以提高高职生法律意识和法律素质为主线，充实了与世贸组织相关的法律常识的有关内容，增加了诉讼维权、案例说明等内容，突出了职业教育的特点；《就业指导》紧密结合高等职业教育的特点和就业新形势，帮助高职生树立正确的就业观，了解高校毕业生的就业政策、就业形势与就业市场，明确求职择业的方法和技巧，为高职生顺利就业、适应社会、走向成功提供必要的指导。教材中设计有“篇首辨析”“典型事例”“自我测试”“案例分析”“交流研讨”“道德活动”“资料参考”等板块，将情境化的教学环节引入教学过程中，使德育过程的知、情、信、意、行，理论教学与实践教学，师生之间的“双主体互动”等教学环节和谐地统一起来。情境化的教学方案设计具体明确，有可操作性，有助于增强教学的针对性、实用性和有效性。

第二项实验：《成长册》的研究与实验

1.《成长册》的研究与编写

“九五”期间，我们以中共中央、国务院《深化教育改革，全面推进素质教育的决定》为指导，以建立综合素质评价体系为目标，以思想道德、科学文化、身体心理、审美艺术、劳动技能和个性特长、创新能力、自育能力(亦即学会做人、学会求知、学会健体、学会健心、学会审美、学会劳动、学会创新、学会自护)八个方面为评价内容，以培养学生自订成长目标、自析成长环境、自寻成长动力、自开成长渠道、自研成长方法和自评成长效果为基本理念，研究编写了《成长册》(小学、初中、高中、中职每学年一册，共18册)。

2.《成长册》的深化研究与修订

“十五”期间，我们坚持与时俱进，对《成长册》进行了深化研究与推广实验。

第一，要全面贯彻党的教育方针。《成长册》作为学生综合素质评价手册，要从德、智、体、美、劳等方面综合评价学生的发展，培养学生热爱党、热爱社会主义、热爱祖国、诚实守信、助人为乐的高尚品质，终身学习的愿望和能力，健壮的体魄，良好的心理素质以及健康的审美情趣。

第二，要全面推进素质教育。中小学评价与考试制度改革的根本目的是为了更好地提高学生的综合素质和教师的教育水平，为学校实施素质教育提供保障，充分发挥评价的促进发展的功能，使评价的过程成为促进教学发展与提高的过程。对学生、教师与学校的评价的内容要多元，既重视学生的学习成绩，也注重学生的创新能力和实践能力；既重视教师业务水平的提高，也重视教师的职业道德修养；既重视学校整体教学质量，也重视在学校的课程管理、教学实施等管理环节中落实素质教育思想，形成生动、活泼、开放的教育氛围。评价标准既注意对学生、教师和学校的统一要求，也关注个体差异以及对发展的不同需求，为学生、教师和学校有个性、有特色的发展提供一定的空间。

第三，要全面探讨评价方法。评价方法要多样，除考试或测验外，还要研究制定便于评价者普遍使用的科学、简单易行的评价方法，探索有利于引导学生、教师和学校进行积极的自评与他评的评价方法。对学生、教师和学校的评价不仅要注重结果，更要注重发展和变化过程。要把形成性评价与终结性评价结合起来，使发展变化的过程成为评价的组成部分。重视学生、教师和学校在评价过程中的作用，使评价成为教育行政部门、学校、教师、学生和家长共同参与的交互活动。

第四，确立了《成长册》修订的八项主要内容。(1)道德品质方面：爱祖国、爱人民、爱劳动、爱科学、爱社会主义；遵纪守法、诚实守信、维护公德、关心集体、保护环境。(2)公共素养方面：自信、自尊、自强、自律、勤奋；对个人的行为负责；积极参加公益活动；具有社会责任感。(3)学习能力方面：有学习的愿望和兴趣，能运用各种学习方式来提高学习水平，有对自己的学习过程和学习结果进行反思的习惯；能够结合所学不同学科的知识，运用已有的经验和技能，独立分析解决问题；具有初步的研究与创新能力。(4)交流与合作能力方面：以与他人一起确立目标并努力去实现目标，尊重并理解他人的观点与处境，能评价和约束自己的行为；能综合运用各种交流和沟通的方法进行合作。(5)运动与健康方面：热爱体育运动，养成体育锻炼的习惯，具有锻炼健身的能力。一定的运动技能和强健的体魄，形成健康的生活方式。(6)审美与表现方面：能感受并欣赏生活、自然、艺术和科学中的美，具有健康的审美情趣；积极参加艺术活动，用多种方式进行艺术表现。(7)学科学习方面：各学科课程标准已经列出本学科学习的目标和各个学段学生应达到的目标，并对评价方式提出了建议。

3.《成长册》的推广实验

采用多样的、开放的评价方式。教师要在教育教学的全过程中进行行为观察、情感测验、学生成长记录等，了解每个学生的优点、潜能、不足以及发展的需要。

建立每个学生的成长记录。成长记录应收集能够反映学生学习过程和结果的资料。包括学生的自我评价、最佳作品(成长记录及各种作品)、社会实践和社会公益活动记录、体育与文艺活动记录、师生的观察和评价、来自家长的信息、考试和测验的信息等。学生是成长记录的主要记录者，成长记录要始终体现诚信的原则，要有教师、同学、家长开放性的参与，使记录的情况典型、客观、真实。

考试与其他评价方式相结合。考试是评价的主要方式之一，要根据考试的目的、性质、内容和对象，选择相应的考试方法，充分利用考试促进每个学生的进步。

每学期、学年结束时学校要对每个学生进行阶段性的评价。评价内容应包括各学科的学业状况和教师的评语。评语应在对收集到的学生资料进行分析，并与同学、家长交流、沟通的基础上产生。评语应多采用激励性的语言，客观描述学生的进步、潜能以及不足。同时要制定明确、简要的促进学生发展的改进计划，帮助学生认识自我、树立自信。

第三项实验:《当代家长》的研究与实验

1.《当代家长》研究与实验的总体思路

2002年，基于画好大、中、小学德育体系纵向衔接“一竖”的基础，为画出学校德育与家庭教育相结合的“一横”，总课题组针对当前家庭教育存在的主要问题，研制编写了《当代家长》系列教材。这套教材以提高每一个家庭和中华民族的整体素质为目标，以指导孩子学会做人、学会求知、学会健体、学会健心、学会审美、学会实践（劳动）、学会创新、学会生活等家庭教育的八大内容为横坐标，以幼儿至大学生六个成长阶段为纵坐标，针对不同年龄阶段学生的身心特点、知识水平和成长中遇到的问题，在整体构建学校德育体系思想、理论的指导下，整体构建家庭教育体系。我们将实验的目标定位为“通过《当代家长》的实验研究，使学校教育与家庭教育价值取向趋同，教育理念融通，教育过程同步，教育途径互补，教育与资源共享，教育评价一致。引导家庭教育走上科学化、系统化、规范化、现代化的轨道，从而提高家长素质和家教水平”。

2.《当代家长》教材的主要内容

在内容设计方面，我们针对当前家庭教育存在的误区和家长最关心的问题确定从“指导孩子学会做人、指导孩子学会求知、指导孩子学会健体、指导孩子学会健心、指导孩子学会审美、指导孩子学会实践、指导孩子学会创新、指导孩子学会生活”八个方面编写。每一个方面均有十个左右的选题，根据孩子成长的需要和家长亟待解决的问题设计。例如初中“指导孩子学会健心”就包括“警惕心灵荒漠化、成长的烦恼、学习中的无形杀手、自信无价、让孩子心里充满阳光、意志力是健心的‘钙’、交往伴随孩子成长、孩子当自强、尊重是一首无言的诗、学会倾听”十项内容。

3.《当代家长》的编写特色和实验情况

根据家庭教育的特质，按照科学性、时代性、系统性、实用性原则革新了编写体例：每本书列出约 10 个家教观点作为标题。每篇课文都精选了 1—2 个典型案例。根据案例的内容附上两条家教名言，一条是成功家教的启示录，一条是失误家教的警示录。然后列出 1—3

个思考题，引导家长们思考、交流、研讨。根据典型案例的启示或警示，针对交流研讨中列举的正确、错误、模糊、极端的家教观点进行点评，提出科学、现代的家教理念，进行明确的正面引导。对家教实践中具体的、特殊的疑难问题具体分析，一把钥匙开一把锁，使家教主题观点得到深化和应用。围绕本课题所表达的家教观点配备相关自测题，留有答案空格、评分标准和方法，便于统计考核。最后给家长提供了一些家教应了解的常用规则、指标、数据、信息、标识等多方面的参考资料，有利于丰富家长的知识。如小学生日常行为规范、礼仪常规、名人家训、中国7—12岁孩子体格指标、智商测量表、心理测量表、交通安全常识、交通信号标识等。这项研究与实验以提高家长素质和家教水平为目标，以整体构建德育体系的理论、原则和理念为理论基础，以《当代家长》丛书为教材，以家长学校和家长委员会为主要途径，以培训家长为主要形式，以家校结合、师生互动、亲子互动为主要方法进行实验研究。

四、和谐德育是整体构建德育体系的研究结论

2005年8月，全国教育科学“十五”规划国家重点课题“整体构建学校德育体系深化研究与推广实验”在新疆伊宁市召开第八届学术年会，年会主题报告明确提出了和谐德育的历史渊源、研究价值、基本概念和主要内容。2006年，缩写成《和谐德育论》发表在《光明日报》和《中国德育》杂志上，标志着和谐德育的理论体系基本形成。

和谐德育，指的是德育以满足社会发展需要和受教育者个体发展需要的和谐统一为出发点，在遵循受教育者思想品德身心发展规律的基础上，构建德育体系诸要素之间的和谐关系，使之协调相应、配合得当、形成合力，以引导教育者掌握德育规律，提高育人能力，从而

促进学生思想品德及整体素质和谐发展的一种德育模式。和谐德育是对全面发展教育理论的继承与创新，是整体构建学校德育体系深化研究与推广实验得出的重要结论。它的主要内容包括如下几个方面。

1. 民主融合的师生观：教师、学生“双主体”和谐

师生关系是学校教育中最基本的人际关系。和谐融洽的师生关系不仅是有效进行教育活动、完成教育任务的重要条件，而且本身也是一种重要的教育力量。在德育活动中，教师与学生如果能够平等相处，诚恳相待，学生人格就会得到尊重，个性潜能就能得以激发；教师的高尚道德情操、优良个性品质就能够潜移默化地影响和感染学生。

2. 整体优化的大德育观：学校、家庭、社会“三教”和谐

学校、社会和家庭是学生成长的基本环境，三者之间始终是相互联系、相互渗透、相互作用、相互影响的。学校、家庭、社会在教育主体、内容、方式、方法上各有优势，只有在学校、家庭、社会三方面教育力量和谐一致的时候，学生的品德发展才是顺利的和健康的。所谓整体化的大德育观，指的是充分发挥学校、家庭和社会三个方面教育力量各自的优势，使之合而不同、相互配合、相互补充、形成合力，推动学校、家庭、社会德育目标一致，德育理念趋同，德育过程同步，德育方法互补，德育资源共享，德育作用相长，从而产生综合的德育效应，使学生成为学校的好学生、家庭的好孩子、社会的好公民。

3. 和谐有序的德育过程观：知、情、意、行“四环节”和谐

和谐有序的德育过程是对受教育者传授道德知识、陶冶道德情感、培养道德意志，引导道德行为的过程。简言之，就是“知、情、意、行”相互作用的过程。学校德育工作要取得实效，取决于四个环

节的和谐统一的程度。和谐德育将“知、情、意、行”和谐地整合在一起，以传授道德知识作基础，涵养道德情感为关键，培养道德意志作保证，以养成良好的道德行为习惯为归结，取得真正意义上的德育实效。

4. 全面发展的教育质量观：德、智、体、美、劳“五育”和谐

人的全面发展是人的劳动能力、社会生活能力、精神生活能力与个性发展辩证统一的过程。我们提倡的全面发展的教育质量观其实质在于从人的全面发展出发，全面实施素质教育。和谐德育就是要正确处理德、智、体、美、劳“五育”之间的关系。一方面，强调德育首要地位，充分发挥德育对智育、体育、美育、劳动教育的导向、动力和保证作用；另一方面，使德育寓于智育、体育、美育、劳动教育之中，充分发挥智育、体育、美育、劳动教育对德育的传输、渗透、内化和巩固功能。“五育”相互交织、相互渗透、相互融合，共同促进人的全面发展。

5. 整体构建的德育体系观：横向系统“六要素”与纵向系统“六学段”和谐

现代系统科学认为，任何事物都是作为系统而存在的。所谓“整体构建德育体系观”，就是把学校德育工作的各个要素视为一个相互联系、辩证统一的整体。这个整体主要由德育目标、内容、途径、方法、管理、评价“六要素”构成的横向系统与幼儿园、小学、初中、高中(中职)、高职、大学“六学段”构成的纵向系统构成。就学校德育体系的横向系统而言，德育目标、内容、途径、方法、管理与评价“六要素”只有构成一个统一的整体，才会在相互关联、相互制约、相互作用的关系中获得最佳德育效果。横向“六要素”和谐，其工作形态是整体化德育、系统化德育，是教育的合力；纵向“六学段”和谐，其工

作形态是有机衔接，分层递进，螺旋上升，是体现德育过程完整性和连续性的全程德育。

五、《和谐成长》是和谐德育的实验载体

1.《和谐成长》实验的根本目的

《和谐成长》是整体构建学校、家庭、社区和谐德育体系的具体化、可操作的系列实验用书(小学、初中、高中、中职每学年一册，共 15 册)。《和谐成长》研究与实验的目的，是根据构建社会主义和谐社会的实践要求，为建设和谐学校、和谐家庭、和谐社区以及学校、家庭、社区和谐德育体系提供理论指导和实践模式，引导学校、家庭、社区实施和谐德育，创造和谐氛围，共建和谐生活，促进学生和谐成长。

通过研究与实验，把党的十七大精神以及《中共中央关于构建社会主义和谐社会若干重大问题的决定》《中共中央国务院关于进一步加强和改进未成年人思想道德建设的若干意见》《教育部关于整体规划大中小学德育体系的意见》等文件精神落到实处，进一步实现“为决策服务、为实践服务”的目的。

通过研究与实验，对“九五”“十五”已有科研成果(《整体构建德育体系总论》《整体构建德育体系各学段实践导引》《校本德育体系及实施细则》《德育读本》《成长册》《当代家长》等)进行再研究、再创造，进一步实现“出成果、出经验、出人才”的目的。

通过研究与实验，为实验学校提供和谐德育的实践模式，为班主任提供和谐德育主题班会的实践经验，为学生家长提供和谐家庭的生活体验，为社区干部提供和谐社区的建设平台，为广大学生提供和谐成长的发展时空，争取实现“学校、家庭、社区共创和谐德育”的

目的。

2.《和谐成长》的设计思路

和谐成长，是在时间和空间的普遍联系中进行的。本书以时间为纵坐标，以空间为横坐标，整体构建而成。时间坐标，是以一年12个月中的节日、纪念日和主题日为主线贯穿起来，内容涉及生命健康、孝敬父母、尊老爱幼、环境保护、文化传承、民主法制、科学探索、热爱祖国、世界和平等人类生活的各个方面，使德育内容和形式更加富于文化特色。空间坐标，是以学校、家庭、社区三个生活领域为德育场贯通起来，根据每月节日、纪念日、主题日所蕴含的德育主题，通过“和谐校园”“和谐家庭”“和谐社区”三个栏目，设计亲子互动、师生互动、校区共建等德育活动，使德育内容和形式更加突出生活化特色。

3.《和谐成长》的主要功能

本书有五大功能，一是亲子共读，在“和谐家庭”栏目中介绍和谐家庭建设的知识经验和典型案例，设计“亲子互动”的具体内容和方法，使其成为和谐家庭的生活导师；二是师生共用，在“和谐校园”栏目中介绍和谐校园建设的先进经验和典型事例，设计可操作的主题活动方案，使其成为和谐校园的活动指南；三是校区共建，在“和谐社区”栏目中，介绍和谐社区建设的成功经验和先进事迹，提出共建活动的参考方案，使其成为和谐社区的建设平台；四是经典诵读，在不同年级插编了《弟子规》《三字经》《论语》精读等内容，以提高学生的国学素养；五是和谐成长，在每月的最后部分，给学生设计了开放式的子栏目“体验感悟”“交流互动”“成长在线”，为学生的和谐成长导航。

4.《和谐成长》实验的基本原则

第一，和谐性原则。和谐是和谐德育的核心概念。《和谐成长》研究与实验的和谐性原则，主要是坚持学校、家庭、社会德育理念融通、德育目标趋同、德育内容互补、德育过程互动、德育管理协调、德育资源共享、德育评价一致，运用这样的理念和方法，构建具有课题研究特色的学校、家庭、社会和谐德育体系的实施载体，促进和谐学校、和谐家庭、和谐社会建设，从而促进学生思想品德及整体素质和谐发展。

第二，人文性原则。人文性是21世纪德育发展的大趋势。《和谐成长》研究与实验的人文性原则，主要体现在节日、纪念日的文化内涵和人文价值上。中国的节日、纪念日，历史积淀久远，文化内涵深厚，蕴含着中华民族的价值观念、伦理道德、民族情感和审美情趣。在节日风俗和纪念活动中贯穿着扬美德、树正义、显智慧、鉴善恶、展愿景的思想情感脉络，是民族精神和民族文化的独特凝聚点。国际的和西方的节日、纪念日，伴随着改革开放的不断深入，也逐渐融入国人的生活之中。节日、纪念日作为一种文化现象和文化活动，具有社会性和团体性，学校、家庭、社区可以共同参与。将节日、纪念日这一独特文化资源纳入《和谐成长》研究与实验之中，使学校、家庭、社会和谐德育体系更加富于文化特色。

第三，创新性原则。创新是科学研究的本质特征。《和谐成长》研究与实验的创新性主要体现在以下几个方面。其一，以节日、纪念日为线索设计主题活动，以主题活动引导和谐家庭、和谐校园、和谐社区建设是本书的主要特色；其二，以月份为单元，根据每个月节日、纪念日的内容和学生的年龄特点，设计本月事典、和谐校园、和谐家庭、和谐社区与和谐成长五个栏目，这是本书的又一个创新特色；其三，每个栏目之下除了知识性、经验性的内容之外，还分别设计了主题活动、亲子互动、共建活动、体验感悟、互动交流、成长在线等子栏目，为教师、家长、社区干部与学生的互动交流搭建了平台，这是构建和谐德育体系的生长点和创新点。

第四，实践性原则。实践性是德育的根本属性，也是本课题研究的突出特点。《和谐成长》研究与实验的主要任务是引导学生、家长、班主任、社区干部的和谐德育实践。实践性原则就是要贴近实际、贴近生活、贴近学生，体现“近、小、实、活”，注重以生活化的丰富多彩的知识、案例和实践活动引发学生、家长、班主任、社区干部的参与热情，以增强德育的针对性和实效性。

总之，“整体构建学校德育体系的研究与实验”经过两个五年规划，历时十年的研究，生成了和谐德育体系。构建和谐德育体系，是建设和谐社会的客观要求，是现代德育科学理论和学校德育工作创新与发展的客观要求，是推进素质教育和谐发展的必然选择，应成为德育的一种基本理论和实践模式。

第三编　和谐德育思想来源研究

中国文化中的和谐思想*

在中国传统文化中，“和”是一个含义极为丰富、深邃的范畴。早在原始社会，“和”的思想就已萌芽，其基本含义即“调”之义。按照《说文解字》的解释：“和，相应也。”而“谐”是“配合得当”。“和谐”就是“相应”并且“配合得当”。梳理中国传统文化的和谐思想，对建构和谐德育具有重要的理论和实践意义。中国传统文化中的和谐思想主要由如下几个部分组成。

一、天人合一、天人和谐

《周易》作为中华文化的源头，由《易经》和《易传》组成。伏羲画卦，文王演卦，孔子述传。《周易》的基本哲学思想是“天人合一”。《周易·系辞上》云：“六爻之动，三极之道也。”《周易·系辞下》又云：“《易》之为书也，广大悉备：有天道焉，有人道焉，有地道焉。兼三才而两之，故六；六

* 本文是与冯铁山合作撰写，见詹万生等著：《和谐德育论》，北京：教育科学出版社，2008年版。

者，非它也，三才之道也。道有变动，故曰爻；爻有等，故曰物；物相杂，故曰文；文不当，故吉凶生焉。”又云：“天地设位，而易行乎其中矣。”“一阴一阳之谓道……生生之谓易。”八卦是三画成卦，其中一爻为地，二爻为人，三爻为天，六十四卦是六画成卦，其中一爻、二爻为地，三爻、四爻为人，五爻、六爻为天。天、地、人三者相“参”。“乾道变化，各正性命，保合太和，乃利贞。”意思是，整个宇宙是天地人三者统一，天道的大化流行，万物各得其正，保持完满的和谐，万物就能顺利发展。即天人合一。

如何理解天人合一的思想内涵，可谓众说纷纭，目前尚无定论。其争论的焦点在于两个方面：一个是如何理解“天人合一”的“天”，另一个是“天”与“人”究竟是如何“合一”的。对于第一个问题，我国著名哲学家冯友兰先生认为中国传统文化中的“天”有如下几种含义：其一，“物质之天”，指与地相对的天，也就是我们常说的天空；其二，“主宰之天”或“意志之天”，即宗教意义上宣讲的有人格、有意志的“至上神”；其三，“命运之天”，即所谓的“运气”；其四，“自然之天”即唯物主义哲学家所声称的“自然”；其五，“义理之天”或“道德之天”，即唯心主义哲学家所虚构的宇宙的道德法则。从冯先生的学说中，我们也可以看出，所谓的“天”不外乎两个基本方面：自然方面的“天”和精神领域的“天”。至于第二个问题关于“天”和“人”是如何“合一”的，《周易·象言》说：“天行健，君子以自强不息。”意思说天象运转很快，君子也要像天一样，自强不息。而在《周易·系辞》上更加扩大了，认为圣人在各个方面都和天相应，都效法天。为了说明天人关系，《序卦》说：“有天地然后有万物，有万物然后有男女……”在这里，天地从来就有，后来派生出万物和人，人既然是天派生的，因此就要像天、则天、顺天、应天。张岱年先生认为“中国哲学中所谓天人合一，有二意谓：一天人本来合一，二天人应归合一”。“关于天人本来合一，有二说：一天人相通，二天人相类。所谓天人相通，如解析之，其意义可分为两层。第一层意义，是认为天和人不是相对待之二物，而乃一息息相通之整体，其间实无判隔。第二层意义，是认为天是人伦道德之本原，人伦道德原出于天。在今观之，在天为根本的，自一意义言，亦是在人为根本的，因人为自然中之一物。然自另一意义言，所谓人性，常指人之所以异于非人者，即人与他类物不同者；而人与他物相同的，虽为根本，亦不含于所谓人性之中。以此义言，人固以自然为根本，而人性乃是后起之特殊的性质，非即是普遍的天道。将天道与人性合而为一，表面上似将天道说为人性，而实际乃是将人性说为天道，即将人伦义理说为宇宙之主宰原则。这就陷于拟人的错误。”“天人相类之意义，亦可析为两方面。一、天人形体相类，此实附会之谈。二、天人性质相类，此义与天人相同论之天道人性为一之说相似，实际上亦是将人伦道德说为天道。”张先生这里的分析是很具合理性的，也是很精彩的。简单地说就是：天“合”向人或人“合”向天两种方式。① 所谓“天人合一”，最基本含义就是“自然界和精神的统一”，即人与自然和谐。

在传统文化中，作为天人合一的契合点，是“德”。天之根本德性，含在人之心性之中；天道与人道，虽表现形式各异，其精神实质却是一贯的。天道运行，化生万物，人得天地之正气，所以能与之相通。作为宇宙根本的德，也就成了人伦道德的根源，反之，人伦道德也是宇宙天道的体现。孟子曾说：“尽其心者，知其性也；知其性，

① 邹其昌：《论“天人合一”的意蕴——中国哲学与艺术学的基本特性研究》，载《船山学刊》，2003(01)。

则知天矣。”其着眼点就在天人合一上。从天人合一的哲学观来审视德育，我们应该重视人的道德修养。人类是自然界长期发展的产物。在自然界中，先有无机物，后有有机物；在各种有机物质中，先有微生物，后有植物、动物，而人是动物中最有智慧的，天地人三者是统一的，但万物以人为中。自然界和人类社会各有自身的规律，它们既相互区别，又相互联系，具有相通之处。人尽管能够作用于自然，但必须遵循自然，把自身融会到自然界的协调发展中去，不断提升道德修养，从而达到人与自然交融和谐的高远境界。

二、以和邦国、以谐万民

以和平富国强民，是构建社会主义和谐社会所提倡的基本策略；富裕安康、和谐相处，更是中国人民自古以来的梦想与愿望。《周礼》是一部古代官制典籍，是一部经国治民之典。“三曰礼典，以和邦国，以统百官，以谐万民。”尽管《周礼》以官制的职掌联系各种制度，但其以“和谐”作为富国强兵、充实府库的思想为各朝各代的统治者治理国家提供了坚实的理论基础。而我国另一部文化典籍《尚书》提出更加具体的策略：“克明俊德，以亲九族。九族既睦，平章百姓。百姓昭明，协和万邦。”其意在于表明要达到国泰民安的理想社会，治理国家首先是“亲九族”，即把自己的宗族治理好；继而“平章百姓”，把自己的人民管理好；进而“协和万邦”，使各国和谐相处。中华民族不论是治理国家，还是处理对外关系方面主流的文化价值取向一直是“以和邦国”“以谐万民”乃至“协和万邦”，这种“和合、和谐、和睦”的思想对促进中华民族大融合以及睦邻友好地发展对外关系等方面均起了重要的作用，也奠定了中华民族发展的文化基础。

如何践履并实现这种理念？中国最早的史书之一《国语》提出“和

合”思想，赞颂商契能“和合五教，以保于百姓者也”。意即商契能和合父义、母慈、兄友、弟恭、子孝“五教”，使百姓安定和谐。又云：“和实生物，同则不继”，意即世界生生不息，万物丰长；如果没有差异，事物就会停滞，就不会有新事物产生。孔子、孟子结合对现实社会的思考，提出了殊途同归的对策。他们生长的春秋战国时期，正是礼崩乐坏，“天下无道也久矣”，“天下为家，各亲其亲、各子其子、货力为己”的时期，面对诸侯争战不休、人民困苦不堪的现实，孔子在《礼记·礼运篇》中描绘了未来社会的构想，提出了影响至今的“大同”观念：“大道之行也，天下为公，选贤与能，讲信修睦。故人不独亲其亲，不独子其子，使老有所终，壮有所用，幼有所长，矜寡孤独废疾者皆有所养，男有分，女有归。货恶其弃于地也，不必藏于己；力恶其不出于身也，不必为己。是故谋闭而不兴，盗窃乱贼而不作。故外户而不闭，是谓大同。”在这个“大同”社会里，国泰民安，人人各得其所，各就其位，衣食有着，地位平等；而达到大同社会的治国之策就是“礼之用，和为贵。先王之道，斯为美；……知和而和，不以礼节之，亦不可行也”。“民之所生礼为大。非礼无以节事天地之神也，非礼无以辨君臣、上下、长幼之位也，非礼无以别男女、父子、兄弟之亲，昏姻疏数之交也。”①“道之以政，齐之以刑，民免而无耻；道之以德，齐之以礼，有耻有格。”②这其实就是说治理国家，尽管会遇到种种矛盾，但都可以充分发挥以“礼”倡“和”的道德教化作用；“礼”不但是关系人类生存的首要问题，而且“礼”与“德”在教化民众，维护社会稳定方面要比“政”和“刑”更为有效。孟子发展了孔子的和谐

① 《礼记·哀公问》。
② 《礼记·哀公问》。

思想，极力追求一种政治清明、天下统一、君仁臣义、君民同乐、道德高尚、百姓和睦的美好社会。为实现这一美好的社会，孟子进一步提出了一整套“仁政”方案，即使贤任能、减轻刑罚、制民之产、薄取税敛、加强教化、争取民心等治国平天下的主张。其中，突出强调了“君民协调、君民同乐、父慈子孝、兄友弟恭、朋友有信”等社会成员之间的和睦相处。对统治者而言，他提出了“民为贵，社稷次之，君为轻”“得乎丘民而为天子”等卓越见解，其意在于表明，人民是国家的根本，治国为政要爱民、保民、利民、安民、富民，才能安定社会、统一天下。他们的价值指向的是统治者与被统治者、天人、群我、他我关系，即人与国家、人与自然、人与社会、人与人生态的和谐统一；其主旨在于使人格完善和谐。

在传统文化里，“家和、民治”只是思想家们的一个基础目标，“政和、国治”才是他们的终极关怀，是达到“大同”理想之前的一个重要目标。要达到“政和国治”，其逻辑前提就在于“为政以德”①。主要包括如下几个方面的内容：其一，为政者要有“爱人”之心，这是“为政以德”的基本前提。孔子思想的核心是“仁”，而“仁”的基本含义是“爱人”，即对人要有同情心，要尊重别人，要尽自己的心帮助人，处处推己及人，做到“己欲立而立人，己欲达而达人”②。其二，为政者要有“勤政、廉政”的作风。首先以身作则，“修己以敬，修己以安人，修己以安百姓”③；然后做事要严谨、认真，守信用，善于节约费用，减轻百姓负担，“敬事而信，节用而爱人，使民以时”④，“与其奢也，

① 《论语·为政》。
② 《论语·雍也》。
③ 《论语·宪问》。
④ 《论语·学而》。

宁俭”[①]，因为“奢则不逊”[②]。只有诚心爱民，又勤政廉政，人民才能安居乐业，才会富裕幸福。其三，为政者应有“富民”的思想。“百姓足，君孰与不足？百姓不足，君孰与足？”[③]，而使民富足的根本条件就是抑制狂征暴敛，“薄赋敛则民富”[④]；除此以外，还要做到“省刑罚”，即“道之以德，齐之以礼”，而不是“道之以政，齐之以刑”[⑤]。齐之以刑，必然导致刑繁，而民必然怨声载道，民心难安自然难以致富。其四，为政者要善于处理各种复杂的关系。这些关系包括君臣父子之间的关系、君臣与百姓之间的关系、君与臣之间的关系以及眼前利益与长远利益之间、发展与效益之间等关系。其中尤其强调处理国与国的关系。

与西方文化历来强调“征服世界”不同，中国传统文化在处理民族间、国家间的关系的时候，一直讲“协和万邦”，即和睦、亲善、协调、和谐。“桓公九合诸侯，不以兵车，管仲之力也。如其仁，如其仁。”[⑥]孔子对管仲不依仗兵车武力，而取得“九合诸侯”“一匡天下”的政绩，大加赞赏，并许之以“仁”者的称号。这反映了孔子以德治教化来影响周边诸族精神。荀子也说：“四海之内若一家，故近者不隐其能，远者不疾其劳，无幽闲隐僻之国，莫不趋使而安乐之。”[⑦]“协和万邦”的思想成为古代中华民族的外交的重要原则。汉代出塞的昭君、唐朝东渡的鉴真、明朝七次下西洋的郑和成为一代又一代的“和平使

① 《论语·八佾》。
② 《论语·述而》。
③ 《论语·颜渊》。
④ 《说苑·政理》。
⑤ 《论语·为政》。
⑥ 《论语·宪问》。
⑦ 《荀子·王制》。

者”，他们传播中华文明，输出先进的科学技术，为世界文明进步做出了巨大的贡献，他们是践履“协和万邦”的杰出代表。

《诗经》云：“民亦劳止，汔可小康，惠此中国，以绥四方。”百姓整日辛苦劳作，所追求的就是富足安康的生活，只有建立一个和谐发展的国家，内忧外患才能自然消除，国家才会长治久安。中国传统文化中“以和邦国、以谐万民”的思想，作为民族精神的重要内容，深深植根于中华民族优秀传统文化的沃土之中，以社会传承的方式，极大地影响着中华民族的价值观念、社会心理和思维方式，成为治理国家的基本策略，后代封建社会的历史证明，正确处理君民关系、关心百姓疾苦、发展生产、轻徭薄赋，百姓安居乐业，社会就稳定发展；相反，为君者暴虐无道、残害百姓，就会官逼民反。“得民心者，得天下。”人心平，天下平，自古亦然。当然，在当今的时代，随着政治多极化和经济全球化的日益进展，和平与发展已成为世界的主题，构建一个和谐世界是全世界各国人民的普遍诉求。

三、人我和谐、群己和谐

中国传统社会是在血缘关系基础上建立起来的自给自足的小农经济社会，因此，如何处理好人与社会、人与人之间的关系是社会的一个大问题。在处理人际关系方面，中国传统文化主张“人我和谐、群己和谐”，其实质是倡导人与人、人与社会之间建立一种和谐的相互关系。

如何“人我和谐”“群己和谐”？不同的学派各有各的侧重点。儒家群己观的基本特征就是“群体本位”，“善群”和“公忠”是其核心的内容。其价值取向是社会整体的和谐发展以及“天下为公”“克己奉公”的人生态度。荀子指出：“人……力不如牛，走不如马，而牛马为用，何也？曰：人能群，彼不能群也。”结论是“人之生，不能无群”。① 人的存在和发展必须依赖群体力量，个人总是生活在群体之中，个人的命运与群体息息相关。具体分析，表现在如下几个方面：其一，儒家重视“五伦”“十义”，从人伦关系的角度，规定了每个人为维护人际关系应当遵守的基本道德准则。所谓“五伦”就是父子、君臣、夫妇、长幼，朋友五种关系；所谓“十义”就是君仁、臣忠、父慈、子孝、兄友、弟恭、夫义、妇顺、朋实、友信十种道义。其二，儒家学说强调“爱人者，人恒爱之；敬人者，人恒敬之”，“仁爱之心，忠恕之道”是人际和谐的基础。所谓“忠”是指忠诚待人，“己欲立而立人，己欲达而达人”②；所谓“恕”是指宽恕待人，“己所不欲，勿施于人”。③ 孔子在《论语》中又把“忠恕之道”分别概括表述为：仁、义、礼、智、圣、恭、宽、信、敏、惠等不同伦理规范，强调人人都要遵循人伦纲常。这种“仁爱”之心，实则是“爱人”之心，推而广之则是一种处理“人我”“群己”关系的良策。孟子进一步明确指出：“天时不如地利，地利不如人和”，视“人和”为事物成败的关键所在。他把全部人际关系划分为五大类，提出五项规范人们行为的道德伦理标准，即“父子有亲，君臣有义，夫妇有别，长幼有序，朋友有信”。④ 通常称为五伦。在五伦的基本架构下，人人各安其位，每个人都善尽自己的责任与义务，并努力维系“人我”“群己”间的和谐关系。其三，儒家学说把以信任换取信任作为构建人际和谐的基本策略。通过“讲信修睦谓之人利”，“与朋友交，言而有信”，“信则仁焉”，实现“老者安之，朋友信

① 《荀子·王制》。

② 《论语·雍也》。

③ 《论语·卫灵公》。

④ 《孟子·滕文公上》。

之，少者怀之”“老吾老以及人之老，幼吾幼以及人之幼”“老有所终，壮有所用，幼有所长，鳏寡孤独废疾者皆有所养”，普天下人与人之间相亲相爱、和谐相处的理想社会。

以韩非为代表的法家就强调通过“以法治国”的方式，建构一套适合战国末期统治者需要的“法治”理论，以达到社会稳定与和谐的目的；道家则主张通过“无为而治”的方式，以达到“虽有舟舆，无所乘之，虽有甲兵，无所陈之。使民复结绳而用之。甘其食，美其服，安其居，乐其俗。邻国相望，鸡犬之声相闻，民至老死不相往来”的理想社会状态；墨家则试图通过“兼爱”与“非攻”的方式，指出只要人人都懂得兼相爱、交相利，天下就能太平安定，社会就能和谐稳定。中国古代先贤对美好社会理想的追求，虽然带有乌托邦的性质，但它作为一种崇高的目标和理想境界，始终代表着中华民族对以人际和谐为基本特征的社会发展目标的美好憧憬和不懈追求。

由上面的分析可以看出，在对待人我、群己关系问题上中国传统文化重视他人利益、整体利益、集体利益、国家利益，强调个体对于他人、群体的义务和责任，这样就把人的存在价值与他人、集体、国家的命运紧密地联系起来，形成了以“人道”作为基础，道德观、宇宙观、认识论交织一体的“天人合一”思维模式，使人的社会对象化过程变成“天人合一、物我统一、人我和谐”整体融合的过程，使中华民族不论遭遇什么自然灾害、朝代更替以及外侮侵略的变故，始终能够作为一个整体的形象屹立于东方，这是中华民族几千年来繁衍生息的文化之根，也是中华文化绵延不绝的内在因素。当然，我们也不能忽视这种文化特质所带来的不利因素。由于中国古代社会结构以血缘为纽带的宗法制长期存在，与宗法制相联系的家天下、家族制、家国同构在“礼”的维系下，形成了等级森严的专制制度和宗法制度，个体对于

"整体"及其代表的统治者唯有服从，个人的存在和发展必须以整体的发展为转移。尤其儒家的"整体"主义学说经帝王专制化后，变成重视王权的决定论和专制主义价值学说。国是统治家族的放大，家与国是一个整体，个体的存在价值就消解在整体之中，这对于个体发展、社会进步是不利的，而且随着历史的发展，其负面效应愈来愈明显：对个体而言，由于个性得不到应有的尊重，崇尚自由的精神得不到伦理和道德的理论支撑，导致了个性保守、压抑，创造性受约束，因而创新精神难以彰显；就政治生活而言，过于崇尚权威、服从的伦理价值，导致政治专制以及自我封闭，致使中国传统社会向现代转型举步维艰，进程缓慢。

四、和而不同、和而不流

西周末年，幽王的史官史伯提出了著名的"和同论"。他说："夫和实生物，同则不继。以他平他谓之和，故能丰长而物归之，若以同裨同，尽乃弃矣。"[①]真正的"和"是不同的事物相融相会，协调统一，而不是相同事物的简单相加或单一重复。只有不同事物相反相成，相辅相济，才能生生不已，使万物充满活力。辩证地说明了事物多样性与统一性的关系，赋予了"和""以他平他"的深刻内涵。

人是社会生活的主体，更是社会和谐的主体，离开了人的交往关系，社会和谐就无从谈起。但是，贵和的思想，一直被当作丧失原则性、斗争性而受到不应有的批判，人与人交往讲究和谐，被视为"和事佬""泥水匠"而横加指责，其实，我国传统文化对待人与人的和谐问题上是有原则性的。孔子以君子的道德人格为和谐的典范。他认

① 《国语·郑语》。

为："君子矜而不争，群而不党。"①君子应坦荡荡，不逞强好斗，不结党营私，一切都光明磊落，以和为贵。同时他指出"君子和而不同，小人同而不和"②。即道德高尚的人，一定是用自己的正确意见来纠正别人的错误意见，绝不会盲目附和；而道德低下的人只会人云亦云，从不肯也不会表达自己不同的意见。"和而不同，和而不流"是中国传统文化贵和思想在处理人与人、人与社会关系的理论支点。和，指不同东西的和合与统一；同，指相同东西的叠加、统一与归一。春秋时期，齐国相国晏婴将"和而不同"观引入政治，他与齐侯针对"和同"关系有过一席讨论与对话：

> 公曰："唯据(嬖臣梁丘据)与我和夫?"晏子对曰："据亦同也，焉得为和!"公曰："和与同异乎?"对曰："异。和如羹焉，水火醯醢盐梅以烹鱼肉，燀之以薪。宰夫和之，齐之以味，济其不及，以泄其过。君子食之，以平其心。君臣亦然。君所谓可而有否焉，臣献其否以成其可。君所谓否而有可焉，臣献其可以去其否。是以政平而不干，民无争心。……今据不然。君所谓可，据亦曰可；君所谓否，据亦曰否。若以水济水，谁能食之?若琴瑟之专一，谁能听之?同之不可也如是。"③

这是着重从人际关系来谈论"和同"的，晏婴以烹鱼和音乐演奏为例来说明"和"与"同"的本质区别。指出只有用多种不同的调味品掺杂一起，烹调出的鱼才能鲜美可口，只有大小、长短、疾徐等多种多样

---

① 刘俊田：《四书全译：论语》，贵州：贵州人民出版社，1990年版，第284页。

② 同上书，第251页。

③ 《左传·昭公二十年》。

的组合协调，才能奏出优美动听的音乐。这其实指出君臣的政见应当正反、可否互补，臣子应当看到并指出君王的不足和错误，而不应该一味苟同。简单说来，所谓“和而不同”，就是要求人们互相促进，切勿彼此苟同。

“不同”是客观存在，无法回避，无法否认。中国古人认为“不同”之间要“和”，不是不分是非曲直，不讲原则，随波逐流，同流合污，而是要“和而不流”，也就是要讲原则，坚持原则。《中庸》认为：“故君子和而不流，强哉矫。”这其实强调：善于与人相处而又不随波逐流，是君子处理“人我和谐、群己和谐”关系的必要原则。“和而不流”，塑造了中国古代品德高洁的众多先哲和仁人志士。伟大的爱国主义诗人屈原累遭诽谤诬陷，仍然独唱“举世混浊而我独清，众人皆醉而我独醒”；南宋爱国诗人文天祥在零丁洋上高歌“人生自古谁无死，留取丹心照汗青”。他们成为坚守“和而不流”高洁情操的代名词，永远激励中华民族子孙去正确看待“人我和谐、群己和谐”关系。

五、和必中节、仇必和解

中国古人肯定“和为贵”，认为人与人之间、民族之间、国家之间的团结互助、友好相处是人类社会的最高境界，断言“天时不如地利，地利不如人和”。但是，矛盾是客观存在的，如何处理这些矛盾，中国传统文化倡导以“和必中节、仇必和解”作为解决矛盾的钥匙。

什么是“和必中节”？“和”，强调的是多样性，丰富性，是各类事物、各种因素的有机整合，而不是简单的堆积相加。因此，它必然需要处理一个“度”与“量”的问题，而这个“度”与“量”，用儒家的话来说就是“中节”。《中庸》认为：“喜怒哀乐之未发，谓之中；发而皆中节，谓之和。致中和，天地位焉，万物育焉。”所谓“中”，是在两个极端取其中项，执两用中，无过无不及，反对过火和不及，恰到好处，此“中”即所谓“和”。这就是“和必中节”的道理。由于时代的局限，儒学家们不可能对“和谐”的标准作精确的量的规定，而往往采用形象化的语言予以生动的描述，给人无限的想象与发展的空间，比如阴阳之和为调顺，刚柔之和为相济，君臣之和为相得，等等。

中国传统文化承认世界上的万事万物都是由对立双方构成的，任何事物存在矛盾，存在对立。如何解决这些矛盾与对立？宋代大儒学家张载对儒家解决矛盾的基本方法作了概括。他认为“有象斯有对，对必反其为，有反斯有仇，仇必和而解”。这说的是任何现象都有对立的方面，有对立的方面必定产生相反的作用，产生相反的作用就造成仇恨，有了仇恨最终要和解。“仇必和解”，从哲学上来思考，至少包含如下两层含义：其一，矛盾对立的双方不会永久地对立下去，在一定的条件下会相互转化；其二，任何矛盾对立只有运用“和”的手段，才能够得到真正的解决。这反映出古代思想家朴素的唯物辩证法的思想。在对待矛盾冲突的问题上，我们既不能只讲对立面的斗争，而不讲对立面的统一，也不能把“消灭异己、泄一己之私”作为斗争的根本目的与终极目标，更不能扩大矛盾，升级矛盾，甚至把许多好的事物、好人推向斗争的对立面，使许多好的东西遭到破坏，许多无辜的人遭到打击，对待矛盾冲突，不论是非对立的冲突，还是对立的冲突，其斗争终极目标及最终结果只能是一种和谐的局面，而不是一种独霸天下、唯我独尊的局面。

数千年来，各朝各代的仁人志士对世间的各类关系的和谐，进行不懈的理论探索与实践规范，“地势坤，君子厚德载物”，强调宽容并包的精神，达到“天人合一”“天人和谐”的目的，从而实现人与自然的和谐；“君待臣以礼，臣事君以忠”“以和邦国”“以谐万民”，实现的是领导者与被领导者关系的和谐，进而实现国泰民安；“和而不同”“和而不流”强调的是为人应该有自己的原则、主张，同时，在“夫义妇顺”“父慈子孝”“兄友弟悌”的规范下，正确处理“人我”“群己”矛盾达到人与人关系的和谐以及人与家庭的和谐；“和必中节”“仇必和解”，促使人们正确认识社会中的各种矛盾与对立，从而实现人与社会的和谐。中国传统文化的和谐思想积淀为中华民族的宝贵遗产，在新的历史时期仍然焕发无穷的魅力。

当然，应当指出，传统文化所倡导的“和谐”思想更多的是人们追求的一种理想，它从来没有很好地实现，而且在更多时候作为统治阶级的一种统治工具而存在。任何思想的产生都必须依托一定的历史文化背景，传统文化中的和谐思想毕竟产生在以血缘关系为基础的自给自足的小农社会里，它所强调的是“和谐”是有历史局限性的，主要体现在如下几个方面：一是，传统的和谐是在肯定封建等级制度基础上的和谐，它主张“君子思不出其位”“不在其位，不谋其政”，主张“君君臣臣，父父子子”，是个人利益无条件服从国家利益，以肯定群体否定个体的方式来换取社会的暂时的和谐；二是，传统的和谐是建立在少数人的群体剥夺多数人的群体、少数人统治多数人的基础之上的，因而缺乏法律、民主、公平和正义。和谐社会既是我们的理想，又是我们的目标，要真正达到和实现现代意义上的社会和谐，并不是一蹴而就的，还要付出百倍的艰辛和努力，可以说是任重而道远。

西方文化中的和谐思想*

一、古希腊时期的和谐思想

“和谐”，是一个极其重要的辩证法范畴，它反映了事物发展的协调性、完整性和合乎规律性特征。古希腊哲学不仅是西方哲学发展的源头，同时也是繁荣人类道德文明的先河。其和谐德育思想尽管若隐若现地散落在各家学说的著作残篇中，但不可否认的是，这些思想成了后世许多哲学家、教育家探索和谐社会理论与实践一个极为重要的思想源泉。深入挖掘和系统整理这方面的思想，使之凸显出来，对于我们从理论上全面地把握“和谐德育”的内涵，充分认识“和谐德育”在当代社会发展中的重要作用，具有重要的学术价值和现实意义。

(一)和谐是一切事物的本质属性

“和谐”(harmony)一词源于古希腊的音乐，原意是指

---

* 本文是与冯铁山合作撰写，见詹万生等著：《和谐德育论》，北京：教育科学出版社，2008 年版。

“一组听起来同步，或是此起彼伏的音符”。就音乐而言，不同音符所表征的律动融合成一个整体，体现了一种和谐的秩序。当然，“和谐”并非仅见于音乐作品，在古希腊神话，尤其哲学领域均有和谐思想的论述。

在古希腊哲学史中最早明确提出和谐思想的哲学派别是毕达哥拉斯学派。毕达哥拉斯学派成员是欧洲最早的一批数学家。在对数的研究中，他们认识到，整个世界是由“数”组成的，“数”有奇数和偶数，而“每一个数都与奇偶这组对立有关，都是奇偶两个对立方面的统一，而奇偶两个对立方面的统一就是和谐。”①他们通过“数”和谐特性的研究，由此出发，推论出音乐是由不同的声音和音符构成的一种和谐，音乐的和谐是由数的比例决定的，并且将音乐上的和谐描写为对立面的协调与统一，并进一步升华为哲学上的思考，断言“一切都是和谐的”，“美德乃是一种和谐”。②“毕达哥拉斯是千古第一人表现声音与数字比例相对应，比任何人更早把一种看来好像是质的现象——声音的和谐——量化，从而率先建立了日后成为西方音乐基础的数学学说。”③

继毕达哥拉斯之后的赫拉克利特是一位唯物主义哲学家。他在继承和发展毕达哥拉斯学派和谐思想的基础上，深刻地阐述了他的辩证的和谐观。赫拉克利特首先非常明确地肯定“对立造成和谐”④，“相

---

① ［德］策勒尔著，翁绍军译：《古希腊哲学史纲》，上海：上海人民出版社，2007年版，第385页。

② 刘延勃：《哲学辞典》，长春：吉林人民出版社，1983年版，第208页。

③ 马泰伊：《毕达哥拉斯和毕达哥拉斯学派》，北京：商务印书馆，1977年版，第91页。

④ 《古希腊罗马哲学》，北京：生活·读书·新知三联书店，1957年版，第23页。

反的东西结合在一起，不同的音调造成最美的和谐”①，即对立面的统一，并且认为对立统一是宇宙的普遍现象。同时，他还认识到了对立面之间的相互依存和转化。赫拉克利特认为“相反者相成”，“疾病使健康成为愉快，坏事使好事成为愉快，饿使饱成为愉快，疲劳使安息成为愉快”②，等等。赫拉克利特不但看到了万物“既是和谐的，又是不和谐的”，而和谐倒是由于对立和斗争造成的，而且把和谐看作是在一定条件下运动、变化和发展甚至发生转化的活动。这无疑克服了毕达哥拉斯学派僵死的、绝对的、静止的和谐观点，达到了辩证法的高度。

古希腊前期的哲学家尽管没有明确提出和谐德育的概念，但是，他们通过对数学、音乐、建筑、绘画等生产和技艺领域的事物的考量，肯定和谐是一切事物中的本性，这一本性不仅反映在同一事物的不同时间、空间上，还体现在矛盾对立的不同事物的统一性上。这种观点表明和谐是一切事物的本质属性，如果事物不具备这种内在的和谐本性，事物就难以成为事物。就拿音乐而言，音乐之所以为音乐，是因为音符与律动的和谐才形成音乐。如果这些音符没有内在的统一性，它们所联结起来的声音只能成为“噪声的聚会”，是构不成“音乐”的。同样的道理，能够促进社会秩序稳定、人民生活安定的美德之所以存在主要在于美德的本身是和谐的。正如后来的哲学大家亚里士多德在其著作《尼各马科伦理学》所表明的一样：“人的善就是合乎德性而生成的，灵魂的现实活动，如若德性有多种，则必须合于那最美好、最完美的德性，而且在一生中都必须合于德性。正如一只燕子造

① 《西方哲学原著选读》(上卷)，北京：商务印书馆，1981年版，第23页。
② 同上书，第24页。

不成春天，一个白昼，一天的和短的时间的德性，也不能给人带来幸福与至福。”古希腊早期的和谐德育思想尽管处在“胚胎”和“萌芽”阶段，但由于这些思想一面世与逻各斯具有了某种内在关联性（古希腊的逻各斯，就是指事物中最高的内在规定，即自己是自己的原因，自己的内在和谐），因而具有本体论的意义，为和谐德育理论的深入研究奠定了比较坚实的哲学基础。

（二）和谐是人内心“爱知”与“爱德”的统一

从智者开始，古希腊哲学由注重对自然本身的研究转变到注重对社会伦理和人的研究。但他们只停留在感性的阶段，只能得出相对主义的结论。苏格拉底把哲学家观看星空的眼睛带回到人间去审视人的生活，使哲学开始从价值的维度去沉思生活的善与恶，实现哲学的“心灵的转向”，即把研究自然的视角转向研究自我。他反对智者派用所谓的修辞术、演讲术等政治统治技巧强化个人的感觉经验而使民众盲目追求一种外在于人心灵的“自然好”的生活，于是用产婆术与雅典街头形形色色的人进行无休止的追问与辩论，其目的在于追求一种不变的、确定的、永恒的真理，促使处在社会秩序混乱、伦理价值分崩离析的希腊人过上一种和谐的美德生活。

苏格拉底建立了一种“爱知”与“爱德”和谐统一的伦理思想体系，其核心的内容就是追求具有普遍意义的绝对的“善”，而“善”又是内在于精神的，不可以从人的外部获得。人们追求善的知识，其实就是在追求善、实践善；人们在获得德性品质的同时，也就获得了对善的理解即善的知识，也就是德性即知识。一个人要有道德就必须具备道德的知识，一切不道德的行为都是无知的结果。人如果不能认识善，不能认识德性，就会陷于恶境不能自拔。这反映了苏格拉底是站在和谐的立场上，以善的知识去通合道德知识与道德行为的鸿沟，以整个与人的内心发生关系的知识去通合人与自然、人与社会乃至人与自我的关系。在智者面前，他坦承自己“无知”，其实是召唤人们“认识自己”，同时认识社会生活的普遍法则，唤醒人们对美德的向往。这就意味着哲学从探寻“自然”的知识转向为寻求德性自我完满的智慧，具备这种智慧，人们才可以摆脱物欲的诱惑和后天经验的局限，获得勇敢、节制和正义等美德。

苏格拉底渴望建立“强大、幸福”的城邦是和谐的城邦。而和谐的城邦的建设是以公民德性和谐发展做基础的，这基本的德性就体现在公民守法、公民团结等方面。如何成就一个和谐的城邦？首要的策略在于选择富有德性且具有管理智慧的人来治理城邦。“君主和统治者并不是那些拥有大权的人，也不是那些由群众选举出来的人，也不是那些中了签的人，也不是那些用暴力或欺骗手法取得政权的人，而是那些懂得如何统治的人。”①城邦统治者的智慧在于如何促使公民守法和团结。苏格拉底认为“守法就是正义”②，而公民团结又是公民守法的前提，公民守法是公民团结的目的。要使公民守法与团结取决于能否培养他们的自制品德。自制是一切德行的基础。对政治家来说，“自制是做一个政治家的必备的资格”。③ 对普通公民来说，自制是获得自由、快乐和理智的优良品质。人若被自身情欲支配，就难以实现真正的幸福；人若不自制，就难以享受最大快乐。“一个不能自制的人和最愚蠢的牲畜有什么分别呢？只有能自制的人才会重视实际生活中最美好的事情，对事物进行甄别，并通过语言和行为，选择好的、

① [古希腊]色诺芬：《回忆苏格拉底》，北京：商务印书馆，1981年版，第105页。

② 同上书，第164页。

③ 同上书，第161页。

避免坏的。”①

就这样，和谐城邦的建立最终还是取决于公民内心“爱知”与“爱德”和谐统一发展的水平。因此，从苏格拉底开始，和谐德育撩开了神秘的面纱，进入凡人的生活世界。当然，必须引起注意的是，他的和谐德育思想在肯定心灵转向的同时，还必须听凭神的安排，听从神灵的训示。这无疑又使和谐德育思想蒙上另一层神秘的面纱。

（三）和谐是个体德性与国家德性的统一

苏格拉底从美德与知识的和谐统一性建构了和谐德育的理论体系，而柏拉图却是从人与国家的共契性关系去建构和谐德育理论的。其核心命题是伦理产生于一个求善和正义的和谐社会里，道德的秩序只有在一个真正有德性的、正义的民族中才得以实现；个体德性的和谐发展以国家德性的和谐发展为根本目的与终极关怀，而国家的德性如正义的现实性改造，又是建立在个体德性和谐发展的基础上。这意味着个体的德性发展与国家的德性发展存在相辅相成的共契关系。

就个体德性和谐而论。人的灵魂主要由理智、激情与欲望组成。理智是用以思考和推理的理性；激情是作为理智的天然的辅助者；欲望使人感觉爱、饿、渴等物质渴求。柏拉图认为：“正义的人不许可自己的灵魂各个部分相互干涉，起别的部分的作用。他应该安排好自己的事情，首先达到自己主宰自己，自身内秩序井然，对自己友善。”②这深刻地表明：一个有德性的人是灵魂的三个部分和谐地执行它们各自任务的人。理智为整个心灵的利益而谋划，激情应该服从它

① ［古希腊］色诺芬：《回忆苏格拉底》，北京：商务印书馆，1981年版，第105页。

② ［古希腊］柏拉图著，郭斌和、张竹明译：《理想国》，北京：商务印书馆，2002年版，第172页。

的领导。激情和理智协调后，它们一起领导欲望，当欲望和激情都服从理智的领导时，个人的灵魂就实现了内在的和谐。“当人的这三个部分彼此友好和谐，理智起领导作用，激情和欲望一致赞成由它领导而不反叛，这样的人不是有节制的人吗?”①如何实现个人灵魂的和谐，柏拉图继承了苏格拉底“爱知”与“爱德”相统一的德性和谐发展观点，主张人应该注重内在德性修养，将主体完善德性知识的行为看成是追寻德性并获得道德完满性的活动。在柏拉图看来，个体灵魂的和谐不在于所从事的外在的道德行为，不在于对待不幸时所表现的正直，不在独善其身，而在于从灵魂深处主宰自己、节制自己，去做分内的事情，使自己的灵魂不断趋向成为和谐的整体。如果灵魂能够成为一个和谐的整体，那么保持和符合这种内在和谐状态的行为就是有德性的行为，即正义的行为。

就国家德性和谐而论。柏拉图醉心《理想国》的设计，建立在理想国世界图景中的城邦之所以能够和谐发展，除了公民拥有和谐的德性外，更取决于城邦的政治。由于稳定的阶级结构和合理的社会分工看作是保证理想国社会和谐实现的基石，因此，他从理性、激情和欲望的角度出发，划分了以哲学家、军人、生产者为主体的三大社会阶级并分别委以职责，强调他们各司其职，各安其位，不得擅自变动。倘能如此，这个城邦就是正义的、和谐的。“正义的人必须让理性统治激情，由激情抑制欲望，城邦最理想的秩序和最和谐的状态就是由哲学家领导军人和生产者，军人和生产者要服从哲学家的统治，为统治

---

① ［古希腊］柏拉图著，郭斌和、张竹明译：《理想国》，北京：商务印书馆，2002 年版，第 170 页。

者服务，而不能反对哲学家的统治，获取领导地位。”①其次，出于构建优良城邦秩序这一相同的价值目标，柏拉图又提出“公正即和谐”的思想。社会和谐的根本在于社会的公正。他认为，协调是一种互相融合，两种因素如果相反，就不可能相互融合；相反的因素在还没有相互融合的时候也就不可能有和谐。为了维护公正，在《法律篇》中柏拉图又主张用法律的权威来惩罚破坏城邦秩序的人和事，用法律来维护正义等公共理性的价值。最后，为了保证整个社会的和谐运转，他倡导“节制”的美德。在柏拉图看来，非正义者之所以痛苦，是因为社会发展所必需的道德规则——正义——迫使非正义者以正义之名行不义之事；而节制能够把美德结合起来，造成和谐。

柏拉图以理想国的构建作为根本目的与终极关怀，理想国是和谐的国度，其和谐性就在于个体德性发展与城邦德性发展的和谐统一性。他不仅看到了个体灵魂和谐对理想国建设的巨大作用，而且通过强调社会等级分工的合理性以及“正义、理智、勇敢和节制”四种德性的支柱作用，促使个体的德性在追求目标和动机的多样性中臣服国家的利益，从而获得一个所谓的统一与平衡。如同把各种强弱的音符结合起来，产生一支和谐的交响乐一样，强调超越个体德性的和谐，有时甚至限制乃至牺牲统治阶级的部分利益，达到整个社会和整个国家的和谐目的。这实际反映了柏拉图为调和阶级矛盾，维护贵族奴隶主统治的一致性，抹杀公民德性发展的主体性与多样性的倾向。

（四）和谐就是灵魂的各个部分归于中道的境界

在古希腊哲学思想中，存在着普遍认同的德性，如勇敢、自制、

---

① ［古希腊］柏拉图著，郭斌和、张竹明译：《理想国》，北京：商务印书馆，2002 年版，第 12 页。

智慧、正义等。柏拉图把它们看作是支撑其理想国的精神支柱，具有共相的、先在的意义，似乎与道德实践没有什么联系，对于人的生活而言，似乎可望而不可即。而其弟子亚里士多德对人性及他所处时代的客观现实生活作了冷静细致的观察和分析之后，提出德性的品质是在现实生活实践中形成和表现出来的，德性的发展与生活中行动的选择有关。任何行为都有“过度”“不及”和“中道”三种状态。“过度”和“不及”这两种情形都是不好的，是恶行的特性，是一种失败的状态。无论个体还是国家(社会)，德性和谐发展的最高境界就是寻求和选取“中道”。这实际上是辩证法具体问题具体分析的灵活运用。例如，勇敢是鲁莽和怯懦的中道，节制是放纵和禁欲的中道，慷慨是挥霍和吝啬的中道，温柔是暴烈和柔弱的中道，自尊是傲慢和自卑的中道，谦恭是无耻和怕羞的中道，友爱则是在个体生活中处理人与自我、人与人之间关系的中间品质，等等。

在谈到中道的深远意义时，亚里士多德强调，对于国家而言，中道是国家绝不应该忽视的公理；对于社会来讲，凡离中道愈远的政体也一定是恶劣的政体。他所构建的和谐社会，便不再是一种想象的理想国，而具有充分的现实意义。他提出一种理想的“优良城邦”的设想。这个城邦的主要目的在于实现幸福生活。所谓幸福，即按照自在自为的实在的美善，以善本身为目的的对生命活动及其能力的实现。① 幸福生活是怎样的生活？“人类无论个别而言或合为城邦的集体而言，都应具备善性而又配以那些足以佐成善行善政的必须事物(外物诸善和身体诸善)，从而立身立国以营善德的生活，这才是最优

① 金生鈜：《德性与教化》，长沙：湖南大学出版社，2003年版，第73页。

良的生活”。[1] 幸福生活就是追求和实现善德的生活。其中外物诸善、身体诸善和灵魂诸善三者的和谐，是人类幸福生活的具体表征。中产阶级在任何社会中都是介于社会高层与底层之间的缓冲层，在缓和社会矛盾与冲突和维护社会稳定中具有“中和”的作用。在中道原则指导下，由中产阶级掌权，建立优良政体是实现城邦的富人、穷人和中产阶级的和睦相处的奠基石。

幸福生活是合乎德性的，而德性不是先天禀赋，是人通过德育实践获得的品质，德育实践达到的最高境界在于中道，中道境界是人人所能达到的，因而是幸福生活、最好的生活。对个人而言，“美德乃是一种中道”。要实现人们的幸福生活，建立优良整体只是外在的动因，决定幸福生活质量的还在于城邦公民的素质提升，因为再好的政治制度也需要人来运行。因此，公民品德素养的高低成为实现优良生活的关键问题。如何提高公民德性修养？亚里士多德高度肯定了教育的作用。首先，他把人的灵魂确定为理性灵魂、非理性灵魂和植物灵魂三种，与此对应的就是“体育、德育、智育”三种教育。其次，要使人的灵魂得到健康的完善的发展，必须根据不同阶段施于人十分恰当的教育和训练。他根据儿童身心发展的特点提出按年龄划分教育阶段，0—7 岁为第一阶段，以体育训练为主；7—14 岁为第二个阶段，以德育为主，实施和谐的教育；14—21 岁为第三个阶段，以理智培养为主。难能可贵是他看到了苏格拉底和柏拉图关于“知识即美德”的学说的局限性，认为这种观点缺少一个必要的因素，即有“知识”的人必须加上行善的道德意志，而“美德”本身则须包含理性智慧。天赋、

① ［古希腊］亚里士多德：《政治学》，北京：商务印书馆，1996 年版，第 343 页。

习惯与理性是道德品质形成的三个源泉。提高公民的道德素养必须以理性为基调，根据公民的天赋，让公民养成和训练良好的习惯。由此出发，主张通过实际活动和反复练习，使学生养成“中道”的道德品质。最后，亚里士多德非常重视音乐教育。音乐教育是其和谐发展教育的核心，音乐是进行美育的有效手段，有助于智力的发展，更是道德教育不可缺少的组成部分。他提倡“文雅教育”，把学科分为实用和文雅两种，实用学科为实际生活服务，具有功利性，是不高尚的；文雅学科没有功利性，是专供闲暇和享受用的，是高尚的。正是由于坚持智德与行德的和谐统一，坚持天赋、习惯和理性的协调、秩序与统一，使亚里士多德能够超越他的前辈们，从而把古希腊和谐思想推向高峰。

黑格尔说：“当量的变化发生时，最初好像完全无足轻重，但后面却潜藏着别的东西，……凭借这种技巧去抓住质(引起质的变化)，这里所包含的尺度的矛盾，古希腊哲学家已经在不同的形式下加以说明了。”①这无疑是对亚里士多德和谐德育思想十分中肯的评价。真正的合乎德性选择，是由人的德育实践决定的，只有在实践中，才会使伦理德性和理智德性达到统一。人类通过德育实践，学会了选择各种德性作为自身发展和社会发展的支柱，同时经过实践的经验确定各种道德要素归于中道境界的价值追求。亚里士多德的和谐德育思想绝不是“不偏不倚”的中庸主义，也不是那种徘徊于是非、善恶之间，动摇不定或模棱两可的折中主义，他是从朴素的唯物主义的视角揭示出了德性发展的自在性与自为性、量变与质变的辩证关系。因而，在人类

① ［德］黑格尔著，贺麟译：《小逻辑》，北京：商务印书馆，1980年版，第236页。

道德文明的长河中，这种“中道”的和谐德育思想具有普适性的意义。

在古希腊晚期，斯多亚主义继承苏格拉底和柏拉图“德性即知识”思想，认为德性是遵循普遍法则或正确理性(识见)的结果。而希腊伦理学家和教育家普鲁塔克(约46—119)，对斯多亚主义只注意到了灵魂的理性方面，却忽视了灵魂的非理性方面进行合理的批驳。从而把和谐德育研究提升到要素之间的整体和谐的高度。他提出一个人的品行的最终形成取决于人的自然本性、理性和习惯三个要素。自然本性是与生俱来的先天禀赋；理性是由学习得来的；习惯是通过实践养成的。要形成任何一种品行，天性、理性和习惯这三个要素是缺一不可的，而且必须是这三个要素在人的品德形成过程中相互配合、统一发展，缺少任何一个因素或这三个方面不能协调发展，都不可能形成完美的人格。①

从以上的分析可以看出，古希腊的哲学家、思想家不仅看到了和谐是一切事物的本质规定性，而且从德育的视角，看到了和谐是人与国家、人与人乃至德性发展的各要素之间相互联系的机制和状态。更让我们称道的是，在生产力水平发展还比较低下的时代，这些哲学家看到了德育的可教性，肯定德育的和谐发展是基于“社会—人—教育”三者之间的相互制约、相互作用的联系，即社会德性发展对人的素质提出要求，教育根据社会德性发展的需要对人的素质要求进行教育改革，以使个体的德性发展适应社会需求，而个体德性的和谐发展只有依托社会德性的和谐发展，才会得到真正的保障。在这样的相互联系中，“社会—人—教育”就处于一个和谐的整体中。当然，这种和谐的

① 于钦波、刘民：《外国德育思想史》，成都：四川教育出版社，2000年版，第172—173页。

整体是以社会即统治阶级的利益作为价值判断的依据，体现的是奴隶主阶级的根本利益，具有鲜明的阶级性。苏格拉底、柏拉图和亚里士多德等人虽然反对现存的民主政体，但并不反对奴隶制本身。由于过分强调德育的外在规定性，无疑相对忽视了德育的自为性与自在性。但他们反对奴隶主专制，主张建立一个集体利益、国家利益至上的和谐城邦是符合时代要求和历史发展趋势的。因此，古希腊哲学的和谐德育思想是具有历史进步性的。我们今天借鉴古希腊的和谐德育思想需要有扬弃的精神，既取其所长，又能辨识其不足而剔除其糟粕。

二、文艺复兴时期的和谐思想

在西欧的中世纪，基督教神学是唯一具有广泛社会影响的思想意识形态，是最高的精神统治者。经院主义神学思想占据了统治地位。这种具有浓厚宗教色彩的教育，严重阻滞了科学的发展和理性的伸张，束缚了人的创造力的发展，导致了中世纪社会的停滞和衰落。文艺复兴是欧洲历史上文化和思想发展的又一个辉煌时代，是对中世纪经院主义神学的反对，也是新兴资产阶级在意识形态领域中发动的反封建、反神学的新文化运动。这一时期，资产阶级所倡导的人文主义成为一面思想旗帜。尽管文化派别林立，但其中的和谐思想，尤其是和谐教育的思想是我们建构和谐德育理论不可忽视的理论来源。

文艺复兴时期涌现了一批人文主义教育家。这些教育家对“和谐教育”各有自己的见解。其中，维多利诺、伊拉斯谟、蒙田等都是当时的代表人物。他们提倡人性的自由和解放，强调面向自然和社会，相信现世的幸福生活都是人创造的，人人都有享受美好生活的权利。具体表现在教育方面，这些教育改革家的理论与实践的主要特征表现在以下几个方面：其一，在教育目标上，反对僧侣主义教育，提出身心和人格和谐发展的培养目标；其二，在培养对象上，扩大了教育对象，反对体罚和侮辱儿童，强调尊重、爱护儿童；其三，在教育内容上，反对“神道”之学，提倡人文之学；其四，在教学方法上，破除经院学风，提倡新的教学方法。为了打破中世纪教会学校崇尚烦琐考证、压抑学生主动性的传统的教学方法，人文主义教育家很重视对学校教学方法的改革。如反对学生被动地接受知识，提倡发挥主动的学习精神；反对机械地、枯燥无味地对学生进行教学而主张教学要启发儿童的兴趣与学习的积极性，多运用直观方法；反对一味强调死记硬背，提出学生应理解所学的知识；此外，有的人还主张有关的学科，应结合起来进行教学以及运用参观、访问和旅行之类的方法；另外，他们大都重视德育、智育、体育和美育，尤其是确立了被中世纪忽视的体育的地位，主张开展体育和技能训练。在德育方面，主张宗教和德育并重。总之，教育要完成德、智、体、美几方面的任务，以培养儿童人格的和谐发展。

法国人文主义教育思想代表人物拉伯雷在其著名的教育小说《伽刚丘和潘德格罗尔》中，描绘了一幅使从封建压迫下解放出来的新人接受新式教育而获得多方面和谐发展的教育图景。

维多利诺(Vittorino da Feltre，1378—1446)是文艺复兴时期第一个伟大的教育实践家。其主要的教育思想与实践体现在如下几个方面。其一，他倡导博雅教育(liberal education)，把教育目的确定为培养“身体、智力和道德和谐发展”的人。其二，特别强调环境对学生和谐发展的陶冶作用，认为只有让学生生活在优美的环境和愉快的气氛中，学生的身心才能和谐发展。于是他创建了人文主义学校，并命名学校为“快乐之家”，学校校园优美，其建筑物恢宏瑰丽，前来求学者络绎不绝。其三，注重和谐发展，实行体育、德育和智育并重的方针，设置了以学生和谐发展的课程体系。课程范围涉及读、写、算基本训练、拉丁文法、修辞到骑士技艺。主要由三个部分组成：第一种是有人文主义发展的传统的经典文化，包括拉丁文、希腊文语法、文学、修辞学、作曲、历史、散文、诗歌和音乐；第二种是骑士风度、人品和体育的训练，如赛马、射箭、击剑、角力、游泳、赛跑、跳高等项目；第三种是基督教的《圣经》和宗教练习。其四，重视道德教育。维多里诺认为宗教是道德教育的重要手段，认为没有宗教教育就不能算是真正的教育。所以他把宗教教育的课程仍列为必修课，坚持读奥古斯丁的著作，每天做早祷，每月去教堂做一次忏悔，严格遵守斋期。体罚废除了，但不放任自流，学生做错了或违犯规矩，要受到惩罚。

伊拉斯谟(Desiderius Erasmus，1469—1536)是16世纪早期著名的人文主义学者和杰出的教育理论家。他反对经院哲学和神学，反对宗教的“原罪说”，认为“人不是生而为人，而是教养之后始为人”。他的和谐教育思想是建立在对陈腐的经院主义教育批判的基础上诞生出来的。他认为一个国家的主要希望，在于它对青年的适当的教育。这种适当的教育不是迂腐的学风、无聊的说教，而是个性自由、和谐发展的世俗教育。① 他始终坚信：人性本善，自然是仁慈的、博爱的；如果以古典文学陶冶人性，其发展必定是向善的。因此，他把教学的终极目的定为培养明达善良之人。为了实现他的教育理想，他主张儿童的教育要从早期开始，甚至从襁褓时期，就要趁儿童思想尚未形成之机，使他们的心灵充满有益的思想，因为“从来没有什么东西像在

① 《西方古代教育论著选》，北京：人民教育出版社，1985年版，第227页，第204页。

早年学习的东西那样根深蒂固”。[①] 除此以外，教学内容的设计主要是古典学术和人文学科，尤以拉丁文和希腊文为主，认为古典语文和古典文献中包括了人类各种重要的知识，有助于人类摆脱愚昧，甚而可改良社会，净化基督教。他还重视古典文学对学生的陶冶作用。学生如果经常阅读古典文学，日久可以改变气质，成为文明的、有修养的人。在学习方面，伊拉斯谟更有独到的见解，他认为学习既需勤奋努力，又需要培养浓厚的兴趣。首先学习态度要勤奋刻苦。他说："在我而言，我所知道的学习方法，不外是艰辛的一项工作，献身于学习的精神，端赖于坚忍不拔的意志而已！”[②]即学习是一项艰苦的脑力劳动，需要勤奋刻苦。与此照应，他很重视教师在教学过程中的作用，认为优秀教师对教学工作至关重要。学校不但要选择优秀教师任教，教师与学生应建立友爱和睦的关系。因此，他坚决反对对儿童进行恐吓和体罚。

拉伯雷(Francois Rabelais，1494—1553)是法国人文主义教育家的著名代表人物。拉伯雷的和谐教育思想主要体现在他的著名的教育小说《巨人传》里。他用辛辣的笔触对中世纪封建主义教育进行了无情地讽刺、鞭挞，对人文主义教育加以赞扬、肯定。他反对经院派机械、单调、程序化的教学方式，古板、乏味、陈腐的教学内容，认为这种教育只能造就一个“十足愚蠢、呆钝、忧郁和奇怪”的怪物。而人文主义教育展现了一幅富有生机活力的宽广图画：学生起床很早，锻炼身体，用大部分时间受智力教育，同老师一起散步，还留下不少时

① 《西方古代教育论著选》，北京：人民教育出版社，1985年版，第227页，第204页。

② 转引自徐宗林：《西洋教育思想史》，台湾文景出版社，1980年版，第97页。

间从事有意义的活动；参加各项体育活动，学习各类科学，勤读各种书籍，时常跟教师谈话，利用实物教材，观察自然现象，还进行参观、访问；除此之外，他们还接受美育，学习音乐和唱歌。这样，学生的各项身心素质就得到的自然而和谐的发展，教育也变得愉快、轻松，富有吸引力。

蒙田(Michel Eyguem de Montaighe，1533—1592)是这一时期的思想家和散文家。他反对经院主义哲学，主张人的理性的自由发展。蒙田尖锐地讥笑经院哲学的学究气和教条主义。他说："迂腐之徒用自己的见识涂抹了人类的健康理智。"他把学生已能背诵但未经深思熟虑的知识称作"从书本里抽出来而放在舌尖上的知识"①。他的教育思想的重点在于重视对"人"的培养。他要求在对儿童施行教育时，首先应该重视体育，把着重点放在骑士的训练——游泳、击剑上，他还要求把体育同智育紧密地联系起来。在知识教育方面，他特别重视拉丁文、希腊文的学习，虽然他也要求学习历史、地理和其他自然科学，但学习这些科目的主要目的仍在于更好地去解释、研究古文，而不是在于认识这些学科本身的价值。

总之，文艺复兴时的人文主义即是以"人"为中心的文化，用到教育上，人文主义教育即是以"人"为中心的教育。这些教育家的思想，"和谐发展"教育或者说"培养和谐发展的人"占了很重要的位置。这既是对古希腊、古罗马时期的和谐思想的继承，又根据现实的需要进行创新，因此，与古希腊和谐思想比较，他们的和谐教育思想所设计的培养目标变得日趋完整，理论和实践联系也更加紧密。

---

① 刘新科：《国外教育发展史纲》，北京：中国社会科学出版社，2002 年版，第 84—85 页。

三、空想社会主义的和谐思想

空想社会主义也称作“乌托邦社会主义”，空想社会主义者的理想也称作“乌托邦社会主义者的理想”。尽管空想社会主义者对资本主义社会的消极与丑恶进行了无情的鞭挞，把资本主义社会视为应当予以颠覆的对象，但是，人们习惯认为空想社会主义者的思想只能是空想，无法实现。如果从和谐德育的角度，甚至从和谐社会建设的角度去审视这一思想学说的时代背景及理论主张，对于我们建构和谐德育理论有着重要的启示作用。

这一思想诞生在19世纪前期，当时的西欧社会正处于由工场手工业向机器大工业的急剧转型时期，原有的生产秩序、生活秩序乃至政治秩序处于混乱状态，社会生活极不和谐。空想社会主义者们正是不堪忍受这样的混乱，才提出了建立和谐社会的政治理想。莫尔的“乌托邦”，摩莱里的“共产主义法典”，圣西门的“新基督教”和“实业制度”，傅立叶的“和谐社会”，欧文的“新和谐公社”，魏特林的和谐、自由与共有共享制度等理论都具有空想社会主义和谐思想的特质。其和谐思想主要由如下几个方面组成。

在对未来社会的总体设想上，空想社会主义者一致认为自然体系内存在和谐的秩序，那么在社会体系内也同样应当有和谐的秩序。所以，应构建工业与农业、家庭与教育、生产与消费的联合体，在社会利益与个人利益一致的基础上，建立起社会各阶级融合的和谐社会。西方社会最早提出“和谐社会”概念的是19世纪初法国空想社会主义者傅立叶。从19世纪初起，他先后发表了《全世界和谐》《四种运动论》《新世界》等著作，揭露了资本主义制度的罪恶，阐述了以“法朗吉”为基层单位的理想社会构想，并预言不合理的不公正的现存制度将被崭新的“和谐制度”所代替。这一“和谐制度”的社会是由一系列“法郎吉”组成，“法郎吉”既是生产单位，又是生活单位，具有社会生活的各方面功能。全体成员居住在一个“法伦斯泰尔”的宏伟建筑群中，此建筑群整齐美观，布局合理。在“和谐社会”中，每个人都必须参加劳动，但可根据自己的喜爱自由地选择和交换工种。德国空想社会主义思想的创始者威廉·魏特林，在他的主要著作《和谐与自由的保证》中将资本主义社会称作“病态社会”，他对“和谐与自由的社会”作了系统的描述：“全体的和谐！以及在全体和谐中的每一个人的最大可能的自由！这就是我们所要努力完成的任务，……这就是我在这个制度里所要清楚阐明的理想。”①和谐、自由与共有共享是和谐社会的基本内涵。

在建设社会组织方面，空想社会主义者主张建构一种建立在公有制基础上的、没有等级与城乡差别的、由“农、工、商、学”结合起来的团结互助大家庭。② 莫尔在《乌托邦》中宣称，这种大家庭没有专职农民，人们都住在城市，轮流下乡从事两年的农业生产，以解决全社会的粮食、燃料、肉类、蛋品、饲类等供应问题。两年期满后，仍回城市继续再搞原来的手工业。如果有人觉得对农村有兴趣，也可以多住几年。同时，莫尔又设想，每座城市都设有四所医院，院址宽敞，设备完美，治疗调护的种种必需品无不应有尽有。医院中的照料更是体贴入微，医疗全部免费。英国杰出的空想共产主义实践家罗伯特·欧文从“环境决定人的性格”的理论出发，提出了一个改造资本主义、

① ［德］威廉·魏特林：《和谐与自由的保证》，北京：商务印书馆，1982年版，第192页。

② 《欧文选集》(下卷)，北京：商务印书馆，1965年版，第129页。

建立人与自然和谐相处的共产主义社会的方案。在1817年《致工业贫民救济委员会的报告》中，为了解决失业问题，他便提出了改造现存社会，建立“方形村”的计划；在1820年《致拉纳克郡报告》中，他又明确地提出了建立劳动公社的方案，认为它是实现共产主义的最好途径和组织形式。劳动公社里没有工业城市，也没有独立的农村，它把城市和农村的一切优点都集中在一起，使它既有城市现代化生产和生活设施，又有农村的自然风光，成为一个城乡和谐的完美整体。

在社会生活设计方面，空想社会主义者们建构了一整套人人平等的社会制度。在这个社会里，所有社会成员的经济地位和政治地位一律平等。他们反对资本主义社会的不平等，认为资本主义的私有制度是贫穷、愚昧和一切罪恶的根源。他们把西方启蒙思想家的人权思想，推广到社会的各个方面。

首先，体现在劳动生产方面，主张有组织、有计划地进行生产。空想社会主义者针对现存社会中资本主义生产无政府状态的危害，强调在未来的新社会里应当有统一的科学计划来组织大工业生产。圣西门设计的理想社会制度是“实业制度”，又称为“和谐制度”。在这一制度下，为保证计划的科学性，由科学院负责编制，实业家委员会进行审查，最后交银行家执行。在他看来，实业制度是使一切人得到最大限度的自由和保证社会得到最大安宁的制度，是一种最平等的制度，是各种实业和科学艺术充分发展、人们在物质和精神生活方面都能享受到最大幸福的制度。傅立叶认为，和谐制度就是要人类最终摆脱一切苦难的折磨，为此首先就要创造大规模的生产、高度的科学和优美的艺术。他指出，创造大规模生产和协作组织是建立新社会和摆脱贫困的两个重要条件。针对文明制度分散经营的弊病，他提出和谐社会必须实现大生产和协作制度的完善和统一，人们按自愿的原则组织起来，实行工、农、商、科学、教育、艺术和家务劳动的全面协作，这样才能节约劳动力和时间，使人们的情欲充分满足，使生产迅速发展。魏特林认为理想的社会是一个公民友谊团体，在那里和谐居于首位。整个社会管理分成劳动或业务，享受或家庭两个系统。为了保证社会和谐，由最高管理机构三人团统一管理协调这两大系统。

其次，体现在所有社会成员享有的权利和义务上，其经济地位和政治地位一律平等。他们把劳动权看作是“最主要的天赋人权”，认为这种劳动权只有在和谐社会中才能实现。傅立叶认为，在和谐制度下，劳动成了人们的爱好，成了一种享受；一切人都有平等的劳动机会，一切人都要平等地参加劳动。圣西门认为，未来社会“将找出最可行和生效最快的手段来保证生产者大众经常有工作”。魏特林认为未来社会的管理人员必须和其他人一样承担体力劳动或脑力劳动的义务，不能有任何特权。除了享有劳动权，所有人都有平等地获得劳动成果的权利、平等的享受权利和平等的受教育权利，还有男女平等的权利。在和谐制度下，由于旧式分工不复存在，人们的智力和体力的发展都非常全面，生产劳动成了一种娱乐，劳动生产率也得到了高度发展，每一个社会成员都不必要终身被束缚在一种职业上，可以根据自己的个性，自由地发展自我。在消费品的分配上，欧文认为，公社内部在产品分配上实行按需分配的原则，每个人可在公社仓库领取所需的物品。因此，在公社内部也就没有任何商品交换。各个公社之间根据等量劳动相交换的原则交换特殊的剩余产品。欧文还认为，在未来社会中，由于在经济、政治和文化教育方面实现了普遍的平等，男女的结合不再会有人为的障碍，旧社会的不平等婚姻和与之相连的一切罪恶现象都将绝迹。那时，人们除了纯洁的爱慕以外再没有其他东西作为结合的动机，因此，两性的婚姻将普遍成为白首之盟。魏特林主张实行平均分配和按劳分配相结合的方案；凡是按照社会规定的统一劳动时间参加劳动的人，都可得到同等的生活必需品。那些欲望较高的人可以参加额外劳动，额外劳动的时间称为“交易小时”，参加额外劳动的人可按“交易小时”的多少领取相应数量的“舒适的产品”。

最后，体现在各社会成员的自我发展上，能够根据自己的个性，自由地发展自我。空想社会主义者反对资本主义社会固定分工对人的发展的严重束缚，把资本主义的文明称作“新成立的奴隶制”“社会的地狱”，给工人和广大劳动者带来无穷的灾难。而在和谐制度下，生产劳动成了一种娱乐。由于旧式的分工不复存在，每一个社会成员都没有必要终身从事一种职业，其智力和体力的发展都非常全面。空想社会主义者还主张提高共同福利。如 1800 年，欧文在新兰纳克一家纺织厂任经理时，实行了一系列提高工人福利的改革。他把工人的工作日减至十小时；取消名目繁多的罚款制度；改善工厂的卫生条件和劳动条件；举办工人消费合作社和公共食堂；发给工人医疗和养老补助金；禁止使用十岁以下的童工；为成年人设立夜校；举办工人子弟学校和幼儿园等。

为了促进和谐社会的建设，反映在教育方面，他们设计了一种和谐的教育制度和操作系统。主要教育观点：一是倡导普及义务教育，主张男女教育平等。在莫尔的乌托邦里，很重视教育问题。莫尔指出，乌托邦的所有儿童，都会接受带有普及义务教育性质的良好的初等教育，岛上的男女公民在工作之余，都可以进图书馆和博物馆自修，他要把科学和艺术变为全体劳动者的财产，使“乌托邦的公民精通一切当代的学问”。二是规定广泛的学科，提倡直观教学和本族语教学。在学校中，除了阅读和写作外，也教授算术、几何、天文学、音乐、辩证法和自然。在数学方面，提倡直观教学和本族语教学。乌托邦人广泛应用直观教材，全部教育都用本族语教学。三是重视成人教育，主张消灭体脑对立。乌托邦人热爱古代希腊的文化和哲学，乌托邦对从事科学艺术研究工作的人，采取由教师介绍和人民选拔的办法。如果学生学习成绩欠佳，就把他从学校中叫回去，改任体力工作。相反的，许多由自修而获得高深学问的手工业者，却可以转入“学者阶级”。四是重视体育和劳动教育，主张教学与生产劳动相结合。乌托邦岛上的学校重视体育，而且采取了雅典的体育制度，以体操和军事练习发展健美强壮的体格。学校还重视劳动教育，儿童在学校里，一面学习农业基础知识，一面被领到郊外的田野里去实际观察别人怎样从事农业劳动，自己也参加劳动，有教劳结合的进步思想。

空想社会主义者为自己的“和谐”理想进行了实践，其中最具代表性的便是欧文建立的“新和谐公社”。1824 年，欧文为了自己的理想，变卖了所有家产，带着四个儿子和一批朋友，还有百余名志同道合者，从英国出发，乘风破浪横渡大西洋，来到美国印第安纳州，用20万美元购买了 3 万英亩土地。于是，一个完全新型的“世外桃源”就这样建立起来了。但是，由于“新和谐公社”处在整个资本主义的重重包围之中，来参加公社的人又抱有各自不同的目的和想法。所以不久，“新和谐公社”内部就产生了各种矛盾和冲突，变得没有想象那么“和谐”了。4 年以后“新和谐公社”宣告破产。

空想社会主义者的和谐社会思想，是根据伦理道德和理性原则设计出来的，脱离了现实的经济基础，所以难以得到实现，越是设计得周详就越成为“空中楼阁”。“新和谐公社”虽然失败了，但是，空想家们毕竟在资本主义统治下将人人平等的理想社会进行了一次有意义的尝试，这种尝试及其思想，为后来马克思主义的产生起到了重要作用，也为我们今天的和谐德育理论建构提供了理论来源。

通过考察分析，我们不难得出结论：无论是中国古代传统文化，还是西方文化，都蕴含着丰富的“和谐思想”内容。“和谐”是靠文化“化”出来的，其中德育起到了至关重要的作用，正如莫尔所说，和谐人际关系的实现，有赖于人的德行的修养与提高。德育，至柔如水，却是直指人心的精神力量。在人与人的社会关系上实现和谐，更是一个文化的问题。中西文化传统的和谐思想与我们今天所提倡的社会主义“和谐德育”有着不可割裂的渊源关系，同时也对我们目前正在进行的和谐社会主义建设有着积极的借鉴意义。

马克思主义的和谐思想*

19 世纪三四十年代，资本主义生产方式在西欧国家已占统治地位。随着资本主义的发展，征服自然掠夺自然以及榨取工人的剩余价值成为资本家的主要手段，其结果导致人与自然的对立和冲突，导致资本主义社会内部所固有的阶级矛盾越来越不可调和，工人运动在英、法、德各国都蓬勃展开，这不仅威胁到自然生态的和谐发展，也影响到人类社会乃至人自身的生存与发展。这一切终于使人类认识到人与自然、人与社会乃至人自身均需要和谐发展。如何实现和谐？空想社会主义者不能阐明资本主义制度下雇佣劳动的本质，也不能发现资本主义社会的发展规律，更无法找到能够成为和谐社会创造者的社会力量。在这种社会经济、政治、文化的背景下，马克思和恩格斯总结了人类社会全部发展的历史经验，创立了人与自然、人与社会以及人的自由全面发展的和谐理论，不仅为构建和谐社

* 本文是与冯铁山合作撰写，见詹万生等著：《和谐德育论》，北京：教育科学出版社，2008 年版。

会提供了思想理论，也为和谐德育研究提供了科学的指导思想。

一、人与自然和谐的思想

人与自然的和谐发展问题是马克思主义自然观中的一个重要问题。马克思、恩格斯在考察研究人类生活形式和社会的发展状况时，对人与自然的关系作了系统、精辟的阐述，并且深刻地揭示了二者的内在联系以及探讨了人与自然实现和谐发展的基本策略。

1. 人与自然的关系

人类社会进入近代大工业时期，资本家对剩余价值的无限贪欲和急功近利的实用哲学，使对自然资源的掠夺式开发达到十分严重的程度，致使环境污染和生态破坏日益严重。针对这种人与自然极不和谐的状况，马克思恩格斯对此进行了深刻的揭露和批判。恩格斯曾尖锐地指出："当一个资本家为着直接的利润去进行生产和交换时，他只能首先注意到最近的最直接的结果——当西班牙的种植场主在古巴焚烧山坡上的森林，认为木灰作为能获得最高利润的咖啡树的肥料足够用一个世代时，他们怎么会关心到，以后热带的大雨会冲掉毫无掩护的沃土而只留下赤裸裸的岩石呢?"①他还在《英国工人阶级状况》中，对资本主义工业化、城市化造成的城市环境污染的类型、状况与危害，作了令人触目惊心的描述和深刻的揭露。② 马克思在《资本论》等著作中，对资本主义条件下人与自然物质变换过程中的不协调性进行了全面的揭露：首先是对自然资源的滥用和破坏。马克思指出："资

① 《马克思恩格斯全集》第 20 卷，北京：人民出版社，1979 年版，第 520—521 页。

② 《马克思恩格斯全集》第 1 卷，北京：人民出版社，1979 年版，第269—287 页。

本主义农业的任何进步，都不仅是掠夺劳动者的技巧的进步，而且是掠夺土地的技巧的进步，在一定时期内提高土地肥力的任何进步，同时也是破坏土地肥力持久源泉的进步。资本主义的发展使愈益增多的人口汇集到城市，这样就破坏了人和土地之间的物质循环关系，使源于土地的以衣食形式消费掉的物质，在变成粪便和生活垃圾以后不能作为有机肥料返回到土地，从而破坏了土地持久肥力的永恒的自然条件。”①

基于上述实证分析，马克思、恩格斯认真反思人与自然的关系。马克思在《1844 年经济学—哲学手稿》以及《资本论》等著作中，辩证地分析并批判了黑格尔等人的唯心主义观点和费尔巴哈等人的形而上学唯物主义观点。他肯定了费尔巴哈把人与自然从绝对观念的依附地位提升为哲学的最高原则，强调人与自然的统一，同时也指出费尔巴哈哲学的直观性，只是把事物、现实、感性当作有别于思维的客体，当作直观的对象来理解，而不是从主体加于客体的作用方面去理解。这样，导致费尔巴哈直观地把自然界看作人和自然统一的基础，而在主体和客体的关系中，主体的能动性被忽视了。马克思用人与自然在实践中的辩证统一的唯物主义观点，代替黑格尔的主客体在理念中统一的唯心主义观点和费尔巴哈所制造的人与自然分离和对立的、机械的、非历史的唯物主义观点。

人与自然究竟是什么关系，成为马克思、恩格斯探究人与自然和谐发展的首要问题。马克思把客观世界理解为自然界和人类世界。他认为自然环境优先于人类而产生，人类来源于自然界而且只能生活在自然界。他反复强调“自然界，就他自身不是人的身体而言，是人的

---

① 《马克思恩格斯全集》第 23 卷，北京：人民出版社，1979 年版，第 146 页。

无机的身体。人靠自然界生活。这就是说，自然界是人为了不致死亡而必须与之处于持续不断的交互作用过程的、人的身体。所谓人的肉体生活和精神生活同自然界相联系，不外是说自然界同自身相联系，因为人是自然界的一部分”。① 人本来就是“现实的、有形体的、站在稳固的地球上呼吸着一切自然力的人”，“一个存在物如果在自身之外没有自己的自然界，就不是自然存在物，就不能参加自然界的生活”。② 人直接地就是自然存在物。它不能离开它的对象即自然界而生活，人的一切都和自然界联系着，并且“只有凭借现实的、感性的对象才能表现自己的生命”③。人作为自然存在物，自然界是“他的需要的对象，是表现和确证他的本质力量所不可缺少的重要的对象”④。由此，可以看出，马克思认为自从出现人以后自然界就再也不是一个抽象的存在物，而是作为人感性的对象、人与之作用的对象存在着。这种属人的自然界，就是“人化的自然界”⑤。那么，人和自然界的关系就是“对象性关系”，自然界作为人的必然的对象，是人自身的组成部分，“自然界，就它本身不是人的身体而言，是人的无机的身体。人靠自然界生活，这就是说，自然界是人为了不致死亡而必须与之不断交往的、人的身体”⑥。人作为有意识的自然存在物，要按自己的

① 《马克思恩格斯全集》第20卷，北京：人民出版社，1979年版，第519页。

② 《马克思恩格斯全集》第42卷，北京：人民出版社，1979年版，第167—168页。

③ 《马克思恩格斯全集》第20卷，北京：人民出版社，1979年版，第158页。

④ 马克思：《1844年经济学—哲学手稿》，北京：人民出版社，2000年版，第95页。

⑤ 《马克思恩格斯全集》第20卷，北京：人民出版社，1979年版，第167页。

⑥ 同上书，第519页。

愿望改变他的对象世界，使其顺应自己不断发展的需要，而人类本身也在这种作为对象的自然界的改造活动中不断发展自己。另一方面，同动植物一样，是受动的、受制约的存在物。人从自然界中产生出来，是一个异常漫长的进化过程。从无机界到有机界，从有机界的简单细胞到低等生物，从低等生物到高等动物，从高等动物到最后进化出人类来，每一步都是自然界各种资源协同作用的结果，而且自然界不论现在，还是为了仍然在发挥它的作用。这决定了人不应以自然的征服者、统治者自居，而要如实地把自己当作自然界的一员。正如恩格斯早就指出的："我们必须时时记住：我们统治自然界，决不像征服者统治异民族一样，决不像站在自然界以外的人一样，——相反地，我们连同我们的肉、血和头脑都是属于自然界，存在于自然界的。"①

2. 人通过劳动实践与自然发生关系

人类社会发展的历史表明，自然界尽管为人提供了赖以生存的生活资料，例如空气、水、活动的空间和立足点(土地)等，但这些生活资料不是主动呈现的，或者说在某种程度上它们还不能直接为人类服务。人和自然的对象性关系，是通过劳动实践作为纽带而联结起来的。要生存和发展就必须通过劳动去改造和利用自然界。劳动是整个人类生活的一个基本条件，而且劳动只有与自然界相结合，才可能创造真正的人类生活。"劳动首先是人和自然之间的过程，是人以自身的活动来引起、调整和控制人和自然之间的物质变换的过程。"劳动作为人类的一种物质生产的最基本的社会实践活动，既是人与其他动物的最根本的区别，也反映了人与自然之间的一种基本联系。虽然劳动

① 《马克思恩格斯全集》第20卷，北京：人民出版社，1979年版，第126页。

实践是人所特有的活动，但是只要人的“本质规定中没有包含着对象性的东西，那么它就不能对象性地活动，它所以能创造或设定对象，只是因为它本身是为对象所设定”①。因此在马克思看来，人与自然的对象性关系本质上是一个劳动实践的问题。

劳动实践活动首先使自然界人化。人类通过实践劳动活动就是把自己的主观意志在自然界予以体现，打下自己的印记，即所谓“人再产生整个自然界”。这是一个人的本质力量的对象化过程，它充分表明了人的主观能动性的本质具有超越性。正如在马克思在《1844 年经济学哲学手稿》中所指出：“动物只是按照它所属的那个种的尺度和需要来进行塑造，而人却懂得按照任何物种的尺度来进行生产，并且随时随地都能用内在固有的尺度来衡量对象；所以，人也按照美的规律来塑造物体。”②这就是说，动物的活动只有一个尺度，即它的那个种的尺度，而人的生产活动有两个尺度：即“种的尺度”与人的“内在尺度”。我们通常把这两个尺度理解为“物的尺度”和“人的尺度”。所谓物的尺度就是指物质世界本身所固有的规律和本质属性；所谓人的尺度就是依据人自身的性质、特点以及在客观世界中的地位、作用、内在需要、现实能力而体现出来的价值判断和价值追求。虽然从某种意义上说，自然界是先于人而存在，但人作为主体存在以后，人必然要和这个对象世界发生关系，通过劳动实践，人按照自己的尺度表达自己的意志，因而使自然人化。

另一方面，劳动实践活动也是人的自然化过程。人们在实践活动

① 《马克思恩格斯全集》第 42 卷，北京：人民出版社，1979 年版，第 96 页。

② 马克思：《1844 年经济学—哲学手稿》，北京：人民出版社，2000 年版，第 50—51 页。

中不断地认识、掌握和同化自然界，把自然规律和自然界的各种资源及其基本存在结构纳入自身，成为人类自身的组成部分。如果说自然界的人化是使自然进入人类社会，使自然显现出人的各种本质力量；那么，人的自然化则是在社会活动和人类文化中用各种各样的自然本质、自然力量去丰富和充实人类自身的创造活动，使大自然无限丰富的形式、力量和属性不断地转化成人类自身的主体能力。“人在怎样的程度上学会改变自然界，人的智力就在怎样的程度上发展起来。”通过自然的人化，自然不断得到改造、美化；通过人的自然化，人的本质力量得到了确证和展现，人的主体能力不断得到发展。正是在改造自然的实践活动中，人和自然得到了和谐的发展。

马克思认为，实践是人类的一种基本属性，是人生存的必要条件，是一种创造性的活动过程。人的实践表明了人对自然的一种积极态度，是人认识人与自然关系的逻辑起点。

3. 人应该与自然和谐发展

马克思认为人从自然界产生以后，自然和人类就成了一对永恒的矛盾，二者既对立又统一。人创造环境，同样环境也创造人。人类诞生以来，人类社会的政治、经济、科研、审美、娱乐等活动都是以对自然加以利用为基础的，自然愈益人化，久而久之，人类中心主义甚嚣尘上，在极大地发展物质文明的同时极大损害了自然的和谐性，戈壁、荒漠等地貌，地震、泥石流、海啸、旱涝等地质、气象，给人类送来一个又一个警告：人在自然面前不应该只是主人，而应该依靠自己的智慧与自然为友，与自然和谐相处，趋利避害。这种相互作用的特性决定人类的劳动实践不能只是单向度的索取与征服的活动，人在向自然索取的同时也应该为自然的可持续发展做出应有的贡献。人在按照自己的尺度认识和改造自然的同时要做到把握自然内在的尺度，即人类通过劳动实践与自然发生关系应做到合乎目的性与合乎规律性的统一。就目的性而言，人为了自己的利益，可以根据自己的需要去认识、利用甚至改造自然；就规律性而言，人类要按照生态平衡的自然规则对地球、生态、物种、动植物负起责任来。即遵循自然规律，使自然内部、人类社会以及人与自然之间和谐发展，也就是马克思所说的按照一切物种自身内在的美的规律发展。

人与自然的和谐发展，不仅体现在认识和尊重自然规律为前提，更体现在要靠人与人的社会关系的解决。马克思把人与自然关系的统一的本质归结于人类社会，认为只有在共产主义的条件下，人和自然的关系才能统一起来，“社会化的人，联合起来的生产者，将合理地调节他们和自然之间的物质交换，把它置于他们的共同控制之下，而不让他作为盲目的力量来统治自己”。只有在合理的社会制度下，才能真正实现人和自然的协调发展，达到“人和自然界之间，人和人之间的矛盾真正解决”，人才能成为自然界的自觉和真正的主人。在这里，人与自然的和谐发展只有通过人与社会的和谐发展才能解决。因为“只有在社会中，自然界对人说来才是人与人联系的纽带，才是他为别人的存在和别人为他的存在，才是人的现实的生活要素；只有在社会中，自然界才是人自己的人的存在的基础。只有在社会中，人的自然的存在对他说来才是他的人的存在，而自然界对他说来才成为人。因此，社会是人同自然界的完成了的本质的统一”。

二、人与社会和谐的思想

古往今来，无论是中国还是西方，建构一个富有、自由、快乐、幸福和公正、平等、民主、博爱的和谐社会一直是人类共同的理想和生生不息的追求。马克思恩格斯在批判反动的社会主义和保守的或资产阶级的社会主义的同时，对各种空想社会主义和共产主义以及德国古典哲学的一些代表人物如康德和黑格尔等人的社会和谐思想加以辩证分析并且吸收合理的成分，以剩余价值学说和唯物史观为指导，从人类历史的发展趋向和未来理想社会的本质要求的角度来理解和阐明和谐社会，提出了共产主义社会这一和谐社会的完整的科学的理论构想。

空想社会主义者对资本主义生产资料私有制进行了无情的批判，认为资本主义社会病根是私有制，未来的社会应该建立在公有制的基础上，但他们对这种制度的改造是建立在乌托邦式的幻想之中，由于缺乏扎实的理论基础，导致实践的碰壁和失败。马克思从历史唯物主义的视角出发，认真剖析了私有制的历史进步性与时代局限性，预言随着生产力的发展，私有制的生产关系必然要被公有制所代替，并着力创造了和谐的共产主义社会这一伟大构想。他认为“共产主义是私有财产即人的自我异化的积极的扬弃，因而是通过人并且为了人而对人的本质的真正占有；因此，它是人向自身、向社会的即符合人性的复归，这种复归是完全的、自觉的和在以往发展的全部财富的范围内生成的。这种共产主义，作为完成了的自然主义——人道主义，而作为完成了的人道主义——自然主义，它是人和自然界之间、人与人之间矛盾的真正解决。是存在和本质、对象化和自我确证、自由和必然的、个体和类之间的斗争的真正解决”。① 由此可以看出，马克思设想的和谐社会，其主要特征就是人与自然之间、人与人之间的矛盾的真正解决。这种矛盾解决的直接成果就体现在“共产党人可以用一句

① 《马克思恩格斯全集》第42卷，北京：人民出版社，1995年版，第81页。

话把自己的理论概括起来：消灭私有制”。[①] 消灭私有制，建立生产资料的公有制的结果就很好地实现生产力的解放，这就意味着人就成了“社会的人”，劳动不再是为了自己的需要，而是为了社会的进步。社会进步主要突出地表现在社会形态由低级到高级发展的具体历史进程。当活跃的生产力打破了陈旧的生产关系的桎梏，并建立起新的与生产力发展相适应的生产关系时，旧的社会形态和社会和谐被新的社会形态和社会和谐所代替，生产力就得到了解放，从而促进了整个社会的发展，使社会呈现出生机勃勃的局面，社会所有的丑恶和不平等的现象都不复存在，人与人之间实现了真正的和谐，人类社会的历史便进入一个新的和谐阶段。不仅如此，人类创造的精神文明也同步发展，人类的文明因此而变得愈来愈丰富，人们的精神境界极大提高。

如何实现社会和谐？马克思主义认为，和谐社会必须建立在发达的生产力基础之上，必须有充裕的物质财富和技术做保证。“只有通过大工业所达到的生产力的大大提高，才有可能把劳动无例外地分配于一切社会成员，从而把每个人的劳动时间大大缩短，使一切人都有足够的自由时间来参加社会的理论的和实际的公共事务。因此，只是在现在，任何统治阶级和剥削阶级才成为多余的，而且成为社会发展的障碍……”[②]“生产力的这种发展……之所以是绝对必需的实际前提，还因为如果没有这种发展，那就只会有贫穷、极端贫困的普遍化；而在极端贫困的情况下，必须重新开始争取必需品的斗争，全部

① 《马克思恩格斯选集》第1卷，北京：人民出版社，1995年版，第286页。

② 《马克思恩格斯选集》第3卷，北京：人民出版社，1995年版，第525页。

陈腐污浊的东西又要死灰复燃。”①当然，生产力的发展只是和谐社会建设的一个方面，它的主要作用在于为和谐社会提供了物质基础。真正的和谐社会是物质文明、精神文明以及政治文明的统一。马克思在《〈政治经济学批判〉序言》中说：“人们在自己生活的社会生产中发生一定的、必然的、不以他们的意志为转移的关系，即同他们的物质生产力的一定发展阶段相适合的生产关系。这些生产关系的总和构成社会的经济结构，即有法律的和政治的上层建筑竖立其上并有一定的社会意识形式与之相适应的现实基础。物质生活的生产方式制约着整个社会生活、政治生活和精神生活的过程。”②这就揭示了任何社会形态的社会生活都包括物质生活、政治生活和精神生活三个方面，社会主义社会也不例外。恩格斯在《反杜林论》中揭示了社会主义社会的发展，就是“经济、政治和智力的发展”，就是“经济、政治和精神发展”。③ 因此，和谐社会建设取决于物质、精神以及政治文明的协同发展，这为我们的整体建构学校、家庭、社会和谐德育体系指明了方向。

三、人的和谐发展的思想

不论是人与自然的和谐发展，还是人与社会的和谐发展，其决定因素和发展的旨归最终都指向了人。人的发展是社会、自然和谐发展的根本出发点和终极目的。马克思明确指出，人的本质并不是单个人所固有的抽象物，实际上，它是一切社会关系的总和。人既是自然的

---

① 《马克思恩格斯选集》第1卷，北京：人民出版社，1995年版，第86页。

② 同上书，第32页。

③ 《马克思恩格斯选集》第3卷，北京：人民出版社，1995年版，第524页。

存在物，同时也是社会的存在物，人不能脱离自然、社会环境而生存和发展。同时，自然、社会又是人的社会，人是自然、社会存在的主体，自然、社会是由有意识的人构成的。自然、社会的和谐发展是通过人的有意识的实践活动实现的。因此马克思强调："正像社会本身生产作为人的人一样，人也生产社会。"自然、社会和谐发展的程度实质上取决于人的素质的高低，因此，如何促使人全面而和谐发展是马克思主义和谐理论的核心命题。马克思、恩格斯在《英国工人阶级状况》《德意志意识形态》《共产主义原理》《资本论》《反杜林沦》等著作中对人的全面发展学说作了系统而科学的论述。

马克思主义者强调人自身全面而和谐发展。人自身的发展主要是指人的体力和智力、能力和志趣、道德精神和审美情趣的多方面的发展，也包含着人的个性的和谐发展、人与人尤其是个人与个人之间的和谐发展。马克思在《资本论》中写道："我们把劳动力或劳动能力，理解为人的身体即活的人体中存在的、每当人生产某种使用价值时就运用的体力和智力的总和。"①体力是人体所具有的自然能力，智力是精神方面的生产力，包括人的劳动技能、生产经验和科学文化知识等。和谐发展的人应该是"一切天赋得到充分发展"②的人，是"体力和智力获得充分的自由的发展和运用"③的人。马克思曾从教育的角度指出："未来教育对所有已满一定年龄的儿童来说，就是生产劳动

---

① 中共中央马克思恩格斯列宁斯大林著作编译局：《资本论》，北京：人民出版社，2004年版，第190页。

② 《马克思恩格斯全集》第3卷，北京：人民出版社，1992年版，第286页。

③ 转引自陈平：《马克思恩格斯论人的自由发展与实现》，载《湘潭大学学报》(哲学社会科学版)，2005(01)。

同智育和体育相结合，它不仅是提高社会生产的一种方法，而且是造就全面发展的人的唯一方法。”①人自身的个性和谐发展包括人的自主性、能动性、创造性的和谐发展；人与人的和谐发展是指个人之间没有根本利害冲突的表现，是相互理解、适当行为的结果。马克思和恩格斯在《德意志意识形态》一文中指出未来的共产主义社会是“个人的独创和自由的发展不再是一句空话的唯一的社会”。② 这就意味着人的全面而和谐的发展还是人的个性自由发展。所谓自由发展，就是说每个人的发展不屈从于强加给他的任何外在活动和条件，也指人的发展能为个人所驾驭。

至于如何做到人的全面而和谐发展的问题。马克思分析了几个必要条件。概括起来包括如下几个方面。首先，推动生产力的发展是实现人的全面发展的前提。生产力是人和人类社会发展的物质基础，决定着人类社会的发展状况，自然也就决定人的全面发展的程度与水平。生产力是人的全面发展的物质基础。其次，消灭私有制和不合理的社会分工，建立和完善新的公有制及社会关系，是实现人的全面发展的社会条件。马克思、恩格斯指出：“要消灭关系对个人的独立化、个性对偶然性的屈从、个人的私人关系对共同的阶级关系的屈从等等，归根到底都要取决于分工的消灭。”③每个人自由而全面的发展取决于分工和私有制的消灭；而分工和私有制的消灭，又有待于人得到全面的发展。最后，实现人的全面发展的根本途径取决于社会实践。人在社会实践中不仅丰富了知识，增长了经验，而且在社会对象化的

① 《马克思恩格斯全集》第 23 卷，北京：人民出版社，1992 年版，第 530 页。

② 《马克思恩格斯全集》第 3 卷，北京：人民出版社，1992 年版，第 516 页。

③ 同上。

实践活动中为自身的发展创造了条件。不会社会实践的人，不但不能发展，还要退化；实践规模越大，对象越是多样，过程越是复杂，对人的要求越高，人就越能得到发展。无论是人的能力和个性自由的全面发展，还是社会关系的全面发展，都只能在社会实践中实现。

总之，建构社会主义和谐德育理论的根本目的与终极关怀，从本质上讲也就是推进人的全面发展。根据马克思主义基本原理的认识，人的全面发展要在人与自然、人与社会、人与自我等关系的协调中才能实现，亦即在建设和谐社会中才能实现。因此，如何协调好人与自然、人与社会、人与自我的关系，是和谐德育理论建构与实践的一个基本理论着力点。

第四编　和谐德育基本理论研究

和谐德育的理论基础*

和谐德育研究的理论基础，主要包括马克思主义哲学、文化学、伦理学、心理学、教育学和社会学等相关理论。

一、和谐德育的哲学基础

和谐是事物之间相互联系的机制和状态。辩证唯物主义认为，联系是一切事物、现象和过程共有的客观的、普遍的本性，联系概括了事物或现象之间、事物内部要素之间一切相互联系、相互依赖、相互渗透、相互作用、相互转化等方面的总特征。辩证唯物主义关于事物普遍联系和发展的原理对和谐德育研究具有世界观和方法论意义。

(一)联系的丰富性和多样化

认识事物的一个基本着眼点是认识它的联系。恩格斯指出："当我们深思熟虑地考察自然界或人类历史或我们自己的精神活动的时候，首先呈现在我们眼前的，是一幅由

* 本文是与宁武杰合作撰写，见詹万生等著：《和谐德育论》，北京：教育科学出版社，2008年版。

种种联系和相互作用无穷无尽地交织起来的画面。”①唯物辩证法研究事物之间相互联系的多种形态和特征，如系统的整体的联系和局部的个别的联系，空间形式的联系和时间形式的联系，内部的联系与外部的联系，直接的联系与间接的联系，因果的联系与非因果的联系，等等。其中，系统联系的原理为整体构建和谐德育体系提供了基本的思想方法。系统联系原理中的整体性原则，可以指导教育者将德育工作视为一个由诸多要素相互联系构成的整体来研究；系统联系的有序性原则，可以引导教育者认识德育系统中要素的结构层次的和谐建构关系；系统联系的最优化原则，可以引导教育者把握德育要素的和谐联系与教育合力的因果生成关系。事物内部或事物之间的联系所构成的整体就是体系，恩格斯认为，“‘体系’产生于人类精神的永恒需要，即克服一切矛盾的需要。”②“克服一切矛盾”就是使事物之间的关系达成和谐。因此，构建体系是寻求和谐的需要，也是把握整体联系的需要。

(二)和谐是发展着的联系

辩证唯物主义证明，事物、现象的普遍的相互联系、相互作用，同事物、现象的运动、发展、变化是不可分割、互为表里的，即任何运动、发展、变化都存在和表现于事物内部和外部因素的相互联系和相互作用之中。同时，任何相互联系、相互作用本身的现实表现，都是一种动态的发展过程。和谐所表现的事物间相互联系的机制和状态，在教育过程中，主要表现为教育活动内部和活动之间，教育的内容方法和教育主体之间相互联系、相互作用、动态发展的机制和

① 《马克思恩格斯选集》第3卷，北京：人民出版社，1995年版，第359页。
② 《马克思恩格斯选集》第4卷，北京：人民出版社，1995年版，第219页。

状态。

和谐与不和谐所反映的都是事物间相互联系、相互作用的发展状态。这两种状态是辩证的统一。在教育实践中，不和谐常常表现为教育者设计的教育内容和使用的方法与受教育者的身心特点和精神需要之间存在的差异，或教育者之间、教育活动之间关系的不协调。在教育改革实践中，教育过程中的诸种不和谐会成为教育研究和改革的前提、对象和内容。和谐是具有活力的、能产生整体效应的联系，是人的一种成长需求。教育主体对不和谐的感受和对和谐的需求，形成教育者参与改革实践的动力因素。通过变革和创新教育的内容和方法，消除已有的不和谐，达成相对和谐。但是，由于社会和教育环境是开放的、发展的，受教育者要掌握的知识能力是逐步深化扩展的，人的成长需求是流动的、不断延伸的，教育要求与教育活动及受教育者之间的差距总是存在的，因而就会引发新的不和谐。这就需要教育主体进行持续的调控与改革，以达成新的和谐。和谐—不和谐—和谐，反映了和谐作为一种活力机制动态发展的本质特征，说明了和谐与不和谐的辩证统一关系。教育生活中的和谐，是教育要素之间相互联系、相互作用的发展状态和结果。教育主体自身知、情、意、行的和谐，是其与外部教育要素相互联系、相互作用的结果。和谐作为教育主客体之间建构的联系机制，是教育者能够直接感受和把握的教育方法和教育要求。和谐可以发生于德育体系的目标、内容、途径、方法、管理、评价等所有德育要素内部及相互之间的联系之中。

(三)在和谐的联系中把握规律

规律是事物发展中所固有的本质的、必然的、稳定的联系。在教育实践过程中，从对和谐的研究和实践入手，有助于教育者认识教育活动中那些具有本质性、必然性、稳定性的联系，即获得关于教育规律的认识。列宁认为：“规律的概念是人对于世界过程的统一和联系、相互依赖和整体性的认识的一个阶段。”①从和谐入手对教育现象进行观察分析和实践体验，能使教育者在现实层面上认识教育活动之间、教育主客体之间相互联系、相互作用的动态机制及成因，以形成对教育过程的规律性认识。这样，教育规律就由抽象的理论范畴转化为教育者可感受、可认识、可概括、可总结的教育理念，并将其自觉地运用到教育实践中去。从思想理念上把握教育规律，是教育者的一种哲学观念。教育者在教育研究和实践中形成的哲学观念越全面、越深刻，其在教育过程中的主体性就越强。在教育研究和教育实践中引导教育者认识和掌握教育规律，提高教育者对教育规律的自觉意识和自觉实践能力，是教育研究的根本目的。在教育研究和教育实践中，能否正确地把握教育过程及现象中的规律，是检验教育研究及实践活动是否具有科学性的重要标准。

辩证唯物主义关于事物普遍联系和发展的原理为和谐德育研究奠定了哲学基础。联系的观点、发展的观点是和谐德育研究首要的基本的观点。

二、和谐德育的文化学基础

思想道德建设是文化建设的中心环节，思想道德建设包含的社会主义核心价值体系是社会主义意识形态的本质体现。党的十七大把“社会公德、职业道德、家庭美德、个人品德建设”和“动员社会各方面共同做好青少年思想道德教育工作，为青少年健康成长创造良好社

① 黄楠森：《〈哲学笔记〉注释》，北京：北京大学出版社，1981 年版，第 156 页。

会环境”列为和谐文化建设的重要内容。和谐德育作为思想道德建设的一种实践模式，只有将其放在文化建设的社会体系中进行研究和实践，才能找准定位，明确方向。文化学是研究文化的起源、演变、传播、本质、结构、功能、动力及文化发展规律的学科。马克思主义文化学原理为和谐德育研究的性质、定位、思想方法和实践方向等主要问题提供了学科性的理论指导。

(一)文化本质、文化核心与和谐文化、和谐德育

文化学研究说明，文化是人类在其物质活动和精神活动的各种具体形式中，为实现自身的本质、满足自身的需要、适应生态环境而创造出来的生活方式和积累下来的物质与精神的成果。文化的本质是“人化”，人是文化的主体。人不但是文化的受体，物质和精神的体现者，更是文化的创造者和文化活动的主体。文化的发展都是围绕着人自身的需要、情感、意志、能力的自由全面发展而展开的。[①] 文化是人的创造性、建设性活动，文化的本质内涵是人自身丰富多样、全面自由的发展。人作为文化的主体，在文化的选择和创造的进程中，根据自己的价值取向，会不断发现并克服影响人全面发展的人与自然、人与社会、人与人关系上不和谐的文化，而去选择和创造有利于人和谐全面发展的文化。文化体现在主体实践性、创造性活动的思维、情感、意志、方式、过程及成果之中。从文化的本质看，和谐文化就是为实现人的和谐全面发展的价值取向而要创建的一种文化形态或体系。和谐文化有利于人与社会和谐全面发展，是社会主义先进文化的重要组成部分和发展阶段，是一种既源于中国传统文化又赋予时代内

① 郭齐勇：《文化学概论》，武汉：湖北人民出版社，1990年版，第16—21页。

涵的新质文化。

文化的核心主导着文化的性质和发展方向。什么是文化的核心?文化学原理指出，文化主体在历史进程中形成的价值观念是文化的核心。文化核心与“文化精神”(也称“民族精神”)紧密联系，共融一体。文化精神是一种文化包含的基本价值系统和人们在这一价值系统主导下的情感倾向及行为态度，体现为一种文化内在的独具特色的精神品质和建构模式，是一个社会群体的各种行为观念和目的的总和。这种文化的价值系统决定着文化的性质和发展方向。文化学研究表明，作为文化核心的价值系统根植于社会发展阶段的“道德文化”，道德文化是整个社会文化的精神中枢和核心，没有它，整个文化就不可能存在，或只能无意义地存在。一种文化的道德价值状态(其中包括它们的消极因素和局限性)，决定着文化本身的价值。按照马克思的观点，道德文化是文化的最重要标志，正是道德文化形成并衡量着人类内在最深刻需求的人性力量和能力。对道德文化的研究有助于揭示人类道德进步的历史层次，并比较出各种文化在进化中所历经的人道主义发展历程，因为只有道德文化才能最深刻地反映出一种文化的精神实质，而不是去诉诸文化的表面形态和物质类型。①

从“文化核心”—“价值系统”—“文化精神”—“道德文化”的内在联系中可以得出的结论是：第一，社会主义核心价值体系是社会主义文化的核心，决定着社会主义文化的先进性及发展方向；第二，社会主义核心价值体系的全部内容都包含于思想道德教育的内容体系之中；第三，和谐德育是把文化核心与文化整体联结统一起来，使和谐学校、和谐家庭、和谐单位、和谐社区建设与社会公德、职业道德、家

① 许苏民：《文化哲学》，上海：上海人民出版社，1990 年版，第 25 页。

庭美德、个人品德建设和谐贯通，将和谐文化建设付诸社会实践与教育过程的一种教改理念和教育模式体系。

马克思主义文化哲学研究指出，人类的精神世界中包括五对永恒的矛盾：一是理想的与现实的；二是情感的与理性的；三是个体的与群体的；四是功利的与审美的；五是历史的与伦理的。①这五对矛盾揭示出人类精神世界中五种动态的、持续的不和谐状况。其中，历史的与伦理的矛盾依次整合了前四对矛盾于自身，是五对矛盾中最深刻的一重矛盾，它根源于人与动态发展着的历史进程的对象关系。人类的精神现象与人类具体的历史的实践相依存。解决历史的与伦理的矛盾的根本点就是从构建体现先进文化前进方向的文化核心入手，其要点就是运用和谐的理念，构建引导人与社会和谐全面发展的核心价值体系。价值观教育是德育内容的基础构成要素，和谐德育与解决人类精神世界五对永恒矛盾存在着密切的关联性，文化学关于文化本质和文化核心问题的研究给和谐德育研究开阔了更深层的认识视野。

(二)文化的结构类型与和谐德育的实践层次

文化学关于文化的结构层次理论为和谐文化建设及和谐德育的实践提供了基本的思想范式和实践层次。文化学按照文化类型的特点和人对文化的感受层次，将文化分为物质文化、制度文化、精神文化三个层次。物质文化是以满足人的物质需要而创造的文化产物，包括饮食文化、服饰文化、居处园林文化、日用器物文化、舟车交通文化、劳动工具和工艺技术文化，等等。制度文化是社会关系体系，是人处理个体与他人、个体与群体关系的具有客观历史性的文化形式，包括

① 《文化学辞典》，北京：中央民族学院出版社，1988 年版，第 689—690 页。

社会的经济制度、政治法律制度、婚姻家庭制度、教育制度等，也包括实行这些制度的各种具有物质载体的机构设施，以及个体与社会事务的参与形式、反映在制度中的人的主观心态等。精神文化是建立在物质文化和制度文化基础上的风俗习惯、审美趣味、艺术文化、宗教信念、伦理道德、价值观念、哲学思想等。文化的核心蕴含在精神文化之中。三个层次的文化既有相对独立性，又互相依存、互相制约，构成一个有机联系的文化整体结构，一个与自然相区别的文化世界，一个价值与意义的世界。文化结构的层次性反映了文化主体在文化的创造过程中不断升华的阶段性，标志着人类精神的发展水平。① 文化学关于物质文化、制度文化、精神文化的文化结构层次理论为和谐德育研究和构建和谐校园、和谐家庭、和谐社区的文化内容形式提供了可以类比操作的理论模型和层次划分方法。

文化学关于"主文化"与"亚文化"等文化类型的论述，对和谐德育研究与实践也有重要指导意义。主文化即主流文化，是在特定历史时期对整个社会发展起主导作用的思想文化，也称国家意识形态。在教育领域，德育大纲及德育课程标准，是主文化的具体体现。亚文化是指文化特质与主文化存在某些不同或相反的文化。亚文化的类型丰富多样，如以地域为特征的地方文化，在一个国家中以不同民族为特征的民族文化，以学术流派为特征的学派文化，以社会阶层、社会集团为特征的高雅文化、通俗文化、社区文化、企业文化，以职业、年龄为特征的各类文化，等等。② 不同的亚文化属于不同的互动群体，如

---

① 许苏民：《文化哲学》，上海：上海人民出版社，1990 年版，第 96—108 页。

② 同上书，第 138—145 页。

青年文化是青年群体所专有的，企业文化是企业群体所专有的，校园文化、班级文化是师生群体所专有，儿童文化属于儿童，家庭文化属于家庭，社区文化属于社区，等等。在日常生活中，亚文化还有更具体的表现形态，如节日文化、影视文化、饮食服饰文化、旅游文化等。任何一个社会都存在主文化与亚文化两个系统，这两个系统的价值取向有相同的，也有不同的，其相互关系有相互促进的也有相互冲突的。就二者的促进关系看，一方面主文化引导着亚文化的发展，另一方面亚文化推动着主文化的发展。主文化正是通过亚文化发挥着对社会成员的同化力，因为个体总是处在特定的群体归属中，他们接受主文化的影响，大部分是在所属群体中进行的。亚文化在传递主文化的同时，对主文化也进行着选择和补充，使主文化更加具体生动，丰富多彩。主文化的发展必须不断吸收外来先进文化，而主文化吸收和消化外来文化往往是通过亚文化实现的。① 主文化与亚文化和谐全面发展，才能使社会充满生机活力，以适应现代社会人的个性丰富多样的发展需求，从而促进人的和谐全面发展。文化的本质、核心，文化的结构层次和类型关系蕴含着文化发展的基本规律。

从根本上说，和谐德育始终是在学校、家庭、社会的文化环境中展开，并以具体的主文化和亚文化内容为载体进行研究和实践的，因此，从文化本质、核心，文化的结构层次和类型关系中不仅可以探索总结文化的发展规律，也可以从中归纳概括出和谐德育有关方面的实践规律，这对深化认识和谐德育的丰富内涵、实践层次和实践方向具有十分重要的指导意义。

---

① 刁培萼：《教育文化学》，南京：江苏教育出版社，1992 年版，第242—259 页。

三、和谐德育的伦理学基础

科学的伦理学是马克思理论体系中的一个重要组成部分，是以道德为研究对象的独立的科学。伦理学主要研究道德这一社会现象的发生、发展及其规律，研究人在道德上如何不断发展自己和完善自己，研究道德规范的形成及其社会作用等。从人类文明历史的发展来看，伦理学研究总是同人类社会的精神文明建设密切相关的。① 伦理学对和谐德育研究的理论指导意义，主要体现在两个方面。

(一)道德现象的整体观与和谐德育的研究视野

马克思主义伦理学坚持以整个社会的道德现象为研究对象。社会的道德现象是一个动态的立体的多层次的结构系统，包含着丰富而又复杂的内容，体现出人类道德生活的无限生机与活力。以整个社会的道德现象作为自己的研究对象，就能从整体上把握道德的全部特性、职能及其本质，揭示道德发展变化的规律。② 这种整体性的研究方式是从人与道德、社会的物质生活与道德、社会的精神生活与道德以及文化与道德的多重关系中去把握的。

从人与道德的关系看，马克思主义伦理学研究了人的本质和人性问题。论述了人性是存在于历史和现实生活中的人身上的自然属性、社会属性和精神属性的总和。以道德属性为主导的社会属性是人性的关键属性，个人与社会互为条件，没有离开个人的社会，也没有离开社会的个人，人性只有在社会的实践生活中才能得以生成。伦理学研

---

① 罗国杰：《道德教育与价值导向》，北京：教育科学出版社，2000 年版，第 1—2 页。

② 魏英敏：《新伦理学教程》，北京：北京大学出版社，1993 年版，第 98—99 页。

究认为，道德产生于人类社会生活的需要，道德不是外在于人、强加于人的东西，而是内在于人，是人们自我肯定、自我发展、自我实现的一种社会形式。人类之所以需要道德，是因为道德具有帮助人认识社会现实，调节人我关系、群己关系，激励人不断向上，使人能得到自由的、全面的、和谐的发展；是因为道德能够丰富、充实人的内心世界，使人性发扬光大，人格完善高尚，使人生活得更幸福。马克思主义伦理学表明，个人的全面发展是人类社会生活的最高价值和最高目标，一切道德都应服务于这个最高目标，有助于这个最高目标的实现。① 伦理学在人与道德方面的论述为确定和谐德育的研究目标提供了思想指导。

在道德与社会物质生活的关系上，马克思主义伦理学认为，决定社会道德水平的根源并不是人们消费生活水平的贫穷或富裕，而是社会的各种合力相互作用的结果，其中最基本的是社会的经济关系。经济关系的首要表现是利益关系，故而经济利益决定道德体系的基本原则和主要规范。道德的内容实质是不同利益关系的调整问题。个人利益与他人利益，个人利益与集体利益、社会利益的关系问题及其解决，永远是道德的主要内容。道德原则、道德规范的产生和出现，就是为了解决各种利益关系的矛盾。除此之外，科学技术对道德的发展也有独特作用。自然科学引导人们认识自然规律并运用规律造福于人类；社会科学揭示了人与社会的发展规律，引导人向着和谐进步的方向发展。科学的发展，科学新理论的提出，可以改变人们传统的思想方法，从而引起道德观念的进步。科学知识有利于陶冶人的品性，消

---

① 魏英敏：《新伦理学教程》，北京：北京大学出版社，1993 年版，第 193—231 页。

除迷信，提高道德认识水平。科学技术对于人的诚实不欺、勤思明辨、自信果断、勇敢坚毅和谦虚谨慎等道德品质的形成，具有重要作用。在社会物质生活中，商品经济的发展也在促进着道德的发展。商品经济促进着人的进取精神、自立意识和独立人格的形成；商品交换强化着人的平等、自由和公正观念，增强了人的主体性；商品生产的过程和目的促进了人的效益观念和时间观念；在商品经济中，人的道德品质获得新发展。与此同时，科学技术和商品经济也对道德产生负面影响。如由科学技术带来的环境资源的破坏与耗尽，大规模毁灭性武器的生产和使用；由商品经济带来的诚信缺失、损人利己、损公肥私、不择手段占有商品与货币等。道德与科学技术和商品经济相互影响，相互制约，社会主义道德以其促进人和社会全面发展的价值取向引导着科学技术和商品经济的发展方向。

道德与社会精神生活关系主要体现在道德与政治、法律、文艺、宗教、文化的发展关系上。马克思主义伦理学认为，道德与政治既相互区别，又相互影响。它们的主要区别是对经济关系的作用不同。政治干预经济关系一般是运用国家机器，往往是强制性的；道德对经济关系的干预主要是凭借舆论、教育示范，诉诸人们的良心与觉悟。道德与政治的相互联系表现在政治制度和道德类型相互促进，政治思想和道德观念相互影响，个人政治觉悟与道德品质相辅相成等方面。对道德与法律的关系，伦理学系统研究了二者产生的历史和在约束方式上的区别，研究论述了道德和法律同为行为规范，二者具有共同的发展起源，道德和法律在内容上相互包含，在社会作用上相互支持、相互补充的基本特点。伦理学研究了道德与文艺在反映社会生活、指导生活上的不同点；研究论述了二者的相互联系，主要表现在文艺以道德为重要内容，道德以文艺为重要传播手段。道德关系是社会生活中的一种普遍关系，反映道德主题是文艺的主要内容，文艺作品塑造人物形象，只有描写出人物的道德风貌，才能揭示人物形象的审美意义。文艺具有形象性、美感性和群众性，是传播道德思想的有效手段。马克思主义伦理学深入研究了宗教的产生及其与道德的区别，主要表现为宗教总是把现实的客观必然，以虚幻的形式转换成超人类的异己力量；道德反映历史的必然性和现实的人与人之间的关系，赋予必然以正当和善的意义，以此推动社会向前发展。作为调节生活的力量，宗教与道德以神威和人道相区别；对铸造人的精神和对自我的态度，宗教与道德以他律自卑与自律自尊相区别。对道德与文化的关系，伦理学主要研究了文化在造就人的道德心理和道德人格、影响社会道德规范，改造人的习性气质方面的作用；同时研究了道德文化在确立人的个性价值和精神独立，为人类发展提供价值坐标的重大意义。与文化学对“文化核心”的研究相互印证。

伦理学以整体社会生活中的道德现象为研究对象，揭示出道德在社会经济、政治、法律、科技、文化等社会领域中的作用，这不仅对认识社会发展规律提供了认识角度，也为认识道德的发展规律，整体构建与社会主义经济、政治、文化及和谐社会建设相适应的道德规范和道德教育体系提供了理论参照。

（二）道德品质的整体观与和谐德育的实践方法

马克思主义伦理学注重从道德品质的构成要素的整体联系及道德品质的形成过程的整体联系中研究品德发展规律。其研究方式之一，是将道德认识活动、道德情感活动、道德意志活动统合为道德意识活动，认为道德认识、情感、意志三种活动形式既各有功能特点，又互相联系、互相依赖，共同构成道德意识活动。道德意识活动与道德实践活动共同构成整体道德活动。在道德意识整体中，道德认识活动无论在现实的道德心理过程中还是在心理活动规律上都要先于情感和意志活动。情感活动中如没有认识的内容，就会变成纯心理的空壳而失去道德的意义，如没有意志活动的参与，又会变成随感而发的任性的东西；意志可以使情感活动更热烈、更持久，认识则会赋予情感活动明确的价值目标。道德认识活动如不包含情感的因素，主体就会失去对道德真理的热情与追求，很难达到道德认识的目的；同时道德认识又是一个艰难的过程，从具体的偶然的见识上升为普遍的必然的知识，需要主体有勇气有意志。但道德意志活动本身又是以认识和情感活动为前提的，没有道德认识和情感，意志就只是一种盲目的执着，既没有高尚的目标也找不到正确的手段。认识、情感、意志三种活动整体联系的特性，突出表明了道德活动的实践精神。①

对道德品质的构成要素，伦理学运用从要素环节上考察、从整体联系上把握的研究方法，研究了道德认识过程中的道德感知、道德知识学习、道德思维、道德直观和道德智慧等环节各自的特点和这些环节相互渗透与作用的整体联系。道德感知是主体与认识对象发生一定联系后形成的最初的感知觉和对认识对象道德特征的某种印象。这种感知既是道德认识过程的最初阶段，也是更高认识阶段的基础，因为道德认识总是在已有知识、信念、价值观基础上进行的。道德知识学习既指对德育教材书本知识、道德理论的学习，也指主体向道德典范、理想人格的学习，还指在生活中自觉地掌握道德规范和做人的道理。道德思维是根据道德感知和知识学习而进行的理性思考和推理，是对道德现象的本质、特征、内部联系和发展规律的认识过程。“学”

① 姚新中：《道德活动论》，北京：中国人民大学出版社，1990 年版，第 138 页。

是前提，“思”促进和深化着“学”。道德直观是在道德感知、学习、思考基础上的对道德现象的一种熟练化的认识活动。道德智慧是道德认识的最高水平，是对道德知识、价值的全面深刻把握和自觉运用，是道德理想、信念的稳定形成状态。[①] 伦理学深入研究了道德情感与情绪的关系，论证了道德情感活动是对个体道德必然性的体验的特点，即道德必然性反映着人类社会发展的本质和人类完善自身的需要，个体把这种自身发展的内容加以认知、体验而形成道德情感；分析了道德情感活动是对情欲的节制和引导的心理性能，证明道德情感是主体通过认知、评价、体验、调节和修养培养起来的道德品质，其基本内容和形态表现为责任感、是非感、羞耻感、荣誉感、同情感、幸福感等。运用这种方法，伦理学研究了道德意志活动的自主、自决、自律、自控等道德主体性的能动特点，论述了愿望（意向）、决定（计划）、实施等意志过程环节。作为道德活动方式，由道德认识、情感、意志构成的道德意识活动总体上属于“内部活动”，完整的道德活动是道德意识活动和道德实践活动即“外部活动”的和谐统一。道德实践活动是按照道德意识活动所形成的认识、情感、理想、信念，通过道德选择、道德行为和道德交往来发展完善自身、他人、社会的活动方式。伦理学对道德品质构成要素的整体性研究方法，对和谐德育的思想方法和实践方法具有重要指导意义。根据伦理学的整体性研究方法，可以引导教育者对品德要素的认识取动态整体观，即在现实动态生活实践中，品德的知、情、意、行中任何单项结构要素的功能作用都是与其他要素共同作用的结果，如责任感、是非感、羞耻感、荣誉

---

① 魏英敏：《新伦理学教程》，北京：北京大学出版社，1993 年版，第 154—164 页。

感、同情感和幸福感，都是道德认识与道德情感相互支撑、密合为一的道德意识。这些道德意识之间也同样互为基础，互相融合，具有整体性，共同反映着主体的道德品质。

对道德品质形成过程的整体联系，伦理学研究了个体道德心理的形成与发展所经历的“自发—自觉—自由”的基本过程。根据人生的几个不同年龄阶段所经历的不同人际关系和要解决的不同道德问题，伦理学对“时年道德”进行了系统研究。时年道德是指人生不同时期、不同年龄阶段的道德。就伦理关系看，儿童时期的伦理关系以亲子关系为主，青少年时期的伦理关系以同辈关系和朋友关系为主，中年时期以夫妇关系和工作上的同事关系为主，老年时期的伦理关系有的以夫妇关系为主，有的以亲子关系为主。就道德教育和道德修养的内容来看，儿童时期以家庭伦理为主，渐进加入学校伦理、社会伦理；青少年时期在家庭伦理的基础上，扩大到学校伦理、社会伦理；中青年时期除家庭、学校伦理、社会伦理外，增加职业伦理；老年又回到以家庭伦理为主时期。伦理学关于时年道德的论述，对研究大、中、小学德育的内容方法和谐衔接问题，对学校教育与家庭教育、社会教育协调配合问题，以及社会公德、职业道德、家庭美德与个人品德建设和谐贯通问题都有指导意义。

对道德品质的形成特点，伦理学研究指出，道德品质是普遍和特殊的统一，即道德品质是个体在理解和接受一定社会道德准则基础上，在社会生活中持续不断地修养践履中形成的，因此道德品质是一定社会的普遍道德要求在个体身上的体现；同时，不同性格气质、不同心理基础、不同文化背景的人，其道德品质的形成具有各自的特点，任何个人的道德品质，都是社会普遍要求和个体独特性的统一。道德品质也是稳定性和可变性的统一，即道德品质往往表现出人的一贯态度和行为趋向，具有相对的稳定性；同时，在社会生活变迁的背景下，主体不注意持续保持和完善自身品行的情况下，已有的稳定性品行就会发生变化。[①] 从道德品质教育的整体性观念出发，伦理学还研究了学校教育、家庭教育、社会教育的一致性的规律和方法问题。这些方面的研究内容对和谐德育深化德育的目标、内容、途径、方法、管理、评价研究，使之与受教育者的思想品德及身心整体素质和谐发展相和谐等问题，具有重要的启示和指导意义。

四、和谐德育的心理学基础

心理学是研究人的心理现象及其活动规律的科学。品德心理是人的个性心理的组成部分，和谐德育要研究人的品德心理结构的和谐，品德心理结构与个性心理结构的和谐等问题，心理学是其直接的理论基础。在和谐德育实践过程中，心理学理论始终是教育者分析问题、解决问题所遵循的基本原理。

（一）整体认识品德心理形成发展规律的理论基础

心理学属于实验科学。科学心理学以生理学、脑科学、神经学、解剖学等自然科学为基础，揭示了人的心理对客观事物主观反映的一系列规律。心理学以实证性的心理活动机理，证明了心理与大脑的关系以及人的思想意识的来源。心理学研究了客观条件对心理过程、心理特征的影响及心理过程与心理特征的关系，还研究了在具体的社会环境中个性心理的形成规律，这就把马克思主义哲学关于"物质第一性，精神第二性"，"普遍联系和因果制约性"，"社会存在决定社会意

---

① 魏英敏：《新伦理学教程》，北京：北京大学出版社，1993 年版，第 487 页。

识”等基本原理具体化、机制化，从自然科学角度表述了人的思想情感等丰富的心理世界的发生发展机理及规律性。

品德心理研究的人的世界观、人生观、价值观、道德观及理想、信念等思想观念，属于人的心理过程中认识过程的组成部分。人的整体心理世界包括心理过程和个性心理两大部分。心理过程又包括认识过程(观察、注意、记忆、想象、思维的过程)、情感过程和意志过程三个方面，其中认识是基础，是最基本的心理过程，它对情感过程和意志过程有着决定性的影响。个性心理又包括个性倾向(需要、动机、兴趣、理想、信念、世界观)和个性特征(气质、性格、能力)两个方面，其中世界观是个性心理的最高层次，它对其他个性心理因素起着决定性的调节与制约作用。心理世界的上述两大部分是统一的。一方面，个性心理是在心理过程中形成、发展并表现出来；另一方面，已经形成的个性心理对心理过程又产生直接的影响。道德认识、道德情感、道德意志等品德心理的形成与改变，需要经历一定的心理过程，与人的整体心理过程是一致的，品德心理包含在个性心理之中。

品德心理与整体心理过程不仅是一致的，同时也是相互影响的。一方面，心理活动过程影响着道德认识发展的结果；另一方面，已经形成的道德认识又对人的心理过程和个性心理产生重要影响。把品德心理放到整体心理中研究，就可以在德育起点上把道德认识(德育目标)延伸到人的“道德需要”或“成长需要”等心理倾向的领域，在德育归结点上把道德行为延伸到人的整体个性与人格特征上。这就使品德心理的研究更贴近人的生命机理和整体精神世界，因而为落实“以人为本”的和谐德育实践原则提供了基础原理依据。

(二)和谐德育实践过程的指导理论

德育工作的研究对象是人的思想意识和情感行为，德育过程如不触及人的需要、动机、兴趣、理想、信念、感知、思维、情绪、情感、气质、性格等心理问题，就无科学性而言。在和谐德育实践过程中，教育者分析学生行为现象的原因，认识教育难点，确定教学重点，选择德育内容，运用德育方法，理解德育原则，掌握德育规律等实践环节都需要遵循和应用心理学原理。德育工作只有根据人的心理活动的规律和特点，有意识、有计划、有针对性地创设德育环境，设计德育内容，使用德育方法，才能达成教育者与受教育者的和谐互动，进而促进学生思想品德的健康发展，实现德育目标。

在和谐德育的具体实践环节中，心理学原理始终是基本指导原理。例如，要提高思想品德授课效果，就需要运用心理学关于知觉、注意和理解的原理；要培养学生的创新精神和创新能力，就需要运用心理学关于思维规律及“非智力因素”等原理；要培养学生的道德主体性，就需要运用心理学关于需要、动机、情感、意志等原理；要在德育过程中坚持因材施教，就需要运用心理学关于气质、性格等知识。特别是在心理健康教育由专任教师向所有班主任和科任教师普及的工作实践中，掌握心理学原理已成为实施和谐德育的必备要求。从教育者与受教育者达成和谐关系的主导因素——教育者自身的心理和谐、身心和谐来看，教育者良好的心理品质是实现“双主体”和谐的必备素质。教育者掌握科学心理学的知识并能用其指导自身的和谐成长与工作实践，是形成良好心理品质的前提条件。

五、和谐德育的教育学基础

（一）“社会—人—教育”三者之间的和谐关系

教育学和教育哲学研究说明，教育的基本发展规律是“社会—人—教育”三者之间的相互制约、相互作用的稳定联系，即社会发展对人的素质提出要求，教育根据社会对人的素质要求进行教育改革，以使人的素质适应社会需求。在这样的相互联系中，人的素质作用于社会，促进社会发展，而社会的继续发展，又对人的素质提出新的要求，教育就要根据这一新要求，继续进行改革，如果“社会—人—教育”之间的联系是一种积极的健康的相互促进状态，就体现为社会发展的整体和谐；如果三者之间的联系出现了非积极健康的作用联系，就说明社会发展存在整体联系的不和谐因素。造成“社会—人—教育”不和谐的因素是多方面的，从学校、家庭、社会整体和谐层面探索促进“社会—人—教育”和谐发展，是和谐德育研究的根本目的。因此，教育哲学中关于怎样认识人的和谐发展以及对教育主体等问题的研究，对整体构建和谐德育体系具有指导意义。

(二)教育者、受教育者和环境之间的和谐关系

教育学中关于怎样建立教育者、受教育者和环境之间的和谐关系的论述为和谐德育研究提供了理论原则。教学过程的动力和掌握运用教学原则是实现教育者与受教育者和谐关系的两个紧密联系的环节。教学过程的动力是教师提出的教学任务与学生完成这些任务的需要及水平之间的矛盾。教学原则是在总结教学实践经验基础上根据对教学规律的认识制定的教学准则。教育者根据教学动力原理使学生保持和增强学习的内在动力，并能综合运用教学原则组织教学，师生之间就会建立和谐的充满活力的互动关系。师生关系是学校教育中最基本的人际关系。和谐融洽的师生关系不仅是有效进行教育活动和完成教育任务的重要条件，而且本身也是一种重要的教育力量，学生的思想品德是在良好、健康的人际环境中逐渐养成的。德育过程主要是教师与学生之间、学生与学生之间的主体多元互动过程，其互动的效果决定了学生思想品德发展的水平，而师生互动的效果则是由师生关系和谐程度决定的。在教育过程中，教师与学生如果能够平等相处、诚恳相待，学生人格就会得到尊重，个性潜能就能得以发挥。同时，教师的高尚道德情操、优良个性品质就能够潜移默化地影响和感染学生。

教育学对教育环境的研究对构建学校、家庭、社会和谐德育环境有直接的指导意义。古代教育家就十分重视环境的教育作用，荀子说："蓬生麻中，不扶而直；白沙在涅，与之俱黑。"① 一般情况下，学校有组织的环境的影响力大于家庭和社会自发环境的影响力，有组织的环境要靠教育者根据新的教育理念精心设计和构建，对自发环境要进行有意识的发掘和利用，对学生的发展无益或有害、与教育目标不一致的自发环境要加以调节控制或消除。经过整体构建学校、家庭、社会和谐德育体系的实践，使三个领域的环境不断优化，教育者、受教育者和环境便可以形成和谐的育人关系。

六、和谐德育的社会学基础

社会学关于人的社会化的理论，对在建设和谐社会背景下构建学校、家庭、社会和谐德育体系研究具有多方面的指导意义。社会化是个体在社会文化环境影响下，由自然人发展成为适应社会生活、掌握社会规范的行为方式的社会人的过程。社会化是通过个体在家庭、学校的学习和社会文化的影响逐步实现的。人的社会化过程是人个性化的过程。同时，人的个性化中也有共性的成分，如共同的理想信念、民族情感和风俗习惯等。人的社会化是通过人的一生来完成的。社会学从家庭、学校、社会的文化环境和人的年龄成长阶段研究人的社会化问题，这种研究方法与和谐德育"横向贯通、纵向衔接"的研究思路

① 《荀子·劝学》。

存在时空范围的对应性。人在社会化中形成自己的社会角色。人的社会角色是一个“角色丛”，同一个人在学校、家庭、社会的不同生活情境中，承担的角色是否自然和谐，符合角色规范，即社会学所说的“社会适应”，是人的道德素质和道德人格是否完整和谐的基本标志。这个问题是构建学校、家庭、社会和谐德育体系研究的一项重要内容。也可以说，学生在学校、家庭、社会不同生活情境中角色人格的自然和谐，即个人品德、家庭美德、社会公德、职业道德的和谐统一，是和谐德育的一个基本指标。从学生的社会化过程看，儿童首先在家庭接受教育而逐步成长，形成基本的品质和个性，这种基本的品质和个性在后续的教育过程中，往往会成为重要的发展基础。儿童入学后，在接受学校教育和社会环境的影响下，家庭教育继续发挥着作用。学生的时年道德与在社会各种生活领域的优良道德品质应该是和谐共生的。

学校德育环境与社会环境、家庭环境始终是相互联系、相互渗透、相互作用、相互影响的。学校、家庭、社会在教育主体，教育的内容、方式、方法上各有优势，只有在学校、家庭、社会三方面教育力量和谐一致的时候，学生的品德发展才是健康积极的。和谐德育研究的基本目的就是充分发挥学校、家庭和社会三个方面教育力量各自的优势，使之相互协调、相互配合、相互补充、形成合力，推动学校、家庭、社会德育理念融通，德育目标趋同，德育过程协调，德育方法互补，德育资源共享，从而产生多渠道、多方位的和谐德育整体效应。社会学关于人的社会化的主要因素及其过程的规律研究，为深化和谐德育的过程和方法研究实践提供了参考理论。

和谐德育的基本含义*

一、和谐德育的定义

和谐德育，是以满足社会发展需要和受教育者发展需要的和谐统一为出发点，在遵循受教育者思想品德和身心发展规律的基础上，构建德育体系诸要素之间的和谐关系，使之协调相应、配合得当，形成合力，以引导教育者掌握德育规律，提高育人能力，从而促进受教育者思想品德及整体素质和谐发展的一种教育模式。

这个定义包含的要点可以从六个方面作阐释性表述：

(一)和谐德育以满足社会发展需要和受教育者发展需要的和谐统一为出发点

社会发展需要和谐。我国确立建设社会主义和谐社会的发展目标，深刻说明社会和谐是国家富强、民族振兴、人民幸福的必要条件。社会和谐有利于解放生产力，发展

* 本文是与宁武杰合作撰写，见詹万生等著：《和谐德育论》，北京：教育科学出版社，2008年版。

生产力。科学发展观是社会和谐发展的具体体现，如统筹建构城乡、区域、经济社会、人与自然、国内发展与改革开放的和谐关系，全面加强社会主义经济、政治、文化、社会建设，使其和谐共生，相互支撑，这些和谐关系的建构，都是社会健康和可持续发展所必需的。

个体的发展需要和谐。在当代，人自身成长发展对和谐的需要表现为，第一，人的品德的知、情、意、行需要和谐发展，人的品德与智力、身体、审美、劳动诸素质需要和谐发展，人的德性与个性需要和谐发展；第二，个体与他人的和谐，如个体与同学同事、与师长父母、与社会群体、与生活环境的和谐，其中个体的健康心理是个体与他人相和谐的一种心理需要；第三，个体与社会的和谐，如个体思想行为与社会主流意识的和谐，与社会发展方向的和谐；第四，人与自然的和谐，如个体与现实的物质(人工)生活环境的和谐，与自然环境的和谐。

社会发展需要与个体发展需要和谐统一。和谐是社会和个体发展的共同需要，就二者关系看，建设和谐社会是个体和谐发展的社会前提，而个体的和谐发展又是实现社会和谐发展的根本条件。和谐社会的基本特征，如民主法治、公平正义、诚信友爱、充满活力、安定有序、人与自然和谐相处，都是人的思想品德的社会化体现。社会的和谐发展与个体的和谐发展是相互依存的辩证统一。这种辩证统一关系是和谐德育研究的现实背景和出发点。

(二)遵循受教育者思想品德和身心发展规律

遵循受教育者思想品德和身心发展规律确定了和谐德育研究的科学理论基础。思想品德发展规律是品德形成发展过程中品德内部诸要素之间，对品德形成有影响作用的内外部诸因素之间的必然联系。如品德发展与生活情境和实践活动紧密联系规律；思想品德发展的动力规律；品德的知、情、意、行各要素相互联系、相互促进规律；品德各要素发展的差异性和教育的多端性规律；品德发展的他律与自律辩证统一规律。受教育者身心发展规律如儿童心理和机体行为能力的年龄特点规律，思维情感和行为习惯长期培养积累规律，个体社会化与个性化辩证统一规律等。遵循这些基本规律是进入课题研究的必备前提和基础。

（三）构建德育体系诸要素的和谐关系

和谐德育定义所述“构建德育体系诸要素的和谐关系”，主要指教育者与受教育者和谐；德育环境的和谐；品德结构的和谐；德育与智、体、美、劳诸育的和谐；德育的目标、内容、途径、方法、管理、评价“六要素”和谐；德育在幼儿、小学、初中、高中（中职）、大学（高职）、研究生“六学段”衔接上的和谐。这些和谐关系都以其内在的客观的联系为基础。在每一组要素联系中，每一个要素内部都包含着更具体的要素联系，如德育内容在年级之间的和谐联系、德育途径中学科教学与班主任和团队工作的和谐联系等。

（四）引导教育者掌握教育规律

以遵循教育规律的实践理性进入课题研究和实践，在科学理念和教育实践的紧密结合与相互验证中，在构建德育体系诸要素的和谐关系中，引导教育者深化对教育规律的认识并自觉地将规律运用到具体的教育过程中，是和谐德育研究的主导环节。其中如何构建德育体系诸要素的和谐关系，如何通过构建和谐形成教育合力，从“和谐”到“合力”都有哪些教育规律，是和谐德育研究的重点领域。在实施和谐德育过程中，引导教育者掌握教育规律是培育和提升教育者主体性的核心环节，是培育受教育者主体性的决定因素，是和谐德育研究的本质目的。教育者主体与受教育者主体和谐互动、共同成长，体现了对教育规律的完整把握，明确了和谐德育的完整的必然的归结点。

(五)促进受教育者思想品德及整体素质和谐发展

促进受教育者思想品德及整体素质和谐发展是和谐德育研究与实践的直接目的，是德育实效性的具体体现。和谐德育的定义中完整地包含了德育工作的针对性、主动性、科学性和实效性，即和谐是我国社会发展的主题，教育及德育工作如何适应和谐社会建设这一要求是一个十分紧迫的理论和实践问题；和谐德育研究直接面对这一现实问题，充分体现了课题研究的针对性和主动性，也体现了课题研究的时代性；课题研究从遵循规律入手，经过研究实践深化教育者对教育规律的掌握和运用能力，使德育工作的规律性具体化、过程化、系统化，体现了课题研究的科学性；课题研究以增强德育诸要素的合力为重点，以提升教育者的主体性和促进受教育者思想品德及整体素质和谐发展为归结，充分体现了对德育工作实效性的追求。从这个意义说，和谐德育研究是一种更贴近社会和个体发展需要的应用型德育理论与实践模式研究。

(六)和谐德育是一种教育模式

综合国内关于教育模式的研究，教育模式是一种为解决教育面临的问题而建立的科学操作和科学思维的方法。教育模式的总体特点，是教育理论和教育实践之间的“中介”，在理论和实践之间起着由下而上和由上而下的双向联结作用。即一方面，教育者在教育改革实践中通过对一些经验方法进行归纳综合，总结提炼出模式，经过实践验证，使模式具有了理论属性；另一方面，可以在理论指导下，经类比、演绎和具体化而提出多种教育模式，进而运用到教育实践中，以解决不同的问题。问题是否得到解决，是检验模式是否具有科学性的基本标准。“教育模式，推上，有理论基础；推下，有操作程序。模式处于理论与应用的中介。在理论与实践之间，模式能够承上启下，所以意义重大。”①

和谐德育以解决德育及整体教育过程中的不和谐问题为研究重点，这种研究始终不是单向地研究德育问题，而是从德育与整体教育的联系、德育与社会教育、家庭教育及社会发展等多向联系中进行研究。因此，和谐德育首先是一种德育模式，其属性归结点和完整定义域是一种教育模式。和谐德育作为一种教育模式，其建构类型可以包括宏观、中观、微观三个层次。宏观层次，如从和谐德育与社会和谐关系上进行研究而构建的不同模式；中观层次，如从和谐德育与和谐社区、和谐学校、和谐单位、和谐家庭各领域的关系上进行研究而构建的不同模式；微观层次，如建立和谐师生关系工作模式，传授知识与陶冶情操相和谐教学模式，班主任与少先队共青团和谐育人模式等。

模式是思维和实践的阶段成果。建立一类教育模式，是为了总结经验，提升教育理念，深化教育实践。但这并不是实践和认识的终点，建立模式的深层目的，是为了在已有模式基础上超越这类模式，进行再创新，而不是固守“模式化”。模式是创新的发生基础。基于教育模式具有理论和实践的“中介”的特性，因而通过和谐德育研究构建出不同层次、不同特点的德育或教育模式群，对引导教育者运用科学理论，掌握教育规律，推广创新教育方法，培养教育主体性等方面都具有重要的现实作用。

---

① 查有梁：《教育建模》，南宁：广西教育出版社，1998年版，第13页。

二、教育者与受教育者和谐

教育者与受教育者的关系是教育研究中最基本、最核心的问题。和谐德育坚持民主融合的师生观，即教育者、受教育者“双主体”和谐。教育理论研究教育者与受教育者的关系主要有三个领域：一是从教学过程的基本要素和基本规律角度研究；二是从教育的主体性角度研究；三是从师德建设角度研究。这三个领域的研究中都蕴含着怎样建立教育者与受教育者的和谐关系问题。和谐德育研究坚持综合性与现实性相统一的思想方法，即综合参考各领域的研究观点，将其放到现实的教育生活中进行检验，在理论与现实的往复验证中，进行新的总结提炼，归纳概括出和谐德育的理论观点。

(一)教育者与受教育者和谐关系构成因素之一：教育者的精神动力

教育者与受教育者的和谐是双方积极、健康、富有活力的联系状态的反映。教育者作为教育过程的先导性主体，对建立这种和谐关系具有主导作用。教育者主体性的形成首先源于其精神动力。这种精神动力主要表现为对教育工作倾注的热情、信念，在教育过程中的意志、毅力，这些因素构成教育者主体性的动力系统。怎样培育和充实教育者的精神动力应列为建立教育者与受教育者和谐关系的首要问题。

从教育者与受教育者日常现实的交往关系来看，可以分出直接的交往关系和间接的交往关系。任课教师和班主任与学生是直接交往关系，校长、书记及中层干部作为学校管理者，与学生是一种相对间接的交往关系。对教育者的这两种相对区分是由学校教育工作的特性及职务分工决定的。我们研究教育者的主体性，重点是研究与学生是直接交往关系的教育者的主体性。这种交往关系的划分的意义在于，任课教师、班主任（简称教育者）的精神动力与校长等中层干部（简称管理者）存在着紧密联系。从学校教育工作的运行机制看，管理者与教育者的和谐关系是教育者与受教育者和谐关系的必要前提。本课题在建立管理者与教育者和谐关系研究中取得的重要成果，是构建以人为本的教育管理体系。其实践要点是：

第一，确立以人为本的教育管理理念和管理方式。

体现为关注教师的精神质量和生命价值，尊重教师的个性和自我实现的成长需要，如教师的职业成就感，对工作生活的幸福感。对教师的要求要适合教师实际发展阶段，让教师经过努力亲身体验成功的喜悦；为教师创造学习提高和自我实现的发展条件，支持创新，鼓励创新，让教师感受到精神的满足；及时肯定教师的成绩，树立教师威信，让教师感受到学校、学生、家长的认可，感受职业生命的价值；关注教师的物质待遇，使教师物质待遇与工作付出相匹配。

第二，制度保障，领导带头，实现教育生活的民主、平等。

民主、平等是构建和谐的必要条件和基本特征，是以人为本的固有内涵。实现民主平等的根本依托是制度。制度既是和谐的内在机制，也是创建和谐、发展和谐的保障。要让教师成为制订制度的主体，制订出既有利于实现共同教育目标，又能引导和保障教师自我实现，将以人为本理念具体化的新型学校制度。如行政制度、教学制度、德育制订、教师发展制度、教学服务制度等。每一位管理者都要从自我做起，成为自觉执行制度的楷模，使制度成为保障集体与个人和谐共生的、具有育人功能的制度文化。建立管理者与教育者的和谐关系是培育教育者精神动力的必由工作环节。教育者的精神动力可以归结于教育者的职业价值观和积极健康的职业心理，这是建立教育者与受教育者和谐关系的必要因素。

(二)教育者与受教育者和谐关系构成因素之二：教育者的整体素质

教育者的整体素质状况对其与受教育者建立和谐关系具有决定性作用。对教育者的整体素质有不同的概括方式。《中小学教师职业道德规范》提出的“依法执教、爱岗敬业、热爱学生、严谨治学、团结协作、尊重家长、廉洁从教、为人师表”，是从教师道德品质和职业行为角度提出的基本要求，这八个方面构成教师应具备的整体素质，如果在其中一个方面存在差距，就会成为与受教育者关系不和谐的发生原因。其中“爱岗敬业”与前面所述教育者的精神动力可以融为一体；“依法执教”和“廉洁从教”反映的是教师的民主法制素质；“热爱学生”“为人师表”是与受教育者建立和谐关系的核心要求；“严谨治学”侧重教师的专业素质；“团结协作”是对教育者之间和谐关系的要求；“尊重家长”是教育者与家长建立和谐关系的基础。这八个方面都可以作为研究教育者与受教育者和谐关系的专题。根据学校生活是以课堂教学、思想教育和日常学习生活管理为重心的特点，可以在把握八个方面整体联系基础上把热爱学生和严谨治学作为研究教育者与受教育者和谐关系的重点。在研究方法上，把教学过程的要素、教育主体性和师德建设三领域的研究综合起来，以使对这个问题的认识更趋深入。

热爱学生是教师对学生的思想情感。在教育过程中，热爱学生表现为尊重学生的独立人格，民主平等公正地对待学生，关注学生的成长需要，注意发现和保护学生在学习过程中的主体性，即他们参与学习活动的积极性、自觉性、主动性和创造性等主体意识和主体行为。从社会化水平看，教育者主体性先于德育过程而获得，并在德育过程中不断完善。受教育者的道德主体性和学习主体性都处在形成发展状态。受教育者主体性是在教育者主体的指导下逐步成长发展的。教育者细心掌握受教育者的生理、心理发展阶段特点和知识能力及主体性发展需求，注重培育受教育者的内在动力，据此设计教学方式和教育活动，指导受教育者的学习和品德成长，是教育者的主体意识的体现，也是热爱学生的具体体现。这是教育者与受教育者建立和谐关系的内在动因，也是德育的基本规律。受教育者在教育者组织的活动中不断发展着自身的主体性，其主体的形成状态既是自身素质发展的阶段标志，又是教育者主体性的对象化体现。植根于热爱学生的思想情感，教育者可以创造出多姿多彩的教育教学方法，建立起情感融洽、民主和谐的师生关系。

严谨治学包括树立优良学风，刻苦钻研教学业务，不断学习新知识、新理论、新经验，积极探索和运用教育教学规律，改进教育教学方法，努力提高教育教学能力和科研水平。这是一个动态的、完整的教育教学工作过程，其中在学习知识理论中探索和运用教育教学规律是提高教育教学效果，建立和谐师生关系的一个中心环节。

学科教学是学校教育工作的重心，也是德育工作的重心。因此和谐德育把各学科教学育人作为一个重点研究与实践领域。各学科教学规律可分为两个认识层面，一是各学科共同的教学规律，二是各学科自身的教学规律。在掌握和运用各学科共同规律方面，主要把握三条基本规律：第一，全面和谐发展规律，其中包括掌握知识与发展智能相互促进规律，知识教育与品德教育相互促进规律，德、智、体、美、劳各育相互促进等规律；第二，教学相长规律，其中包括师生情感效应规律、教与学相辅相成规律、渐进与飞跃统一等规律；第三，整体优化规律，其中包括教学过程各组成部分合理操作规律、教学过程各组成部分协调配合规律、教学过程有效控制等规律。①

掌握各学科教学规律，是在教学系统建立和谐师生关系的重要基础。教师要把各学科共同的教学规律与学科具体教学规律和谐统一起来，设计教学活动。在各学科教学中，和谐德育研究实践的一个基础课题，是知识能力教学与情感、态度、价值观教育和谐统一、相互促进的规律与方法。在我国各教育阶段，德育有完整的课程体系，德育学科教学过程、德育活动有自身的规律性；同时，学校日常生活中的思想品德教育，如班主任工作也有自身的规律性。在这个领域应重点掌握和运用的规律是学生思想品德和身心发展规律和德育过程规律。学生思想品德和身心发展规律已如前面和谐德育的含义阐释中所列举，掌握和运用这些规律是建立和谐师生关系的前提。在掌握学生思想品德和身心发展规律基础上，还要探索和掌握德育过程规律。这是因为，和谐反映的是教育全过程中教育者、受教育者、德育内容和方法三要素之间协调相应的关系状态。德育过程规律研究的是教育者以德育内容和方法为中介开展教学活动，引起受教育者思想品德发生变化的规律。德育过程的规律是把学生思想品德和身心发展规律，放到现实的教育者与受教育者的交往和互动关系中加以运用而形成的教育规律。当教育者能够掌握和运用这个层面的教育规律的时候，教育者与受教育者和谐融洽、真情互动的关系就会建立起来，并持续深化发展。

教育者与受教育者和谐关系的关键因素是教育者完整高尚的职业道德素质，其中蕴含的核心规律是以德育德。这种和谐关系的建构过

---

① 吴文侃：《比较教学论》，北京：人民教育出版社，1996年版，第161—168页。

程和归结点是教育者与受教育者“双主体”共同成长。

将教育哲学和德育论关于“主体性”的理性论述结合到教育者热爱学生、严谨治学的职业道德和专业素质中讨论和实践，有助于使理论思辨回落到生动具体的教育实践和学校工作生活之中，有助于与科学规范的学校管理和教师评价相对接。这种“回落”的立足点，就是为建立教育者与受教育者的和谐关系强本固基。

三、德育环境的和谐

环境是直接或间接影响人的身心素质形成和发展的全部外在因素，是人的生命成长的全部生活时空。和谐德育坚持整体优化的大德育观，即学校、家庭、社会“三教”和谐。本课题的这一研究构架，就是从人现实的生活环境切入，以每一环境内部和环境之间的整体和谐为归结点。对环境的一般分类主要包括自然环境、社会环境、家庭环境、工作环境、学习环境等。德育环境是从教育研究和教育实践角度对人的整体性的生活环境作的一种相对切分，主要指影响学生思想品德形成发展的全部外在因素。根据学生的生活时空特点，通常把德育环境分为学校德育环境、家庭德育环境和社会德育环境。德育环境的和谐是和谐德育研究的重点领域。总体研究思路是：首先研究构建和谐的学校德育环境，即和谐学校建设；在构建和谐学校过程中，探索指导和谐家庭建设的方法模式，总结建立和谐家庭教育环境的经验和规律；与此同步，研究学校引导、参与和谐社区建设的方式方法，总结创建和谐的社会德育环境的基本实践模式；在此基础上，归纳概括出整体构建学校、家庭、社会和谐德育体系的理论体系和实践模式体系。

(一)构建和谐的学校德育环境

学校的办学思想、育人理念主导着德育环境的建设。从教育者与受教育者在日常的教学和学习生活中对环境的心理感受角度，可以把学校德育环境分为物态环境、精神环境和制度环境。

1. 和谐的物态生活环境

学校的教学区、生活区和活动区的建筑设计要体现传统、现代或传统与现代并融的风格，建筑物的形式、结构、色彩等方面在富于美感中体现着和谐。学校的自然环境要体现人与自然的和谐，努力建设绿色校园。道路、花坛、草坪、绿化带的布局，树种、花木的搭配和修剪造型等视觉所及物都反映着美的韵律。学校物态化的人文环境，如校训、校徽、办学理念、宣传语、橱窗、展板、板报、雕塑、名人名言图像文字、展室、长廊等学校文化氛围，潜移默化地感染陶冶师生的心境和情操。和谐的学校物态环境并非完全是静态的，师生对学校的自然环境和人文环境的审美态度和行为方式是物态生活环境的“人化”所在，如师生对创造优美、干净、整洁的校园环境的情感意识和自觉保持维护校园卫生环境的行为举止，是构建和谐的学校物态环境的重要因素。

2. 和谐的精神生活环境

和谐的精神环境主要由学校的校风、文化生活、人际关系、制度意识和心理气氛等因素构成，是学校精神的整体展现。这种精神生活环境通过校训、办学理念宣传语概括表述出来，并由学校制度把体现学校精神的程序规范和行为方式确立下来，成为学校精神生活环境的主导机制。

校风是一所学校在长期的教育教学工作中形成的整体精神状态和思想作风，是学校领导作风、教师的教风、学生的学风的集中体现。

校风建设是构建和谐的德育环境的工作重心和主导性因素。新时期校风建设要从我国建设富强、民主、文明、和谐的社会主义现代化国家的社会发展需求出发，紧紧抓住教育理念、领导作风、教风和学风四个重点。

文化活动以活跃教职工生活、愉悦身心健康、增进和谐怡乐的生活氛围为重点。如定期举办教工联欢会，校园文化节，开展教工书法、演唱、舞蹈、器乐、棋艺及各种体育健身活动；参加音乐会，欣赏高雅艺术，丰富审美情趣；假日组织教工参观旅游；等等。健康高雅、丰富多彩、富有特色的学校精神文化生活，与生动有序的教学生活，民主平等、互助关心的人际关系共同构成和谐的、怡心怡志的学校精神生活环境。这种和谐的精神生活环境投射到师生员工的心理层面，成为人的一种和谐的心理感受和心理环境。和谐的学校精神生活环境是外在氛围和谐与内在心理和谐协调相应的生活状态。

3. 和谐的制度生活环境

制度是人在社会化过程中创造的精神文明成果。制度表述着集体和个人的活动秩序与行为规范，是集体和个人发展的保障。在社会生活中，制度以其行业特点成为法律与道德的交会点与实施载体。科学的学校制度是学校教育理念和师生意愿的集中提炼，是构建和谐学校的导向机制和根本保证。

和谐的制度生活环境由以语言文字为载体的制度文本体系和教育者、受教育者在学校生活中形成的制度意识及其行为方式共同构成。构建科学的学校制度体系要遵循以人为本和整体和谐的实践原则。

(二)构建和谐的家庭教育环境

家庭环境是个体生命赖以生存的基础场所，也是对孩子的成长影响最早、持续时间最长的教育环境。构建和谐的家庭教育环境，要认识家庭教育环境的特点，掌握建设和谐的家庭教育环境的方式方法。

1. 家庭教育环境的特点

(1)基础性和持久性

家庭是以婚姻和血缘为基础构成的社会单位。孩子从出生就生活在家庭中，儿童从入幼儿园到上小学、中学，有近 2/3 的时间生活在家庭中。在这个阶段，父亲的言行举止、价值观念、工作态度、兴趣爱好、知识结构、教育态度和方法等，对孩子的身体发育、智力发展、学习进步、品德及人格形成具有启蒙和持续培育的巨大作用。孩子进入大学或参加社会劳动及工作后，父母及长辈对他们的关心、教育仍然会持续进行。家庭教育不仅是一种启蒙教育，更是一种终身教育；家长不仅是孩子的第一任教师，还是孩子的终身教师。

(2)情感性和生活化

孩子在家庭中的情感是以血缘关系为根基的亲子之情。在我国越来越多的独生子女家庭中，家庭成员特别是家长与孩子的情感互动的密度在加大，父母对孩子的关心牵挂使亲子互动的方式在扩展，除日常的面对面口语交谈和书信外，电话、短信、QQ 聊天也成为常用的沟通方式。生活化是家庭教育环境的自然形态。在家庭教育环境中，物质环境与精神环境相互渗透，相互体现，家庭教育的话题和内容随时、随地、随时存在和发生。

2. 构建和谐的家庭教育环境

构建和谐的家庭教育环境，就是根据现代家庭的环境特点，研究其和谐与不和谐的发生原因，通过家长学校及各种家校联系方式，普及科学的家教理念和教育方法，引导家长不断提高育人水平，在创建和谐家庭的过程中构建和谐的家校互动关系，在和谐的家校联系中增强教育的合力，在不断深化持续的合力中，促进教师、学生、家长的共同成长。

（三）构建和谐的社会教育环境

学校环境和家庭环境都是社会（社区）环境的组成部分。在建设和谐社会背景下，学校教育环境不仅要建设和谐的校内育人环境，充分发挥其培养人的基本功能，还要担负起引导社会主义和谐文化建设及和谐社区建设的职责。学校对和谐家庭建设的引导和指导是学校参与和谐社区建设的重要环节，同时，学校在建设和谐社区、创造和谐的社会育人环境中可以发挥其独到的作用。基本的实践方式可以分为“主动参与”和“联合协作”两大类型。

1. 主动参与

根据学校自身特点，主动参与社区的政治活动，如普法宣传、扫黄禁赌、制定乡规民约等；主动参与社区的文化活动，如社区教育和文化补习活动，参加社区节日、纪念日庆祝活动和各种主题日宣传活动，参加社区的文化娱乐和移风易俗活动；主动参与社区的经济活动，如对社区的企业发展和经济问题进行调研，为地方培训技术人才，指导地方基础建设和农副业科学发展等。

2. 联合协作

在创建和谐的社区育人环境中，本课题总结出多种与社区联合协作的工作方式。如建立社区教育委员会，聘请社区各领域先进人物为校外辅导员和兼职教师；与社区有关单位共建校外教育基地；与社区的工会、妇联、共青团等组织一起举办家长学校，一起举办宣传、竞赛和庆祝活动等。

本课题对和谐的德育环境的研究实践，是坚持关照人的整体生活时空，坚持整体和谐的大德育观。学校德育与社区环境、家庭环境以及校园环境之间是相互联系、相互渗透、相互作用、相互影响的。实践证明，家庭、学校、社会在教育主体、内容、方式方法上各有优势，只有在学校、家庭、社会三方面教育力量和谐一致的时候，学生的品德发展才是健康的积极的。所谓整体化大德育观，指的是从学校、家庭和社会三方面同时采取强有力的措施，使三方面相互协调，取长补短，充分发挥各自的优势，产生多渠道、多方位和谐整体的德育效应。三方面和谐，有利于实现德育理念融通，德育目标趋同，德育内容方法协调互补，德育资源共享，为建设拥有和谐学校、和谐家庭、和谐社区的和谐社会做出贡献；同时，三方面和谐，有利于建立广泛的社会联系，发挥学校、社区、家庭各方面德育功能，使学生成为学校的好学生、家庭的好孩子、社会的好公民，保证德育工作的连续性与整体合力。

四、品德结构的和谐

和谐德育坚持和谐有序的德育过程观，即品德知、情、意(信)、行等结构要素和谐。品德是一定的社会道德规范内化为人的心理和行为的一种具有道德属性的个性特征。品德的心理因素主导着品德的行为表现。因此，对品德结构的研究主要是从品德心理角度对道德需要、道德动机、道德认识、道德情感、道德意志(道德信念)、道德行为和道德能力的研究。在普通心理学研究中，人的认识(思维)、情感、意志(信念)是每一个正常个体所共有的个性心理过程；在教育心理学研究中，认识(思维)、情感、意志(信念)、行为是学生学习各门知识和参加各类教育活动所共有的心理和行为因素。从心理学角度看，品德既包含一定的个体意识倾向性，又包含一定的个性心理特征；品德既通过个体知、情、意(信)、行的心理过程形成，又在个体知、情、意(信)、行的整体联系中表现出来。完整的个性心理结构包括个性心理倾向、个性心理过程、个性心理特征三个方面，品德心理（道德知、情、意、行）属于个性心理过程中的一部分。因此，研究品德结构的和谐，首先要认识个性心理的基本结构及其整体和谐关系。

（一）个性心理结构的整体和谐

综合心理学研究结论，把个性心理结构的要素联结关系放到人在现实生活情境中的动态过程中复现，大致可以作这样分解性描述：

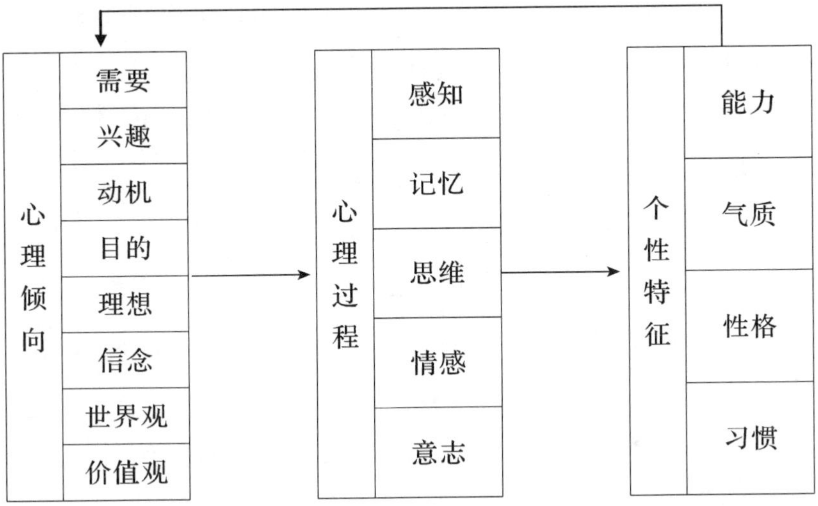

个性心理结构的各种成分不是机械的排列集合，而是以其生理和心理固有机制彼此互相依赖、紧密联结，共同形成个性的整体结构。

在个性整体结构中，具有先导机能的是个性心理倾向，包括需要、兴趣、动机、目的、理想、信念、世界观、价值观等成分。人的心理倾向是人所有活动的动力源泉和精神支撑，其中需要是激发个体产生各种心理活动和行为的原始动力。在生活中，心理倾向是个性化的人在当前时刻的心理状态，即心理与行为的“背景”，一切心理和行为都发生在它的上面。

心理过程是人在学习、工作和日常生活中面临知识、问题、现象、形象、情境等客观现实产生的心理反应，由感觉、知觉、记忆、思维、情感、意志等心理过程构成。这些不同的心理反应形式都服从于人的生理机制，如大脑两半球功能协同反应机制，大脑思维区域与情感区域的皮质神经息息相通、相互作用机制，等等。

个性心理特征，包括能力、气质、性格、习惯，在个性结构中是比较稳定的成分，它是心理倾向和心理过程的外化表现形态。如人的情感可以通过表情、移情、同情、关爱他人的行为表现出来，人的意志可以通过个体的不怕困难、坚强毅力、坚持不懈的行为表现出来。个性特征是一种相对稳定的心理状态，它和个性行为共同反映着个体的道德人格。在流动的生活情境中，这种道德人格和心理状态又成为人持续参与社会生活的心理倾向。人的个性结构是在客观环境中主体和客体相互作用中形成的内在联系紧密的整体。人的个性特征具有相对稳定性，在环境和教育的影响下，人的个性也可以慢慢地发生变化，个性具有可塑性。

品德结构包含在个性结构之中。研究个性心理结构各构成因素的整体和谐、动态发展的生成关系，有助于深化对人的品德结构获得完整、立体、动态的认识。心理倾向中的需要、兴趣、动机、目的、理想、信念、世界观、价值观等要素，都可放在个性心理和品德心理中进行实践应用研究。对人的个性结构的研究更接近对整体人的把握，因而这个角度的研究有助于对人的品德结构、人的德性与个性、人的个性化与社会化的和谐关系获得完整的认识和把握。

(二)对品德结构论述的古今综合考察

1. 孔子对品德修养要素的论述

在中国教育史和德育思想史上，孔子是第一个全面论述品德构成要素的思想家。对于道德认识，孔子特别强调学习道德规范对品德修养的重要性，提出“君子学以致其道”①的教育要求。孔子所说的“道”的核心就是以“仁”为主旨的做人准则。他认为学习和思辨是自切反省，改过迁善，追求品性完美的有力保证。孔子非常重视个人的道德情感与道德品质的密切联系，他认为是否有正确的爱憎情感，是判断一个人仁与不仁的标准，指出“唯仁者能好人，能恶人。”②他很重视培养学生的道德情感，认为用诗和礼乐进行熏陶是发展学生道德情感的有效方法。孔子认为道德意志是一个人达到至善的保证，道德修养需要坚持不懈，持之以恒，他以山为喻说明这一道理：“譬如为山，未成一篑，止，吾止也。譬如平地，虽覆一篑，进，吾往也。”③孔子把志——确立志向、信——树立信念、恒——持之以恒作为训练与培养意志的教育要点。强调身体力行和道德实践，是孔子德育思想中的一贯主张，它对后世的“知行”学说直至现代德育理论具有重大影响。在力行和道德实践上，孔子强调君子应以行为重，要“敏于事而慎于言”④，同时，要言行一致，指出“君子耻其言而过其行”。⑤ 孔子不仅各有侧重地论述了深刻的道德认识、高尚的道德情感、坚强的道德意志和持续不断的道德实践在道德教育中的重要性，同时也强调了这四种要素在品德修养中的和谐联系。

2. 西方教育家思想家对品德结构的论述

希腊伦理学家和教育家普鲁塔克(约 46—119)，对人的道德品质形成问题进行了比较深入的思考和研究，提出一个人的品行的最终形

---

① 《论语·子张》。
② 《论语·里仁》。
③ 《论语·子罕》。
④ 《论语·学而》。
⑤ 《论语·宪问》。

成取决于人的自然本性、理性和习惯三个要素。自然本性是与生俱来的先天禀赋；理性是由学习得来的；习惯是通过实践养成的。普鲁塔克认为，要形成任何一种品行，天性、理性和习惯这三个要素是缺一不可的，而且必须是这三个要素在人的品德形成过程中相互配合、统一发展，缺少任何一个因素或这三个方面不能协调发展，都不可能形成完美的人格。① 普鲁塔克不仅论述了品行的结构要素，还特别强调了要素之间的整体和谐问题。

英国著名科学家、思想家培根(1561—1626)对什么是“善德”和如何培养“善德”做过许多深刻论述。第一，培根强调道德教育要以知识为基础，掌握真理乃是达到善德的重要途径，人们愈是追求知识，其道德愈是高尚。第二，认为情感和情绪是影响人的精神和行为的重要因素。他指出只有仁爱的情感能使人的精神升华，同时又使心灵宁静安泰。人们只有学会以一种情感控制另一种情感，才能使人的理智清醒，从而正确地选择道德行为，自觉地培养自己的德行。第三，强调实际行动是品德形成的关键。第四，提出品德培养的动力问题。培根认为，一个人只注意培养良好的习惯是不够的，必须确立“力所能及”的善德人生目标，才能全面地培养德性。② 培根主要是从怎样培养德性的角度论述了品德的构成要素。

3. 我国当代教育理论对品德结构的论述

我国当代较早对品德结构问题进行研究论述的，是潘菽主编(1962年编写，1978年修订)的《教育心理学》。书中专设“品德及其形

---

① 于钦波、刘民：《外国德育思想史》，成都：四川教育出版社，2000年版，第172—173页。

② 同上书，第286—291页。

成”一章，对品德的结构与形成过程进行了分析论述。

对品德的心理结构，该书提出：“任何一种道德品质都包含一定的道德认识，道德感和道德行动方式三种基本成分。道德认识是对于行动准则的善恶及其意义的认识。道德感是伴随道德认识所出现的一种内心体验。当道德认识和道德感成为推动个人产生道德行动的内部动力时，它们便成为道德动机。道德行动方式是实现道德动机的手段，是一个人的道德认识的具体表现与外部标志，它主要是通过练习或实践掌握行动技能与养成习惯的途径而形成起来的。”[1]在这部分内容的研究中，该书确定了品德心理结构包含道德认识、道德感和道德行动方式三种“基本成分”。其研究特点是在讲每种基本成分时都注意以心理活动规律为基础，从与其他成分的紧密联系上论述。如道德感是“伴随”道德认识出现的内心体验；道德动机源于道德认识和道德感的共同作用；道德行动方式是实现道德动机的手段，是道德认识的具体外部表现。其中，道德动机是三种基本成分形成和谐联系的一个聚合成分，道德意志包含在道德行为中。作者认为：“只有当上述几种心理成分都得到相应的发展，特别是在一定的道德动机和一定的行动方式之间构成稳固的联系时，某些道德品质才能更好地形成起来。”[2]从这里可以看出，该书对品德结构研究的一个突出特点，是强调品德各构成要素的内在的、和谐的、整体的联系。

林崇德于1984—1988年完成的《品德发展心理学》，在比较分析了关于品德结构的知、行“二分法”，知、情、意“三分法”，知、情、

① 潘菽：《教育心理学》，北京：人民教育出版社，1983年版，第158—159页。

② 同上书，159页。

意、行“四分法”基础上指出：“单纯地从知、情、意三种心理过程去把握品德是不够全面的，因为品德作为个性的一个侧面，不仅仅包含知、情、意、行诸方面心理过程或特征的成分，而且还有以需要为基础的意识倾向性或动机系统；品德不仅仅是有许多因素构成的静态支架，而是有定向、操作、反馈等充满社会性的活生生的动态结构。”①作者认为，单纯地从品德结构的某一侧面研究品德的发生、发展，都不可能揭示其规律性，不可能对其有全面的、整体的了解。品德结构是个多侧面、多形态、多水平、多联系、多序列的动态的开放性的整体和系统②，在这样的认识基础上，作者提出品德结构的三个子系统：

一是品德的深层结构和表层结构的关系系统，即道德动机和道德行为方式系统；

二是品德的心理过程和行为活动的关系系统，即道德认识、道德情感、道德意志和道德行为的心理特征系统；

三是品德的心理活动和外部活动的关系及其组织形式系统，即品德的定向、操作和反馈系统。③

鲁洁、王逢贤主编的《德育新论》提出品德是由多种维度的要素构成的，包括品德的形式维、品德的内容维及品德的功能维，其中每一维又由各自不同的因素构成相对独立的结构。

品德的形式结构由认识与态度两大基本结构单位构成。“道德认识是形成道德态度的前提条件，而道德态度又反过来对道德认识的发

① 林崇德：《品德发展心理学》，上海：上海教育出版社，1989 年版，第 22—23 页。

② 同上。

③ 同上。

展产生定向和动力作用。”道德态度以道德需要为核心，“是对具有道德意义的客观事实、现象(这种客观事实、现象也包含了主体自身的思想、意图、行为、举止等)是否符合主体需要的一种反映，是一种评价性、倾向性反映”。[①] 道德情感、道德意志、道德信念信仰、道德理想以及价值观、人生观等都属态度体系。与行为直接联系的是态度，而不是认知。品德的内容结构是“在个体意识中所形成的具有一定内容的道德规范体系(包括道德规范基本观念、规范原则、行为模式等)”[②]。品德的内容具有较强的社会性，在结构形态上具有层次性，不同的社会生活领域有不同的道德规范内容。品德的能力结构，从道德意识能力角度分为：道德认识能力、道德意应能力、道德控制能力、道德决策能力等。其中道德意应能力是指“个体能对外界事物产生一定的道德态度，形成一定的道德意向，并推动个体据此行动的一种能力”[③]。

现行《品德与生活》(小学 1—2 年级)、《品德与社会》(小学 3—6 年级)、《思想品德》(初中)课程标准中的“分类目标”构建的品德结构，也可以说是运用品德结构原理构建的德育目标结构：

《品德与生活》
- 情感与态度
- 行为与习惯
- 知识与技能
- 过程与方法

① 鲁洁、王逢贤：《德育新论》，南京：江苏教育出版社，1994 年版，第 189—191 页。

② 同上书，第 194 页。

③ 同上书，第 201 页。

《品德与社会》《思想品德》：
- 情感、态度、价值观
- 能力
- 知识

(三)和谐德育对品德结构的深化认识及其实践理念

上述各家对品德结构的论述及架构，是本课题对品德结构的和谐问题展开研究的重要基础。综合已有的研究结果，可以看出，品德是一个极为复杂的整体结构。认识品德结构，应以已有研究成果为参照，联系教育者自身的心理感受和教育经验，深化对品德活动心理机制的认识，而不一定拘于一种观点，这样才有助于使自己的认识更贴近品德心理活动的真实情形。回归生活，我们研究的对象是具有生命活力的整体的人，品德研究是对整体人的一种分解性研究，而品德结构又是对品德的一种分解性研究。科学研究需要分解，但这种分解只是手段，其目的是为了认识整体的某种规律性。从和谐德育的研究视野中看，品德结构的研究是一种对品德的本质、人的本质的研究，是一种对人的生命状态、心理活动和精神状态的研究，也可以说是一种对人的自然属性、社会属性和精神属性的研究。因此，品德结构的身心存在形态和所包含的内容范畴，是和谐德育研究贯彻“以人为本”原则的根本依据。

和谐的品德结构所反映的是品德健康发展状态。品德结构的和谐不是自然实现的，而是教育者与受教育者和谐联系、协调互动的结果。在现实的德育过程中，应该重点把握五种品德结构的和谐关系：道德动机与道德行为的和谐；道德心理倾向与道德心理过程的和谐；道德认识、道德情感、道德意志与道德行为的和谐；品德形式结构与品德内容结构的和谐；品德结构与个性结构的和谐。

品德结构研究所提出的结构关系，应是既贴近品德的真实形态，又便于实践把握。确定这五种品德结构的和谐关系，是为了使这个专题的理论表述更贴近品德活动机制的规律性。五种和谐关系各自从一个侧面说明这种规律性，实践中并不一定将其并列起来，而应以一种和谐关系为主，将其他关系融到这种关系中进行体验和考察。

对品德结构的和谐问题，和谐德育主张品德知、情、意、行“四环节”和谐。在和谐德育的实践过程中，可以综合心理学、伦理学和品德心理研究的成果，对品德的知、情、意、行诸环节进行“立体动态”及“整体和谐”的把握与体验。立体动态就是从人在现实生活情境中的心理活动状况来考察认识品德的知、情、意、行，使理论论述尽可能还原于活动着的生活实际；整体和谐就是在立体动态的认识中，加深认识和体验品德心理结构各要素的整体的和谐的联系。

1. 对道德认识的动态整体把握

对道德认识，要在理解道德认识是主体对道德知识、道德现象的观念把握的基础上，加深认识主体的成长需要与道德认识的联系，考察主体的道德认识与道德情感、道德意志的相互依存关系，把握主体的心理倾向、认知态度及已有知识、信念、世界观、价值观与当前的道德认识的固有联系，领会道德认识、道德情感、道德意志、道德信念共为道德意识的构成要素，同时也要综合把握道德感知、道德知识学习、道德思维、道德直观、道德智慧等道德认识的过程形态及实践性特点。

2. 对道德情感的动态整体把握

对道德情感，要在理解道德情感是主体对内在需要、动机和外在行动、状态的情绪体验的基础上，加深认识道德认识对道德情感的引导和支撑作用。结合实际认识和体会道德情感与道德认识、道德意志和道德信念融会为一、共同构成道德意识的整体联系；结合道德行为认识生活中的主要道德情感：责任感、是非感、羞耻感、荣誉感、同情感和幸福感。深化认识只有在主体参与的现实生活情境和面临的道德问题中，才能体会主体的道德情感。认识道德情感的情境性和实践性属性。

3. 对道德意志的动态整体把握

对道德意志，要在理解道德意志是主体在道德生活中通过自觉确定目的、支配行动、克服困难使之付诸实践的能力的基础上，加深认识道德意志是主体将道德认识、道德情感、道德信念外化为道德行为的主导性心理能力，以道德意识反映主体的实践精神；要从主体的道德行为和道德实践能力中认识主体自主、自决、自律、自控的意志力，体会道德意志对道德主体性的主导作用，认识道德意志和道德行为的统一性，体会离开道德行为就无从考察道德意志的实践性基础。

4. 对道德行为的动态整体把握

对道德行为，首先要确立将道德行为融入道德实践能力来把握的理念。要在理解道德实践能力是按照道德意识活动所形成的道德认识、道德情感、道德信念、道德意志，通过道德选择、道德行为和道德交往来发展完善自身、他人、社会的活动能力的基础上，深入研究道德意识与道德行为和谐统一的机制及教育方法，培养学生良好的道德行为习惯，并注重引导学生将道德行为习惯内化为自己的成长需要，把道德意识培养与道德实践能力和道德主体性培养统一起来。

在对道德认识、道德情感、道德意志、道德行为诸环节的动态整体把握中，每个环节都包含着与其他三个环节的内在联系，四个环节形成一个和谐建构的品德结构整体。在这个结构整体中，道德认识、情感、意志、信念等要素可由道德意识统合，道德行为可由道德实践统合。因而这个结构整体的简化形式可以概括为“道德意识—道德实践”。此结构可以作为传统“知—行”结构的对应认识。采用四环节或其他结构形式对品德进行分解性研究，有利于深化对品德形成发展规律的“观念把握”，在分解性研究基础上采用简化形式认识，有利于对品德结构的“实践把握”。这是因为道德生活实践和人的品德心理总是带有整体性，简化式相对更接近整体性。

品德结构要素的诸种和谐关系及其整体发展水平，是确定德育的目标内容，设计德育活动，运用德育方法，进行品德评价的依据，也是和谐德育研究的凝结点。良好的思想品德素质是品德各要素和谐发展的结果。要培养学生良好的思想品德素质，就要根据品德结构和谐发展规律，动态地整体地把握品德要素的结构关系，运用能够促进学生品德结构和谐发展的内容与方法，促进品德各要素和谐发展。

五、德育与诸育和谐

和谐德育坚持全面发展的教育质量观，即德、智、体、美、劳“五育”和谐。所谓全面发展的教育质量观，就是指学生思想道德素质、科学文化素质、身体心理素质、审美艺术素质、劳动技能素质的全面而和谐的发展。根据马克思人的全面发展理论，人的全面发展是人的劳动能力、人的社会生活能力、人的精神生活能力与个性自由发展辩证统一的过程。就本质而言，人是一切“社会关系的总和”。[1] 这就是说，人在社会生活中，必须要受到政治、经济、文化等领域社会关系的制约。人的全面发展是社会全面发展的条件。全面发展的教育质量观其实质在于从人的全面发展视角出发，全面实施素质教育。和谐德育研究的重点之一，就是要正确把握“五育”之间的和谐关系，客

① 《马克思恩格斯选集》第 1 卷，北京：人民出版社，1995 年版，第 60 页。

观认识德育的首要地位及其对人的整体素质和整体教育工作的导向、动力和保证作用。

在生活中，每个生命个体的品德、智力、身体、审美、劳动素质共融一体，无法分割。但从教育研究角度看，人的每种素质可以通过测试获得该项素质的基本情况。这说明，人的素质可以进行分解研究，也可以进行分项培养。和谐德育对“五育”关系的研究是深入到五种素质的内在形成机理上进行考察，以便从更贴近人的素质的发展规律中认识“五育”的和谐关系。其基本认识思路是从人的本质，人的自然属性、精神属性和社会属性的和谐发展关系中认识。在这样的视界中，可以把人的生命形态概括为：精神为主导，身体为载体，形神统合，实践提升。从这个基点上认识五种素质及“五育”的和谐关系，可以把人整体素质的发展分为心理发展、身体发展和实践能力发展三个认识层次。

(一)从精神与心智的复合性认识德育、智育、美育的和谐关系

研究五育之间的关系，首先应澄清在学校教育中普遍存在的一种模糊认识，即认为数学、语文、自然、物理、化学、地理等学科是智育，思想品德课、团队活动等是德育，艺术及音乐美术课是美育，体育课是体育，劳技课是劳动教育。应该明确，德育、智育、体育、美育、劳动教育是教育学对教育功能的一种理论抽象，这种对五育的划分是以心理学原理为依据的，而不是以学科知识类别为标准所做的划分。五育并不是具体的学科内容或形式，而是教育过程中的五种教育功能要素。从各学科知识内容的学习的心理过程看，每个学科都存在德育、智育、美育三种以上的教育因素。“五育”只有在教育理论的抽象概括中才能作相对的区分，在具体的教育教学过程中，则不能将五育分离开来。因此，从深入研究各育之间的和谐关系入手，有助于我

们对五育关系获得趋于科学的认识。

1. 德育与智育的和谐关系

德育与智育的关系，在通常的教育过程中，体现为智育是德育的前提和基础。在德育过程中，需要发展学生的道德认识能力，包括建立道德概念，发展正确的道德判断能力和正确的道德评价、道德选择能力，这些德育内容是通过学习道德知识，运用认知心理规律，发展学生的认识能力的教学或活动过程实现的。这些过程属于智育过程，是德育与智育内在的、和谐的联系形式。智育与德育的联系体现在精神和心智活动中。在各科特别是自然科学教学过程中，纯粹的智育过程是不存在的。任何智力活动，如观察、注意、记忆、想象、思维都是以学习的动机、兴趣、情感、态度、意志等心理因素为动力，并在这些心理因素的支撑下进行的。这些心理因素不仅直接影响着对知识的理解和运用，而且关系到学生主体地位能否确立，创造性能否发挥。这些发挥着学习动力的心理因素体现着人的品德和个性特点，是智育固有的构成要素。

2. 美育与德育、智育的和谐关系

(1)美的科学含义和美育的基本特点

把握美育与诸育和谐关系的前提是客观认识美的科学含义和美育的基本特点。

马克思主义哲学和美学将人的认识对象分为真、善、美三种形态和境界。“真”即真实，是事物形成发展的真实过程及客观规律，是主体对客体必然性的认识，即真理和科学世界观，其内容概括形式是科学和哲学；“善”是主体以真为前提，在物质、精神、社会关系及自然方面的需要得到满足的实在价值，体现着主体活动的目的性及主客体的和谐统一，其内容概括形式是道德；“美”是真和善的和谐统一，即合规律与合目的性的统一。美内含着真和善，是真和善的综合与升华。“美感的产生在于主体从客体那里充分体验到了自己生活中积极的、健康的、和谐的内容和形式。这种内容和形式不是客体所固有的，而是人的社会性创造活动赋予客体的。”①

美育的基本特点是感性教育。感性指以人性、人格为主导的生命状态，包括人的感觉、知觉、意识、想象、情感、思维等生理和心理形式。在美育思想史上，最早确立美育与体育、智育、德育并列地位的是德国美学家席勒，他认为美育的目的在于“培养我们的感性和精神力量的整体达到尽可能和谐”②。现代美育理论的基本观点，认为美育的指向是“满足和提高人的审美需要，提高人的精神能力，使个体获得感性和理性的平衡协调发展，使人的审美生活成为可能。它的价值取向首先在于人自身，在于人的生存发展的充分可能与完满”③。美育在发展个体的感性能力和鉴赏能力，激发生命活力和创造性，培养学生形成高尚的审美趣味和正确的审美观，促进人的全面和谐发展方面具有不可取代的作用。

(2)美育与德育的和谐

美与真、善的复合性决定了美育与德育的和谐联系。中国传统德育思想把“诚”作为一切道德的根本，诚即真，真实。诚本源自天地大自然始终按自己的规律运动流化，从不欺人，所以天地有“大诚”、有“大美”；人的一切道德应像天地那样以真诚为本，是谓“美德”。德育的内容是真善美的统一：道德规范以协调人与人、人与社会、人与自

① 肖前等：《辩证唯物主义原理》，北京：人民出版社，1981年版，第557页。

② 杜卫：《美育论》，北京：教育科学出版社，2000年版，第4页。

③ 同上书，第9页。

然的和谐为准则，是创造幸福生活的必要条件，反映着社会发展规律，道德规范是合规律与合目的的统一；作为德育恒常内容的道德榜样，其情感、意志、行为都映现着可感受的美。在德育过程中，不仅德育内容是美的，教育者运用的教育环境、生动形象的教学载体和教学方法都内含着美的因素。抽掉这些形象化和愉悦性的内容载体，德育将难以实施。美育不仅是德育的固有元素，也是德育的动力和手段。

(3)美育与智育的和谐

智育以对科学知识的学习掌握为重点。科学知识是“真”的内容载体。编入教材的科学知识不仅表述着物质世界的客观规律，同时也是人认识和改造世界的工具，是真和善的统一。科学美是一切科学的固有属性。如数学概念的简单性和统一性，数学结构系统的协调性和匀称性，数量关系与空间形式的和谐性和对称性等，都是数学美的体现。物理、化学、生物、地理的定理、公式、原理所概括的物质运动变化规律，以及人类运用这类规律创造的物质文明成果，无不处处渗透着真、善、美的和谐统一。美和美育还是人的创造力的动因。人们对客观世界的探索，一方面是被认识对象的美的内涵和美的发展前景所吸引，激发他们进行研究和探索；另一方面，由于研究对象的“不完美”，促使人产生寻求美、创造美的情感和信念。当审美因素介入人的劳动过程和思维过程的时候，就会催发人的创造激情和丰富的想象，为人的自我超越和大胆创造积聚了源泉和动力。美育与智育和谐共生，对培养探究和创新能力具有独到的作用。

(二)从身体与心理的整体性认识体育与德育、智育和美育的和谐关系

人的身体及生理素质是人的精神活动及心理素质的承载者，健康的体魄是个体全面发展的前提和基础。在教育过程中，必须把受教育者身心和谐发展作为一个整体来把握。德育、智育、美育的和谐实施，丰富和发展着个体的精神世界和健康心理，促进着体育的有效实施。

1. 体育与德育的和谐互促关系

体育以促进学生身体、心理和社会适应能力整体健康为目标。体育的目标内容及教育过程与德育存在整体联系。如体育要培养学生克服困难的坚强意志品质和坚持锻炼的良好习惯；体育能培养学生良好的合作精神和遵守规则的意识，建立和谐的人际关系；体育对培养学生严密的组织纪律性、集体责任感、荣誉感和积极进取、自尊自信、乐观开朗的生活态度具有独到作用。体育与个体的思想意识、情感态度、意志信念等心理品质共融一体，相互促进。

2. 体育与智育的和谐互促关系

科学完整的体育是以对科学的体育知识的学习掌握为基础的。体育融合了体育、生理、心理、卫生保健、环境、社会、安全、营养等诸多学科的有关知识，学生学习理解掌握这些知识的过程是一个以智育为主导的过程。现代心理学、生理学研究证明，人体大脑和神经系统的发育会受到身体活动特别是双手活动的重要影响和制约，说明人体活动能力对发展以思维为核心的智力水平的促进作用。

3. 体育与美育的和谐互促关系

体育本身人包含着美育，通过体育，可以使人身体健康发展，如骨骼匀称，肌肉结实，气血通畅、体型健美。体育能充分发展人体的潜能，注重人体运动的协调平衡，体操、游泳、球类、拳术等运动都在协调平衡中体现着美。在体育活动中，健与美是紧密联系、相互体现的。运动的协调和节奏感可以使人产生和谐自由的美感体验。体育与音乐等艺术相互结合，使体育的美感体验更加和谐怡人。美育为体育增添了动力和活力，促进了身体的运动与心理的体验有机融合。

(三)从综合实践的统合性认识劳动教育与德育、智育、体育、美育的和谐关系

从人的素质结构角度研究，如果把品德、智力、审美能力视为以精神和心理能力为主导的素质，身体健康是以体能为主导的素质，那么劳动技能就是品德、智力、审美、体能四种素质的综合，劳动技术教育是将在德育、智育、体育、美育中培养获得的各种知识和能力在实践过程中的创造性运用。劳动技术教育对于巩固知识，陶冶情感，磨炼意志，培养创新精神和实践能力具有重要作用，是前四育不可取代的教育。

从和谐德育角度研究和认识五育的和谐，其归结点应体现在把握五育之间的内在的本质的联系上，并通过认识这种联系而把握五育过程的规律，提升教育者的主体性，以引导受教育者的思想品德与整体素质和谐全面发展。

六、德育“六要素”和谐与德育“六学段”和谐

和谐德育坚持整体构建的德育体系观，即横向“六要素”与纵向“六学段”和谐。现代系统科学认为，任何事物都是作为系统而存在的。德育无论就其内容还是作为过程，都是一个系统。整体构建德育体系，就是把德育工作的各个要素视为一个相互联系、辩证统一的整体。这个系统整体主要由德育目标、内容、途径、方法、管理、评价“六要素”构成的横向系统与幼儿、小学、初中、高中(中职)、大学(高职)、研究生教育“六学段”构成的纵向系统构成。就学校德育体系的横向系统而言，德育目标是学校德育工作的预期任务及价值导向系

统，是其他要素发挥作用的出发点和归宿；德育内容是德育目标的具体化载体，是德育工作的媒介系统，它是其他德育要素发挥作用的凭借与依托；德育途径与方法是德育工作的时空领域与实施系统，决定了德育工作的效率与合力，而管理与评价则是德育工作的机制保障系统。“六要素”只有构成一个统一的整体，才会在相互关联、相互制约、相互作用的关系中获得最佳德育效果。横向“六要素”和谐，其工作形态是全员德育、全面德育，是教育的合力；纵向“六学段”和谐的主要机制是德育“六要素”在各个学段之间的和谐衔接，是德育在教育的时空延续和受教育者成长过程中的持久合力。横向“六要素”与纵向“六学段”和谐，其工作形态是全方位实效与持久性实效密合、德育过程完整性和连续性并融的全程德育。德育“六要素”与德育“六学段”整体和谐内在地包含了教育者与受教育者和谐，德育环境和谐，品德结构和谐，德、智、体、美、劳“五育”和谐，以此构成和谐德育研究的主体内容。本书“中篇”和“下篇”将以此为主线依序展开论述。

和谐德育的实践原则*

和谐德育的实践原则是对和谐德育实践过程和实践方式的基本要求，是本课题在研究过程中从实践经验中总结出来的理性认识，是在把握德育及教育过程的基本规律基础上制定出来的实施和谐德育应遵循的基本准则。和谐德育的实践原则主要包括以人为本原则、整体和谐原则、继承创新原则、服务实践原则。

一、以人为本原则

以人为本的核心是关注人的成长发展需要，一切工作都以人的全面和谐发展为出发点和归结点。以人为本关系到教育主体的精神质量和生命价值，是个体最现实、最直接的成长需要和生活感受。在实施和谐德育的过程中坚持以人为本原则，就是以和谐德育的实践主体为本。在实践操作层面上，主要是以教师为本，以学生为本，以家长为

* 本文是与宁武杰合作撰写，见詹万生等著：《和谐德育论》，北京：教育科学出版社，2008 年版。

本。以教师为本，就是要关注教师的精神质量和生命价值，尊重教师的个性和自我实现的成长需要。要把对教师的职业素质要求与教师工作发展阶段结合起来，对教师的要求要适合教师工作发展实际，让教师经努力亲身体验到成功的喜悦，尊重教师的职业成就感；要为教师创造学习提高和自我实现的发展条件，支持鼓励创新，保护和发展教师的创新精神，让教师感受到创新的愉悦和工作的价值；要及时肯定教师的成绩，树立教师威信，让教师感受到学校、学生、家长的认可，感受职业生命的价值；要丰富教师的精神文化生活，关心和提高教师的身心健康水平；关注教师的物质待遇，使教师的物质待遇与工作付出相匹配。以教师为本的一个基本指标，是让教师体验到教师职业和教师生活的幸福快乐。以学生为本，就是要热爱学生，满腔热情地关心指导学生和谐成长。在教育过程中，要尊重学生的独立人格，民主、平等、公正地对待学生；要遵循青少年思想品德和身心发展规律，关注学生的成长需要，培养和保护学生在学习过程中的积极性、自觉性和创造性等主体意识和主体行为，充分发挥“双主体”的和谐互动效应；教育过程要注意以学生为中心，以情境为中心，以活动为中心，教育的内容和方法坚持“近、小、实、亲”，使学生和谐、主动、活泼、快乐地生活和成长，促进学生的思想品德及整体素质和谐全面发展。以家长为本，就是从关注学生与家长亲子关系的和谐程度入手，了解家长的精神与物质生活及其教育能力状况，尊重家长的要求和愿望，与家长建立和谐的工作联系，及时地、有针对性地指导家庭教育，帮助家长掌握科学的教育理念和教育方法，养成健康文明的生活方式，促进家庭生活的和谐幸福。

二、整体和谐原则

整体和谐是和谐德育的认识方法，也是和谐德育的实践方法。实施和谐德育的基础环节是树立整体和谐的工作意识，即在教育过程中始终把德育工作视为由诸多要素相互联系构成的整体来认识。主要包括：教育者、受教育者的思想道德素质是由多种要素构成的整体；在德育过程中，教育者与受教育者是相互影响、情感互动的共同体；德育、智育、体育、美育、劳动教育是一个内在联系紧密的整体；作为教育时空环境的学校、家庭、社会是一个相互联系、相互作用的整体；德育的目标、内容、途径、方法、管理、评价是一个全方位的、具有系统功能的整体；学生思想品德的时年发展过程，即幼儿、小学、初中、高中、大学、研究生各教育阶段是一个逐步积淀、不可割断的整体。整体和谐作为和谐德育的实践方法，主要体现在学校德育管理的运行机制中。包括：第一，学校制度与教育主体发展需求相和谐。学校制度和评价指标的制定要坚持以人为本，符合教育教学规律，符合教育者、受教育者品德及身心发展需求，符合社会对教育者、受教育者的素质发展要求，学校制度和评价指标的规范内容应有利于引导教育者、受教育者的自然属性、社会属性和精神属性的和谐发展。第二，制度的制定过程和谐。制度的最高境界是形成制度主体，即教育者、受教育者形成制度意识和自觉执行制度的行为方式。在制度制定过程中，要培育和发挥教育者、受教育者的制度主体性，让他们积极参与制度的讨论和制定，使制度不仅成为完成教育任务的保障，又适应个人成长发展需求，引导个体切身意识到制度是集体和个人发展的保障，形成对制度的情感认同和自觉执行制度的责任意识。第三，和谐运行。一方面，学校、班级、教职工、学生不同层面不同范围的制度和评价指标要有各自的实用重点，同时各项制度和评价指标的内容要协调配合，形成一个和谐统一的制度及评价系列；另一方面，学校领导、教职工、学生要形成共同的制度意识，充分体现执行制度的民主、平等，使制度在整体教育教学生活中和谐运行。整体和谐原则要求教育者在思想观念上把握：和谐是教育目的之一；在教育过程中，和谐是教育主体构建的联系机制，是可以体验的教育方法和教育结果；整体和谐以局部和谐为基础，和谐是合力的生成机制；在德育全过程以及学校与家庭、社会的教育联系中，注重在各个教育途径之间达成德育理念融通、德育目标趋同、德育内容方法互补、德育管理协调、德育资源共享、德育评价一致，使相互之间的和谐与合力成为可感受、可认识、可操作的育人方式，这是坚持整体和谐原则的基本实践方法。

三、继承创新原则

贯通古今，融汇中西，继承借鉴，发展创新，是本课题研究一以贯之的指导思想和实践原则。要把实施和谐德育作为和谐社会及和谐文化建设的具体举措进行系统深入地研究和实践，就要在研究过程中牢牢把握社会主义先进文化的前进方向，弘扬中华民族优秀文化传统，借鉴人类有益文明成果，倡导和谐理念，培育和谐精神，发展创新中国特色思想道德教育体系。具体实践环节主要体现在发展创新民族性与时代性并融的德育的目标、内容、途径、方法、管理、评价体系之中。要从文化发展规律中认识社会主义核心价值体系是建设和谐文化的根本，研究怎样把马克思主义基本原理、中国特色社会主义共同理想、以爱国主义为核心的民族精神和以改革创新为核心的时代精神、社会主义荣辱观转化为适合各年龄阶段的德育内容；创新教育模式，在深化国家统一的课程改革的同时，加强地方和校本课程建设，探索总结把社会主义核心价值体系融入国民教育和精神文明建设全过程的实践原理和实践方法；研究并总结出社会主义核心价值体系四项内容的内在联系及其教育规律，增强教育过程的科学性和实效性。系统研究我国传统文化中有利于社会和谐的内容，构建符合传统美德和时代精神的道德行为规范体系。系统研究和继承我国传统道德教育的有效方法，如注重家教和社会环境的合力；强调知、情、意、行的和谐统一；注重道德自我修养和理想人格追求；讲究德性涵养从小训化，从小事、琐事做起，由小到大，由近及远；因材施教，启发诱导，学、问、思、辨；寓理于形，情理并举，重视榜样垂范；寓教于乐，以诗歌音乐诵读熏陶；以身作则，长善救失，防微杜渐；等等。把建设和谐学校、和谐家庭、和谐社区与社会公德、职业道德、家庭美德、个人品德教育和谐贯通起来，探索总结“和谐贯通”的经验方法，建构与创新和谐德育实践模式。要进一步解放思想，开阔视野，深入研究国外德育理论、德育内容与方法的历史与现状，诸如卢梭尊重儿童个性与情感的自然主义教育原则和对儿童自幼进行爱国主义教育的思想；赫尔巴特关于一切教育都应围绕对学生进行道德教育，即培养“完善的人”和“内心自由”“完善”“仁慈”“正义”“公平或报偿”五种“美德”是巩固世界和社会秩序的永恒准则的思想；杜威强调生活实践，以学生为中心和品德发展三阶段思想；科尔伯格的道德认知发展理论；以罗杰斯、马斯洛等人为代表的人本主义道德教育论和以拉斯等人为代表的价值澄清理论，以及以班杜拉为代表的社会学习理论；等等。这些理论体系都包含着合理成分，也有其局限性，需要用发展的辩证的观点进行比较分析，吸收其合理成分以丰富中国的德育理论及内容方法体系。做到站在文化发展和道德教育的时代前沿，总体把握当代世界发达国家和发展中国家德育理论及内容方法的历史、现状及发展趋势，提炼优化我国德育的新经验、新成果，和谐会通，辩证取舍，原创性与继创性并行互促，进行德育理论与实践模式的综合创新，整体构建适应素质教育、促进社会和谐的，代表先进文化前进方向的，面向现代化、面向世界、面向未来的中国特色社会主义德育体系。

四、服务实践原则

服务实践是和谐德育研究的根本目的。本课题研究始终坚持为教育科研服务、为教育改革实践服务、为教育决策服务的宗旨。和谐德育研究坚持服务实践原则，主要体现在两个方面：坚持理论研究与实践操作相结合；坚持课题研究实验与成果推广应用相结合。第一，理论研究与实践操作相结合。整体构建学校、家庭、社会和谐德育体系，作为主体研究者的教师与被研究者主体的学生、家长都共同置身于现实的学校、家庭、社会生活情境中，课题研究的所有理念都要在主体间共同结成的生活关系中加以运用和验证，理论研究与实践操作紧密结合成为课题研究的基本特点和贯穿始终的原则。在本课题研究与实验过程中，坚持理论研究与实践操作相结合的基本实践方式是坚持和谐德育研究四环节，即通过现状调研发现不和谐问题—研究分析不和谐的原因—通过实践探索达成和谐的方法—总结建构和谐的经验与规律。在具体的工作实践中，这四个环节不是一次性终结，而是持续循环往复进行的。在教育科研方法上，这四个环节实质是实验研究法、行动研究法、调查研究等方法自然融合并用。应该明确，理论研究与实践操作的会合点和落脚点是运用和谐德育实践原理构建校本和谐德育实施体系，这是课题研究服务实践的直接形式之一。校本和谐德育实施体系要具体化，即德育目标内容具体化、途径方法具体化、管理评价具体化；校本和谐德育体系要特色化，即地方特色化、层次特色化、学校特色化；校本和谐德育体系要可操作，即全员可操作、全面可操作、全程可操作。第二，课题研究实验与成果推广应用相结合。要通过实验笔记、经验总结、专题论文、研究报告和活动观摩等形式，适时总结交流研究成果。首先是校内交流。要善于指导和发现校内取得研究成果并有实效的教师，定期举办课题研讨会或经验交流会，使本校成果首先在校内得到传播和推广。同时要注重学校之间、学校与家庭之间、家庭与家庭之间、学校与社区之间的经验交流，通过组织不同类型的会议或通讯简报等方式，交流和谐班级、和谐校园、和谐家庭、和谐社区、和谐单位等方面的成果经验，使课题研究成果在本地区相互借鉴，以达到深化认识、共同提高的目的。课题研究实验与成果推广应用紧密结合，是在实践中检验成果的内在效度和外在效度是否和谐统一的基本方式，也是提高教育主体的科研能力及综合素质的有效方式。

第五编　和谐德育重要价值研究

和谐德育对构建思想道德体系的价值*

思想道德作为意识形态的重要组成部分，属于上层建筑的范畴，归根结底取决于与之对应的经济基础。随着我国社会主义市场经济的确立和发展，我国的经济呈现了多元化的格局，多元经济形式的存在带来了人们思想观念的转变，为人们的思想与行为注入了新的生机与活力。同时，市场经济是凸显个人利益的求利经济，凸显金钱地位的货币经济，优胜劣汰的分化经济，必然导致人们思想的多样性、复杂化。尤其在我国社会主义初级阶段，在生产力尚不够发达，法制建设尚不够健全，市场经济体制有待进一步完善的情况下，社会主义思想道德体系的建设面临着新的形势、新的任务与新的挑战。和谐德育紧密结合社会主义市场经济的实际，着眼于建立适应社会主义市场经济要求的思想道德体系，同时根据社会全面进步的要求和人的全面发展的需要，综合运用中外文化中的和谐思想与文化

---

* 本文是与宁武杰、郁树廷、刘世保合作撰写，见詹万生等著：《和谐德育论》，北京：教育科学出版社，2008 年版。

学、社会学、教育学等原理，“整体构建学校、家庭、社会和谐德育体系，推动学校、家庭、社会德育目标趋同，德育理念融通，德育过程同步，德育方法互补，德育资源共享”，[①] 对于建立与“四有”目标相一致、与社会主义市场经济相适应、与社会主义法律规范相协调、与中华民族传统美德相承接的社会主义思想道德体系，对于探索德育过程的规律，发展创新中国特色德育理论具有重要的理论价值。

一、体现与社会主义市场经济相适应

(一)和谐德育是既适应市场经济的发展要求，又坚持超越市场经济的德育思想

社会主义市场经济体制的确立是符合我国社会发展规律和人民根本利益的抉择。市场经济建设的成效，取决于政策与体制对于社会人力资源与物力资源优化配置与激励，更重要的是取决于人的素质的高低。德育作为素质教育的灵魂，市场经济的确立对其提出了更高的要求。一方面，道德作为上层建筑，必然受与之相对应的经济基础的制约，道德必须适应而不可回避、排斥市场经济。另一方面，道德作为意识形态，对经济基础具有能动作用，道德必须超越而不能囿于适应市场经济。只有在适应中发展，在发展中超越，螺旋上升，层递发展，德育才能在培养与造就我国建设小康社会的事业中发挥应有的作用。

首先，和谐德育强调德育贴近生活、贴近实际、贴近实践，立足于社会主义市场经济，坚持德育的适应性，有利于促进社会主义思想道德体系的建立。与社会主义市场经济相适应的道德体系的价值取向

① 詹万生：《和谐德育论》，载《光明日报》，2006-03-31。

体现了社会主义的本质，我们所建设的社会主义是中国特色的社会主义，我们要构建的和谐德育是在社会主义市场经济条件下的德育，我们的市场经济是兼具中国特色社会主义和市场经济共性的市场经济。因而，社会主义思想道德体系的价值取向，并不是与一般的市场经济相适应，而是同我国的社会主义市场经济相适应。社会主义市场经济是受社会主义的经济、政治、文化和社会特点制约的一种市场经济。建构这一道德体系的重要依据就是必须体现社会主义的本质。凡是有利于解放和发展生产力，有利于社会主义社会的进步和完善，符合最广大人民群众利益的道德观念、道德原则、道德规范、道德范畴等都应该纳入我们的道德体系价值中去；反之，与社会主义本质相背离的价值取向，无论如何都不应追求和具有存在的合理性。社会主义道德体系不仅要适应市场经济发展的需要，积极汲取和培育反映社会化大生产要求的进步理念和道德资源，而且社会主义市场经济建设也必须在价值取向上与道德体系建设和整个社会主义道德建设相适应。因为，道德兼有工具理性和价值理性，对市场经济的良性发展具有很大的道义支持和导向功能。此外，科学的道德体系与健康的市场经济发展的内在要求只有良性互动、协调一致，才能彼此促进，共同发展。因此，在实践中就必须真正从我国的实际出发，支持人们争取个人的正当利益，并对这样的言论和行动给予道德上的积极评价，从而使人们可以理直气壮地从事一切有利于发展社会生产力的实践活动，为建设小康社会贡献智慧和力量。

其次，和谐德育不仅仅停留在对市场经济的适应层面，而是努力发挥德育的能动作用，坚持德育的超越性，抑制市场经济的负面效应，培养具有先进思想觉悟的一代新人。“思想道德作为一种精神活动，它是对可能的未来世界的一种把握与向往。德育对市场经济的超越是在能动适应中的超越，是在扬弃中的超越，更是在可能的条件下的超越。”①我们在肯定市场经济的积极一面的同时，也要看到市场经济的自身存在着盲目性、自发性、滞后性以及“市场失灵”的情况，在社会主义初级阶段，各种制度还不完善，在个人主体意识与利益驱使下，有可能诱发极端利己主义倾向和极端个人主义倾向。对青少年学生而言，他们的辨别能力与选择能力都还不强，极易受负面影响而误入歧途。因此，和谐德育强调学校、家庭、社会和谐，努力形成学校教育、家庭教育和社会教育的合力，让社会主义的核心价值观渗透到全社会的各个领域，努力营造有利于青年学生积极向上健康成长的优良环境。这一方面可引导学生积极克服、消解市场经济的负面影响，避免急功近利，见利忘义的思想行为；另一方面，可引导学生形成更高层次的思想道德和价值观念，提升他们的道德境界，形成高尚完善的人格。和谐德育正是“按照某种超越于现实的道德理想去培养和塑造人，促使人去追求一种理想精神境界与行为方式”。②

(二)和谐德育坚持平等民主和谐的师生双主体观，体现了市场经济的要求，有利于学生自立、自主、自强人格的形成

从一定意义上说，市场经济就是主体自主参与经济，参与市场经济的公民、法人和其他组织都是平等的主体，并按照平等、自愿、公平的原则进行经济交往活动。和谐德育所倡导的民主融合的师生观，就是教师学生“双主体”和谐，使两个主体和谐统一于教育活动之中，符合市场经济的基本原则，有利于师生双主体健全人格的形成。

首先，和谐德育确立了学生在德育过程中的主体性。“从哲学意

① 兰刚：《关于21世纪德育的前瞻性思考》，载《江苏高教》，1999(01)。

② 鲁洁：《道德教育：一种超越》，载《中国教育学刊》，1994(04)。

义上讲，主体是人，客体是自然，教师和学生都具有能动性，都应是主体。作为道德的载体，师生又表现为道德主体。道德主体主要是个体以认识、肯定、发展和完善自己为己任的。而且作为道德主体，师生又表现为德育主体，德育主体不仅要尽相应的道德义务，更要求个体和群体道德认识、道德情感、道德修养向较高层次迈进。”①德育作为德育主体的一种实践活动过程，其实质是学生主体在教师主体的帮助下，消化、吸收、实践德育内容的过程，在此过程中，学生处在一定社会和自身成长的发展阶段，受社会环境和自身道德发展规律的制约。因此，在德育目标的确定上，不仅要考虑社会要求，更要重视学生自身成长的需要；在德育内容的安排上，不仅要依据社会规范，更要遵循学生年龄特征和品德形成的发展规律；在德育途径和方法的运用上，不仅要充分发挥教师的主导作用，更要重视学生的主体参与。教师的主体作用体现在保证学生的自觉主动性的充分发挥方面，在德育过程中，教师的活动可以是变化的，学生的品德发展规律是不可替代的，道德认识的发展、道德情意的感化、道德行为的实践都由学生自主完成，具有不可替代性。所以，从德育的起点、过程和终点三个方面看，学生的主体是第一性的，教师主体是第二性的。

其次，和谐德育强调师生双主体是和谐互动的关系。师生关系是学校教育中最基本的人际关系。和谐融洽的师生关系不仅是有效进行教育活动、完成教育任务的重要条件，而且本身也是一种重要的教育力量。学生的思想品德是在良好、健康的人际环境中耳濡目染，逐渐养成的。德育过程主要是教师与学生之间、学生与学生之间的多元互

---

① 詹万生：《整体构建德育体系总论》，北京：教育科学出版社，2001年版，第55页。

动过程，其互动的效果决定了学生思想品德发展的水平，而师生互动的效果则是由师生关系和谐程度决定的。在德育活动中，教师与学生如果能够平等相处，诚恳相待，学生人格就会得到尊重，个性潜能就能得以展示；教师的高尚道德情操、优良个性品质就能够潜移默化地影响和感染学生。

因此，在德育过程中，树立教师主体与学生主体和谐互动的理念，使教师主体和学生主体双向互动，发挥两个主体的积极能动作用。经由这一过程，学生主体性逐渐成长，达到自我教育的目的，最终促进自我教育主体达到德育目标，从而发展和完善学生主体的道德人格，增强自我发展能力，成为适应市场经济要求，推动市场经济发展的主体。

(三)和谐德育既立足于市场经济的多元化现实，又坚持社会主义核心价值观的一元化导向

随着改革开放的深入和社会主义市场经济的建立，社会的价值观体系出现了多元化的倾向。人们的价值取向由单一变为综合，由一元走向多元。各种价值观交错并存，既有与社会主义要求相一致的积极进步的价值观念，又有与社会主义要求不一致甚至是相互矛盾的消极落后的价值观念。如在市场经济中，价值具有多方面的内容和价值取向：经济价值、政治价值、道德价值、社会价值、个人价值、理论价值、文化价值、实践价值等，这些价值内容的价值取向是各不相同的。另外还有金钱至上、个人主义、主观价值论、功利价值观等影响人们的思想和行为。这种状况导致社会主义学校德育一元化的导向和青少年价值取向多元化的倾向两者之间产生矛盾冲突，必将对青少年产生巨大的影响，促使其价值取向多元化。和谐德育从市场经济的多元化存在出发，把握马克思主义哲学关于存在与意识关系原则，既承认与市场经济相一致的多元化价值取向存在的现实性，又坚持社会主义核心价值观的一元化导向。

第一，和谐德育着力进行与和谐社会相适应的学校德育目标、内容和方法的改革。在德育目标上，和谐德育引导人们在遵守基本行为准则的基础上，追求更高的思想道德目标。要从学生实际出发，将总体目标具体化，建立分层递进的德育目标，把对全体学生的基本道德要求同对其中的优秀分子的道德追求结合起来，把广泛性与个别性结合起来，让学生理解不同层次的价值目标和道德要求，引导学生在生活实际中，在反复思考中选择正确的道德价值目标。在德育内容上，和谐德育坚持德育的主导性、开放性和时代性。主导性就是说应从构建社会主义和谐社会的战略高度和大局来认识和把握新形势下学校德育创新，必须在德育创新中坚持爱国主义、社会主义、集体主义“主旋律”的主导性，但不能把“主旋律”简单化、口号化和教条化，要结合丰富生动的社会实践和不断变化的社会实际去充实和发展。开放性和时代性要求结合社会实践的发展不断修正和更新教育内容，使学校德育与社会实践紧密联系在一起，同时要吸取融合古今中外的优良德育内容，特别要注意吸收中国优秀传统道德的精华，赋予时代意义，用以陶冶学生的情操。在德育方式上，和谐德育强调要彻底改变单纯灌输的模式，要多途径、多渠道、多形式实施德育。在德育方法上，和谐德育强调要注重学生参与，师生互动，要灵活多样，符合学生的特点，使其具体化，可操作。

第二，和谐德育将学校、家庭、社区紧密结合起来，积极构建贴近生活、立足实践的德育环境，使学生既认识到社会发展的多元化现实，又明确先进道德的一元化导向要求。一方面，和谐德育强调学校必须努力营造和谐的校内德育环境，主要是德育的物质环境、制度环境和精神环境，使校内设施功能环境(如校园网建设)、校园文化环境、专业建设环境、师生人际环境等子环境构成学校的校园生态环境，创设有利于学生思想道德建设的“绿色平台”，创设和确保学校竞争环境的公平性和正义性，将个性各异的学生群体置于一个公正的道德天平上。另一方面，努力使校外环境与校内环境和谐。充分发挥学校、家庭和社会三个方面教育力量各自的优势，使之相互协调、相互配合、相互补充、形成合力，推动学校、家庭、社会德育目标一致，德育理念趋同，德育过程同步，德育方法互补，德育资源共享，从而产生全面的、一致的和谐德育效应。

二、凸显与社会主义法律规范相协调

构建社会主义思想道德体系，凸显与社会主义法律规范相协调也是和谐德育建设的一个现实基点。我们所要建设的和谐社会，是民主法治、公平正义、诚信友爱、充满活力、安定有序、人与自然和谐相处的社会。和谐社会的这些基本特征与作为社会主体的人的思想道德素质是紧密联系、相互对应的。人是建设和谐社会的主体和主导，只有工作在各个社会岗位上的公民具备热爱祖国、遵纪守法、诚信友爱、自主创新、保护环境的思想道德品质，才能建设具有与之相对应特征的和谐社会。和谐德育主张“五要素说”，法纪教育是德育的一项重要内容。社会主义法律规范与道德规范共同在调节人与人之间、个人与社会之间以及人与自然之间的关系，维护社会正常秩序和生态平衡等方面起着重要作用。社会主义法律规范与和谐德育既在内容上相互包含、相互渗透，又在实施中相互凭借、相互支撑，在价值和功能上相互补充、相互促进。

(一)和谐德育强调道德与法律的互补性

一定时期内的法律与道德基本上是和谐一致的，因为二者都是上层建筑的一部分，由同一经济基础所决定，受同一政治结构、文化思想所制约，二者在内容上往往相互融合，在作用上往往相互补充。如封建时代的礼，内化为道德，外化为法律。因此，柏拉图指出“法律是最低限度的道德”。法律对道德的吸收和维护表现在立法机关将部分基本道德要求上升为法律条文，以国家强制力保障实施，如《宪法》规定的成年子女赡养父母的义务，《民法通则》中的诚实信用原则等。道德对法律的吸收和维护则表现为道德观念将“守法行为”作为一项美德，将法律义务化为一种内在的道德义务，变强制守法为良心守法，被动守法为自觉守法，他律守法为自律守法，使法律得以被社会普遍认同，从而内化为道德要求及至信仰。另外，我们构建和谐社会的各项要求，都可以在道德与法律方面相互印证，例如，民主法治对应着公民的民主法治意识和知法、守法、用法能力；公平正义对应着公民的公平正义的道德品质；诚信友爱对应着公民诚实守信、团结友爱的品德；充满活力对应着公民的创造精神；安定有序对应着公民的责任感和自觉遵守社会规则和程序的道德品质；人与自然和谐相处对应着公民的生态伦理和环境道德。因此，和谐德育认为道德与法律都是德育的重要内容，都是构建和谐社会的重要方面，它们相互补充，相互配合，不可偏废，不可替代。

(二)和谐德育主张“五要素说”，法纪教育是德育的一项重要内容

一个人的健康成长需要多种素质，社会对人才的培养有很多要求，和谐德育主张德育内涵包括五个方面：政治教育、思想教育、道德教育、法纪教育和心理教育。“法学是一个独立学科，法制也是一个特定系统，但这并不意味着法纪教育必须要纳入法律学科，正如道

德可以纳入伦理学科，但道德教育并不一定归入伦理学科。研究法律与道德本身的问题是法学和伦理学的任务，而研究法纪教育和道德教育则是教育学特别是德育学的任务。另外，因为德育是综合性的应用学科，它应当而且必须借助于各门与学生成长有密切关系的基础理论学科的理论丰富和完善自己，这些学科有教育学、心理学、伦理学、法学、美学、社会学等。实际上，道德教育与法纪教育如同车之两轮、鸟之两翼，是辩证统一的，相辅相成的。中国传统德政论就有'礼者禁于将然之前，法者禁于已然之后'①的观点。道德和法纪对培育社会主义建设者和接班人都有着不可替代的作用，它们都应成为德育的重要内容。"②

(三)和谐德育强调"德治"与"法治"的统一，二者紧密结合是建设社会主义小康社会、构建和谐社会的重要保障

我国近年来的实践充分证明，在加强社会主义思想道德建设过程中，必须重视法制建设，在建设社会主义法治国家的过程中，必须加强道德建设，只有把法治与德治结合起来，才能促进社会主义小康社会、和谐社会建设。改革开放以来，我国的法制建设成绩显著，已初步建立起社会主义法律体系，而道德建设则明显滞后。这期间我国虽多次进行过全国范围的"严打"斗争，但各种严重的犯罪仍居高不下。如果仅靠法律，忽视道德建设，显然不能从根本上遏制犯罪，各种严重犯罪将防不胜防，打不胜打。和谐德育主张"德治"与"法治"的统一，是社会主义社会发展的客观规律的反映，在实践上，它必将对我国的社会稳定和道德风尚的形成产生积极的影响，大大推动我国社会

① 《汉书·贾谊传》。

② 詹万生：《整体构建德育体系总论》，北京：教育科学出版社，2001 年版，第 146 页。

主义和谐社会建设步伐。

三、实现与中华民族传统美德相承接

党的十七大报告指出："中华文化是中华民族生生不息、团结奋进的不竭动力。要全面认识祖国传统文化，取其精华，去其糟粕，使之与当代社会相适应、与现代文明相协调，保持民族性，体现时代性。"正确对待和处理我国传统道德和人类社会优秀道德文明成果，是当前社会主义道德建设中的一个基本问题。我们不能囿于在传统意义上对道德文化的理解，道德的进步是继承与发展相统一的过程，不继承就没有前进的基础，不创新就没有发展的动力。中华民族的传统美德与体现时代要求新的道德观念相融合，已经成为社会主义道德建设的主流。要发扬与时俱进的时代精神，坚持古为今用、推陈出新，大力发扬中华文化的优秀传统，大力弘扬中华民族的伟大精神，使之成为新的历史条件下鼓舞我国各族人民不断前进的精神力量。要坚持从我国国情出发，坚持以我为主、为我所用，辩证取舍、择善而从，积极吸收借鉴国外道德文明的有益成果，更好地推动社会主义道德建设的发展。构建中国特色社会主义道德体系是建立在中国的国情、中国的道德文化传统基础上的，因而就不能离开中国社会的土壤 ，必须与中华民族传统美德相联系、相承接。和谐德育对待中外文化的基本理念是"贯通古今、融会中西，继承借鉴，发展创新"①，主张构建社会主义思想道德体系，要与中外人类道德文明相融合，要借鉴世界各国道德建设的成功经验和先进文明成果，这对于建设社会主义思想道

① 詹万生：《整体构建德育体系引论》，北京：教育科学出版社，2001 年版，第 286 页。

德体系具有重要的理论和实践价值。

(一)和谐德育主张继承中华民族传统美德

“中国是一个具有悠久历史和优秀文化传统的国家，素以‘礼仪之邦’著称于世。在中国传统文化中，传统道德占有十分重要的地位。中国历代哲学家、思想家、教育家对道德教育的思考和论述源远流长，博大精深。虽然中华民族的传统道德是在小农生产和封建宗法制度的基础上建立起来的，不可避免地带有保守性和局限性的一面。但是，只要我们正确地坚持批判继承，取其精华，去其糟粕，古为今用，发展创新的原则，就能够剥离它的封建性成分，发现它的合理内核，使其成为构建新的德育体系的思想材料。”①

由于历史原因，一个时期以来，我们淡化了本民族传统美德的宣传和教育，致使青少年一代对民族文化传统知之甚少，道德素质有所下降。在改革开放日益扩大和市场经济日益深化的新时期，由于受西方资产阶级腐朽思想的影响，拜金主义、享乐主义、极端个人主义在一些学生中也有所表现。穿衣讲“牌”，花钱讲“款”，聚会讲“场”，勤俭节约、文明礼貌等美德在学生心目中比较淡薄。由此可见，教育引导青少年学生继承和弘扬传统美德的任务非常迫切。

中国传统美德有很多特点，首先它具有包容性。它既承载了我国古代包括儒、墨、名、法、道、阴阳等流派在内的许多思想家构建的宏大的道德文化体系，也包含了我国古代劳动人民在长期的生产实践和社会生活中所形成的良风美俗和行为准则。其次，它具有延续性和变异性。它在时间上世代承传，生生不息，连绵发展、转化。在中国

① 詹万生：《整体构建德育体系引论》，北京：教育科学出版社，2001年版，第293页。

悠久的文明史中，传统道德经过千百年的积淀，有些光辉的思想已构成了我们的民族之魂。例如："天下兴亡，匹夫有责"的爱国主义精神；"天下为公""修齐治平"的集体主义精神；"刚健有为、自强不息"的积极进取精神；"先天下之忧而忧，后天下之乐而乐"的先人后己的精神；"见利思义""先义后利"的价值取向；"富贵不能淫、贫贱不能移、威武不能屈"的浩然正气；"杀身成仁""舍生取义"的高风亮节；"勤劳简朴、诚实守信"的求实精神；"仁者爱人""成人之美"的友爱思想；"孝敬父母""尊老爱幼"的家庭美德；等等。这些民族之魂曾经哺育了中华民族亿万儿女的健康成长，曾经激励过无数志士仁人、英雄豪杰为民族的兴旺发达，为祖国的繁荣富强写下了人生的壮丽篇章。毫无疑问，这些中华民族传统道德的精华，在社会主义现代化建设的今天也是值得继承和发扬光大的。①

（二）和谐德育紧密结合时代特点，对传统道德坚持扬弃与创新

中国传统道德是一定时代的产物，同任何事物一样，中国传统道德也具有两重性，既有进步性，又有局限性；既有精华，又有糟粕。建立在小农生产基础和封建宗法制度之上的传统道德，必然有封闭性和保守性的一面。因此，对待中国传统文化应当批判地继承，吸收其精华，剔除其糟粕，与时俱进，开拓创新。②

首先，传统道德并非全部是美德，需要加以分析。要注意克服对传统道德表层认同简单回归的偏向，必须以辩证唯物主义和历史唯物主义的观点对传统道德加以扬弃，取其精华，弃其糟粕。比如，在我

---

① 詹万生：《整体构建德育体系引论》，北京：教育科学出版社，2001 年版，第 193—294 页。

② 詹万生：《中小学德育课程改革与创新》，载《教育研究》，2003(01)。

国封建制度统治的漫长岁月里，传统道德中也有不少封建糟粕，如“尊卑有序”的等级规定，“三从四德”的伦理规范，“不孝有三，无后为大”“多子多福”的生育观念，“刑不上大夫，礼不下庶人”的特权思想，“存天理，灭人欲”的禁欲主义，“知足常乐”“小富既安”的小农意识，以及“阿Q精神”等，这些封建糟粕有不少仍然沉淀在民族心理之中，有的在新形势下改头换面，沉渣泛起，有的干脆赤裸裸地卷土重来，腐蚀人们的思想，也毒害着我们的下一代。因此，我们必须正确辨析，批判继承。

其次，加强社会主义道德建设要结合时代特点和要求，弘扬与创新传统道德。“对于中国传统文化的合理成分和积极因素，我们要以马克思主义为指导，进行革命变革和改造利用，使之赋予新的内容和新的含义，在继承的基础上有所发展和创新。”①美德需要弘扬，但也不能照搬照用。因为文化传统总是在一定的社会经济条件下形成的，渗透着当时社会的特征，体现当时社会的要求，与新的时代有着漫长的时空差距，对其诠释与创新必须赋予新的时代内容，挖掘其现代价值使之与现代化建设融合，才能在现代社会中具有旺盛的生命力。例如，把“国家兴亡，匹夫有责”与今天建设社会主义现代化国家结合起来；把“鞠躬尽瘁，死而后已”与今天提倡的奉献精神结合起来；把“自强不息”与今天的顽强拼搏，奋发向上结合起来；把“天人合一”“和为贵”的思想与我们今天建设和谐社会结合起来；等等。

---

①　詹万生：《整体构建德育体系引论》，北京：教育科学出版社，2001年版，第337页。

（三）和谐德育在继承传统美德的同时，也注重吸收国外优秀文化成果

构建社会主义思想道德体系，既要充分考虑我们民族道德的优秀传统，不能离开本民族的道德基础，同时也不能离开人类文明的共同成果。我们的道德体系建设是在21世纪世界经济一体化大背景下进行的，人类文明的交融、文化的交流越来越频繁，领域在不断扩大，这就要求我们应该站在世纪的制高点上，以更加博大的开放胸襟，学习古今中外道德体系建构的有益经验，发展创新中国特色思想道德体系。

“在对待西方文化的问题上，我们有过正反两方面的经验。现在可以清醒地认识到，采取闭关自守、全盘否定，或崇洋媚外、全盘西化这两种极端的观点都是错误的。正确的态度应当是分析、鉴别、学习、借鉴、吸收、利用。对先进的科学技术和管理经验，要大胆地学习和引进；对文化艺术，它的形式可以学习、借鉴，内容可以改造、利用；对思想道德，属于共同心理、共同美感、共同道德方面的东西，也要大胆地学习和借鉴。特别是那些适用于市场经济的价值观念，如改革开放观念、民主法制观念、权利义务观念、公平竞争观念、效率效益观念、互利互惠的观念、公关信息观念、商品市场观念、文明消费观念、照章纳税观念等，更要借鉴和吸收，使其与中国传统美德相融合。”①

中国德育的现代化要坚持民族精神与时代精神的统一，坚持民族性与世界性的统一。这要求我们从建设中国特色社会主义德育体系出

---

① 詹万生：《整体构建德育体系引论》，北京：教育科学出版社，2001年版，第294页。

发，重新审视、阐释、理解中华民族文化传统，处理好传统与现代的关系，弘扬民族优良的德育传统，并赋予其时代精神价值，谋求民族精神与时代精神的结合，同时要处理好中国传统文化与西方文化的关系，认识、筛选外国有用的东西，融会中西，使其本土化。在学校德育工作中，既要重视弘扬传统美德，用中华民族优秀传统文化教育青少年，又要培养学生的现代意识，使其适应时代发展、社会进步和建立社会主义市场经济体制的新要求，实现传统美德与时代精神的有机结合，民族性与全人类文化相融合。

和谐德育对全面实施素质教育的价值*

构建全面适应素质教育的学校德育体系，是和谐德育研究与实验的基础目标。十余年的研究和实践历程证明，和谐德育对全面实施素质教育具有重要的理论和实践价值。

一、夯实素质教育的基础

自《中共中央、国务院关于深化教育改革全面推进素质教育的决定》实施近十年以来，由于社会发展和教育自身改革等诸多主客观因素，我国基础教育阶段推进素质教育仍然面临十分严峻的问题，“应试教育”愈演愈烈的趋势尚未得到有效的控制。和谐德育坚持整体和谐理念，在全面总结分析现阶段实施素质教育存在的重智轻德等突出问题基础上，明确了通过课题实验指导学校实施素质教育的具体步骤和方法。其主体内容就是根据全面实施素质教育的要求，构建具体化、特色化、可操作的校本德育体系及其实

---

* 本文是与宁武杰、郁树廷、刘世保合作撰写，见詹万生等著：《和谐德育论》，北京：教育科学出版社，2008 年版。

施细则，引导学校将育人为本、德育为先的教育宗旨转化为思想到位、措施具体、制度保障、充满活力和可持续发展的教育体制机制。

整体构建适应素质教育的校本德育体系及其实施细则的主要内容包括：

(一)校本德育体系具体化

校本德育体系的具体化包括德育目标内容、途径方法、管理评价的具体化。

1. 校本德育体系的具体化包括学校德育目标具体化和德育内容具体化

校本德育目标具体化，在纵向上，小学按低、中、高三段，初中以上按年级构建层次目标、学期目标；在横向上，每段都包括政治、思想、道德、法纪、心理五项德育目标。校本德育内容体系具体化，主要是根据校本德育目标体系编写校本德育教材，构建具体的德育内容体系，或设计校本德育序列主题活动实施方案，以实现对国家统一教材的补充和延伸。校本德育体系具体化要根据学生年龄特点和思想品德发展规律，体现“近、小、实、亲”，做到分层递进，螺旋上升。

2. 校本德育途径体系具体化

就是把德育的目标内容和工作要求分解落实到学校、年级组、班主任工作、各科教学、团队工作，贯穿到学校、家庭、社会相结合的德育工作之中，使各条途径职责明确，协调配合，形成合力。德育方法体系具体化，就是把语言说理类、榜样示范类、修养指导类、实践锻炼类、行为训练类、规范制约类、评价激励类等方法具体化，根据不同的内容和途径，选择、设计、创造不同的德育方法。

3. 校本德育管理体系具体化

就是按照“理顺健全领导机制，稳定提高教师队伍，建立健全规章制度”的要求，把学校领导体制、规章制度、队伍建设、督导检查、考核评价等要素进行优化组合与系统构建，坚持以人为本，发挥学生自我管理的自主性与教师示范管理的主导性，使一致性的、刚性的制度管理与多样性的、柔性的情感交流相辅相成，和谐互动，营造相互信任、相互支持、宽松民主的人际关系，既保证校本德育管理的创造性，又增强校本德育管理的凝聚力。校本德育评价具体化即要求按照导向性和激励性、科学性和系统性、形成性和阶梯性、主体性和个体性、操作性和实用性等评价原则，运用分数、等级、评语相结合的评价方法，从知识与能力、过程与方法、情感态度与价值观等角度，制定科学简明的学校德育、班级德育和学生品德三级评价指标体系。

（二）校本德育体系特色化

校本德育体系特色化，主要是指学校所处的地区特色、层次特色和办学特色。

1. 地方特色化

校本德育体系地方特色化就是要求各级学校立足地方经济与文化建设的需要，努力挖掘地方德育资源，建设富有各地风土民情的、具有地域特性的校本德育体系，及时反映各地科技进步和文化建设的成果、各地社会生活和社会发展需求的实际变化，充分尊重和体现广大师生以及学校教育环境的独特性和差异性，使学校德育更有地方特色。

2. 层次特色化

构建层次特色化的德育体系，就是根据各级各类学校层次上的区别，结合学生各年龄段的特点、个性差异和学校德育本身的发展规律，针对各个层次学校的不同办学目标、不同的文化背景、不同的办学条件，将德育目标、内容、途径、方法等进行分层处理，尊重各个年龄阶段学生发展的需要，和处在同一阶段的不同类型学生个性发展的需求，使校本德育体系能够贴近实际、贴近生活、贴近学生，从而增强德育的实效性。

3. 办学特色化

办学特色化就是根据本校的文化传统、办学优势、师生特点、德育资源和学校环境以及教育者的办学追求和情趣，努力形成独特的德育风格，在具有一般校本德育体系的共性基础上，突出与众不同的个性，即："人无我有，人有我优，人优我精"，发挥优势，形成个性鲜明的学校德育特色。

(三)校本德育体系可操作

校本德育体系的可操作性，主要从全程可操作、全面可操作、全员可操作三个方面来衡量与检验。

1. 全程可操作

校本德育体系全程可操作，是指德育工作贯穿于学生从入学到毕业的整个过程之中，环环相扣。每个学段都将三年(小学六年)共 6 个学期分成 12 阶段(小学 12 个学期 24 个阶段)，每个阶段都根据学生的身心特点和品德发展规律，设计若干个德育主题。以利于从整体上对处在不同阶段的学生因势利导，扬长避短，实施具有针对性的指导，保证校本德育的序列性与完整性。

2. 全面可操作

校本德育体系全面可操作，是指学校德育工作全方位地深入到学生学习、生活活动的全部领域。第一，要把构成校本德育体系较为抽象或理论较强的德育原理、原则、规范，转化为使人容易接受的、较为具体的行为要求或条例，颁布到教学楼、餐厅、宿舍、文化广场，使德育信息无处不在，使学生触目可见；第二，通过场景设置、示范引导、行动训练等手段，使学生在德育实践过程中亲身体验或感受，了解自己的行为对他人、对团体的影响，从而把德育原理、原则和规范深入到心里，落实到具体行为中去。

3. 全员可操作

全员可操作的校本德育体系，是在“人人都是教育者”的观念指导下，使每一个教职员工均能根据自己的职责分工做到“教书育人、管理育人、服务育人”。要做到全员育人，第一，要树立全员育人意识，强化党、政、工、团齐抓共管，班主任、科任教师和职工通力合作，学校、家庭、社会相结合的德育意识；第二，建立全员育人机制，主要指建立学校德育管理的有效机制，制定完整的学校制度，使每一个教职员工的晋升、提职、评优都与他的德育工作水平与效果相联系，充分调动全体教职员工的积极性、主动性和创造性；第三，开辟全员育人渠道，即针对每一阶段的校本德育主题将学校、政教处德育工作，年级组、班主任工作，学科德育、共青团、学生会德育工作，心理辅导工作，学校、家庭、社会德育工作的要点、工作方法与工作方式予以细化，做到全员可操作。

校本德育体系及其实施细则的整体构建与实施，从思想观念、教育内容、方法措施、队伍建设、制度保障、物质和精神环境等实践层面为全面实施素质教育夯实了基础。校本德育体系把共性的德育通过个性化的内容形式付诸实践，富于活力和创新性，使素质教育从文件要求走进学校生活实际。

二、强化素质教育的核心

素质教育的核心是确立德育在学校整体工作和人的整体素质中的导向、动力和保证作用。这个问题的实质是“五育”之间的和谐关系，是素质教育的主体内容和教育过程的基本规律问题。和谐德育在这个领域的研究实践包括：从教育主体角度，引导教师认识德育与智育、体育、美育、劳动教育的内在联系，掌握和谐育人的规律；从受教育者主体角度，着力培养学生的道德主体性，指导学生健康、和谐、全面发展。

(一)强化素质教育核心的基础环节：引导教育者认识“五育”之间的和谐关系，掌握和谐育人规律，提高教育者的教育主体性及整体素质

和谐德育根据马克思主义哲学和教育哲学论述，归纳确立了基本认识角度：规律是事物自身和事物之间固有的、普遍的、必然的联系；社会发展规律、教育规律只有在人的实践活动中才能发生作用，教育规律是可以认识并且能够用于实践的；和谐是人在实践活动中建立并能够感受的关系状态，通过对和谐的研究和实践可以认识掌握教育规律。整体构建和谐德育体系的总体研究要略是将德育工作的各种要素作为一个相互联系的整体加以研究，从研究德育工作中的各种联系入手探索德育规律。总述其要，课题所研究的要素联系可以包括两个基本维度：一是横向维度，研究德育的目标、内容、途径、方法、管理、评价这六项要素如何和谐贯通、环环相扣、形成合力；二是纵向维度，研究如何使六项要素在大、中、小学各年级、各学段之间和谐衔接，分层递进，螺旋上升，以实现德育过程“一以贯之”的整体联系。从这两个维度纵横交织的联系之中，教育者不仅会循序认识德育与智育、体育、美育、劳动教育的内在联系，把德育的导向、动力、保证作用还原于现实的教育过程，同时也会认识整体育人——素质教育的基本规律。从引导教育工作者探索、认识教育规律到掌握、应用教育规律，是整体构建和谐德育体系研究与实验的本质和目的，也是认识该课题从什么视角和怎样强化素质教育核心的要点所在。

和谐德育认为，“从观念上把握教育规律，是教育者的一种哲学观念。教育者形成的教育的哲学观念或德育的哲学观念越全面、越深刻，其在教育中自由自觉的和谐程度就越高，因而其教育的主体性就越强。以‘观念形态’把握学校德育系统的构建原理和应用价值的过程，就是从一个切近现实的角度认识和把握教育规律和德育规律的过程。通过实验提高教育者对教育规律的自觉意识和自觉实践能力是本课题研究的一个深层环节。”①

从我国教育改革的实际情况看，“应试教育”的出现和形成，与20世纪70年代以来国际经济、政治、科技、教育的发展形势及国内“十年动乱”之后的教育回归，与1980年以来我国改革开放和经济建设对人才和知识的迫切要求有着直接的联系。考察我国教育发展历程，一种教育倾向的出现和形成，特别是一种全国性的教育倾向的出现和形成，其产生的原因，除上述国际国内具有整体性的客观外在因素外，必定有其整体性的内在原因。就教育内部看，应试教育的形成主要是由教育的思想观念、教育的目标内容、途径方法、管理评价等方面的原因共同造成的。这些原因具有独立的表现形态，同时，这些表现形态又相互联结、相互制约，就其一个或几个方面的负向作用而言，其实质是教育规律的反映。即在违背教育规律的现象中反映着教育规律的普遍作用。这种情况表明，要实现由应试教育向素质教育的根本转变，必须进行教育观念、教育目标内容、途径方法、管理评价等方面的整体改革，而这种整体改革的关键，是教育者对教育规律的掌握和

---

① 詹万生：《整体构建德育体系总论》，北京：教育科学出版社，2001年版，第176—177页。

运用。整体构建和谐德育体系适应了素质教育的要求，其一是从德育观念到德育的目标内容、途径方法和管理评价等方面进行整体改革，使德育在全面素质教育中切实发挥导向、动力和保证作用；其二是引导教育者在实践过程中掌握和运用教育规律，即掌握德育工作各要素之间整体的和谐的联系和德育与其他各育整体和谐的联系，实施整体育人，并将这一点视为和谐德育研究的一个“深层环节”。

“整体构建”的核心是整体，合力是德育整体功能的集中表现。德育的合力来自于德育系统、德育过程中各要素的和谐联系，合力反映着德育规律，合力是德育体系的一种新的系统值。由于德育系统要素的联系和德育规律所反映的是事物的本质联系，而合力又是一种系统的整体效应，因而，将“联系”“规律”“合力”的研究理论回归于现实的教育生活，处在具体的教育教学岗位上的实践者往往不能直接感受到。为引导教育工作者达成对合力的“实践把握”，和谐德育研究提出了通过“和谐”来把握合力的认识和实践方式。和谐反映着事物之间的状态和程度，和谐具有抽象性，同时，和谐又是可以直接感知的。例如，德育过程的知、情、意、行之间如果和谐联系，就会产生合力，即学生德性的整体性增强；反之，则德性的整体性即完整的道德人格就难以形成。同样，在学校德育体系的各层面的子系统和分系统中，和谐是可以直接感知的。如德育内容“五要素”的和谐，各科教学中学科知识与德育因素即教书与育人的和谐，德育方法与学生接受心理的和谐，学校德育常规管理与德育专题活动的和谐，学校教育与家庭教育和社会教育的和谐，等等。这些要素和工作环节之间是否和谐，是彼此之间是否具有合力的前提条件。可见，和谐既是事物之间相互联系的状态、程度，也是方法、过程和结果，和谐可以发生于德育体系的所有联系之中，是德育主体能直接感受和把握的教育要求。当教育者在把握德育体系的基础上自觉地去达成现实德育实践中的和谐的时候，合力就在体系中产生了，因此，可以把和谐看成是合力的一种生成机制，是引导教育工作者“实践把握”和谐德育的一个切入点。[①] 教育者实践把握和谐育人的基础，是教师的职业信念、热爱学生的职业情感、全面扎实的专业知识和教育能力构成的整体素质，和谐德育研究实验始终把培养教师的职业道德及科研创新能力等主体性紧密结合起来，为实施素质教育构筑了坚实的根基。

(二)落实思想道德教育在人的整体素质中的导向、动力、保证作用的具体实践方式：坚持以人为本，培养学生的道德主体性，引导学生自主、和谐、全面发展

如何发挥教育者的主体性以培养学生的主体性？关键的环节是在和谐德育理论观点的基础上构建切近德育实践的便于操作的主体性理论。课题研究在这个领域的论述和实践要点包括三个方面：一是从德育过程中认识，指出“在德育目标的确定上，不仅要考虑社会的要求，更要重视学生自身成长的需要。在德育内容的安排上，不仅要依据社会规范，更要遵循学生的年龄特征和品德形成发展规律。在德育途径和方法的运用上，不仅要发挥教师的主体作用，更要强调学生的主体参与”。[②] 二是运用品德形成发展规律，提出现代德育的“新三中心”，即“以学生为中心，以情境为中心，以活动为中心”。[③] “新三中心”是对德育的整体性、主体性、生活性和实践性基本规律的现实化阐释，现实生活是整体性的，“新三中心”是德育整体性的生活形式，其理性

① 詹万生：《整体构建德育体系总论》，北京：教育科学出版社，2001 年版，第 187 页。

② 同上书，第 15—16 页。

③ 同上。

概括植根于德育的生活本性。在本课题研究中，在整体构建德育目标内容体系的前提下，“新三中心”有别于西方“现代教育派”的“学生中心”说，它对于认识德育规律，从根本上扭转忽视学生主体性培养的教育思想和教育方式具有重要的理论和实践意义。三是对主体性培养的具体论述：“人与自己的关系是主体性表现的一个更为特殊的方面。在这里一个人集主体客体于一身。对象性活动的内容是对自己的认识、改造和发展。这一点对于发展学生的主体意识更为重要，是学生自为性、自主性、能动性的集中表现。现代德育应当充分发挥学生的主体性，教育和激励学生自尊、自爱、自信、自立、自强，引导和培养学生自订成长目标，自析成长环境，自寻成长动力，自开成长渠道，自研成长方法和自评成长效果，使他们成为自身全面发展的主人。”①“自尊、自爱、自信、自立、自强”将道德主体性转化为可以感受和培养的素质特点；“自订”“自析”等“六自成长”使培养学生主体性的方法更加系统化和可操作化。

课题对德育实践性的研究，不仅立足于廓清德育实践“是什么”，更着力于研究“怎样做”。关于“是什么”，课题研究并论述了实践是道德的本质，德育目标的实践本质，德育过程是实践活动，人际交往是德育实践的出发点等问题，② 构建了德育实践问题的理论基础。关于“怎样做”，课题研究的着力点是如何将整体构建和谐德育体系的思想理论转化为现实的教育实践。从认识角度说，就是引导教育工作者对整体构建和谐德育体系的理论原则和实践方式的“实践把握”。“实践

① 詹万生：《整体构建德育体系总论》，北京：教育科学出版社，2001年版，第15—16页。

② 同上书，第163—170页。

把握”是认识过程中的“第二次飞跃”，是理性认识和实践体验高度融合的“思维的具体”，是科研型教育工作者的一种重要素质。

怎样达到对和谐德育体系的“实践把握”？在这个层面上课题研究已经构建起一个系统的理论体系，诸如关于整体构建德育的目标、内容、途径、方法、管理、评价六大体系的阐述，[①] 关于整体构建各学段及校本和谐德育体系的阐述，关于整体构建学校、家庭、社会和谐德育体系的阐述等，都不仅立足讲清“是什么”，而且力求讲清“怎样做”。这些领域的研究对引导教育者认识和谐德育的丰富内涵，强化素质教育的核心建构了系统化的理论体系和实践模式。

三、突出素质教育的重点

在整体和谐育人中突出培养学生的创新精神和实践能力是素质教育的两个重点，也是和谐德育研究一以贯之的思想。为了在整体构建学校、家庭、社会和谐德育体系中突出素质教育的这两个重点，和谐德育确立了两个基本的教育理念，即德育要在塑造创新人格的教育中发挥独到作用，要把培养道德实践能力作为根本归结点。

(一)德育要在塑造创新人格的教育中发挥独到作用

人的主体性的基本表现是自为性、自主性、能动性和创造性。课题研究证明，学生创新人格的形成正是其道德主体性形成的表现。创新意识是人类的一种普遍的心理能力，每一个脑组织正常的人都具有不同程度的创造能力或创造的潜力。创造性主要表现是创造性思维能力，思维能力是人的智力的集中反映。但人的智力活动不是独立存在

① 詹万生：《整体构建德育体系总论》，北京：教育科学出版社，2001 年版，第 272—595 页。

的，任何智力活动，如观察、记忆、思维(包括抽象思维和形象思维)都是在对问题的兴趣、动机、情感、意志等心理因素的引导和支撑下进行的。在现实生活中，这些心理因素表现为个体对事物的好奇心，强烈的求知欲，勤奋求索的学习精神，爱科学、爱创造、爱事业、爱祖国的情感，以及崇高的理想，抵抗挫折、坚忍不拔的意志和信念等，这些心理因素是人思想品德的凝结，是道德人格的现实形态。在现实的学习与研究活动中，人的智力和思想品德素质在人的生理和心理机制上是不可分割的整体，智与德两个方面协调发展，才使人的主体性成为可能，人的创新精神和创新能力才有了坚实的基础。在培养教师和学生的创新能力方面，本课题研究实验取得丰厚成果。

(二)德育要把培养道德实践能力作为根本归结点

德育的本质是实践的，德育实践观是德育的根本观点和德育过程的归结点。德育过程的起点是德育目标。德育目标既包括对学生道德认识、道德情感的培养，也有对学生道德意志、道德行为的锻炼，归根结底是道德认知和道德行为的和谐统一，落脚点在学生的道德行为上。只有培养出来的学生践行、践言了，才可以说德育目标达成了，这说明德育目标本质上是实践的。

德育过程是实践活动，德育实践活动是学生品德形成的根本基础。德育过程应是教育者施教过程与学生品德形成过程的和谐统一。教育者和受教育者只有在实践活动中才能实现统一。品德形成发展规律表明，学生品德是在现实生活和活动交往中形成的，生活和活动交往是学生品德形成的根本基础。生活和活动交往的本质是实践的。

德育实践活动是检验学生品德素质高低的根本标准。学生的品德素质及能力只有在实践中才能表现出来，同时，学生的品德能力只有在实践中才有价值和意义。只有把学生的品德形成引向实践，才能克服言行不一的现象，促进学生完整人格的形成，增强德育实效。不引向实践的品德是毫无价值可言的。[①] 和谐德育研究实验充分证明了这一点。

创新精神与实践能力是紧密联系的统一体。实践是产生创新思维的源泉，创新的过程是实践的过程，而创新的成果只有用之于实践，并能促进实践水平的提高才有意义。创新精神和实践能力是构成人的主体性的关键因素。

综上所述，整体构建适应素质教育的德育体系的研究实验，集中表现为三个基本特点：科学性、针对性、实效性。

科学性。整体构建和谐德育体系研究深谙我国教育发展的总体流变，其研究与实验的基点确立在探索掌握教育规律上，实事求是，立足于透过现象从本质上分析问题，解决问题，体现出科学研究的基本特征。课题研究为引导广大教育工作者认识“五育”之间的和谐关系，掌握教育规律，提高科研水平和科学育人的能力开辟了广阔的认识和实践空间。

针对性。“应试教育”的本质是违背教育规律，其表现形式是无视、割断或弱化教育过程中整体的和谐的联系，如割断或弱化智育与德育的和谐联系、掌握知识与创新精神和实践能力的和谐联系、各种教育途径之间的和谐联系等，其主体特征是片面育人；整体构建和谐德育体系研究的重心直指教育规律，其主体特征是着眼整体，认识联系，建构体系，通过探索掌握教育规律，按规律施教，实施整体和谐育人。

---

① 詹万生：《整体构建德育体系引论》，北京：教育科学出版社，2001 年版，第 70—74 页。

实效性。在操作方式上，整体构建和谐德育体系研究剥离了德育工作中的那些简单重复、脱节、脱离实际等低效教育的成分，通过德育要素的横向贯通和纵向衔接，形成教育的合力与连贯性，既增强了当前的教育实效，又建立了教育的长效育人机制。

科学性是引导，是本质，是基础；针对性是课题研究从现存教育改革的实际情况出发，解决实际问题；实效性是研究与实验的结果，是科学性和针对性的检验标准。科学性、针对性、实效性紧密联系，共同反映着教育者的主体性和实践精神，体现出本课题研究的基本特征和努力的方向。

就我国教育改革的实际情况看，欲实施素质教育，必须下气力解决德育问题，解决学做人问题。切实做到育人为本，德育为先。德育工作没有实际举措和实际效果，素质教育就不会有根本的进展。中国教育要走出困境，要紧的是切切实实的行动，是科学加实干的行动。整体构建和谐德育体系研究与实验就是组织广大教育工作者在育德育人领域去主动认识、主动建设，是切切实实的行动，是教育者群体主体性的现实体现。

和谐德育对建设和谐社会的价值*

和谐德育对建设社会主义和谐社会的价值，主要体现在社会主义核心价值体系教育、和谐德育与和谐文化及和谐社会建设的实践关系中。

一、创新核心价值体系的教育方式

在和谐社会建设进程中，如何把社会主义核心价值体系融入大、中、小学各学段的教育教学过程中，是教育系统肩负的重大历史任务。和谐德育为贯彻落实这一重大任务提供了系统的实践理论和操作方法。

（一）和谐德育提出的德育内容建构理论有助于引导教育者认识把握社会主义核心价值体系四项内容的整体和谐关系

和谐德育根据“社会—人—教育”相互制约、相互作用的教育发展规律，认为德育内容源于社会，社会属性是德

* 本文是与宁武杰、郁树廷、刘世保合作撰写，见詹万生等著：《和谐德育论》，北京：教育科学出版社，2008年版。

育内容的主体属性。从我国社会主义现代化建设对人的素质提出的整体要求出发，课题研究主张德育的内容应包括政治教育、思想教育、道德教育、法纪教育、心理教育“五要素”。政治教育的内容包括爱国主义教育、社会主义教育的党的路线、方针、政策及时事政治教育，指导学生树立为建设中国特色社会主义而奋斗的理想信念；思想教育的内容主要包括辩证唯物主义和历史唯物主义的世界观、方法论教育，为人民服务的人生观教育和集体主义的价值观教育；道德教育的内容主要包括社会主义道德原则和道德规范教育，进行个人品德、传统美德、社会公德、家庭美德、职业道德、环境道德教育；法纪教育主要是对学生进行社会主义法制和纪律教育，培养他们具有法律观念和遵纪守法的品质，学会用法律武器保护自己的合法权益；心理教育是对学生进行心理健康知识教育、心理咨询和良好行为训练，指导学生对世界和自我形成客观正确的认识，养成良好的人际沟通能力，建立和谐的人际关系，情绪适度，意志坚强，行为正确，个性健全，促进学生全面和谐发展。①

和谐德育提出的德育内容“五要素”，内在地、完整地包含了社会主义核心价值体系的全部内容。“五要素”各有特定内涵，又互相联系，互相渗透，互为条件，互相制约，构成了整体和谐的德育内容体系。“五要素”的整体和谐联系是，政治教育确立了把祖国建设成为富强、民主、文明、和谐的社会主义现代化国家而努力学习锻炼的奋斗方向；思想教育通过对人类社会发展规律的认识和理解，为政治教育提供科学理念支撑，引导学生形成科学的世界观、人生观、价值观，

① 詹万生：《整体构建德育体系总论》，北京：教育科学出版社，2001年版，第326—339页。

树立起社会主义的理想信念。以政治教育中的爱国主义、社会主义教育为例：学生通过爱国主义教育，祖国的壮丽山河，勤劳勇敢的中华民族世代创造的物质文明和精神文明成果，以及反对民族和国家分裂，维护民族团结和祖国统一的不屈不挠的斗争精神等内容，就会以物质实体和心理表象等形式内化到学生的认知和情感世界，产生民族自豪感、自尊心和自信心。我们民族在近代进行的前赴后继的反帝反封建斗争和经历的民族屈辱史，会激发学生热爱祖国、振兴民族的责任感和使命感。在当代中国，爱国主义和社会主义在本质上是统一的。社会主义制度为我国人民到达理想境界开辟了广阔道路。新中国成立五十多年来，我国社会主义建设取得了伟大成就。近百年来无数爱国志士振兴中华的爱国理想，正在社会主义制度下成为现实。爱国主义和社会主义教育的内容纵贯历史和未来，真实、生动、具体、丰富，对学生爱国之情和报国之志的形成，并将报国之志化为报国之行确定了奋斗的内容和方向。思想教育的特点，是从整体上提升人的精神境界。辩证唯物主义和历史唯物主义科学地揭示了宇宙、社会、人及其思维的本质和发展规律，是指导无产阶级和劳动人民改造自然、改造社会、完善自身，促进人和社会全面发展的科学、系统的世界观。如果说政治教育为理想确立了人生奋斗的内容和方向，那么思想教育则通过科学的世界观、人生观和价值观牢固地确立了人生的信念和信仰，以科学的根据和强烈的意向支持了理想的内容。道德教育以培养道德情感意识和良好的道德行为习惯为重点，引导学生形成正确的荣辱观，道德教育是实现理想信念的常态行为方式。法纪教育以增强法律意识，树立法治观念，培养知法、懂法、守法、护法的品质为主要内容，充实和保证政治、思想、道德教育的进行。心理教育以培养健康的心理素质为重点，在政治、思想、道德、法纪教育过程中，始终起着维持、调节、统合个体的知、情、意、行的作用，是德育不可缺少的要素。

联系社会发展实际认识德育内容“五要素”的必要性和“五要素”之间的和谐关系，是和谐德育研究的基础内容。课题研究认为，在具体的教育过程中，“五要素”之间的联系越紧密，越自然和谐，德育内容的整体性，即对受教育者德性的整体塑造作用就越强。在德育过程中，要注重德育内容的社会化与个性化的和谐统一。五项内容要素经过个体的“内化”——认知理解，“外化”——道德践行，成为个人政治素质、思想素质、道德素质、法纪素质、心理素质和谐聚于一身的个性化的德性。在这种个性化的德性品格中，民族精神和时代精神以个性化的形态内塑和表现于个体的情感意识和行为实践之中。和谐德育的这一研究理念对探索科学有效的核心价值体系教育的内容方法体系具有指导意义。

(二)和谐德育的实践理论有助于引导教育者认识掌握将社会主义核心价值体系融入教育教学全过程的基本规律

和谐德育研究德育内容“五要素”与社会主义核心价值体系四项内容的整体和谐关系的实践重点之一，是从理想、信念与世界观、人生观、价值观、荣辱观的形成原理及内在联系中，把握将核心价值体系融入教育教学全过程的具体教育方式及其规律性。

1.“整体—和谐—整体”的研究思路

第一个“整体”是从人的整体心理过程入手。在人的整体心理过程中，理想、信念、世界观、人生观、价值观、荣辱观统属于心理过程中心理倾向的一部分，是人们在感性认识基础上，通过思维活动而产生的理性认识的结果。部分不能脱离整体，结果是部分的凝聚，认识的结果和认识的过程在人的心理中本源一体。“和谐”即在整体的心理过程中研究理想、信念与世界观、人生观、价值观、荣辱观各自的形成特点及相互之间的和谐联系，为选择教育内容、运用教育方法，进行有侧重的教育提供原理依据。第二个“整体”是将教育过程归结于学生的思想观念整体、心理倾向整体乃至学生的道德人格整体。

第一，理想的形成特点及整体联系因素。理想是人在现实生活中，对未来可能实现的奋斗目标的想象或对某种超前境界的向往和追求。我国古代把理想称作“志”。理想具有时代性和现实性，人生理想是由社会理想、道德理想、职业理想、生活理想等多种内容和层次构成的。就心理现象看，理想是由多种心理因素构成的综合体。理想作为人的一种指向性认识，始终伴随着情感。同时，理想内含着意志。只有意志坚强的人，才会不断探索开拓人生道路，树立远大理想，并为它的实现而努力奋斗。理想不仅包含认识、情感、意志等因素，还包括需要、动机、兴趣、信念、世界观等因素。理想是以需要的选择为依据的。低级的需要产生庸俗的理想，高级的需要产生远大理想。理想与动机有密切的联系，动机的性质和水平影响着理想的差别和层次，已经确立的理想又构成人们从事新的活动的主导动机。兴趣爱好是理想形成的内在激素，已经形成的理想对兴趣爱好的发展又起着定向作用。理想要靠信念来支撑，只有对理想有坚定的信念，才能使人们在各种困难面前，始终如一，勇往直前。理想更要靠世界观指导，没有科学的世界观的指导，理想就会迷失方向。同样，理想也包含着人生观、价值观，人生理想是人生观、价值观的意向化形式。用整体和谐思想研究认识理想形成的整体联系因素，深化对理想心理本质的认识，有助于用科学的理念进行中国特色社会主义共同理想教育的方式方法研究和实践。

第二，信念的形成特点及整体联系因素。信念是指一个人对他所获得的知识的真实性、正确性的坚定不移的信仰并力求加以实现的个性倾向。信念是人们在长期的社会实践中，根据他生活的内容和积累的知识，经过深刻理解形成的。信念的内容包括政治观点、伦理道德、科学理论、审美观念等方面。信念主要突出一个“信”字，即对信念里的知识有概括的、深刻的和牢固的理解，并坚信它是真理；有在任何情况下都表现出捍卫自己信念的强烈感情；有独立地把信念运用到实际生活中的能力，必要时甚至为了自己的信念，决心献出宝贵的生命。信念虽然与知识紧密相连，但两者又不是一回事。知识转化为信念的主要条件是：知识本身的逻辑说服力量；与人的原有经验、知识相适应；与人的需要、愿望相一致。信念是认识、情感和意志的“合金”，是动机的主要成分，是理想的基石。

信念对人的心理和行为具有重要作用。信念是认识事物的出发点。外界事物要进入人的大脑的思维过程，首先要经过信念的筛选。信念还能进一步激发、强化思维活动，大大提高思维的操作能力与效果。信念是行为的准则和评价行为的标准。人的信念不同，行为倾向就不同。凡是符合自己信念的，就认为是正确的，就相信，就亲近，就准备实行；凡是不符合自己信念的，就认为是错误的，就怀疑，就疏远，就不考虑实行。信念是推动人的行为活动的强大精神支柱。具有坚定信念的人，能够在任何情况下捍卫自己的信仰和事业，以至为了完成自己担负的任务，不惜牺牲自己的一切。人若无信念，就会精神空虚、萎靡不振、朝秦暮楚，失去了主心骨。信念的动摇和瓦解是一个人精神崩溃的根本原因。

信念按内容，可分为政治信念、道德信念、科学信念、生活信念等；按主体可分为个体信念和群体信念，个体信念属于个性心理，群体信念属于社会心理，两者互为基础，相互影响。信念是理想的“主心骨”，是进行中国特色社会主义共同理想教育的必要因素。信念的内核是科学的知识体系。因此，学习掌握辩证唯物主义、历史唯物主义原理和中国特色社会主义理论体系，并将学到的科学知识运用到实践活动中去，使信念不断得到巩固和强化。信念只有在积极的实践活动中才能坚定起来。

第三，世界观与理想、信念、人生观、价值观、荣辱观的整体和谐联系。世界观是人对整个世界，包括自然、社会、人及其思维的根本看法和观点。科学的世界观是对自然、社会、人及其思维发展规律的概括和总结。马克思主义哲学——辩证唯物主义、历史唯物主义是科学的世界观；马克思主义中国化的最新成果——中国特色社会主义理论体系是马克思主义科学世界观的具体化和新发展。个人的科学世界观是通过学习理解和教育培养形成的。

——用和谐德育的思想方法研究世界观教育，有助于把握世界观形成的要素联系机理。形成个人世界观的心理结构要素主要包括知识、观点、信念和理想。知识是人们在改造世界的实践中所获得的认识和经验的总和。观点是对知识的理解、评价和进一步掌握，是个人的信仰和现实态度的表现形式。观点可以是唯物主义的，也可以是唯心主义的，正确的或错误的，等等。理想、信念和世界观都是个性心理倾向的重要组成部分，是人生活的准则。三者之间是相互影响和制约的。其联系机理是，理想反映信念，是信念本质的、有机的组成部分；信念反映世界观，是世界观本质的、有机的组成部分。理想和信念都受世界观制约，世界观也受理想和信念的影响。没有世界观，理想和信念就失去了存在的基础。信念和理想是世界观的现实化的灵动的核心部分，没有信念和理想，世界观在个性结构中的作用就是空的。世界观在个人心理活动中的作用表现为，世界观处于心理现象的最高层，在心理活动中影响人的认识、情感、意志、需要、兴趣、能力等整个心理和精神面貌，是个人行为举止的最高调节者。

——用和谐德育的思想方法研究世界观与人生观、价值观、荣辱观的内在联系，有助于把握“四观”教育的整体和谐联系。世界观是人生活和实践的最深厚、最概括的动机和目的。因此，世界观是个性倾向的集中表现，是个性心理的核心，是人的价值观的定向因素。个人的世界观是个人思想认识的组成部分，是个人对社会生活中各方面事物的价值取向的理性支持因素。对个人来说，价值观与人生观是紧密联系的，因而形成人生价值观，表现为对人生目的、人生理想、人生意义的根本观点和认识。在科学世界观指导下的人生观，是科学的最有意义的人生观。价值观是人对各种事物的价值比较系统的、稳定的、深层的观点或看法，除人生价值观外，还有政治价值观、经济价值观、文化价值观、道德价值观、职业价值观等“价值体系”。荣辱观从内容性质上属于道德价值观。“八荣八耻”荣辱观全面、准确、精确地涵盖了社会主义道德准则的主要方面，同时也凝聚了社会主义价值观的精髓。荣辱观直接关乎人的自尊心、进取心和羞耻心，是人具有道德自尊与法律自律品质的最基本的情感意识。在我国现阶段公民的道德法律整体素质还存在种种薄弱环节的情况下，将荣辱观单提出来作为社会主义核心价值体系的专项内容，有其历史必然性。荣辱观教育有利于深化和丰富价值观教育。从人心理过程和思想观念的整体联系看，理想、信念也是人的价值观，理想集中体现了人生价值观；而世界观则可以从心理上把个人的现实成长主题同社会发展需要、个人发展需要，即同人生观、价值观有机统一起来，提高个人的道德主体性和开拓创新的生命活力。

以上所述通过“整体—和谐—整体”的研究思路获得的认识，对研究探索社会主义核心价值体系的教育规律和教育方式具有多重价值。

2.“整体—和谐—整体”研究方法的德育实践价值

从社会主义核心价值体系教育内容的整体入手，研究认识这一内容整体构成要素内在的和谐的联系机理，再归于人的整体道德品质，这一思维过程所表现的，是和谐德育研究怎样把社会发展给教育系统提出的重大任务转化为具体的教育思路、教育理念、教育方式的一种教育主体意识。这一主体意识的实践价值主要体现在两个方面。

第一，对科学设计安排德育内容的价值。社会主义核心价值体系的四项内容，即马克思主义基本原理及中国特色社会主义理论体系、中国特色社会主义共同理想、以爱国主义为核心的民族精神和以改革创新为核心的时代精神、社会主义荣辱观。这四项内容就其语言表述形式来说，属于德育目标。要将这些德育目标融入教育过程，首先需要将其转化为适应各年龄阶段教学使用的具体内容。和谐德育研究了政治、思想、道德、法纪、心理教育内容“五要素”的整体和谐联系，研究了德育内容“五要素”与社会主义核心价值体系四项内容的整体和谐联系，还研究了德育内容“五要素”与核心价值体系教育的结果，即理想、信念、世界观、人生观、价值观、荣辱观的形成及其整体和谐联系，这就为设计安排德育内容的横向贯通和纵向分层递进的方式提供了科学依据。如根据学生年龄特点、知识水平和品德发展特点，小学以道德、心理、纪律和初步的法制教育为主，以政治思想教育为辅；中学以上在保持道德、心理持续教育基础上，逐步加重法制、思想、政治教育的比重，这样就使德育内容与学生品德发展规律形成了和谐的对应关系，也使社会主义核心价值体系和谐地融入了教育全过程。根据作为核心价值体系教育结果的理想、信念、世界观、人生观、价值观、荣辱观的整体和谐联系，就可以认识它们的形成既有各自的知识基础和心理内容，又在心理结构中紧密结合。依据这个层面的规律性，就会引导教育者科学把握教育内容的分解与综合的关系，加深认识教育过程与教育结果的辩证统一关系，也会引导教育者从教育结果，特别是过程中的动态结果去思考设计教育内容、增强教育效果的方法。如在小学阶段可以设计以品德教育为主培养学生的荣辱观，在荣辱观中渗透价值观、人生观，中学可以在世界观、价值观教育中深化荣辱观教育，大学可以在人生观教育中巩固世界观、价值观、荣辱观和理想信念。理想是教育的目标和结果，正确的个人理想和中国特色社会主义共同理想的形成，植根于科学有效的教育过程。和谐德育的研究思路可以引导教育者思考如何根据理想的综合性，即理想与信念、世界观、人生观、价值观的整体联系，设计综合性的内容和方法，而不是单纯地进行理想教育，这样就会增强理想教育的实效。同时，也可以根据和谐德育的研究理念，思考理想教育的内容方法怎样适应不同年龄阶段学生的兴趣、动机和成长需要，即理想教育怎样与学生形成和谐互动，这也是增强理想教育效果的重要环节。

第二，对把握“以人为本”的教育方式的价值。以人为本是建设社会主义和谐社会的第一原则，也是和谐德育的第一原则。坚持以人为本的认识和实践基点，就是关注和尊重人的成长需要。学生不同时期的成长需要，是选择德育内容，使用德育方法的重要依据。核心价值体系教育涉及小学、中学、大学的全部德育内容，贯穿学生从小学到大学及走向社会的整个成长过程。在这样的整体性教育中，怎样在动态的、生活化的德育活动和德育过程中把握学生成长需要，是体现德育的针对性、实效性和科学性，坚持以人为本的关键点。和谐德育把个人的道德认识、道德情感、道德意志和理想、信念、世界观、价值观等作为人的心理内容和心理能力放到人的心理过程和个性心理倾向中研究，明确了这些品德要素与人的成长需要的整体和谐关系，这就使品德教育更贴近人的生命形态，因而抓住了以人为本的关键环节。运用和谐德育的研究方法，可以引导教育者深化对成长需要问题的认识和把握，使以人为本由教育原则转化为教育方式取得新进展。

深化对“成长需要”的形成发展特点的认识。从和谐德育的视角看，需要是人生命成长过程中对所必需的成长条件的反映，也是个体身心内部及个体与周围环境的不平衡、不和谐状态的反映，通常以愿望、意向、动机、兴趣等形式表现出来。需要是个性心理倾向的重要组成部分，是个体积极性的源泉，是思想和活动的基本动力。需要引发并影响人的思维、情感、意志。人的需要是丰富多样的。据研究，当代青年的共性需要大体有十个方面：生理性需要；健康和安全的需要；文体娱乐和美的需要；知识和技能的需要；交往和友谊的需要；自尊和荣誉的需要；恋爱和婚姻的需要；劳动和职业选择的需要；思考和民主的需要；理想和成长的需要。人本主义心理学家马斯洛提出的需要层次理论，把人的需要由低到高分为生理需要、安全需要、社交需要、自尊需要、自我实现需要，五个层次逐渐上升，当下级的需要得到相对满足后，追求上一级的需要。马斯洛认为低级需要(生理、安全)仅要求从外部使人得到满足，高级需要(社交、自尊、自我实现)则从内部使人得到满足，作为人的内驱动力看，低级需要是有限的，一旦得到满足，便不再激发人行为的动力。高级需要往往不易得到满足，特别是自尊和自我实现需要几乎永无止境。所以，一旦得到一定程度的满足，便会使人振奋，增强信念，从而成为支配人思想行为的“主导需要”。人的需要随着从低级向高级发展，社会性因素逐渐增高、生物性因素逐渐降低。随着需要层次的螺旋形上升，个体社会化程度越来越高，最终成为一个受人尊敬的社会化程度相当完善的社会成员。用和谐德育的观点分析，马斯洛的理论有在特定的环境条件下不符合实际的情况，也有在一般正常的环境中符合实际的合理性。特别是他认为人有内在价值、内在潜能，具有自我实现的需要，他论述的自我实现的一系列人格特质，如独立自主、富有创造力、不断地欣赏新生活、高度的道德意识和情感等特征，实际是一种人与自身、与他人、与周围整体环境达成和谐的生活状态。用整体和谐的思想方法分析人的需要与教育的关系，还可以深化这样的认识：即在由下一层次需要向上一层次需要发展过程中，都存在两种可能，一是向较高层次发展，一是停止在一个层次中无节制地向横向发展。前者对个体和社会有益，有利于促进自身与社会的和谐发展；后者对个体和社会存在有害因素，可能影响并制约自身与社会的和谐发展。这种理念无论青少年还是对成年人的思想道德教育都是有参考价值的。因此，在和谐德育研究与实践中，应注意引导学生在满足较低层次需要基础上，追求更高层次的需要，这样就会使学生的素质能力和道德人格逐步完善起来。

深化对“以人为本”教育方式的认识。人的需要具有客观性。马克思曾说：“任何人如果不同时为了自己的某种需要和为了这种需要的器官而做事，他就什么也不做，……”“他们的需要即他们的本性”。①人类的一切实践活动都起源于需要，都是为满足人的需要而进行的。需要这一心理现象人人有，时时有，无论人对它有意识或无意识，其存在是客观的。人们都是在满足需要又不满足的矛盾中成长的。从对需要的客观性、多样性、复杂性的研究分析出发，和谐德育研究深化

① 《马克思恩格斯全集》，北京：人民出版社，1960 年版，第 286 页，第 514 页。

了对以人为本教育方式的认识。在德育过程中，教育者应时时掌握学生的成长需要，把关注教育对象的成长需要作为以人为本、构建和谐的切入点和本质环节来认识。要善于通过人的外部行为来揭示人的内部动机和需要。因为人的需要和动机是通过人的行为来实现和表露出来的，行为是满足需要的活动和途径，也是需要和动机的载体。人的外部行为与内部需要具有内隐性、潜伏性等特点，人的外部行为与内部需要有不相一致的时候，但是，只要留心观察，通过去粗取精、去伪存真、由此及彼、由表及里的科学分析，总是可以找到它们相互联系的必然性。根据需要多样性特点，在德育过程中应全面地看待学生的需要，防止片面性，既要看到他们的精神需要，也要看到他们的物质需要和社会需要；既不能用精神需要来代替物质需要，也不能用物质需要来代替精神需要，更不能用某一种需要代替丰富多彩的多种需要。根据各种需要存在互为条件、互为补充的整体联系特点，在德育过程中就要注意研究分析多种需要之间的因果关系，思考达成和谐的方法。根据需要周而复始、循环往复的特点，德育过程中就要注意统筹设计教育内容，分层递进地进行持续教育。根据需要的个体差异性，思考教育特别是对个别学生的谈心或心理辅导，就要注意因材施教。人的需要在强度上并不是同步的，在同一时期，只能是某一种或两种需要占主导地位，其他处于次要或辅助地位。如许多人把理想和成就作为个人需要的中心，其他需要都围绕或附属于中心需要。根据需要的这一特点，要求在德育过程中不但要了解和掌握学生一般的、长久的、基本的需要，而且要特别了解掌握他们特殊的、当前的、中心的需要。当前的中心需要是当前活动的动力。抓住当前的中心需要就是抓住了问题的关键，就会增强德育的针对性，有利于提高德育实效性。从总体上看，人的世界观、人生观、价值观是需要的最高调节者，时时影响制约着人的需要，不同的思想境界会导致出现不同性质的需要，如公共的需要与个人的需要、合理的需要与不合理的需要、现实的需要与非现实的需要等，根据需要的这一特点，思想品德教育应通过辩证分析，给学生以具体指导，使其将现实的、合理的公共需要摆在首位。当这一需要与个人现实的合理的需要发生矛盾时，要在个人需要服从公共需要的前提下，贯彻兼顾国家、集体和个人需要的原则；对现实的、非合理的公共和个人需要，教育人竭力反对；对非现实、合理的公共和个人需要，给人指出方向；对非现实、非合理的公共和个人需要，教育学生坚决禁止；对现实的、合理的公共和个人需要给予满足；同时，还要注意帮助学生选择和运用正确的满足需要的手段和途径。

综上所述，和谐德育在研究怎样把社会主义核心价值体系融入教育教学全过程的探索中，把握住了三个最具根本性的问题：

第一，构建完全包容核心价值体系四项内容的德育内容体系，并将其转化为各项内容要素整体和谐联系的、适应各年龄阶段学生特点的、具体化的教学与活动内容体系；

第二，从核心价值体系教育的深层目标和教育结果入手，把握理想、信念、世界观、人生观、价值观、荣辱观的形成特点及其整体和谐联系，揭示核心价值体系教育的本质及其规律性；

第三，把握“以人为本”与“构建和谐”的关键点，深入研究“成长需要”在核心价值体系教育及整个思想品德教育过程中的作用与形成特点，为探索具有针对性、科学性、实效性的教育方式提供原理依据。

社会主义核心价值体系是社会主义先进文化的核心，是社会主义意识形态的本质体现，也是中华民族共有精神家园的心理支柱。社会主义核心价值体系教育的结果，是培育一代代人崇高的理想信念和完善的道德人格，这种素质扩充到国家、民族，则凝聚为伟大的民族精神和强盛的综合国力。运用和谐德育的理念，通过科学研究的方式，积极探索社会主义核心价值体系教育的理论与方法，是实现这一宏伟目标的必由之路，因而具有重要的时代价值。

二、加强和谐文化建设的中心环节

文化的发展规律表明，道德文化是整个社会文化的精神中枢，道德文化所蕴含的人与自身、人与人、人与社会、人与自然关系的价值取向，决定社会文化的性质及发展方向。和谐文化是引导人们正确处理这四种关系和人类精神世界五对永恒矛盾的先进文化。和谐德育作为社会主义道德文化建设的实践体系，在探索道德文化如何引导和谐文化建设的实践过程中，进行了一系列的实践研究和方法创新。

党的十七大报告把社会公德、职业道德、家庭美德、个人品德建设列为和谐文化建设的重要内容。从道德文化对社会文化的性质和发展方向的决定作用看，思想道德建设是和谐文化建设的中心环节，主导着和谐文化的发展进程和发展水平。和谐德育在思想道德建设实践中的重要创新领域，是研究构建了一系列整体认识“四德”内在联系，使“四德”建设和谐贯通的教育理念和实践模式。

(一)确立“四德”建设和谐贯通的教育理念

和谐德育关于整体性德育理念的确立，经历了一个通观总揽、由博而约、指向明确的转化过程。这种理性思维的主旨，是立足我国当代社会发展给思想道德教育提出的现实问题，综合运用伦理学、社会学、文化学、教育学等理论观点，从中归纳理论会合点，进而实现由基础理论向应用理论的转化，建筑起引导教育者整体认识“四德”教育的理论体系——德性整体发展的理念与德育整体实施的理念。

1. 德性整体发展的理念

第一，德性的整体性。和谐德育认为，德性是个整体性概念。从本体论角度看，德性就是品德，是人的生命整体的生长和发展形态，德性统摄着人性。德性是人社会化的结果，是人的社会本质的主要表现。德性的整体性标志着一个人存在的意义，决定着人参与社会生活的价值取向，是一个人精神面貌的体现。德性以人格或个性的形式统摄着个人的日常存在，即以一种较为稳定的自我意识和外部行为来表现自己的存在。

从德行的真实性认识德性的整体性。和谐德育从本体论角度研究德性的整体性，论述了德性是“真实的自我”，是“人性的自然流露”的特性。德性的整体性是人的知、情、意、行的自然和谐的统一。德性的外在表现是德行，完整的德性不仅体现在为善的意向，还体现在对善的理解、如何为善以及在做善事时的情感表现上。例如，要考察一个人是否具有孝的品德，首先要看他是否愿意孝敬父母，是否有孝敬父母的自然倾向，其次要看他对孝的理解和践行，最后还要看他尽孝时表露出的情感，是自然呢，愿意呢，还是不得已呢？德行是一种自然而然的行为，它不需任何造作和计算。因此只有一个人用行动把孝心自然而然地表现出来，才能说这个人有“孝”的德性。同样是做一件事，有的人出于自然，有的人出于自愿，而有的人出于对外在因素和压力的屈从。严格地说，只要不是出于自然，仍旧属于有心无为的阶段，证明自我与德性尚未化而为一，也就是说，这个人还不具有某种德性。德性体现了人的真情实感，是人性的自然流露，充分体现一个人真实的存在及其存在的意义。① 中国传统德育思想中关于“诚”是德行之本的观点，反映着对德性整体性的体验和认识。没有真情实感的，不是自然为之的德行，不是完整的德性。这一理论观点的意义，在于从根本上深化了德育实效性研究和实践。长期以来，我国学校德育“高、大、空、远”的倾向一直未能得到根本的解决，德育的内容和教育方式脱离学生的生活、思想和情感实际，严重地影响了学生完整德性的形成。与此相联系更需要重视的是，许多教育工作者的教育行为是缺乏真情实感的，他们的职业道德（德性的一种体现）是不完善的，这是造成德育工作缺乏实效性的一个重要原因。把这种现象同主体性理论结合起来，可以形成这样的认识：教育者与受教育者德性的不完整性，表明双方尚未形成真正的道德主体性，因此从培养和建构德育主体的角度切入，是塑造完整德性的一条可行之路。

从德性的社会性认识德性的整体性。德性的整体性体现为道德上完美的人格，体现了个体的行为、存在与公认的社会道德规范的统一，它具有严格的公德性质，其评判标准既要包括个人自然而然地践行规范或展示其德性，又要参照特定的社会规范体系，是个体与他人、个体与社会的统一 。从道德的形成上，德性具有社会意义，体现个体的社会存在。离开社会和社会规范这个参照对象，就无所谓德性。道德意义上的德性不仅要成就自我，而且还要通过成就自我影响社会，成就他人。从现实意义上考察，道德意义上的德性只有对社会发生感化或影响，才算得到了最终的成就。真正完美的德性，不仅要

① 詹万生：《整体构建德育体系总论》，北京：教育科学出版社，2001 年版，第 123—130 页。

实现自我的价值，还要成就他人、他物存在的意义。①

德性的社会性是德性整体性的重要标志，这一点，与孔子的“仁学”思想有相通之处。德性整体性的形成过程与人的社会化过程是一种辩证统一的关系，即个体德性的整体性越强，就越能适应社会要求，促进社会发展进步，而个体对社会的适应和促进作用越大，其社会化程度就越完善。

第二，德性的建构性。德性的建构性是规范性与主体性的统一。道德规范从人们对社会生活发展秩序的认识和实践中概括出来，它以规则性的行为要求引导和塑造着人的德性。规范虽然是外在的，但它内含着应当，它以善的认定为根据，不仅指出何者当为，何者不当为，而且还告诉人们何者是善，何者是恶。因此，它虽然相对于个体来说是外在的，但是，其内容和精神却与人的先天的善的倾向是一致的。正是这种一致，使对规范的学习、遵守和实践成为培养德性的必要手段。② 为深化对规范与德性建构的关系的认识，课题在研究语言类道德规范的基础上，对“规范的化身”——风俗习惯、模范人物和社会时势在德性建构中的作用进行了研究，论证了这类“规范”对德性形成的规律性影响。这个领域的研究为深化“隐形课程”与学科课程的关系的认识，整体构建和谐德育途径方法体系提供了理论依据。

规范的作用在于规定了德性的内容和范型，规范教育只有同主体性培养融为一体，才能使德性成为人所特有的生命形态。人的生命形态显现于人的知、情、意、行，人的主体性就是人的知、情、意、行

① 詹万生：《整体构建德育体系总论》，北京：教育科学出版社，2001年版，第123—130页。

② 同上书，第123—130页。

的活动方式和特点。从人的主体性的自为性来看，人的活动是包含着自觉意识的活动，人对自身的存在和客体的关系有着明晰的意识，人既能把外部世界包容于意识中，以观念的形式把握世界，又能反观自身，把握自身的主观世界，因而人的活动具有明确的目的性和方向性。从人的主体性的自主性来看，人在目的性和方向性的活动中，具有自由选择行为和自我调控情感意志的能力。人的行为要受社会法律制度和道德规范的约束，在客观社会环境提供的道德冲突的几种可能中，人可以根据自己所掌握的道德准则去做出相应的选择，在这个范围内，人可以独立自由地没有外在强制地自行决定行为方式，并以自己的个性心理自行调控情感意志。人的主体性的能动性，不仅体现在活动的目的性、自觉性和自主性上，做到“从心所欲不逾矩”，还表现在对活动的条件、环境的自觉认识和积极创造上，对活动价值的追求和积极实践上。道德的生命和价值在于促进人和社会的全面发展与进步，完整的德性应是他律与自律、规范性与创造性、适应性与超越性的完美统一。

第三，德性的发展性。德性以人性为基础，是在人性的基础上培养起来的。由于不同时代的人们对人性有不同的理解，因而德性及其培养方法也具有时代性。具体到个体，在其成长过程中，随着对社会规范的践履和理解，德性也在不断地变化发展。因此，研究德性的发展性可以从宏观上整体把握，从微观上具体分析。

从历史角度看德性的发展。德性是对人性的发展或改造，要达到这个目的，必须借助于外在的社会规范。规范与德性应具有时代的一致性。我们可以通过考察不同时代的德性标准（规范）和德性的化身（圣贤模范）来揭示德性的发展性。春秋时期，“君子”是德性的具体表现。汉代，孝廉成为德性的化身。《孝经》成了指导人们行为的规范，而对父母孝顺、为父母守孝成为评价一个人德性的标准，因此涌现了王祥、曹娥等诸多孝子烈女。宋元明清以妇女贞洁作为德性的标准，于是“三从四德”成了衡量妇女的标尺，贞节牌坊成了女德的象征。20世纪60年代，雷锋是人们学习的楷模。雷锋平凡而伟大的思想品格成为当时社会价值的集中体现。因此，只有把握一个时代的特点，切合这一时代的大环境制定规范，才能适宜于德性培养。德性，在其历史传承上，具有一定程度的超时空性。一个理想人格的产生具有其时代性。不同时代的人们可以对某种美德有共同的认同，但具体到实践上和人物楷模上，却有不同的侧重点和表现形式。德性作为人的社会本性，在不同的时代有不同的显现。① 研究德性的继承性和时代特点，对在21世纪我国经济、政治、文化、社会建设背景下的人的思想品德素质与社会发展要求的和谐关系研究，具有理论和实践意义。

从个体的德性培养看德性的发展。德性的建构有等级的差别，它随着个体对规范的领悟体验和主体性的发展程度而不同。同样具有助人为乐的德性，5岁的小孩和30岁的成人无论在理解上和在实践上都大不相同。小孩可能在助人时不加甄别，而成人在助人时就要区分对象，根据对象的不同而采取不同的对策。完整的德性培养是要经历一个发展过程的。课题重点从两个方面研究了德性的培养过程。一方面，课题吸收中外德性论思想和品德发展心理学的研究成果，研究德性的年龄特点和一般发展规律，这是整体构建循序渐进、螺旋上升的和谐德育目标内容和途径方法体系的理论基础。另一方面，研究德性培养过程的反复性。在当代，个体完整德性的发展并不是节节提高、

① 詹万生：《整体构建德育体系总论》，北京：教育科学出版社，2001年版，第123—130页。

日生日成的。以世界观教育为例，世界观是人的德性中的一个稳定的观念要素，世界观的稳定性决定德性也具有稳定性。但科学的世界观的形成要经历一个较长的建构过程，如果在这个过程中遇到与正在形成中的世界观相冲突的思想影响，就可能导致原世界观统摄的价值取向的中断或改变，以至动摇其世界观。从个体的年龄与心理发展的一般过程看，个体于 3—12 岁期间养成的德性或习惯，常常在 13—15 岁或者更晚些经历一个重新定位的过程。这时，个体要对自己已有德性或习惯付诸实践，感受社会对他们的德行的评价。在这个过程中，如果社会的反馈是积极的，他们对已有德行则信之弥笃。如果社会的反馈是消极的，他们就要反思自己的德性或信仰是不是错了。这个反思常常对已有德性或习惯具有摧毁性的作用。面向社会生活现实，研究德性培养过程中的这种中断或反复性问题，对整体构建前后衔接、协调一致、形成合力的和谐德育目标内容和途径方法体系具有基础意义。

德性发展的动力及其现代标志。关于德性发展的动力，和谐德育确认了以下观点。道德活动的根本动力来源于客观的社会实践。这种实践形成并不断丰富着道德活动的条件和环境，造就并发展着活动主体的自觉性和能动性，使道德活动的领域不断扩展，形式日益多样，水平逐渐提高。但对具体的道德活动而言，主体的道德需要及其同社会要求的差距和矛盾，往往对发展道德活动具有推动作用；在人与人的相互交往过程中，客观的交往关系和社会关系会不断向人们提出新的要求，这些要求与人们目前所达到的道德水平、道德境界之间的矛盾，就成为推动人们去进行自觉道德活动的动力。这表明，德性的发展，既有外部的动力，也有它的内部动力，主体的道德需要是主体德性发展内部动力的心理活动形态。道德活动应是人的自我追求、自我超越，而不是迫于环境压力而为的。这里的核心概念是“道德需要”。

深化人的道德需要的研究，对深化和谐德育“以人为本”理念的实践内涵具有十分重要的意义。

德性发展的现代标志主要体现在三个方面。一是道德主体性越来越强。进入21世纪，我国经济建设、政治建设、文化建设和社会建设日益发展，创造了比以往各历史时期都适合人的主体性发展的优越条件。正是在这样的社会背景下，人的主体性，特别是人的创新意识、创新精神得到了更充分的发挥。二是人的道德素质对人和社会的完善作用日益增大。德育活动和德性修养是人类完善自身的活动，完整的德性提升了人的思想境界，促进了人的全面发展；人的全面发展直接促进了社会的全面发展，而社会的全面发展又为人的德性完善创造了更适宜的环境和条件。三是道德活动和德性培养的领域日益扩大。当代伦理学不仅研究人与人、人与社会之间的道德关系，而且关注人与自然的道德关系和人与电脑的道德关系，把环境道德和网络道德作为人的德性的组成部分。随着社会不断发展，道德活动的范围不断扩大，德性的内涵也就越丰富。

2. 德育整体实施的理念

社会公德、职业道德、家庭美德以个人品德修养为基础，个人的品德修养在社会生活领域、职业岗位和家庭生活中表现为社会公德、职业道德、家庭美德的具体行为方式。“四德”分述有助于使公民道德建设具体化、系统化，而道德教育，特别是为公民道德素质打基础的学校道德教育，则应按人的德性整体发展原理，实施整体性的思想品德教育，培养学生形成与社会、家庭、职业等生活情境相和谐的道德意识和道德行为习惯，即培养学生完整的德性。实施整体性德育以培养完整性的理念主要包含两个角度或层面。

第一，德育内容的整体性与完整性培养。和谐德育研究提出的政治教育、思想教育、道德教育、法纪教育、心理教育德育内容“五要素”，是对个人品德、社会公德、职业道德、家庭美德教育内容的系统归纳和概括。“五要素”的教育归结点，是个体对社会、职业、家庭等领域道德规范的整体理解内化，是个体形成良好的政治素质、思想素质、道德素质、法纪素质和心理素质，即形成完整的德性。

在现实的德育过程中，德育内容的整体性并非“五要素”的等量施教，而是要根据受教育者的年龄、心理和品德形成发展规律，从小学一年级（可前延至幼教阶段）到大学四年级（可顺延至研究生阶段）进行整体规划和科学设计。其研究重点是五项内容在各个学段各年级的合理比重和五项内容在各学段各年级之间的和谐衔接。德育内容的整体性，不仅指横向要素结构的整体性，还包括德育内容在纵向衔接中体现出来的整体性。只有这样，才能有利于完整德性的培养。

第二，德育过程的整体性与完整性培养。和谐德育研究主张，教育者在教育过程中运用整体和谐理念确定德育内容，使用德育方法，以培养学生完整德性。一方面，要认识把握学校德育的整体性。即学校德育是由德育目标、德育内容、德育途径、德育方法、德育管理、德育评价“六要素”构成的系统化整体，在现实生活中，“六要素”中每一个要素的实施都包含着其他五项要素的共同作用；在德育途径的空间范围上，把学校、家庭、社会教育视为在“六要素”上协同一致的整体；从学生品德形成发展和成长过程看，学校德育是由小学、中学、大学等层次系统构成的整体，只有“六要素”在各学段整体和谐衔接，才有利于培养完整德性。因而，在处理德育工作的整体与部分的关系时，要先看整体再看部分，从整体来把握和操纵部分，讲究部分与部分、部分与整体的和谐与合力，注意德育空间范围的整体性；在处理近期工作与长期工作时，要坚持先看全过程再看发展阶段，先看长期再看当前，注意德育时间延续的整体性。另一方面，认识把握德育主体的整体性。教育者与受教育者“双主体”的整体性，集中体现在目的的一致性和心理交流的和谐性上。在教育生活中，师生同为道德主体和德育主体。道德主体主要是个体以认识、肯定、发展和完善自己为己任，关心自己的责任和意义。学校里的师生不同于其他公民的地方就在于他们既是道德主体，又是德育主体。德育主体的突出特点，就是把完善德性作为教学目的之一，自觉地提高自身品德修养。在教育过程中，教育者自觉完善自身德性，是培养职业道德的具体实践过程，同时，也是提升和发挥教育者主体性的具体实践过程。教育者主体性的重点实践环节，就是根据学生整体品德心理结构及其活动规律培养完整德性。如关注学生的道德需要和成长需要，研究学生的道德动机和态度，优化德育环境，确定德育内容，使用德育方法，引导学生知、情、意、行和谐发展。把握德育主体的整体性，就是既重视德育主体的培养过程，也注重德育主体的培养结果。这个培养结果，就是学生在学校、家庭、社会各生活领域自觉承担社会角色，践行道德规范的情感意识和实践能力，即他的完整德性。

(二)创新“四德”建设和谐贯通的实践模式

坚持德育内容和德育过程的整体性以培养学生完整德性的教育理念，和谐德育在研究与实践中创造出一大批将社会公德、职业道德、家庭美德、个人品德建设和谐贯通起来的实践模式。现结合实例以辅研讨。

“小学生责任心和良好习惯培养”实践模式①

和谐德育研究的心理学依据是责任心的形成特点及小学生心理发

---

① 石家庄市中山路小学《培养学生责任心与良好行为习惯的研究与实验》课题研究报告。

展特点。

责任心的形成特点：

(1)对象性。责任心总是指向一定的对象，即它总是同某种任务相联系着，脱离对象、任务的责任心是不存在的。因此，责任心的形成与发展往往依人们所承担任务的理解程度为转移。

(2)稳固性。责任心一旦养成后，它就具有相当的稳固性，而不会随着任务的完成而消失。特别是责任心与义务心紧密联系时，其稳固性更强。

(3)主体性。责任心是道德认识、情感、信念、意志、行为的聚合，是主体道德意识的表现。一般地说，道德主体意识越强，则责任心也会随之而强；反之，道德主体意识越弱，则责任心也会随之而弱。

(4)实践性。责任心最终必须付诸实践，这是责任心实践性的表现。就是说，责任心是在完成一定任务的实践过程中形成起来的，它会随着实践活动的变化而变化，扩展而扩展，一个不承担任何工作，不从事任何活动的人是不可能养成任何责任心的。

小学生心理和品德发展特点：

(1)协调性。小学阶段是人一生中道德品质发展最为协调的阶段，自律的形成和发展在小学阶段心理发展中占有显著的地位，小学时期是发展和谐个性、品德和社会性的好时机。

(2)迅速性。小学生在入学后，日益复杂的实践活动向他们提出了多种多样的新问题，促使他们逐渐地运用抽象概念进行思维，产生了智力和思维发展过程中的质变。

(3)开放性。小学生心理活动显得纯真、直率，能将内心活动表露出来，具有较强的开放性。小学时期是了解儿童真实心理活动，进行有的放矢的教育好时机。

(4)可塑性。小学生无论是思维能力、个性、社会品德都易于培养，稳定的内外行动是开始形成时期，良好的或不好的习惯能通过教育措施加以改变。

小学生责任心与良好行为习惯培养内容：

(1)自我责任心：自主认真学习；做人讲诚信，做事有计划；自己的事努力完成；天天锻炼身体，天天保持好心情；快快乐乐迎接每一天。

(2)他人责任心：对师长礼貌，对朋友真诚；同学之间互相平等互相合作；扶助弱小，帮助残疾人。

(3)社会责任心：承担家庭责任，对家庭负责；对集体的事多提建议、意见，积极参与；每天阅读、收听、收看新闻。

(4)自然责任心：不随地吐痰、不乱扔垃圾，共建一个洁净的校园；植绿护绿，保护环境，拥有一个绿色城市。

“自我责任心”培养系列内容及教师与家长协同教育方式举例：

教育内容	主项分类	具体规范	教师行为	家长行为
自我责任心	自主认真学习	1. 上学不迟到、不旷课、不早退。 2. 做好课前准备。 3. 上课专心听讲，积极发言。 4. 放学后，写完作业，主动预习复习再玩耍。 5. 作业独立完成，字迹工整，认真检查。 6. 学习中不懂就问，好问好学，敢于质疑。	1. 提高自身文化水平，做学者型教师。 2. 努力提高教学水平，为学生营造宽松和谐的学习氛围，激发学生学习兴趣。 3. 平等对待每位学生，允许学生犯错，肯定学生优点。 4. 鼓励学生大胆思考，不排斥求异思维，在学习中给每位学生机会。	1. 在家庭中为孩子创造简单朴实有和谐氛围的学习环境。 2. 不代替孩子整理学习用具，做作业。 3. 鼓励孩子独立思考，专心学习，制订家庭学习时间表，并严格执行。 4. 了解孩子学习现状，及时与教师沟通，鼓励孩子进步。

续表

教育内容	主项分类	具体规范	教师行为	家长行为
自我责任心	做人讲诚信做事有计划	1. 做事要有计划，不拖拉。 2. 答应别人的事必须做到，如果做不到，要提前打招呼，请人谅解。 3. 做事要有理，理不明可以向大人请教。 4. 课余时间参加学校活动，要提前做好计划，做到两不误。	1. 做明理教师，要一诺千金，为学生树立榜样。 2. 课堂教学、教育有计划，有针对性，还要帮助学生制订有特点的个人计划。 3. 不占用学生课余时间，上课认真，不擅自离开。 4. 老师敢于在学生面前承认错误，纠正错误。	1. 家庭教育有计划，帮助孩子制订计划。 2. 孩子做错事不能打骂，要耐心引导，教给他们解决问题的能力。 3. 不能因为家长原因影响孩子的计划。 4. 不能苛求孩子事事做完美，要相信孩子，让孩子更早独立。
	自己的事努力完成	1. 自己独立睡觉，不用父母陪伴。 2. 每天晚上自己收拾学习用具。洗小件衣物，装好红领巾。 3 每天整理玩完的玩具，将它们放回原位。 4. 书桌抽屉保持整洁。	1. 保持办公室整洁，保持讲台整洁。 2. 每周抽查学生桌子抽屉卫生。 3. 课上不让学生为自己办事。 4. 教师办公室自己打扫。	1. 要求并指导孩子管理好自己房间。 2. 培养孩子独立解决问题的能力。 3. 训练孩子独立睡觉。 4. 家里保持整洁，为孩子做好表率。
	健康快乐人生	1. 认真对待眼操、早操和体育课。 2. 上课时坐姿端正，书写、读书姿势正确。 3. 讲究个人卫生。 4. 每周锻炼身体有计划，不少于两次。做到体育达标，力求成绩优良。 5. 不挑食，少吃零食，好好吃饭。 6. 认真上好心理健康课，有不开心的事主动找老师谈心，快乐地迎接每一天。 7. 学习掌握自我保护的方法。	1. 督促学生做好“两操一课”，眼操按穴位准确，早操用力做，整齐认真。 2. 教师也要讲究个人卫生。 3. 教师穿着朴素大方，整洁得体。 4. 认真上好心理健康课，做每位同学的知心人，主动与家长沟通。 5. 随时纠正学生不良姿态。 6. 重视学生的身体健康，重视学生的体育达标率，鼓励体育特长生。 7. 微笑对待每一天，微笑对待每位学生。	1. 每周与孩子至少进行两次以上的体育锻炼，为孩子做榜样。 2. 重视孩子的体育成绩。 3. 随时纠正孩子的不良姿势。 4. 及时发现孩子存在的心理问题，主动与老师进行沟通。 5. 培养孩子良好的用餐习惯。 6. 教给孩子在各种情况下自我保护的方法。 7. 合理安排家庭饮食，教育孩子不挑食，少吃零食，好好吃饭。

“小学生责任心和良好习惯培养”实践模式的基本特点是：第一，从品德形式结构看，责任心是知、情、信、意、行的统一，从品德内容结构看，责任心对学生在学校、社会、家庭生活和个人品德修养中的所有道德规范具有很强的统合作用，其中“自我责任心”与良好学习习惯培养，为培养学生的职业道德打下了扎实的发展基础；在这个实践体系中，个人品德、社会公德、职业道德、家庭美德实现了整体融合、和谐贯通。第二，实现了学校教育与家庭教育的和谐互动，教育合力明显增强；经过课题实验，教师的职业道德与家长的个人品德和育人能力得到提升，推动了和谐班级、和谐学校、和谐家庭与和谐社区建设。

综上所述，和谐德育对建设社会主义和谐文化的理论和实践价值，主要体现在两个方面：

第一，从根本上培育文化主体。和谐德育与和谐文化的关系即道德教育与文化发展的关系。这一关系的支撑点，就是作为文化建设主体的人的思想道德素质与文化的发展方向和发展水平的关系，前者是后者的决定因素。和谐德育致力于培养人的完整德性，系统构建道德教育的实践体系，回答怎样具体实施以培养人的完整德性，即怎样培育先进性的文化主体问题，以实现文化主体与文化发展的和谐互促。

第二，将党的十七大提出的工作要求转化为贴近生活实际的工作方式。十七大报告在和谐文化建设部分提出的加强社会公德、职业道德、家庭美德、个人品德建设的要求，具有完整性、系统性和理论指导意义。人在现实生活中履行不同社会角色道德规范的思想情感和道德意识，并不是孤立的可以分割的，因而坚持德性整体培养，不仅符合青少年思想品德教育的规律，也符合成人教育的规律和工作生活实际。和谐德育对引导教育者将党的工作要求“转化”为实践层面的工作方式具有指导作用。

三、推进和谐社会建设的实施举措

《中共中央关于构建社会主义和谐社会若干重大问题的决定》提出："着眼于增强公民、企业、各种组织的社会责任，把和谐社区、和谐家庭等和谐创建活动同群众性精神文明创建活动结合起来，突出思想教育内涵。"建设社会主义和谐社会关键在落实，落实的立足点是基层。只有构成社会的每一个细胞和谐了，如每一个学校、家庭、社区、单位和谐了，和谐社会才能真正实现。和谐德育的实践探索正是从学校、家庭、城市社区、农村社区四个现实的社会生活领域和基层单位和谐研究展开的。和谐德育研究认为，实践是理论的源头，服务实践是理论研究的基本目的。建设和谐社会既需要科学的理论指导，更需要在科学理论指导下踏踏实实地实践探索。将和谐德育的基本理念运用到和谐学校、和谐家庭、和谐社区建设实践之中，就是在社会结构的基本层面将和谐社会建设付诸行动。

(一)和谐学校建设的实践探索

和谐德育对建设和谐学校的实践探索主要包括建设和谐学校文化、建构和谐人际关系、建立和谐德育体系等方面。

1. 和谐学校文化建设的基本路径

和谐德育研究认为，和谐学校文化是学校文化的最佳存在样态，是学校物质发挥最大效能、学校精神高度文明、学校制度高度人性化，且各因素间相互照应、相互协调、相互融合、相互补充并实现最优化配置的理想状态。构建和谐社会，离不开和谐文化；构建和谐学校，同样离不开和谐学校文化。从文化的育人功能来看，建设和谐学校文化，有利于提高师生的思想道德素养，并为构建和谐的学校设施、和谐的学校管理、和谐的人际关系打下坚实的基础；从文化的导向功能来看，建设和谐学校文化，有利于形成全体师生认同的价值体系；从文化的凝聚功能来看，建设和谐学校文化，有利于凝聚师生人人服务和谐学校建设的向心力。

和谐德育深化了对“学校精神文化”的研究，分析了学校精神文化“内隐”和“外显”的基本形态，指出学校精神文化建设是和谐学校文化建设的核心，在学校发展中起着正面导向、凝聚激励、规范约束和同化辐射功能。学校精神文化建设的主要内容包括办学目标、办学理念、办学特色、学校精神、校风、学校道德、学校活动。这种概括方式较已有分类方式有一定进展，其特点是便于分项落实与建构。课题总结提炼出来的学校精神和文化建设的基本方法，如舆论宣传、领导示范、榜样示范、实践锤炼、主题活动、制度规范、优化环境、目标激励、教育培训、典礼仪式等，体现了对这个领域研究实践的一些新经验的总结和升华。

对学校物质文化建设的方法，和谐德育从四个方面进行了总结：一是充分论证、科学规划，提出学校建筑设置不仅要满足师生员工教学、科研、生活需要，同时还要满足学校价值追求和审美的需要，达到使用功能、审美功能、教育功能和谐统一的具体要求；二是明确标准、重视细节，从“整体和谐”角度归纳了一些具体做法；三是开源节流、加大投入，强调处理好节约与投入的关系；四是突出特色、承载思想，把学校物质文化建设与精神文化建设和谐统一起来，使学校精神文化融入各个项目、各项建设之中。

和谐德育从六个方面总结归纳了学校制度文化建设的方法：一是适当借鉴、灵活运用，重点是处理好各类文件法规与解决学校工作实际问题的关系；二是明确职责、分类完善，在处理好各职能部门的和谐关系基础上，对工作中的突出矛盾和不良倾向要通过制定科学的学校制度加以引导；三是合理合法、顺应时政，即解决好学校制度与国家法律和时代伦理精神的双重和谐关系问题；四是集思广益、充分论证，主要是确定教师和学生在制定、执行制度过程中的主体地位；五是满足需要、灵活调控，即处理好制度建设的与时俱进问题；六是正视传统、尊重习俗，注重在制度建设中发扬学校优秀传统，使制度成为制度文化。

2. 对建构和谐人际关系的深入探索

十七大报告在建设和谐文化的要求中提出："加强和改进思想政治工作，注重人文关怀和心理疏导，用正确方式处理人际关系。"这是对怎样落实以人为本原则的具体要求，是促进社会和谐的基础环节。在以往的学校工作中，有关这个方面的认识和实践一直是比较薄弱的。和谐德育研究在这个领域探索实践的内容包括：

第一，构建和谐的领导班子。包括和谐型校长工作方式探索；党委书记应成为和谐班子的表率；中层干部要正确处理好的和谐关系；领导班子与教师群体的和谐。和谐德育有关构建和谐领导班子的实践探索，贯穿以人为本理念，方法具体，可操作性强，是对学校管理科学的新探索。

第二，打造和谐的教师队伍。和谐德育认为，要培养和谐发展的学生，前提是拥有自身和谐的教师队伍，只有教师群体处于良好的状态，达到和谐境界，才能生成良好的教师德性，完成教育教学任务。

和谐的教师队伍包括教师自我的和谐与教职工之间的和谐。和谐德育研究分析了影响教师身心健康的主要因素，从管理者、教师自身及教师之间几个方面提出了塑造教师健康心理的基本方法。

第三，建立和谐的师生关系。主要包括教学过程中的师生和谐，班级管理中的师生和谐以及校外活动的师生和谐几方面。

和谐德育对建设和谐人际关系的实践探索，源于对教育者和受教育者成长需要的深刻认识和对以人为本原则的生活化、具体化理解，所探索的实践方法与广大教师最关心、最直接、最现实的利益问题相回应，因而体现出特有的实践价值。教育领域的人际关系贯穿教育全过程，内含着教育本质、教育特征和教育规律，把建构和谐的人际关系作为专题来探索实践，对在学校教育中倡导和谐理念，培育和谐精神具有重要的实践意义。

(二)和谐家庭建设的实践探索

和谐家庭建设，是和谐德育进行实践探索的重要领域。

1. 对建设和谐家庭文化的探索

在家庭精神文化建设方面，和谐德育研究了家庭人文文化对社会风气、对家庭成员的工作态度和道德品质的重要影响，并从营造家庭政治空气，家庭的正确世界观、人生观、价值观、荣辱观教育，家庭美德建设，家庭科学素养教育，建设学习型家庭几个方面进行了方法探讨。在家庭物质文化建设方面，课题针对我国一般家庭物质生活条件不断提高的情况，从教育孩子坚持艰苦奋斗、勤俭节约，有利于孩子身心健康和学习实践情趣培养等方面进行了探讨。在家庭制度文化建设方面，课题重点探索了“家规”的制定和使用方法问题。课题研究认为，严格而又合理的家规对少年儿童形成良好行为习惯有着重要作用。少年儿童自觉性不高，需要一定的制度制约。要形成良好的行为习惯，既需要内部意志力，也需要外部强制力，完全靠自觉是不行的。

2. 促进亲子关系的和谐

在独生子女家庭的亲子和谐方面，和谐德育研究分析了亲子关系的现状和影响因素，如“四二一”家庭结构模式的影响，父母角色不能调适，亲子间过分依赖，父母对子女的期望过高过多，家庭教育缺乏连续性，夫妻关系不和谐等问题，探讨了此类家庭亲子关系和谐的措施与方法。在单亲家庭的亲子和谐方面，课题研究分析了这类家庭亲子关系的影响因素，提出了促进单亲家庭亲子关系和谐的措施与方法，如指导家长调整思想认识和控制心理情绪，使孩子正确认识家庭环境，家长进行文化提升，与孩子加强情感沟通，帮助孩子处理好伙伴和同学关系，以及让孩子与其他长辈进行有益的接触等。课题对重组家庭建立亲子和谐关系的方法也进行了多方面探讨，为此类家庭创造新的幸福生活提供参考。

围绕和谐家庭建设，和谐德育研究充分注意到了我国在新的时代背景下家庭生活出现的新问题、新变化，并根据新的情况，探索和总结创造和谐家庭生活的规律与方法，着眼于解决一些新问题。同时，对怎样建设和谐家庭的一些共性的教育理念和教育方法也进行了总结和探索。家庭是社会的“细胞”。对家庭和谐的实践探索，是实现社会和谐的重要条件和基础。

(三)和谐社区建设的实践探索

在和谐社区建设的探索中，和谐德育研究突出了思想教育的工作方式和参与精神文明创建的体验尝试，形成了体现和谐德育特色的和谐社区建设模式。

1. 城市和谐社区建设的探索

在城市社区精神文化建设中，和谐德育把社会主义核心价值体系教育与和谐文化及中华民族共有精神家园建设作为重要内容。其基本工作方式包括广泛开展中国特色社会主义理论体系的宣传普及活动，围绕提高公民文明素养的群众性创造活动，结合本地区文化资源开展弘扬中华文化活动等。对社区物质文化与制度文化建设也进行了系统的研究探索。和谐德育结合实例研究了城市社区人际和谐问题，如成年人与未成年人的和谐，邻里关系和谐，社区管理人员与社区群众的和谐，常住人口与流动人口的和谐等，所提出的方法措施具有可操作性。

对城市社区和谐德育建设问题，和谐德育从创建功能齐全的组织机构，进行深入细致的理论宣传和开展丰富多彩的教育活动等方面进行了研究探索，提出“将社区建设成为没有围墙的校园”的命题，主要活动方式如建立社会实践基地，开展各类文化活动，小手拉大手活动，共庆民族传统节日，学校与社区协调组织学生假日教育活动及志愿者服务活动等。

2. 农村和谐社区建设的探索

在农村社区精神文化建设方面，和谐德育从建设社会主义核心价值体系，增强社会主义意识形态的吸引力和凝聚力，建设农村社区和谐文化，培育文明风尚，弘扬中华文化，建设中华民族共有精神家园，进行文化科学教育等领域进行了研究探索。在建构农村社区物质文化方面，课题对创建农村文化阵地，发展农村文化社团，打造农村特色文化，优化农村文化队伍，创新农村文化活动形式等问题进行了研究探索。在农村社区制度文化建设方面，课题对建立长效投入制度，制定道德规范，加强法制建设，完善村规民约等问题进行了研究探索。农村社区精神文化、物质文化、制度文化各有侧重又互相支持，整体构成农村和谐社区建设的基础工程。

对于农村社区的人际关系和谐问题，和谐德育研究充分考察了农村社区的生活特点，在成年人与未成年人的和谐方面，从树立责任意识，消除代沟影响，确立平等意识，规范家庭教育，构建和谐家庭几个角度进行了探索。在家族及邻里关系的和谐方面，对破除家族壁垒，倡导助邻为乐，传承良好乡风几个问题进行了实践研究。在乡村干部与村民的和谐问题上，从树立以人为本观念、民主法治和团结协作意识等角度进行了实践研究。在外出务工人员与留守人员的和谐方面，从关注留守群体，解除后顾之忧，加强联系沟通，促进情感交流，互相理解宽容，消除隔阂误会几个具体实践方式角度进行了实践探索。农村社区人际关系中出现的种种矛盾，是我国现阶段建设和谐社会遇到的十分突出的问题，和谐德育在这个领域的深入研究和实践探索，具有十分重要的社会价值。

农村社区和谐德育建设问题，包括建立管理有效的组织机构，养成科学健康的生活方式，开展因地制宜的教育活动等实施措施，其中如深化传统教育，强化实践教育，突出感恩教育和开展农村特色文化活动，都体现了农村实施和谐德育的实践价值。

《中共中央关于构建社会主义和谐社会若干重大问题的决定》指出："任何社会都不可能没有矛盾，人类社会总是在矛盾运动中发展进步的。构建社会主义和谐社会是一个不断化解社会矛盾的持续过程。"矛盾是事物的存在形态，同时，矛盾又是事物发展的动力。矛盾反映着事物发展中不和谐的原因，而解决矛盾则是达成和谐的基本方式。和谐德育在构建和谐学校、和谐家庭、和谐社区中所进行的实践探索，都可以归入对学校、家庭、社区发展中诸种矛盾的研究分析。根据这种研究分析提出解决矛盾的方法策略，经过实践努力，进而达成和谐。研究分析矛盾—实践解决矛盾—达成和谐—促进环境优化与人的和谐发展—创造幸福美好生活，反映了和谐德育研究与实践的基本过程。由此可见，和谐德育在学校、家庭、社区的实践探索，是一种系统的推进和谐社会建设的实施举措，具有重要的实践价值。

第六编　和谐德育体系构建研究

和谐德育目标体系的构建*

和谐德育对德育目标的研究主要包括德育目标体系构建依据和原则的研究，小学、中学、大学德育目标体系整体构建研究，小学、中学、大学德育目标在学校、家庭、社区中的协调趋同研究，即德育目标的理论研究、体系研究和应用研究。

一、德育目标体系构建的依据和原则

(一)德育目标体系构建的依据

德育目标是教育目标的重要组成部分，是教育目标在德育方面的具体要求。德育目标是党和国家对儿童青少年的政治、思想、道德、法纪、心理等品德素质应达到的规格要求，体现着教育者对德育过程所要达到的预期结果的观念设计。我国学校德育目标是根据 21 世纪中国特色社会主义经济、政治、文化、社会建设对人的思想道德素质提

* 本文是与宁武杰、齐欣、闵乐夫、王滨有、贾少英、高贺灵合作撰写，见詹万生等著：《和谐德育论》，北京：教育科学出版社，2008 年版。

出的要求和青少年一代自身全面发展的成长需要提出来的，是客观现实的反映，具有稳定的实践基础。德育目标具有鲜明的社会性、人文性、民族性、继承性、时代性和前瞻性等特点。德育目标关系到德育过程中确定方向、统一认识、规划内容、选择方法、建设队伍、有效管理与科学评价等一系列问题。德育目标既是德育的出发点，又是德育的归宿点。

2004年，中共中央、国务院颁布了《关于进一步加强和改进未成年人思想道德建设的若干意见》(中发〔2004〕8号)和《关于进一步加强和改进大学生思想政治教育的意见》(中发〔2004〕16号)。教育部为贯彻落实这两个文件精神，于2005年5月颁布了《关于整体规划大中小学德育体系的意见》(以下简称《意见》)。中央和教育部的文件精神是构建德育目标内容体系的政策依据。

《意见》指出："学校教育，育人为本；德智体美，德育为先。德育主要是对学生进行政治、思想、道德、法制、心理健康教育。青少年学生的爱国情感，文明行为习惯，良好道德品质，遵纪守法意识，科学的世界观、人生观、价值观和中国特色社会主义理想信念，是一个通过教育逐步形成和发展的过程。整体规划大中小学德育体系，就是根据不同教育阶段学生身心特点、思想实际和理解接受能力，准确规范德育目标和内容，科学设置德育课程，积极开展德育活动，努力拓展德育途径，有针对性地进行教育和引导，使学校德育更具科学性，更好地促进青少年学生全面健康成长。目前，大中小学德育各阶段的德育目标划分还不够准确，内容安排还不尽合理，存在着一定程度的简单重复交叉和脱节的问题。整体规划大中小学德育体系，充分发挥学校教育的主渠道、主阵地、主课堂作用，是一项极为紧迫的重要任务，是加强和改进大学生思想政治教育和中小学生思想道德教育的重要举措，是贯彻党的教育方针的必然要求。”

这段文字突出阐述了五个要点：第一，以育人为本的教育整体观明确德育为先的地位；第二，界定德育内容的完整内涵，即德育主要是对学生进行政治、思想、道德、法制和心理健康教育；第三，根据德育过程特点阐述整体规划大中小学德育体系的实施重点，明确其目的是使学校德育更具科学性，更好地促进青少年学生全面健康成长；第四，指出大中小学德育目标内容存在的问题；第五，阐述整体规划大中小学德育体系的意义，指出此项工作是“极为紧迫”的重要任务，是加强和改进大学生思想政治教育和中小学生思想道德教育的“重要举措”，是贯彻党的教育方针的“必然要求”。就其对意义的表述看，“极为紧迫”和“必然要求”说明整体构建大中小学德育体系反映了教育改革发展的客观需求和必然趋势，是增强德育工作的科学性和实效性的前提条件；“重要举措”说明整体构建大中小学德育体系是解决我国德育历史和现实问题的重要方法，说明将此项任务付诸实施需要具体措施及实践模式的引导。从这个领域的研究历程看，本课题“九五”“十五”的研究成果为《意见》的制定提供了理论参考和实践模式，《意见》的颁布是对整体构建德育体系研究的肯定，同时又为今后的深化研究提出了新要求。整体构建和谐德育体系的理论和实践意义，就是通过整体构建大中小学和谐德育的理论体系和实践模式，将《意见》要求转化为德育的实践理念和实践方法，使其走向广泛的实践领域，为在现实的教育改革中如何加强和改进德育工作提供参考理论和实践模式。

《意见》对整体规划大中小学德育体系的指导方针、目标任务和途径方法等方面提出的原则要求是：(1)坚持以邓小平理论、“三个代表”重要思想和科学发展观为根本指针，始终坚持学校德育的正确方向。(2)坚持把培养有理想、有道德、有文化、有纪律的“四有”公民作为根本目标，努力培育社会主义事业的合格建设者和可靠接班人。(3)坚持把帮助青少年学生树立正确的世界观、人生观、价值观作为根本任务，不断促进他们形成正确的道德观念。(4)坚持把课堂教学和社会实践作为根本途径，不断提高学校德育的实效。(5)坚持把有效衔接、分层实施、循序渐进、整体推进作为根本要求，始终保持学校德育的生机与活力。(6)坚持把学校、家庭、社会共同参与、相互配合作为根本举措，切实增强德育工作的合力。这里提出的六个“坚持”和六个“根本”，对整体构建和谐德育的目标、内容、途径、方法、管理、评价体系具有普遍指导意义。

根据《意见》对整体构建德育体系提出的新要求，研究分析德育目标内容存在问题的发生原因，运用科学的思想方法尝试解决这些问题，是和谐德育深化德育目标内容研究的认识基点。和谐德育在这个领域进行研究的基本思路是，坚持解放思想、实事求是、与时俱进的观点，运用整体和谐的理念，在已有德育目标内容研究成果基础上继续深化目标内容研究，力求统筹兼顾，科学划分，和谐安排，整体构建出体现本课题研究特点的德育目标内容体系，为构建具有时代性、科学性和中国特色德育目标内容体系提供参考模式。

(二)德育目标体系构建的原则

德育目标构建原则是构建德育目标体系的教育理念和思想方法，是研究制定者在对德育实践经验的总结和教育规律的认识基础上，对构建德育目标体系的内容要素和建构方法提出的基本要求。对德育目标体系构建原则的研究，是德育课程理论的重要组成部分。把和谐作为一个基本的教育理念和思想方法引入德育目标研究，是本次研究的一个基本特点。将和谐贯穿于德育目标研究之中，有助于对一些问题获得更加深刻的认识。考察德育目标的产生和形成过程，都可以归结到对一系列和谐关系的认识上来。如社会发展要求与人的发展需要的和谐关系、德育的适应性与前瞻性的和谐关系、德育目标内容的统一性与层次性的和谐关系、传统美德与时代精神的和谐关系、道德认识与道德行为的和谐关系等。这些和谐关系反映着社会、文化、教育和人的发展规律，是合规律性与合目的性的统一，将这些和谐关系汇集于对德育目标的研究，体现了教育主体对真善美的追求。对这些关系如何达成和谐所涉及的内容要素和建构方法进行归纳概括，便形成构建德育目标体系的基本原则。

1. 社会要求与以人为本相统一原则

制定德育目标首先要适应社会发展对青少年一代思想品德素质提出的要求，这是教育的性质和目的的体现。同时，德育目标又要以人为本，体现对受教育者成长需要的关注，有利于引导学生实现全面而充分的发展。社会发展需要和教育对象发展需要是制定德育目标的基本依据。社会发展需要包括的因素，如社会政治制度、经济形式、文化传统、社会主导意识形态对人的思想、政治、道德、法纪和心理等品德素质具有相应的规范和要求，人们必须具有社会所要求的道德品质，才能参与社会生活和社会实践活动，也才能保证和促进社会的政治、经济、文化及社会整体正常发展。否则，社会就会出现混乱和无序状态，人们就不能正常参与社会生活和创造新的社会生活，个人就不能正常生存和发展。教育对象的成长需要主要包括学生对自身的思想道德、科学文化、身体心理等素质健康发展的需要。德育的实质是把社会的道德规范转化为学生的思想道德素质，促进其整体素质全面发展，因而学生的品德、知识和身心发展水平及规律，是制约和确定德育目标的另一方面因素和依据。人的全面发展和社会的全面发展是紧密相连、互为条件的。坚持社会要求与以人为本相统一原则，就是考虑社会发展要求与个人发展需要之间的和谐关系，体现了对“社会—人—教育”和谐共生发展规律的把握和运用。

2. 适应性与前瞻性相统一原则

适应性是德育目标要全面考虑现阶段社会和人的发展要求。当前，我国正在全面推进中国特色社会主义经济、政治、文化与和谐社会建设，随着改革开放和社会主义市场经济的发展，社会经济成分、组织形式、就业方式、利益关系和分配方式日益多样化，给人的思想观念带来深刻影响；世界多极化和经济全球化趋势，日新月异的科技进步，使我国的发展面临着前所未有的挑战与机遇，如何适应我国经济、政治、文化与和谐社会建设对公民和青少年学生的思想道德素质提出的要求，学校德育要解决好适应社会现实要求和现代人的发展要求问题。应该明确，这种适应是一种主动适应，而不是被动适应。德育目标这种主动适应主要体现在两个方面，即在目标体系中设置与社会现实发展要求相对应的规范内容，同时提出培养道德主体性的要求。前瞻性是指德育目标的制定要在适应社会和人的发展要求的基础上，坚持面向现代化、面向世界、面向未来的方针，体现人才素质培养的前瞻性。前瞻性是德育目标要根据我国社会主义现代化建设既定目标的发展方向，坚持教育科学发展观，考虑未来社会对人才素质的期望和要求，以先进的思想道德教育内容塑造青少年一代，富于创新、超越和引领现实，使德育走在社会进步和人的发展前面。这种前瞻和超越要立足我国社会主义初级阶段与小康社会建设的现实。前瞻性以适应性为基础，适应性中蕴含着前瞻性，二者和谐联系，统筹共建，是德育目标的必备要素。制定德育目标要将适应性和前瞻性统一起来。

3. 统一性和层次性相结合原则

统一性和层次性相结合是对德育目标体系整体性的基本要求。统一性是指构建学校德育目标体系，要将党和国家对青少年一代的品德发展要求和中国特色社会主义核心价值体系统一编排到德育目标之中，一以贯之，各级各类学校始终如一地予以贯彻执行。层次性是指德育目标的分层多维设计方式。就每个学段而言，第一层或第一级，是总目标；第二级，是教育内容分类目标和品德结构分类目标，即根据不同年龄阶段学生身心特点与品德发展的规律性，按政治、思想、道德、法纪、心理教育“五要素”和品德三维结构划分类别。在此基础上，将上述两级目标按小学、中学、大学教育阶段依序编排，形成立体的目标内容序列，使德育目标的教育要求由低到高，由浅入深，由品德内容结构到品德形式结构，横向贯通，纵向衔接，分层递进，螺旋上升。在教育过程中，对德育目标的层次性应注意把握以下特点：按小学、中学、大学教育阶段顺序建构目标体系，包括学期和学年德育目标，注意把握德育目标的时间延展性特点；按目标达成水平，如初步理解、掌握运用和先进性要求、广泛性要求等设置标准，注意把握德育目标对教育程度具有规定性的特点；按德育目标在教育实践中的应用方式，如学校德育目标、年级德育目标、班级德育目标、学科德育目标和课时德育目标，注意把握德育目标在教育过程中与教育范围和时间长度相对应的特点；在教育过程中，对德育目标层次性的掌握应取辩证认识，即将教育的循序渐进与学生品德发展的整体性和跳跃性、反复性特点结合起来，因时因情综合运用。德育目标的统一性和层次性相结合，体现了德育目标的整体性、计划性和有序性，其形成机制，就是各个构成因素间的和谐联系。

4. 传统美德与时代精神相结合原则

中华民族传统美德是我们民族的优秀品质，是民族精神、民族情感的集中体现，是民族文化的精髓。传统美德涵盖社会生活各个领域的道德准则，在基本道德规范方面，包括公忠、爱国、正义、仁爱、中和、孝慈、诚信、宽恕、谦敬、礼让、自强、持节、知耻、明智、勇毅、节制、廉洁、勤俭、爱物等优秀品德。在德育目标中，传统美德还包括五四运动以来的中国革命道德传统，即以实现社会主义和共产主义的崇高理想为最终目的，以全心全意为人民服务为宗旨，以集体主义为基本原则，坚持爱国主义与国际主义相结合，无私奉献、顽强拼搏、艰苦奋斗、勤俭节约等道德品格。中国革命道德是中华民族传统美德的继承和发展。以改革创新为特征的时代精神，是适应新世纪我国经济、政治、文化及和谐社会建设的现代意识和思想观念，包括主体意识、民主意识、公平意识、竞争意识、环境意识、法制观念、时效观念、科学精神、开拓精神、创造精神、创业精神等。传统美德与时代精神相结合，是构建与培育“四有”新人目标相一致，与社会主义市场经济相适应，与社会主义法律规范相协调，与中华民族传统美德相承接的社会主义思想道德体系的基础环节。传统美德与时代精神相结合，体现的是德育内容的继承与发展关系，涉及民族文化与全人类文化相融合的文化发展规律和文化发展战略问题。作为文化核心的道德文化，蕴含着文化和经济社会健康发展的价值取向，其价值体系应与本民族和全人类健康和谐发展相一致。社会主义核心价值体系内在地整合了传统美德和时代精神，为新时期德育目标研究提供了最新坐标。传统美德与时代精神相结合的基础研究环节，是在确定应继承的传统道德规范、道德精神基础上，确定应吸纳的国外德育目标内容中的有益成分，中外文化和谐会通，使德育目标既保持了民族品格的主体精神，又增添了全人类的优秀道德观念，为构建中国特色德育目标体系注入了与时俱进的整体品质。

5. 道德认识与道德行为相统一原则

品德是由道德认识、道德情感、道德信念、道德意志等心理要素和外部道德行为统一构成的整体结构。德育目标的结构应与品德结构相对应，这样才比较符合品德形成发展规律，有利于道德品质的整体培养。品德结构具有多维性，德育目标结构与品德结构对应主要解决好两个问题：一是按品德心理过程确定最主要的结构要素；二是这种结构要素要有明确的德育内容和品德专项素质支撑，便于教育过程的实际操作。基于这样的考虑，建构“认知理解—情感、信念、意志—实践能力”三维品德结构分类目标是具有客观依据和实践基础的。认识理解目标主要是确立政治、思想、道德、法纪、心理教育的知识序列，提出对知识认知理解的程度要求。这种程度要求主要是对道德认识能力的分层规定，如对道德知识的记忆能力、理解能力、概括能力，运用知识分析问题的能力、道德判断能力、道德选择能力等；根据品德形成发展规律，在知识的认知理解基础上，确立情感、信念、意志等品德要素的培养要求。道德情感、道德信念、道德意志都有明确的德育内容和品德专项素质支撑，其中道德信念与理想教育和世界观、人生观、价值观教育在教育内容和品德素质归结点上联结紧密，互相体现；道德意志既是道德品质的基本要求，也是健康心理素质的重要指标。与认知理解和情感、信念、意志培养目标连接，确立道德行为和道德实践能力培养目标，是对所有品德心理能力的综合与付诸实施，道德实践能力是认识与行为相统一的根本指标，同时，道德实践能力又是道德修养的基本方法。实践性是德育的根本属性，确定实践能力目标，对保证德育过程的实践性具有规定和指导作用。构建道德认识、情感、信念、意志、实践能力等品德要素整体和谐发展的德育目标体系，为增强德育的科学性和实效性奠定了必要基础。

二、小学、中学、大学德育目标体系构建

整体构建小学、中学、大学德育目标体系，是一项复杂而艰巨的课题。本专题研究的基点，是根据《意见》确定的小学、中学、大学三个学段的总目标，尝试运用上述和谐德育的目标建构理念进行分解性和应用性研究，其中将“法制”教育改为“法纪”教育，是总结德育内容和法制教育的研究成果，把法制教育和纪律教育结合起来，这样既与“四有”目标中“有纪律”提法相承接，也使法制教育的内容更贴近中小学的实际。以下目标体系在研究属性上侧重于探讨性和参考性研究，主要尝试用和谐德育的理念解决德育实际问题的可行性。

(一)小学德育目标体系

小学教育阶段的德育总目标，《意见》的表述是：“教育帮助小学生初步培养起爱祖国、爱人民、爱劳动、爱科学、爱社会主义的情感；树立基本的是非观念、法律意识和集体意识；初步养成孝敬父母、团结同学、讲究卫生、勤俭节约、遵守纪律、文明礼貌的良好行为习惯，逐步培养起良好的意志品格和乐观向上的性格。”

根据上述小学阶段德育总目标，本课题研究构建出小学“教育内容分类目标”和“品德结构分类目标”体系。其中教育内容“五要素”的顺序是考虑小学阶段品德教育的重点和规律而编排的。

1. 教育内容分类目标

(1)道德教育目标

知道孝敬长辈、宽容待人、诚实守信、知耻自律是中华民族传统美德，尊敬老师，友爱同学；初步养成文明礼貌、讲卫生、勤俭节约

的习惯；培养勤奋学习、乐于探究、勇于创新、专心踏实的学习态度；热爱劳动，懂得珍惜劳动成果，合理消费；能够自觉遵守社会公德，增强文明意识和社会责任感。

(2)法纪教育目标

知道与小学生有关的法律法规，如《未成年人保护法》《预防未成年人犯罪法》等，初步了解一些基本的法律常识；遵守《中小学生守则》和《小学生日常行为规范》；学会运用法律进行自我保护，逐步树立自觉遵纪守法观念；养成自觉遵守学校纪律、公共秩序和交通规则的好习惯。

(3)心理教育目标

教育学生知道诚实、守信、勇敢、坚韧、自尊、自信是良好的心理品质，懂得这些良好的意志和品格是学习进步、健康成长不可缺少的条件。逐步养成生活自理、自觉学习、珍惜和遵守时间的好习惯，能够做到以积极的健康的心态面对生活和学习。

(4)思想教育目标

知道热爱集体、关心集体、热爱劳动、艰苦奋斗、热爱科学、勇于创新是当代学生必备的优良品质。懂得在集体中应该团结、谦让、互助、合作，学习做集体的小主人。理解人民的生活离不开各行各业的劳动者，知道幸福生活要靠劳动来创造的道理。能够正确看待周围事物和他人，初步认识和学习全面发展地看待问题和处理问题的方法。

(5)政治教育目标

知道自己是中国公民，尊敬国旗、国徽，会唱国歌，知道祖国的版图等常识，培养热爱学校、热爱家乡、热爱祖国、热爱社会主义的情感。热爱少年先锋队，做优秀少先队员，初步树立长大为祖国建设做贡献和为人民服务的意识。初步认识祖国历史、文化传统和民族精神，树立民族自尊心和责任感。尊重民族习惯和不同国家文化，初步具有开放的国际意识。

2. 品德结构分类目标

(1)认知理解

初步认识祖国历史、文化传统和民族精神，知道孝敬长辈、宽容待人、诚实守信、知耻自律是中华民族传统美德，熟悉小学生日常行为规范的要求，懂得基本道德规范，知道与小学生有关的法律法规，树立基本的是非观念、法律意识和集体意识；懂得基本的心理健康和安全生活知识。

(2)情感、信念、意志

培养爱祖国、爱人民、爱劳动、爱科学、爱社会主义的情感；具有爱心和责任心，热爱生活、热爱自然、热爱生命的情感。初步树立长大为祖国建设做贡献和为人民服务的信念。培养诚实、守信、勇敢、坚韧、自尊、自信的意志品格。

(3)实践能力

初步养成孝敬父母、尊敬师长、团结同学、诚实守信、讲究卫生、勤俭节约、热爱劳动、遵守纪律、文明礼貌的良好行为习惯，锻炼运用法律进行自我保护的能力，逐步养成生活自理、自觉学习、珍惜和遵守时间的好习惯，能够做到以积极的健康的心态面对生活和学习。

(二)中学德育目标体系

中学教育阶段德育总目标，《意见》的表述是："教育帮助中学生初步形成为建设中国特色社会主义而努力学习的理想，树立民族自尊心、自信心、自豪感；逐步形成公民意识、法律意识、科学意识以及诚实正直、积极进取、自立自强、坚毅勇敢等心理品质，养成良好的社会公德和遵纪守法的行为习惯。中等职业学校还要帮助学生树立爱岗敬业精神和正确的职业理想。”

根据上述中学阶段德育总目标，本课题研究构建出中学“教育内容分类目标”和“品德结构分类目标”体系。

1. 教育内容分类目标

(1)政治教育目标

了解中华民族发展的历史和祖国优秀文化传统，弘扬民族精神，认识祖国改革开放和现代化建设的前景及国际形势。热爱和平，尊重各国各民族优秀文化，关注人类共同利益，具有世界眼光。培养热爱社会主义祖国、热爱家乡、关心家乡建设的品质和民族自尊心、自信心和自豪感。树立“祖国利益高于一切”的观念和社会责任感，维护祖国统一和民族团结。进一步认识和了解党团组织的性质和纲领，逐步提高对党的先进性的认识。逐步树立中国特色社会主义共同理想，努力掌握科学文化知识，勇于创新，提高实践能力，树立为人民服务的思想和改革开放意识。

(2)思想教育目标

逐步掌握辩证唯物主义、历史唯物主义世界观和方法论的基本原理，学习理解中国特色社会主义理论和社会主义经济、政治、文化常识，认识社会发展的基本规律。具有实践意识、集体意识，科学意识和创造精神。懂得个人理想与共同理想的关系，把爱国热情转化为发奋学习、努力实践的实际行动。能正确处理个人、集体和国家之间的关系，逐步形成正确的世界观、人生观、价值观，正确对待升学和就业的选择。学会实事求是、全面地发展地看待问题，掌握观察和分析问题的科学方法，能够正确认识社会现象，自觉抵制不良风气和思想的影响。

(3)道德教育目标

自觉遵守社会公德和《中小学生守则》《中学生日常行为规范》，掌握人与人、人社会、人与自然的道德规范，具有道德判断和道德实践能力，巩固和养成良好的道德行为习惯，具备文明生活的基本素养。懂得为人民服务是社会主义道德的核心，树立心中有集体、心中有他人意识。注重自我修养，严于律己，宽以待人，树立正确的荣辱观。懂得现代人际交往礼仪，待人真诚友善、主持公道。逐步培养健康的生活情趣和审美素养，自觉抵制不良思想行为。懂得劳动的权利和义务的关系，在社会实践中积极参加各项劳动，努力掌握劳动技能。

(4)法纪教育目标

了解和掌握宪法和其他有关法律法规的基本内容，正确认识民主与法制、自由与法律、权利与义务的关系，明确自己的社会责任和权利。增强法制意识，维护法律尊严，做到学法守法，能依法保护自己的合法权益，积极参与社会主义民主和法制建设。自觉维护学校和班级的纪律及有关规章制度，养成自觉遵守纪律的习惯和品质。做到明辨是非、美丑、善恶，对违背法制纪律的言行，能够识别和主动抵制。

(5)心理教育目标

知道自尊自爱、自立自强、诚实正直、个性豁达、勇敢坚毅、情绪稳定等是现代人应具备的良好心理素质。客观认识自己的能力特长，能正确开展批评与自我批评，具有一定的自我教育能力，能乐观地接纳自己。逐步学会遇事独立思考，全面客观地看待问题，增强自我调适、自我控制能力。积极参加实践活动，做事持之以恒，在实践中培养坚强的意志品质和较强的忍耐力、抗挫折力。建立和谐的人际关系，正确对待异性交往，重视对他人情感态度的体验。勇于克服困难，培养环境适应能力和自我发展能力。

2. 品德结构分类目标

(1)认知理解

了解中华民族发展的历史和祖国优秀文化传统，体认民族精神，认识祖国改革开放和现代化建设的前景及国际形势。逐步掌握辩证唯物主义、历史唯物主义世界观和方法论的基本原理，学习理解中国特色社会主义理论基本知识和社会主义经济、政治、文化常识，认识社会发展的基本规律，逐步形成正确的世界观、人生观、价值观。进一步认识和了解党团组织的性质和纲领，逐步提高对党的先进性的认识。掌握人与人、人与社会、人与自然的道德规范，懂得为人民服务是社会主义道德的核心，树立正确的荣辱观。学习宪法和其他有关法律法规的基本内容，正确认识民主与法制、自由与纪律、权利与义务的关系，明确自己的社会责任和权利。具有遵守纪律和规则的意识。懂得心理健康常识。

(2)情感、信念、意志

培养热爱社会主义祖国、热爱家乡、关心家乡建设的品质和民族自尊心、自信心和自豪感。关心祖国的建设和发展，增强为中华民族的伟大复兴而努力学习锻炼的信念和社会责任感，逐步树立中国特色社会主义共同理想。热爱和平，尊重各国各民族优秀文化，关注人类共同利益。孝敬父母，关爱他人。关心集体，热爱劳动。热爱科学，勇于创新。树立公平意识，具有正义感。爱护环境，珍惜资源。热爱生命，自尊自信，形成乐观向上、不怕困难、勇敢坚毅的意志品格。

(3)实践能力

学会实事求是、全面地发展地看待问题，掌握观察和分析问题的科学方法，能够正确认识社会现象，具有基本的道德判断、道德选择和道德实践能力。能自觉遵守道德规范、社会规则和学校纪律，养成良好的品德行为习惯。学法守法，维护法律尊严，能运用法律保护自己的合法权益。能正确开展批评与自我批评，具有一定的自我教育能力。增强自我调适、自我控制能力，能理智地调控自己的情绪。积极参加实践活动，做事持之以恒，在实践中培养坚强的意志品质和较强的忍耐力、抗挫折力。发展参与社会公共生活的能力，培养交往与沟通能力。勇于克服困难，培养环境适应能力和自我发展能力。

(三)大学德育目标体系

大学教育阶段德育总目标，《意见》的表述是："教育引导大学生确立在中国共产党领导下走中国特色社会主义道路、实现中华民族伟大复兴的共同理想和坚定信念，牢固树立爱国主义思想和全心全意为人民服务思想，自觉遵守法律法规和社会道德规范，加强自身道德修养，具备良好的心理素质和艰苦奋斗、开拓进取的精神，促进大学生思想政治素质、科学文化素质和身心健康素质全面协调发展。同时，积极引导大学生中的先进分子树立共产主义的远大理想，确立马克思主义的坚定信念。"

根据上述大学阶段德育总目标，本课题研究构建出大学"教育内容分类目标"和"品德结构分类目标"体系。

1. 教育内容分类目标

(1)政治教育目标

大学政治教育目标主要是：坚定正确的政治方向，拥护中国共产党的领导和党的基本理论、基本路线、基本纲领，坚定在中国共产党领导下走中国特色社会主义道路的信念。具有献身中国特色社会主义的自觉性，把个人利益和国家利益联系起来，立志为实现中华民族的伟大复兴而奋斗。了解中国的历史和国情，继承和发扬中华民族优秀文化传统和中国共产党的革命传统，具有国家意识、主权意识、国家安全意识、忧患意识，自觉维护祖国统一和各民族团结。树立马克思主义的形势观和政策观，认清时代特点，明确历史责任，正确认识和理解党的路线方针政策，增强贯彻党的路线方针政策的自觉性。

(2)思想教育目标

大学思想教育目标主要是：掌握马克思列宁主义、毛泽东思想、邓小平理论、“三个代表”重要思想和科学发展观的精神实质。努力学习中国特色社会主义理论体系，深刻理解社会主义核心价值体系的科学内涵，准确把握社会主义核心价值体系的基本内容。坚持马克思主义的指导地位，用马克思主义中国化最新理论成果武装头脑，树立中国特色社会主义共同理想，把个人理想与国家民族的前途、命运联系在一起，确立在中国共产党领导下走中国特色社会主义道路，实现中华民族伟大复兴的共同理想和坚定信念。具有以爱国主义为核心的民族精神和以改革创新为核心的时代精神，始终保持艰苦奋斗的作风和昂扬向上的精神状态。运用辩证唯物主义和历史唯物主义的思想观点认识问题，树立正确的世界观、人生观、价值观，培养与社会主义市场经济相适应，与社会主义法制观相配套的道德观念和以“八荣八耻”为主要内容的社会主义荣辱观。

(3)道德教育目标

大学道德教育目标主要是：深刻理解以为人民服务为核心，以集体主义为原则，以爱祖国、爱人民、爱劳动、爱科学、爱社会主义为基本要求，以公民基本道德规范和职业道德、社会公德、家庭美德为主要内容的社会主义道德体系的科学内涵和基本要求。明确以“八荣八耻”为主要内容的社会主义荣辱观的科学内涵，养成高尚的道德品质和文明行为习惯，培养优良学风。

(4)法纪教育目标

大学法纪教育目标主要是：树立社会主义民主法制观念，自觉维护和遵守中华人民共和国宪法和法律。正确行使法律所赋予的民主权利，自觉履行法律所规定的义务，知法、守法、用法。具有较高的组织纪律性，遵守校纪校规，自觉维护学校和社会的安全、稳定和秩序。

(5)心理教育目标

大学心理教育目标主要是：具备良好的个性心理品质，自尊、自爱、自立、自律、自信、自强。保持良好健康的心态，具有较强的心理调适能力。正确对待学习与就业、合作与竞争、交友与恋爱、顺境与逆境、成功与失败。

2. 品德结构分类目标

(1)认知理解

引导和帮助大学生努力学习马克思主义有关基础理论知识，深刻理解中国特色社会主义理论体系的科学内涵和精神实质。树立科学的世界观和方法论，正确认识世界和人类发展总趋势。明确高等学校的培养目标，树立为人民服务的思想，正确认识个人、集体和国家之间的关系，了解社会主义核心价值体系的科学内涵，树立马克思主义世界观、人生观、价值观和荣辱观。了解我国社会主义道德的核心、原则、基本要求、《公民道德建设实施纲要》提出的公民基本道德规范和社会公德、职业道德、家庭美德的基本规范，掌握以“八荣八耻”为主要内容的社会主义荣辱观的思想主旨。了解中华民族优秀的伦理思想、民族精神、传统美德和中国革命道德传统的基本内容。了解道德品质的内涵与特征，认识道德品质形成发展的基本规律，明确道德品质修养的目的、意义和道德品质修养的基本内容和修养方法。深刻理解马克思主义法学的基本观点和中国特色社会主义的法律体系，掌握我国宪法和基本法律的主要精神和内容，了解与社会公共生活、职业生活、家庭生活有关的法律规范，具有明辨是非、美丑、善恶的能力。了解大学生常见的心理问题，把握心理健康标准。能够客观地认识自我，通过了解心理的有关知识，对自我情绪有正确认识，具有自尊、自爱、自强、自立、自信的意识。树立与改革开放、社会主义市场经济和社会发展相适应的讲究实效、开拓创新、公平竞争、团结协作等观念。

(2)情感、信念、意志

引导和帮助大学生热爱祖国、热爱人民、热爱中国共产党、热爱中国特色社会主义，具有忠于祖国、献身人民的自觉性和责任感，具有高度的民族自尊心和民族自豪感，具有坚定走中国特色社会主义道路，为实现全国各族人民的共同理想而艰苦奋斗的信念。树立与社会主义市场经济相适应的职业信念，正确处理国家、集体、个人三者之间的利益关系，把个人理想与国家民族的前途、命运紧紧地联系在一起，树立服务祖国、服务人民的信念。热爱学校，热爱班级，热爱专业，立志成才。具有较强的民主与法制观念和自觉遵守法律规范的信念和意志。具有较强的心理适应能力、坚强的意志品质、战胜困难的勇气和百折不挠的毅力，始终保持积极、乐观、向上的心态和拼搏的学习精神。

(3)实践能力

引导和帮助大学生积极参加学校组织的各种政治活动和社会实践

活动，积极要求进步，自觉维护祖国统一、民族团结和社会稳定。努力学习科学文化知识和专业知识，养成良好的学习习惯。善于思考、勤奋学习，具有较高的职业劳动素质，正确的劳动态度，良好的劳动习惯。遵守《公民道德建设实施纲要》提出的公民基本道德规范和社会公德、职业道德、家庭美德。遵守大学生守则，养成良好的文明行为习惯和勇于进取的优良学风。遵守国家法律法规、校规校纪，正确行使公民权利，履行公民义务，自觉地遵纪守法，依法律己，依法办事，依法维护国家利益和自身的合法权益。能够自觉识别和抵制各种违法乱纪的行为，维护法律的尊严，自觉履行法律义务。具有较强的自我控制、自我调节、自我平衡能力，能够妥善处理各种矛盾、问题和挫折。掌握一定的人际沟通方法，具有一定的与他人沟通与合作的能力，善于协调人际关系。

三、小学、中学、大学德育目标和谐衔接

上述各学段的德育目标体系是根据《意见》确定的三个学段德育总目标分解设计出来的。这种分解设计始终遵循通观总揽、统筹兼顾、整体和谐的思想方法，将党和国家对各教育阶段学生思想品德方面的统一目标要求，教育内容结构的整体性和品德结构的整体性，各学段学生身心特点、知识水平和品德发展规律等几方面因素综合起来，经过综合—分解—再综合的研究过程构建出来。这个过程中的一个重要环节，是把握好小学、中学、大学各学段德育目标体系的和谐衔接，避免出现“倒挂”、“脱节”、简单重复和脱离实际的问题。解决这一问题基本方法，是注意整体性与层次性的统一，阶段性与有序性的统一，现实性和导向性的统一。

(一)整体性与层次性的统一

“德育目标，一以贯之”是构建整体和谐的德育目标的方法之一。构建方式是各学段都以教育部《关于整体规划大中小学德育体系的意见》确定的学段德育总目标为纲，依序构建政治教育、思想教育、道德教育、法纪教育和心理教育“教育内容分类目标”和“品德结构分类目标”，注意相邻学段目标内涵的渐进梯度和内在联系，以达成目标要素在各个教育阶段的整体性和层次性的统一。

例如政治教育中的爱国主义教育，在小学、中学、大学阶段均体现了目标上的一致性和层次性的特点。小学：知道自己是中国公民，尊敬国旗、国徽，认识祖国的版图，会唱国歌。中学：热爱祖国，热爱家乡，关心家乡建设，有民族自尊心、自信心、自豪感，了解中华民族历史、文化传统和民族精神。认识祖国改革开放和社会主义现代化的前景及国际形势，逐步树立中国特色社会主义共同理想。大学：热爱社会主义祖国，了解中国的历史和国情，继承和发扬中华民族优秀文化传统和中国共产党领导下的革命斗争传统，具有强烈的民族自尊心和自信心。自觉维护祖国的利益和尊严。具有忠于祖国、献身人民的自觉性和责任感。这个由总目标“爱国主义”逐级分解出来的多层次的目标体系，形成了一个统一的整体，体现了各学段德育目标体系中整体性与层次性有机结合的鲜明特征。

(二)阶段性与有序性的统一

学生个体品德发展的规律之一就是品德在不同年龄阶段而呈现出来的阶段性和品德发展的渐进性。小学、中学、大学德育目标体系的分解和组合，在一定程度上也反映了学生身心发展的客观规律。如在小学阶段主要以进行文明礼貌和“五爱”教育为重点，培养学生诚实、友爱、活泼、勇敢等品质，养成良好的品德行为习惯，为升入中学打好思想道德基础。中学阶段德育的重点为集体主义教育、较系统的道德和遵纪守法教育以及与爱国主义、就业指导相结合的理想教育，世界观、人生观、价值观教育。这个阶段的爱国主义、集体主义、劳动教育等都要提升到人生观的高度，引导学生把个人的理想事业与祖国社会主义现代化建设联系起来，树立为人民服务的思想。大学阶段的德育重点则放在培养学生坚定的爱党、爱国、爱社会主义的信念，进行正确的人生观、科学的世界观、良好的道德观和社会主义民主法制教育，引导学生立志成才，报效祖国，使之成为建设中国特色社会主义和社会发展需要的高素质专门人才。以上可以看出，从小学到大学各阶段的德育目标的重点，体现了德育的阶段性和渐进性。前一阶段的教育是后一阶段教育的基础，后一阶段的教育又是前一阶段教育的结果。如果没有小学的日常行为规范养成教育和社会公德教育，中学及大学阶段的世界观、人生观、价值观教育就有可能被架空。这种阶段性与有序性的有机结合和相互作用正是整体构建和谐德育目标体系的一个着眼点。

(三)现实性与导向性的统一

现实性与导向性的统一即适应性与前瞻性的统一。德育既是立足现实的，又是面向未来的。德育目标体系的设计和确定，除了要根据学生的成长特点和规律之外，还要从社会主义初级阶段的国情出发，不能超越社会发展的阶段，不能脱离社会的实际道德水平而向学生提出过高、不切实际的目标要求。德育目标只有从现实出发，照顾到多数人可能达到的要求，才有可能在此基础上引导学生向更高的目标发展。如果超越现实，不切实际，搞“高、大、空、远”，其结果就会适得其反。我国曾经在相当长的时间里，要求所有大中小学的学生树立共产主义远大理想，都要具有共产主义道德修养，结果不仅没有达到预期的目的，反而长期忽视了社会主义公民基本道德和法纪素质的培养，造成了严重的后果。德育必须客观认识现实、立足现实，在引领现实基础上面向未来。德育目标的设计应既要体现现实性，又要体现导向性；既要注重广泛性，又要注重先进性；既要从现实出发引导学生不断提高思想政治觉悟和道德水平，又要从未来着眼引导学生追求更高的道德境界。总之要做到实事求是，使对学生未来的教育期望与现实的教育要求协调统一起来。

四、学校、家庭、社区德育目标协调趋同

统筹规划学校、家庭、社区德育目标，是构建和谐德育体系的重要组成部分。它是以学校教育为主体，以家庭教育为基础，以社区教育为依托，相互联系、相互协调、相互沟通，统一规划的教育要求，体现着现阶段和未来德育工作深化发展的趋势。在现行教育格局中，存在着诸多的错位问题，阻碍着学校、家庭、社区德育目标体系的建立和实施。主要表现在：第一，由于社会习惯、生活条件和教育环境的影响，不同地区青少年道德素质的发展状况很不平衡；第二，受社会不同价值观念影响，家长对学校德育目标在心理上缺少认同；第三，居民居住环境的变迁，社区教育的体制机制和教育设施的欠缺，社区管理人员的教育能力和知识基础参差不齐，使学校德育目标在社区教育中难以沟通。随着建设和谐社会及学习型社会的推进，尽快解决学校、家庭、社区德育目标协调沟通的问题，为青少年的健康成长营造良好的社会环境，已经成为亟待突破的课题。

(一)学校、家庭、社区德育目标趋同的必要条件

1. 学校德育必须走进家庭、走进社区

长期以来，学校作为独立的教育机构，对学生进行着较为封闭的

思想品德教育。在建设和谐社会及学习型社会背景下，这种封闭型的学校教育，已不能适应社会发展的需要。学校德育必须走进家庭、走进社区，家庭、社区要在各自的教育环境中，与学校协同设立相应的德育目标。鉴于上述诸种错位问题，要在家庭、社区教育工作中与学校达成德育目标趋同，需要积极创造条件。

2. 家长需要学习家庭教育的基础知识

教育是一种有意识、有计划、有目的的教育活动。由于家长的成长经历、受教育程度千差万别，因而家庭教育目标的确定往往带有主观性、随意性甚至出现偏差错误。实践已经反复证明，当家庭教育目标与学校教育目标相吻合时，教育的效果最佳，反之，则效果甚微，以致成为教育的阻力。因此要通过整体构建学校、家庭、社会和谐德育体系，指导家长在青少年成长的过程中，学习家庭教育的基础知识，提高对学校德育目标内容的认知程度，为使学校与家庭德育目标趋同一致奠定基础。

3. 社区需要探索德育目标的内容序列

《中华人民共和国居委会组织法》规定居委会的工作任务包括："协助人民政府或者它的派出机关做好与居民利益有关的公共卫生、计划生育、优抚救济、青少年教育等项工作。"社区工作的主要职责是根据社会主义精神文明建设的需要，通过公民道德建设来提升居民的思想道德素质，从而促进社区政治稳定、生活和谐与经济繁荣。目前我国各类社区尚没有明确的德育目标，这也正说明进行此项研究的必要性。社区教育的核心是"育人"，可以考虑以提高社区成员的公民素质为主轴，侧重将公益服务精神、公共事务参与、公德伦理精神、公民人格独立、居民文明行为习惯养成和社会道德风尚创建等内容作为社区德育目标。

(二)学校、家庭、社区德育目标趋同的建构方式

1. 学校、家庭德育目标趋同

和谐德育主张学校德育与家庭德育和谐互动、协调相应，同时也强调充分注意各自的生活特点，在构建和谐的过程中体现和而不同、求同存异。学校德育目标与家庭德育目标只能趋向同一，而不是完全同一。学校与家庭德育目标趋同的集中会合点，是教育学生学会做人。具体说可以包括做有道德的人、做有知识素养的人、做有健全人格的人、做有健康体魄的人，即对人的整体素质作一种通俗的概述。这一德育目标，在家长的情感意识中容易产生共鸣和认同。将共同德育目标引入实践的工作方式之一，是根据孩子的不同学习阶段，确定相应的德育目标，以此作为班级家长会、家长学校等相互联系活动的内容要点。以下三个学段家庭德育目标供参考：

小学阶段家庭德育目标：指导孩子学习中华传统美德；遵守社会公德和培养文明行为习惯；培养良好的意志品格和活泼开朗的性格；培养自我管理、帮助别人、为集体服务和辨别是非的能力。

中学阶段家庭德育目标：培养孩子养成优良的劳动习惯和文明行为习惯；教育孩子遵纪守法，懂得用法律保护自己；学会健康文明的生活方式，具有自尊自爱、自立自强、开拓进取、坚毅勇敢等心理品质和一定的道德评价能力、自我教育能力。

大学阶段家庭德育目标：引导和帮助大学生把个人理想与社会发展需要联系在一起，增强爱国情感，树立为人民服务的思想意识，自觉遵守法律法规和社会道德规范，践行家庭美德；加强自身道德修养，养成良好的学习习惯，遵守校纪校规，自觉维护学校和社会的安全、稳定和秩序；正确对待学习与就业、合作与竞争、交友与恋爱、顺境与逆境、成功与失败；具备良好的心理素质和艰苦奋斗的精神，

协助学校促进大学生思想政治素质、科学文化素质和身心健康素质全面协调发展。

2. 学校、社区德育目标趋同

学校是国家专门设置的教育机构，对学生的德育是首要任务。社区是国家行政区划的基层组织，主要职能是对辖区居民进行行政管理和物质精神文化生活服务，其中在精神文明建设中包括对青少年儿童进行思想道德教育。社区的性质决定了社区德育只是它的一小部分工作，长期以来社区工作并没有德育工作纲要，更谈不上有明确的德育目标。社区干部大都是管理型、服务型的，缺少教育型的干部。近几年来，特别是在学习贯彻《中共中央、国务院关于进一步加强和改进未成年人思想道德建设的若干意见》的过程中，有的社区成立了专门的未成年人思想道德建设的工作机构，并由专职干部分管这项工作；有的社区还与辖区的学校建立了校区共建的协作组织，学校专门派教师进驻社区从事未成年人思想道德教育工作。这就为社区与学校共同构建德育目标提供了组织保证、思想基础和人力资源，使学校、社区德育目标趋同成为可能。

社区德育目标具有社会性和综合性，一般不适合按学段划分，一般可以表述为：学习中华民族传统美德、养成文明行为习惯；学会管理自己，帮助他人，提高为集体服务的能力；热爱祖国，关心地区和家乡建设；遵守社区规章公约，自觉履行法律义务，懂得用法律保护自己；自觉实践家庭美德，创建和谐家庭，建立和睦邻居关系；遵守社会公德，诚实守信，主持公道，爱护公共财产，主动参与社会主义精神文明建设活动。

3. 学校、家庭、社区德育目标各有侧重

从德育目标的类型特点看，德育目标的社会性决定了我国的德育最终目标是培养社会主义现代化建设的接班人；德育目标的抽象性，说明观念性德育目标是基础，指标性德育目标是观念性德育指标的具体化。学校、家庭、社区德育目标的制定，就是要有明确的教育方向，三方面都要为国家培养合格的建设者和接班人。通过比较考察可以看出，学校德育目标侧重完整性、系统性。学校是国家专设的教育机构，其根本任务就是按照国家的教育方针，为国家培养合格的人才，学校的德育目标由国家制定，并监督执行。学校德育目标对家庭德育目标和社区德育目标具有指导性。家庭德育目标侧重个体性。个体性的德育目标应有利于家庭成员的社会认知。社会认知是个体关于社会现象、社会关系等对自身影响的认知，在内容上涉及三个不同层次：一是关于个人的认知，包括对自己和别人各种心理活动及思想观点、个性品质的认知；二是关于人与人之间的各种双边关系的认知，如对权威、友谊、冲突、合作等关系的认知；三是关于社团内部及社团之间各种社会关系的认知。学校德育目标趋向于集体的教育行动，对个体的关照明显弱于家庭教育，因此，就德育目标构建方式而言，家庭德育目标在与学校德育目标取得大体一致的基础上，要关注个体性德育目标的建立。家庭德育目标是学校德育目标的具体化和个性化。社区德育目标侧重综合性和社会性，社区德育目标是学校德育目标的延伸，是家庭德育目标的扩充。

和谐德育内容体系的构建*

一、德育内容选择的依据和原则

（一）德育内容发展概况及体系框架

德育内容是按照德育目标的要求，设计、选择、确定的用于学校德育课程的教学和开展德育活动的实施载体。德育内容是德育目标的具体化，是实现德育目标的重要保证。改革开放以来，我国德育内容的研究和确定大体经历了两个发展阶段。

第一阶段，1980—1995 年。在 1980 年以来部分省市制定的德育大纲和思想品德等教学大纲基础上，国家教育委员会于 1993 年和 1995 年正式颁发《小学德育纲要》和《中学德育大纲》，比较系统地确定了中小学德育内容。

小学阶段德育内容主要是进行以"爱祖国、爱人民、爱劳动、爱科学、爱社会主义"为基本内容的社会公德和有关

* 本文是与宁武杰、齐欣、闵乐夫、王滨有、贾少英、高贺灵合作撰写，见詹万生等著：《和谐德育论》，北京：教育科学出版社，2008 年版。

的社会常识教育，着重培养和训练学生良好的道德品质和文明行为习惯，教育学生心中有集体，心中有人民，心中有祖国。专项德育内容包括：热爱祖国的教育，热爱中国共产党的教育，热爱人民的教育，热爱集体的教育，热爱劳动、艰苦奋斗的教育，努力学习、热爱科学的教育，文明礼貌、遵守纪律的教育，民主与法制观念的启蒙教育，良好的意志、品格教育，辩证唯物主义观点的启蒙教育。

中学阶段德育内容，初中阶段德育内容要点是：爱国主义教育，集体主义教育，社会主义教育，理想教育，道德教育，劳动教育，社会主义民主和遵纪守法教育，良好的个性心理品质教育。高中阶段德育内容要点是：爱国主义教育，集体主义教育，马克思主义常识(主要是经济、政治、哲学常识)和社会主义教育，理想教育，道德教育，劳动和社会实践教育，社会主义民主观念和遵纪守法的教育，良好个性心理品质的教育。

大学阶段德育内容，1987 年，中共中央颁布《关于改进和加强高等学校思想政治工作的决定》，这个文件对大学德育内容提出的要求是：进行马克思主义理论教育和形势政策教育，要使学生掌握马克思主义基本原理，了解中国革命的历史，正确理解建设有中国特色的社会主义的理论和实践，树立辩证唯物主义和历史唯物主义的世界观，确立远大理想和正确的人生观。

第二阶段，1996—2005 年。2001 年 1 月，中共中央办公厅、国务院办公厅联合印发的《关于适应新形势进一步加强和改进中小学德育工作的意见》中明确指出：“要把思想政治教育、品德教育、纪律教育、法制教育作为中小学德育工作长期坚持的重点……中小学校都要加强心理健康教育，培养学生良好的心理品质。”

2004 年，中共中央、国务院颁布了《关于进一步加强和改进未成年人思想道德建设的若干意见》(中发〔2004〕8号)和《关于进一步加强和改进大学生思想政治教育的意见》(中发〔2004〕16号)文件，为贯彻落实中央的“两个意见”，教育部于2005年5月颁布了《整体规划大中小学德育体系的意见》。《意见》指出：“德育主要是对学生进行政治、思想、道德、法制、心理健康教育。青少年学生的爱国情感，文明行为习惯，良好道德质量，遵纪守法意识，科学的世界观、人生观、价值观和中国特色社会主义理想信念，是一个通过教育逐步形成和发展的过程。”至此，德育内容由“五要素”构成的概括分类形式正式确立下来。《意见》确定了小学、中学、大学阶段德育总目标，根据总目标分别确定了三个教育阶段的德育主要内容。本节构建德育内容体系的研究，是以《意见》对三学段德育内容的表述为依据的。

(二)确立德育内容体系的依据

学校德育内容的确立，与学校德育目标的确立一样，不是由教育者主观任意选择的，而是有科学依据的。只有正确认识德育工作的规律，科学地确立学校德育的内容，才能够完成德育任务，实现德育目标。

1. 德育目标直接决定着德育内容的性质

德育目标是德育工作的出发点和归宿点。德育内容则是依据德育目标的要求加以选择和设计的，是德育目标要求的具体展示，也是德育本质的直接反映。德育内容是为达到预期的德育目标服务的，而德育目标又是服从于、服务于教育方针和教育目的，从根本上受社会的政治经济发展状况制约的。不同社会的德育目标千差万别，直接制约着该社会德育内容的性质。另外，德育目标与德育内容在教育本质上具有一致性。这是因为，一方面它们都是由社会发展时期的经济政治所决定的；另一方面，它们又都反过来为该社会发展阶段的政治经济服务。所不同的是，目标比较抽象集中，具有方向性；内容较为具体分散，具有可行性。从这个意义上讲，德育内容也是不能不受德育目标制约的。如果离开了德育目标这一主要依据，德育内容也就失去了方向和准绳。因此，德育内容的选择和确立以教育目的、德育目标的要求为主要依据，是理所当然的，不容置疑的。同时，任何一种社会形态都有一个产生发展的过程，在不同的发展阶段，虽然教育目标的性质不变，但由于生产关系和上层建筑中某些环节的调整，也要求教育目标做相应的改变，或者赋予原有目标以新的含义。当前我国教育的目标和任务是培养“有理想、有道德、有文化、有纪律”的社会主义建设者和接班人。这一目标是依据我国社会主义现阶段进行现代化建设的需要提出的，反映了我国整个社会发展的需要，体现了教育的社会主义性质，体现了党和国家教育方针的要求。因此，学校德育内容的设置也必须围绕这一目标来展开。也就是说，不论德育工作涉及面如何广泛，头绪如何纷繁，方式如何多样，但就其内容确立而言必须符合这一培养目标的要求，为实现培养目标服务。从这一目标出发，以爱国主义、集体主义、社会主义教育为主旋律，进行世界观、人生观、价值观、荣辱观、道德观、政治观、法制观等方面的教育。教育目的、德育目标对德育内容的直接制约作用，间接地反映了社会对德育内容的根本制约作用，因为教育目的总是根据党和国家的要求、社会发展需要和受教育者身心发展需要的统一性来确定的。

2. 学生身心发展的阶段性和思想品德发展规律决定了德育内容的深度和广度

德育内容有其稳定性和一贯性，但人的思想品德的形成、发展、变化，有着自己的特殊规律，其政治理念、思想道德的发展在不同年龄阶段表现出不同的特点。从个体思想品德形成发展的规律来看，个体从小到大，逐渐形成的各种道德品质，不是同时毫无次序形成的，而是遵循一定规律，按照一定次序和水平，由低级到高级，由感性到理性逐渐形成和发展的，是一个波浪式前进和螺旋式上升的过程。而且道德与人的知识经验、思维能力也有着直接的关系。这不仅体现在某种道德品质只有到一定年龄阶段才有可能形成，而且同样一种道德品质在不同年龄的学生中也有不同的内容和标准。因此，由于受教育者年龄和身心发展水平的差异，不同教育阶段的受教育者所能接受的德育内容层次的高低、深浅和广度也就迥然不同。

从人的心理需要和心理发展水平来看，就一般规律而言，儿童偏重于归属需要和感性认知、形象思维；少年侧重于自尊需要，认知能力处于感性认识向理性认识过渡，思维能力处于形象思维向抽象思维发展；青年则倾向于成就需要，认知能力已发展到理性认知，思维能力已发展到抽象思维水平。以“爱国主义”教育为例，他们所能接受的德育内容层次的高低、深浅和广度也就不尽相同。儿童强调的是具体、直观、形象、生动，侧重的是启发他们对祖国的山水、人文和国家标志物的喜欢、亲近和眷恋的情感；少年侧重的是感染、共鸣，着重激发他们对祖国地理、历史、发展现状和国际地位的尊重、关注并引以为光荣和骄傲的情感；青年偏重的是理性思考，采用专题报告、社会实践、调查、辩论等形式，激发他们对国家和民族前途、命运的关注和积极主动参加国家建设事业的历史使命感与责任感。实践证明，采用“一刀切”“齐步走”，采用统一的内容、模式教育人，是失败的。

同时，德育内容的任何一项都不是由单一的一个层面构成，而是由深浅不同的多层次所构成的。比如爱国主义教育，其内容十分丰富，从历史到现实，从自然风光到物质资源，从物质文明到精神文明，涉及社会生活的方方面面。1994 年印发的《爱国主义教育实施纲要》指出了八个方面的教育内容。从指向实体来划分，这八个方面大体可分为三大实体：祖国的自然实体，祖国的人文实体，国家的政治与经济实体。而这三大实体中的每一个实体又可分为不同的层次。就祖国的自然实体而言，第一层次是个体的出生地、居住地，第二层次是祖国广阔的自然环境和国土资源，第三层次是个人与祖国自然实体的关系。再从国家政治和经济实体来看，可分为国家标志物、国家的政治制度和政治生活、国家的经济制度和人民的经济生活等层次。

以上这些反映到德育内容的设置要求上，一方面是不同身心发展阶段的学生对德育内容的需求和选择不同，另一方面是他们作为教育对象对同一德育内容的接受能力有着巨大的差异。同一种德育内容在小学、中学和大学其深度和广度是不同的。因此，应根据学生不同的年龄段、不同的理解能力和接受能力，制定不同的德育内容。少年时期，应主要培养他们养成良好的生活习惯和学习习惯，礼貌待人的素养和爱国家、爱集体、爱劳动、守纪律的良好品质；随着年龄增长，逐步进行社会主义思想教育，提高他们的社会主义民主法制观念；到了一定年龄，还要进行辩证唯物主义和历史唯物主义基本观点的教育，帮助他们树立正确的世界观、人生观和价值观。通过不同阶段的持续努力，使学生在潜移默化中全面提高素质。总的来看，学校德育内容的确立，既要有一定的稳定性和连续性，也要适应学生身心发展的特点，遵循思想品德形成发展的规律，科学地设置相应的内容。如果不考虑教育对象年龄、身心发展规律等因素，小学、中学、大学“一刀切”，这样的德育内容是不能被学生接受的，也就不能实现德育目标的要求。

3. 形势的要求和学生的思想实际情况决定着德育内容的针对性

由于各个时期的国内外形势不同，党在各个历史时期的中心任务和方针政策也就不同，所以，德育内容也就应与之做相应的调整。这也就是说，应该从时代的总体要求和具体的形势要求出发确定德育内容。这是由社会环境的动态性决定的。不同的时代主题构成了不同的国际大形势；在国际大形势下，形成了国内的具体形势，即社会的“大气候”和“小气候”，也会影响和促使学生思想的变化。实践证明，德育工作的生命在于贴近实际、不断创新。贴近实际，就要贴近世界形势不断发展变化的实际，贴近我国改革开放和现代化建设的实际，贴近师生员工工作、学习、生活和思想状况的实际。不断创新，就是在继承和发扬优良传统的基础上，根据形势的发展变化，不断探索新时期的德育内容、方法与途径，增强德育的时代性与实效性，更好地为实现新时期的德育目标服务。当前我国社会主义市场经济向人们展示了新生活的灿烂前景，而时代的发展也向人才培养提出了新的思想道德要求。我们的德育要不断地改革、完善，其中也必然包括确立新的合乎时代、社会、人类和未来发展的德育内容。现代生产和科技的发展要求现代人具有新的时效观、空间观、人才观、价值观以及相互协作的精神等，这些现代人所必须具备的思想品德素质必然要反映到学校的思想品德教育内容中来，使德育内容能够体现时代的特征。同时，改革开放使社会处于急剧的变革之中，建立社会主义市场经济的负面影响不容忽视。西方敌对势力并没有放弃对我们的“西化”“分化”图谋，意识形态领域的斗争依然存在。在这种形势，就决定了学校德育内容应该坚持理想信念教育，坚持正确的世界观、人生观、价值观、荣辱观教育，抵制资产阶级利己主义、享乐主义、拜金主义等思想的侵蚀。另外，要善于抓住时代赋予的有利契机，利用重大事件和活动积极主动开展德育工作。德育工作具有很强的时效性。对德育工作者来说，抓住重大节日、纪念日以及对学生触动深刻、难以忘怀的事件，及时地强化德育效果，往往能够事半功倍。

此外，每个人所处的具体情况不同，对待生活、学习、事物等都会有各自不同的具体现实思想，这就要求学校要依据学生的思想实际确立德育的内容。青少年具有不同于其他年龄段人群的特点，如大学生具有走向社会的过渡性、适应社会的继承性、改造社会的开拓性，抽象思维能力和分析能力初步形成，自我意识强烈，思想认识还有很大的可塑性等。德育内容的确定，就必须从大学生的这一特点出发，才能达到理想的教育效果。另外，学生的思想状况又总是动态的，不同的时期，不同的社会环境，学生有着各自不同的思想状况。教育内容必须随着学生的思想实际而定，才能有的放矢；否则，教育内容就是不切实际的。对于不同层次、不同思想特点的学生，德育内容既要保持一定的共性部分，也要体现出一定的差别，才能有现实针对性，也才能够取得实效。

总之，德育内容的确定，是受社会因素即德育目标、社会形势和受教育者自身的因素即其身心发展水平、思想实际状况以及主体思想品德形成发展规律所制约的。由此可见，学校德育内容的确立是受到多种因素制约的。由于各种因素对德育内容有不同的制约作用，德育内容又可区分为基本的和变动的两个部分。一般来说，由德育目标和学生身心发展的规律和阶段性决定的德育内容，是基本的和相对稳定的，教育行政部门应根据教育学、心理学原理制定出德育大纲，把不同时期、不同年龄阶段所应有的系统的德育内容，用纲要的形式规定下来，并保持相对的稳定性，这是德育工作科学化、规范化、制度化，不断提高德育质量的重要条件。根据形势和学生的思想实际状况确定的德育内容，是有针对性和不断变动的，它随着时间的推移和学生思想的变化，着重点也在不断变化。但只有把客观要求同主观需要和可能、把基本的相对稳定的内容同具体的变动的内容有机结合起来，才能科学正确地确定整个德育内容体系和不同年龄教育阶段的德育内容，也才能更好地实现德育目标。

(三)构建德育内容体系的原则

上面讨论的德育内容确立的依据，也可以作为构建德育内容体系的原则来认识。从对德育内容的理论研究来看，将确立德育内容依据方面的理性认识再作梳理和要点分类，侧重从构建德育内容体系的操作方法方面提出基本要求，也是有意义的。按照这一思路，可以尝试制定构建德育内容体系的四项原则。四项原则的第一项阐述的是德育内容与德育目标的共性要素，其他三项侧重阐述德育内容在建构形式上与德育目标不同的特性。四项原则由四组和谐关系构成。

1. 德育内容与德育目标相一致原则

德育内容是德育目标的具体化的教学实施载体，因此德育内容的设计、选择必须与德育目标保持一致。这种一致性首先是与德育目标规定的教育内容相一致，同时，德育内容与德育目标构建原则提出的五个方面的要求也要协调一致。即构建德育内容体系也要遵循社会要求与以人为本相统一、适应性与前瞻性相统一、统一性与层次性相结合、传统美德与时代精神相结合、道德认识与道德行为相统一的原则。与德育目标的全面和谐关系是构建德育内容体系的首位原则。

2. 知识性与科学性相统一原则

知识性指德育作为一门学科和一种基本素质的教育系统，必须构建完整系统的德育知识体系。政治、思想、道德、法纪、心理教育的内容都要建构相应的教学知识体系。科学性包括德育知识内容本身的科学性，即知识原理的讲述要建立在科学的世界观基础上，符合知识原理本身的逻辑结构和该领域的客观规律；科学性还包括德育内容呈现方式的科学性，即符合认知规律，有利于激发学习兴趣和理解应用。科学性是对知识自身以及知识与学习主体之间是否和谐的要求，知识性与科学性相统一是构建德育内容体系的基本要素。

3. 生活化与主体性相结合原则

道德源于生活又促进和引导着生活。德育回归生活首先体现在德育内容要回归生活、贴近生活、反映生活。通过提炼社会经济、政治、文化生活中的德育内容和教育主题，引导学生认识生活、学会生活、创造生活。主体性和实践性是生活的本质特点，道德主体性和道德实践能力是品德形成的根本标志。德育内容要根据学生不断发展着的生活经验和成长需要，引导学生参与生活实践，在生活中深化认识，体验情感，锻炼能力，培养道德主体性。德育内容要与生活主题和生活主体建立和谐联系。

4. 稳定性与灵活性相结合原则

稳定性是指根据德育目标确定的德育内容要保持一定的稳定性。灵活性是指根据社会发展和学生思想实际，灵活地确定的一些德育内容。德育内容的稳定性是保证德育工作具有科学性、系统性，防止盲目性和随意性的重要基础；德育内容的灵活性要求德育内容的设计要关注社会最新发展和学生思想的变化，有针对性地选择教育内容，使德育内容与社会和学生思想发展实际和谐相应，这是增强德育实效性的一个必要条件。德育内容的灵活性也是德育内容生活化的重要环节。

二、小学、中学、大学德育内容体系构建

德育内容是德育目标转化为教育实践的中介和凭借，是教育思

想、教育目的、教育要求的具体化展现。德育内容的语言表达形式，大体分为比较抽象的概述和比较具体的叙述两种形式，前者侧重介绍德育内容要点，后者用于德育课程的教学内容编写。本课题构建的德育内容体系属于比较抽象的概述内容要点，主要为德育内容的研究提供框架模式参考。

(一)小学德育内容体系

教育部《意见》提出的小学教育阶段德育的主要内容是："开展热爱学习、立志成才教育，开展孝亲敬长、爱集体、爱家乡教育，开展做人做事基本道理和文明行为习惯养成教育，开展热爱劳动和爱护环境教育，开展尊重国旗、国徽，热爱祖国文化的爱祖国教育，开展社会生活基本常识和安全教育。"根据《意见》确定的德育主要内容，和谐德育按"五要素"结构形式构建以下小学德育内容体系：

1. 道德教育

进行爱人民、爱科学、爱劳动、爱集体教育。爱爸爸妈妈和长辈，尊敬老师，友爱同学。了解古今中外优秀儿童的故事；观察身边事物变化；观察植物生长、凋零的过程。学做简单的自我服务劳动，主动学做力所能及的家务活；节约用水用电；不挑吃穿，爱惜粮食，积极参加集体活动，在集体中注意听指挥、守纪律；知道自己的言行与集体的形象联系在一起，应给集体争光，不可给集体抹黑，做个优秀的孩子。

进行尊重事实、诚实守信教育，实话实说，量力而行，知道事物总是在发生变化；知道自己的优缺点。进行为人民服务和热爱劳动教育，了解一些科学家和劳动模范的童年趣事；懂得长大要为人民服务，为人民服务要有真本事；懂得热爱劳动是美德，积极参加公益劳动；初步养成不怕脏不怕累的劳动习惯。进行责任心教育，懂得集体交给的任务要尽心尽力认真负责地完成，明确学习是自己的责任，能辨别自己行为的对和错。学习待人接物的文明语言和举止，懂得学校礼仪、家庭礼仪；自觉帮助残疾人，不歧视残疾同学。进行环境教育，爱护公共场所的花草树木，积极参加学校花草树木培土、浇水等活动；知道人类只有一个地球，要保护它；懂得爱护耕地，保护庄稼，学习种植常识，参加植树种草活动，栽种小学“毕业树”，懂得一些生活中的“三废”处理常识，能分类处理垃圾。

2. 法纪教育

进行初步的社会主义法制和纪律教育，具有一定的法律观念、纪律观念和自觉遵纪守法的品质。开展尊重国旗，保护国旗，不损坏国旗，不污染国旗等尊重国家标志教育。帮助学生了解学校常规并认真遵守；学习社会生活基本常识，掌握一些安全生活的知识，并能运用。了解和学习一些与学生的学习和生活密切相关的法律、法规和基本知识，知道在生活中遇到突发事件后，应如何进行自救和自我保护；了解学生所享受的权利和应该履行的义务；在集体活动中，体会集体的事商量着办，个人要服从集体，在集体中不能任性。

3. 心理教育

进行积极向上的性格、气质、兴趣等健康心理品质教育，培养学生具有适应现代社会生活的心理品质。教育他们养成按时独立完成作业的习惯；教育孩子勇敢坚毅，不蛮干，不逞强；自尊自爱，不自满；自信、自强、自护；勤俭节约不虚荣。培养健康的交往心理，对人有热情、有同情心、有乐群精神，乐于参加学校的学习活动；培养探索未知的热情和勇气。有一定自制力，有独立意识；学习摆脱依赖。在困难面前不退缩，在挫折面前不灰心；自制、自控；合理地表达自己的情绪；懂得一些青春期生理、心理发展的知识，懂得自我分析，学习自我评价。

4. 思想教育

进行辩证唯物主义观点的启蒙教育，引导学生学习怎样正确看待周围常见的事物，初步学习全面地发展地看待问题的方法。进行为人民服务和集体主义的思想情感教育，知荣明耻教育，热爱劳动教育，懂得劳动光荣，懒惰可耻，祖国建设离不开各行各业的劳动，幸福生活靠劳动创造；热爱劳动，参加力所能及的自我服务劳动、家务劳动、公益劳动和简单的生产劳动，珍惜劳动成果，初步培养吃苦耐劳、艰苦奋斗精神。进行初步的学习理想和道德理想教育，为进行社会主义共同理想教育打下基础。进行科学精神教育，热爱科学，乐于探究，勇于创新；培养勤学好问、刻苦踏实、认真仔细的学习态度；相信科学，反对迷信。

5. 政治教育

对学生进行爱国主义教育，教育小学生应知道自己是中国公民，能说出国名和国庆节；尊重国旗、国徽等国家标志，遵守国旗升降时的行为规范；会唱国歌，了解国旗、国徽、国歌的基本含义；知道革命传统和一些英雄人物的事迹；知道我国有56个民族，各民族要平等、团结、相互尊重；知道香港、澳门两个特区的由来。初步了解家乡和祖国美丽山河，历史悠久，灿烂文化，为自己是中国人而自豪；知道祖国的宝岛台湾；了解社会主义建设的新成就；向社会主义建设中先进模范人物学习，了解一些他们的事迹。进行热爱中国共产党教育，知道中国共产党带领全国人民建立新中国的历史和没有共产党就没有新中国的道理；教育学生知道人民群众是国家的主人，职业没有高低贵贱，都是为人民服务。

(二)中学德育内容体系

《意见》提出的中学教育阶段德育的主要内容是："开展爱国主义、集体主义、社会主义教育，开展中华民族优良传统和中国革命传统教育，开展法制教育和民主、科学教育，开展基本国情和时事教育，开展民族团结教育、国防教育和廉洁教育，开展青春期卫生常识和心理健康教育，开展社会公德和劳动技能教育。中等职业学校还要加强职业道德、劳动纪律和职业规范教育。"根据《意见》确定的德育主要内容，和谐德育按"五要素"结构形式构建以下中学德育内容体系。

1. 政治教育

中学政治教育以爱国主义和社会主义教育为主线。基本内容包括深化对中华民族优良传统和中国革命传统的认识，增强为中华民族的伟大复兴而献身的责任感、自信心和自豪感。了解祖国建设事业发展的历程和取得的成就；知道祖国发展道路上遇到的困难；使学生能正确对待我国与发达国家在经济方面存在的差距；能用正确的比较方法来看待我国与其他国家的不同。知道科教兴国战略；知道我国仍处在社会主义初级阶段；认识中国社会主义事业的发展以经济建设为中心，以四项基本原则为立国之本，以改革开放为强国之路；树立科学发展观。开展民族团结教育；了解一些军事知识增强国防意识；了解我国科学技术和国防建设所取得的成就。了解我国"三农"政策和社会主义新农村建设的光明前景，了解我国改革开放以来经济特区建设及意义；了解社会主义市场经济的特点；认识社会主义本质和社会主义制度的优越性，坚定建设中国特色社会主义的信念。理解做社会主义事业建设者和接班人要全面提高自身素质能力，进而明确中学阶段的成长目标。

2. 思想教育

中学生的思想教育内容主要是正确的世界观、人生观、价值观、荣辱观教育。学习社会主义经济、政治、文化常识，知道社会主义的根本任务是发展生产力，认识社会主义市场经济的特点；了解中国特色社会主义政治制度，认识建设社会主义政治文明的内容；懂得社会主义文化建设的内容和意义。崇尚科学，尊重知识，追求真理，勇于创新，懂得社会发展与个人发展之间的关系，逐步树立为振兴中华而读书的理想信念。学习辩证唯物主义和历史唯物主义的基本观点，并运用这些观点观察社会，指导自己成长；将理想与现实正确结合起来，从个人实际出发，能用发展的辩证的观点分析自己，面向社会，正确处理升学与就业的关系；懂得知识与能力的区别。继续进行集体主义教育，坚持个人、集体、国家统一的价值取向；坚持为人民服务的价值导向，树立社会主义荣辱观。坚持实践第一，实践是检验真理的唯一标准的观点；了解“和谐社会”和“科学发展观”的含义，树立投身中国特色社会主义建设的坚定信念。懂得人生理想的实现要靠勤奋努力，理解今日学习与未来成才的关系；学习科学家严谨的科学作风和为科学真理献身的伟大精神。坚持国家和人民利益至上的价值观，正确认识个人价值的实现蕴含在为人民服务的实践中。努力提高自身素质，增强集体参与意识，提高团结协作能力。

3. 道德教育

教育中学生自觉遵守《中小学生守则》和《中学生日常行为规范》；进行廉洁教育，发扬传统美德，勤俭节约，反对超前消费和消费攀比。懂得实践出真知的道理，知道培养实践能力是增强基本素质的重点。观察了解父母及亲属的职业特点和职业道德规范；孝敬父母，承担相应的家庭责任，积极参加家庭劳动，以实际行动体现对父母的尊重和爱心；认真听取和分析父母对自己毕业后去向的意见，正确对待职业选择；和父母进行有效沟通，勇于表达自己的意愿，善于汲取父母的经验。刻苦学习，勤奋努力，尊敬师长，团结同学，助人为乐，乐群利群，自我反省。注重自身道德修养和仪表风度；注重不同场合的言谈举止，学会与不同的人交往。关心、爱护、帮助老人和残疾人。爱护学校和社区环境，热爱大自然，珍惜地球资源；关心生态平衡和环境保护问题，树立资源的可持续发展的意识，能劝阻别人损害环境的行为；积极参加学校、社区组织的环保活动。热爱劳动；积极参加社会公益活动，学习并掌握一项劳动技能。遵守社会公德，维护公共秩序。

4. 法纪教育

学习和遵守《教育法》《交通法》《城市卫生法》《食品卫生法》《未成年人保护法》。认识纪律和自由、民主和集中的关系；自觉遵守社会公共生活秩序；遵守《中小学生守则》和《中学生日常行为规范》，严格遵守学校的各项规章制度，养成良好的行为习惯。学习《预防未成年人犯罪法》；懂得民主与法制的关系，增强民主意识和法制观念；学法、知法、守法、用法、护法。有依法办事的意识，提高依法处理问题的能力。懂得民主与法制建设是社会稳定发展的基本条件；了解一般的法律程序，有运用法律保护自己合法权益的能力。了解人权基本常识，学习和体会不同角色的社会规范；懂得遵守规范对个人成长的保护和促进作用。了解社会主义民主的特征，树立“法律面前人人平等”的信念；维护法律的权威性，参加法制宣传活动；初步了解经济领域里的重要法律。

5. 心理教育

教育学生尊重他人，容纳他人；正确对待友情，善交益友，乐交净友；观察同学之间的个性差异；提倡宽容理解，承认差异性。珍爱生命，学习青春期卫生常识和心理健康的知识，适应中学生活。正确处理和异性的关系，分清友谊和爱情；培养自己高雅的生活情趣。教育学生从自己和社会发展的实际出发，正确对待专业选择以及职业与个性发展的关系，懂得特长的发挥和社会需要之间的关系，提高参与社会生活的能力，掌握科学的学习方法，改善思维品质；磨炼意志力，提高自我分析、自我评价的能力；懂得应考的心理调适，增强心理承受能力，保持良好的学习心态和学习生活习惯，积极面对现实。教育学生诚实正直，通情达理，掌握人际沟通的方法和技能，主动改善人际关系，培养现代人具有的交往能力。对复杂的环境有一定的适应和应变能力。

(三)大学德育内容体系

2004 年，中共中央、国务院印发的《关于进一步加强和改进大学生思想政治教育的意见》指出，加强和改进大学生思想政治教育的主要任务是：以理想信念教育为核心，深入进行树立正确的世界观、人生观和价值观教育；以爱国主义教育为重点，深入进行弘扬和培育民族精神教育；以基本道德规范为基础，深入进行公民道德教育；以大学生全面发展为目标，深入进行素质教育。2005 年，《教育部关于整体规划大中小学德育体系的意见》规定，大学教育阶段德育的主要内容是：“加强马克思列宁主义、毛泽东思想、邓小平理论和‘三个代表’重要思想教育，加强党的基本理论、基本路线、基本纲领和基本经验教育，加强中国革命、建设和改革开放的历史教育，加强基本国情和形势政策教育，加强民族精神和时代精神教育，加强社会公德、职业道德和家庭美德教育，加强法制和诚信教育，加强人文素质和科学精神教育，加强心理健康和就业创业教育。”这些德育内容可以分解和细化为以下几个方面。

1. 政治教育内容

政治教育内容主要包括马克思主义基本理论教育、爱国主义教育、国情教育、形势与政策教育、党团基本知识教育等。

马克思主义基本理论教育主要是以马克思主义中国化的理论成果为中心内容。中国共产党在马克思主义中国化的进程中，先后产生了毛泽东思想、邓小平理论和“三个代表”重要思想。这些理论成果都是马克思主义同中国实际和时代特征相结合的产物，都是中国化的马克思主义。它们之间既是一脉相承，又是与时俱进、相互统一的科学思想体系。马克思主义是建设中国特色社会主义的根本指导思想，是全党全国人民团结奋斗的共同思想基础。用马克思列宁主义、毛泽东思想、邓小平理论和“三个代表”重要思想武装当代大学生是党的教育方针的具体体现，是社会主义大学的本质特征。党的十六大之后，以胡锦涛为总书记的党中央提出了以人为本、全面协调可持续发展的科学发展观，它是对中国共产党的三代中央领导集体关于发展的重要思想的继承和发展，是马克思主义关于发展的世界观和方法论的集中体现，是同马克思列宁主义、毛泽东思想、邓小平理论和“三个代表”重要思想既一脉相承又与时俱进的科学理论，是我国经济社会发展的重要指导方针，是发展中国特色社会主义必须坚持和贯彻的重大战略思想。党的十七大把包括邓小平理论、“三个代表”重要思想以及科学发展观等重大战略思想在内的科学理论体系，概括为“中国特色社会主义理论体系”。这个理论体系是马克思主义中国化最新成果，是全国各族人民团结奋斗的共同思想基础。大学政治教育最根本的就是要帮助大学生深刻理解中国特色社会主义理论体系的科学内涵，坚定在党的领导下走中国特色社会主义道路的理想信念。

爱国主义教育主要是中华民族悠久历史教育、中华民族优秀传统文化教育、中华民族爱国主义优良传统教育、新时期的爱国主义教育、弘扬和培育民族精神教育、祖国统一、民族团结和国家安全教育等。建设中国特色社会主义、实现中华民族伟大复兴，是现阶段我国各族人民的共同理想，是我国社会主义核心价值体系的主题，也是当代中国爱国主义的主题。新时期爱国主义的时代要求是：以马克思主义为指导，深入贯彻落实科学发展观，振兴和发展民族经济；以国家和民族根本利益为出发点，形成强大的民族凝聚力；坚定不移地坚持对外开放的政策，反对狭隘民族主义和民族虚无主义的错误倾向；吸收和借鉴人类社会包括西方发达国家创造的一切优秀文明成果，加快我国的发展速度和促进社会进步等。民族精神是一个民族赖以生存和发展的精神支撑。中华民族在五千多年历史发展的过程中形成的民族精神博大精深，其主要内容是以爱国主义为核心的团结统一、爱好和平、勤劳勇敢、自强不息的伟大民族精神。要帮助大学生培养健康的精神状态和高尚的民族气节，弘扬和培育民族自尊、自信、自强的精神，以中华民族的伟大复兴为己任，立强国志，育爱国情，努力学习，报效祖国。祖国统一、民族团结和国家安全教育是爱国主义教育的重要内容。在爱国主义教育的过程中，要全面、正确地宣传党和政府在祖国统一问题上的基本立场和方针政策，加强马克思主义的民族观、宗教观和党的民族政策、宗教政策的教育，自觉维护民族团结和祖国统一。根据新时期的特点，要重视现代国防教育，增强全民的国防意识和国家安全意识，加强军政、军民团结，提高全民抵御外敌外侵、捍卫祖国独立、维护国家主权和领土完整的自觉性。

国情教育主要是帮助大学生系统地了解我国经济、政治、军事、外交以及社会、文化、人口、资源等方面的历史与现状，了解我国全面建设小康社会和社会主义现代化建设的目标、步骤和宏伟前景，从中国和世界不同类型国家的对比中，看到我国的优势和差距、有利条件和不利因素，增强使命感和社会责任感，更好地发扬艰苦奋斗、勤俭建国的创业精神。国情教育要同省情、市情、县情的教育结合进行。当代中国的基本国情是在相当长的一段历史时期处于社会主义初级阶段。社会主义初级阶段是指我国在生产力相对落后条件下建设社会主义必然要经历的特定阶段。其含义包括两个方面：一是我国社会性质已是社会主义，我们必须坚持而不能离开社会主义；二是我国的社会主义社会还处在初级阶段，我们必须从这个实际出发，而不能超越这个阶段。

形势与政策教育主要是以马克思列宁主义、毛泽东思想、邓小平理论、“三个代表”重要思想和科学发展观为指导，进行党的基本路线、基本纲领、基本经验教育和我国社会主义建设成就教育。紧密结合全面建设小康社会的实际，针对大学生关注的热点问题和思想特点，帮助学生认清国内外形势，教育和引导大学生全面准确地理解党的路线、方针和政策，正确认识社会发展规律、国家的前途命运和自身的社会责任，确立在中国共产党领导下走中国特色社会主义道路、实现中华民族伟大复兴的共同理想和坚定信念。

党团基本知识教育包括党的基本知识、共青团基本知识和党、团员基本素质及发挥先锋模范作用的教育。我国高等学校担负着培养社会主义事业建设者和接班人的重要任务，必须加强大学生党的基本知识教育，培养一批走在时代前列，具有共产主义觉悟的先进分子，使其成长为具有坚定共产主义理想信念，掌握马克思主义立场、观点、方法的可靠接班人。共青团是党联系青年学生的桥梁和纽带，是党的助手。在高等学校中，共青团员占学生的绝大多数，必须重视共青团基本知识的教育，使团组织以其先进性吸引、凝聚要求进步的青年学生，教育培养团员起到模范作用和骨干作用。

2. 思想教育内容

思想教育内容主要是以理想信念教育为核心，进行正确的世界观、人生观、价值观、荣辱观教育。世界观教育主要是马克思主义基本理论教育。人生观教育包括人生理想、人生态度、人生价值等方面的教育。人生观教育的重点内容是帮助大学生树立服务祖国、服务人民的人生目的，正确处理国家、集体、个人之间的关系，树立强烈的社会责任感和使命感。人生价值观教育的重点是引导大学生明确社会主义核心价值体系的内涵，追求有价值的人生，科学地选择价值目标，树立以“八荣八耻”为主要内容的社会主义荣辱观。社会主义核心价值体系是社会主义意识形态的本质体现，是我国社会主义价值观的主导方向。胡锦涛在党的十七大报告中指出“要巩固马克思主义指导地位，坚持不懈地用马克思主义中国化最新成果武装全党、教育人民，用中国特色社会主义共同理想凝聚力量，用以爱国主义为核心的民族精神和以改革创新为核心的时代精神鼓舞斗志，用社会主义荣辱观引领风尚”。这一报告精神，为高等学校加强和改进大学生人生价值观教育指明了方向。在价值观多样化的状态下，高等学校人生价值观教育必须充分发挥社会主义核心价值体系的引领作用，积极推进社会主义核心价值体系的理论进课堂、进学生头脑，切实把社会主义核心价值体系融入思想教育的全过程。

3. 道德教育内容

道德教育内容主要是以公民基本道德规范为基础，进行我国社会主义道德基本理论教育，中华民族优良道德传统教育、公民道德教育，社会公德、职业道德、家庭美德教育，优良学风教育等。社会主义道德体系是中国先进文化的重要组成部分。其中，为人民服务是该体系的核心，集体主义为原则，诚实守信为重点，爱祖国、爱人民、爱劳动、爱科学、爱社会主义是基本要求，公民基本道德规范、社会公德、职业道德、家庭美德等是道德教育的重要内容。在道德教育中应当把这些重要内容具体化、规范化，使之成为大学生普遍认同和自觉遵守的行为准则。帮助大学生加强道德修养，培养以诚实守信为重点的道德品质，不断提高自己的道德境界，从社会主义道德基本要求的道德修养目标的实现向社会主义道德的更高要求升华。要引导和帮助大学生树立以“八荣八耻”为主要内容的社会主义荣辱观。荣辱观是人们对荣辱问题的根本看法和态度，是一定社会思想道德原则和规范的体现和表达。“八荣八耻”的主要内容是：“以热爱祖国为荣、以危害祖国为耻”，“以服务人民为荣、以背离人民为耻”，“以崇尚科学为荣、以愚昧无知为耻”，“以辛勤劳动为荣、以好逸恶劳为耻”，“以团结互助为荣、以损人利己为耻”，“以诚实守信为荣、以见利忘义为耻”，“以遵纪守法为荣、以违法乱纪为耻”，“以艰苦奋斗为荣、以骄奢淫逸为耻”。培养和树立优良的学风是新时期大学生道德教育的重要内容之一。学风是指学生群体或个人在学习过程中表现出来的学习态度、学习方法和学习风气。优良学风的主要内容是勤奋、求实、严谨、创新。勤奋，即勤学苦练、刻苦学习，这是优良学风的基础。如果学习不努力、不刻苦，不可能顺利完成学业。求实，即实事求是的科学态度。大学生在学习期间，要有求实的科学态度，反对弄虚作假。严谨，即严肃认真的学习态度，一丝不苟、精益求精、严格训练。创新，即独立思考、大胆探索、勇于进取的创新精神。

4. 法纪教育内容

法纪教育内容主要是社会主义民主、法制和纪律教育等。《中共中央、国务院关于进一步加强和改进大学生思想政治教育的意见》指出，加强和改进大学生思想政治教育的重要任务之一是“以大学生全面发展为目标，深入进行素质教育。加强民主法制教育，增强遵纪守法观念。”根据这一精神，大学的法纪教育必须按照我国依法治国基本方略的要求和中央宣传部、司法部《关于在公民中开展法制宣传教育的第五个五年规划》的精神为指导，以提高大学生的法律意识、法制观念为主线，以“学法律、讲权利、讲义务、讲责任”为主要内容，帮助大学生学法、守法、用法，自觉用法律规范自己的行为。帮助大学生掌握马克思主义法学的基本观点，了解和认识中国特色的社会主义法律体系，了解我国宪法规定的基本制度、实体法律制度、程序法律制度和知识产权法的有关法律知识，了解社会公共生活、家庭生活、职业生活中的有关法律规范等，正确行使公民权利，严格履行公民义务，自觉地遵纪守法，依法办事，依法律己，依法维护国家利益和自身的合法权益，自觉地同违法行为做斗争，以适应社会主义现代化建设的需要。纪律教育的主要内容是明确纪律和完成学业的关系，遵守校规校纪，维护校园安全和秩序，引导学生成长为有理想、有道德、有文化、有纪律的合格人才。

5. 心理健康教育内容

心理健康教育内容主要是宣传普及心理健康知识，帮助大学生认识健康心理对成长成才的意义，了解常见心理问题产生的主要原因及其表现，以科学的态度对待心理问题，消除心理困惑，增强克服困难、承受挫折的能力，珍爱生命、关心集体，悦纳自己、善待他人，掌握增进心理健康的方法和途径，培养良好的心理品质和自尊、自爱、自律、自强的优良品格，有效地开发心理潜能，培养创新精神，保持良好的适应环境能力和积极向上的心理状态。

三、小学、中学、大学德育内容的衔接

学校德育是一项复杂的系统工程，小学、中学、大学德育内容衔接是学校德育各阶段能否形成一个完整系统的重要环节。目前，大中小学德育内容在整体规划、有效衔接方面，已经呈现向科学化发展的态势。根据和谐德育的研究体会，德育内容衔接应注意以下几个问题。

(一)内容完整，不能割裂少项

德育内容体系中的五个基本要素，就每一个要素的组成而言，都从不同的侧面体现着德育的最高目标，反映着社会对德育的总体要求。用以形成学生完整思想品德结构的德育基本内容应是一个系统连续的统一整体。各项内容相互协调配合，才能形成德育内容的合力。道德教育是学校德育最基本、最主要的基础性内容，特别是社会公德教育更是基础的基础。但道德教育并不是德育的全部和唯一的内容，德育的其他基本内容也要合理地加以安排。如在小学阶段，除了重点安排道德教育的内容之外，还要适当地安排一些浅显的、启蒙性的法制教育、政治教育和科学人生观、世界观教育等方面的内容。另外，主体个人的人格即思想品德、心理素质、智能结构和行为方式的组合是完整的，其中任何一个方面的欠缺，都会导致其人格的不完善或畸形发展。因此，在德育内容的具体组织实施过程中，必须立足于把五个方面的内容作为一个有机整体，不能割裂少项，做到全面把握，统筹实施。

(二)螺旋上升，不能简单重复

做好德育内容的衔接，应注意德育是个长期、反复、逐步提高的过程。这是因为人的思想品德形成发展是一个长期、反复、逐步提高的过程。因此，德育过程的长期、反复、渐进性特点要求教育者重视德育内容的衔接，必须一贯地、耐心细致地教育学生，正确认识和对待学生思想行为的反复，善于反复抓，抓反复，抓衔接，抓到底。日积月累，积善成德。期望德育工作能一劳永逸、立竿见影是违背德育规律的。学生作为社会一员，受到各方面复杂的影响，常会出现思想上的波动。有一个关于道德意识的试验：将一些纸屑分别放在一所幼儿园、小学、中学和大学校门口的显眼处。结果是，在幼儿园和小学校门口有学生捡起纸片扔进垃圾箱，中学生是快速从纸片上跑过去，大学生则对纸片视而不见。这个试验从一个侧面说明品德素质并非随年龄和知识水平的提高而提高。

道德水平对个体来说是一个逐步提高的过程，一般而言，呈波浪式前进、螺旋式上升趋势。在道德发展问题上，必须防止对道德发展解释的简单化和生硬化倾向，防止由于假定某一年龄段的儿童不能胜任某种道德义务，而主观地抑制或放弃了某些道德教育机会。德育工作应该防止道德教育阶段论中的教条主义。所以，学校德育内容的安排不能像文化科学知识教学那样，各门课程按其逻辑关系在时间上安排严格的顺序，逐年变换课程，而应是各项内容在各年级不螺旋式反复进行。当然这种反复不是简单的重复，而是有意识、有计划地循环扩展，巩固深化，持续培养，不断提高。

(三)循序渐进，不能跨度太大

人的思想品德形成发展，是既连续又分阶段地向前发展变化的，是连续性和阶段性的统一。德育内容作为教育者对受教育者影响的中介，本身也具有内在的逻辑性和等级层次性。这就要求设计德育内容也要坚持连续性和阶段性的统一。要坚持德育内容设计、安排的连贯性和阶段性统一，就必须要遵照循序渐进的教育原则。有层次有步骤地设计、安排德育内容，要做到既相互区别，又相互衔接，既不能忽视低层次内容和一定的思想基础，超越必经的教育阶段，把未来的问题提前解决、揠苗助长，也不能落后于教育阶段，把应解决的问题，遗留到后面。也就是说，德育内容的组织安排要落在受教育者思想品德发展的“最近发展区”或“明日发展水平”上。其目的是使德育内容的具体实施更适合受教育者思想品德发展实际，更有效地促进学生思想品德发展，保证德育的科学性和实效性。例如，中小衔接时考虑到学生身体和智力的发展，初中一年级学生从侧重于归属需要为主转向偏重于自尊需要为主，其认知能力从感性认识向理性认识过渡。此时德育内容的选择应充分考虑学生的独立性，应能调动学生学习的积极性，要利用学生自我意识迅速发展的有利条件，引导学生自己教育自己。也可以利用现实生活和艺术作品中的优秀形象体现的德育内容来教育学生，逐步培养他们良好的品德。又如，大中衔接时，学生身体与心理已臻成熟，向往未来，追求真理。大学一年级学生从偏重于自尊需要为主转向侧重于成就需要为主，理性抽象思维开始成熟。此时，应通过理想教育、学习动机教育以及日常的思想品德教育，不断增强学生自身的社会责任感，使其更加自觉地把工作和学习与祖国的腾飞、社会的发展联系起来。

（四）观点一致，不能互相矛盾

这是从系统论的整体性和合力论来要求的。德育内容体系作为一个有机整体，各个要素、分项及各个阶段应是协调一致的。德育内容体系内部各要素之间是相互联系和相互作用的。如果出现观点不一致，甚至互相矛盾现象，不但不能形成教育影响学生的合力，发挥德育内容的最大教育功效，反而会破坏德育的形象和科学属性，其后果十分严重。因此，以德育目标为准则，德育内容体系的各项内容观点要“一以贯之”，绝不能自相矛盾。例如，进行爱国主义教育，要以“爱”字“一以贯之”，从小学低年级的爱家庭(父母、兄弟姐妹)到爱学校(老师、同学)，爱邻里、爱家乡、爱国旗国徽，到高年级、中学爱祖国的自然、人文资源，再到大学关注祖国前途命运、勇担建设国家重任的责任感。总之，德育内容体系的各要素之间方向一致、主次恰当，能够相互配合，相辅相成，才能发挥德育内容体系的最大功效。

四、学校、家庭、社区德育内容互补

(一)学校、家庭、社区德育内容“五要素”各有侧重、相互补充

根据学校、家庭、社区德育内容各自的侧重点，实现优势互补，是和谐德育研究的课题之一。学校德育内容体系以道德教育、法纪教育、心理教育、思想教育、政治教育“五要素”的基本框架组成，以此框架进行联通研究，家庭、社区德育内容的侧重点及其对学校德育内容的补充，大体包括以下方面。

1. 道德教育内容

爱心教育：“爱”是一种体谅、一种关怀的行为体现，也是情商的重要组成部分，在现代社会的工作竞争中，情商水平的高低，决定着个人事业成就的水平。爱心从形态上分为对物质的关注、爱护，如对公共设施、公共财物；对身边人的关心、体贴、宽容，如对父母和长辈的爱、对邻居的爱；对社会事件的关注程度等。

感恩教育：感恩是乐于把得到好处的感激呈现出来且回馈他人。广州一所小学调查结果显示，54%的学生认为自己是“一个不容易被

感动的人”或“不知道什么是感动”，而感恩教育的第一课应从在家庭中会说“谢谢”开始。

诚信教育：《史记》中有“得黄金百斤，不如得季布一诺”的记载，诚信是中华民族的美德，也是一个人道德修养的重要组成部分。家庭诚信教育是学校、社区诚信教育的基础和补充。

助人教育：在学校教育中，定期的捐赠活动，学习互助小组等都为青少年提供了助人的机会。在助人活动中，青少年所表现的差异折射出家庭教育的不同。因此，家长应以身作则，带领青少年积极投身助人活动。

合作教育：合作是以对周围人的信任为基础的。随着新课改的进行，合作学习、合作性团体活动在学生教育中起到了积极的作用。在家庭中家长要帮助青少年学习处理同伴之间的矛盾，学习与同学共同工作的技能。在社区中与邻居共同完成志愿者服务等。

2. 心理教育内容

自我评价：自我评价是个体对自身行为客观的认识。青少年成长过程中，自我评价的发展是心理成熟的标志之一，是德育行为自我教育水平发展的指标之一。学校的评价体系具有全面、科学、系统的特点，随着青少年学龄的变化，学校的评价对个体缺少连贯性、细腻性。在家庭教育中，青少年自我评价的培养，可以弥补学校教育中的缺憾。成人对他们行为适时的、积极的评价与良好的家庭生活环境，会有利于青少年巩固优秀的道德品质。

欣赏他人：人际交往中经过情感探索、感情交流和稳定交往阶段后，人们可以建立稳固的友谊关系。欣赏他人是交往的基础。教师、家长、邻居对学生的尊重、理解、宽容、称赞的语言和行为，会使他们感受愉悦，同样他们也会用同等的姿态对待与他们发生交往的同学。这种良性的循环教育能锻炼学生的人际交往能力。

处理同伴纠纷的能力：同伴交往是学生在中小学阶段的感情依靠，朋友在他们的生活中占有很重要的地位。他们与朋友无话不说，分享快乐与悲伤，积极的同伴交往可以促进学生学业、身心全面健康的发展。在同伴交往中，他们之间会发生种种矛盾，于是他们的情绪会有很大的变化。家长要关切他们的交往，及时帮助他们调解矛盾，以补学校教育之缺。

培养控制情绪的能力：情绪是人的精神生活的重要组成部分，在人类的心理活动和社会实践中，具有动机作用、适应作用、信号作用。在青少年心理发展过程中，情绪的发展需要家长从他们幼年时进行训练，家长对孩子健康心理素质培养的持续性和独特影响力是学校教育所缺乏的。

3. 行为习惯养成教育

培养自主学习的能力：求知是学生时代的主要生活内容。家庭教育就应在学习习惯、学习自控能力等方面配合学校做好家庭训练。

培养和巩固良好行为：在社会和家庭生活中，文明行为、课堂学习行为、交往中的男孩女孩行为都有一定的标准。在学校教育环境中，行为被细化为日常行为规范督导学生执行，但在家庭中行为往往表现在家长言谈举止中。因此，家长一方面要知道学校对学生行为要求的内容，同时还要规范自己的言行，以身作则。

培养合理消费的能力：做理智的消费者，是个体成熟的标志，也是人的价值观的体现。家庭德育中，家长要教育青少年懂得消费的意义；通过有意识的训练，让青少年学会合理消费的方法，能够控制盲目消费行为，逐步学会理财的技能。

培养合理安排学习生活时间的能力：有规律的生活，不仅可以提高生活的质量，还可以促进遵时守信的道德品质的形成。生活时间包括学习时间、工作时间、睡眠时间、娱乐时间等。

4. 法制教育内容

培养遵守学校规章制度的能力：随着青少年“学校生活时代”的开始，他们与家长和同龄人的关系发生了变化，他们更清楚地意识到自己作为学生所具有的新的地位和责任，遵守学校纪律就是具体的表现。在小学一年级、初中一年级、高中一年级，由于生活环境和学习要求的不同，学校的纪律要求需要学生有适应和理解的过程，家长都应予以关注，协调配合。

培养遵守日常生活中道德和法律规范的能力：作为公民所要遵循的道德规范和行为准则，对于国家法律规定不同年龄学生对法律所承担的权利、义务、责任，应在家庭中得到相应的沟通，家长要尊重学生的这些权利、义务，教育他们承担自己应负的道德与法律责任。

培养自我保护能力：《中国儿童发展纲要(2001—2010 年)》中规定：“加强对儿童的纪律教育、法制教育和安全教育，增强儿童法律意识，提高儿童自我保护和防范能力。”学生在社会化成长的过程中，喜欢通过模仿来实现自己的角色定位，如果不给予正确指导，很容易出现问题，因此家长要注意培养孩子的自我保护能力。

5. 政治教育内容

家庭教育中，家长要以自己对国家的热爱随时随地影响孩子，以“我是中国人”而自豪；要鼓励青少年形成加入中国共产主义青年团、中国共产党的愿望；积极支持他们参加“爱国主义”教育活动，对国家大事有强烈的情感体验。

(二)学校、家庭、社区在品德结构诸环节的教育上优势互补

认知、情感、信念、意志、行为是和谐德育目标内容体系的重要构建方式。学校、家庭、社区在传授德育内容的总体特征上有着相对的侧重点，生活环境的不同决定了认知方式、情感表达和行为方式的不同，因而在德育过程中可以实现品德结构培养的优势互补。

1. 学校德育的认知优势

学校教育是以课堂教学为基本组织形式的，学生在学校的活动绝大部分时间是在课堂里度过的，各学科课程是通过课堂教学传授知识来教育学生的。因此，课堂教学是学校德育的主要渠道，学校德育在学生品德结构的发展上以“认知”为绝对优势。这是家庭教育和社会教育所无法企及的。

2. 家庭德育的情感优势

情感是人对客观事物的态度体验及相应的行动反映。人的情感不是凭空产生的，而是由一定的刺激情景引起的。它是人们根据自己的需要对环境事件进行解释或评估，当环境符合人们的需要时，产生愉快的情感体验。成熟的情感具有稳定性。家庭教育的所有内容和方法都融合着亲子之情，因此，在培养道德认识的同时培养道德情感，是家庭教育的特有优势。

3. 社区德育的实践优势

社区是青少年道德行为和道德实践能力的体验中心和检验中心。他们的道德意识、道德行为都要在社区生活中进行。伴随成长，他们希望自己的行为得到更大范围的认可，以满足成长心理的需求。社区为青少年的道德行为实践提供了社会背景和活动机遇，也提供了影响他人、锻炼自己的实践场所。在社区教育中，德育内容大多是实践形态的。社区德育内容是学校、家庭德育的补充和完善。

和谐德育途径体系的构建*

一、德育途径体系的含义、分类和构建原则

（一）德育途径体系的含义

“途”是道路，“径”是小路，途径就是大大小小的通道、渠道。《教育大词典》对德育途径的解释是：实施德育的渠道。和谐德育认为：德育途径是指为了达成一定的德育目标，采用一定的德育方法，进行一定德育内容的教育所使用的渠道。德育途径是德育内容、德育方法、德育过程的承载体。德育途径是客观存在，在整个德育体系中，德育途径是最实的。没有途径，内容、方法、过程都无所附着，可见德育途径之不可或缺。体系，是指若干有关事物或某些意识互相联系而构成的一个整体。德育途径体系，是学校（大学、中学、小学）德育、家庭德育、社会（社区）德育的各种途径有机且有效地组合形成的系统化的德育活动渠

* 本文是作者与宁武杰、王宝祥、关鸿羽、张国建、韩传信合写，见詹万生等著：《和谐德育论》，北京：教育科学出版社，2008年版。

道和载体的总和。

德育途径是丰富多彩的，而且差异很大，它们既具有客观性，又具有主观性。所谓客观性，指德育途径是客观存在的事物，是教育现实中的一种实实在在的重要德育因素。但是这种客观存在并不一定被教育工作者完全认识，教育工作者根据自身不同的工作经验，形成了对德育途径的不同认识，因此它也就具有主观性。德育工作者自觉地、力求科学的认识德育途径问题是一项非常重要的任务。构建德育途径体系，需要在文献研究和实验研究的基础上进行科学的分析、归类、整合，并对研究结果给以科学的阐述。和谐德育的研究与实验，把和谐德育途径体系作为子课题，使完成这一任务有了契机，也有了保证。

(二)德育途径体系的分类

为了建立较科学的德育途径体系，以便学校及教师对德育途径全面把握，并在德育工作中对德育途径做出有针对性的、正确的选择，从总体到具体按空间特点和性质特点两个方面，对德育途径进行如下的分类(德育途径分类表)。所谓分类，就是根据各种德育途径的共同特点和不同特点，找出其联系和区别，分别进行归类。这样做，有利于提高应用德育途径的自觉性和有效性。

德育途径分类表

实施主体 / 具体说明 / 类别	学　校		家　庭	社　会
课程类	专门课程	大学思想政治理论课，中学思想政治课、思想品德课，小学品德与生活、品德与社会课		
	学科课程	各科教学		

续表

<table>
<tr><th colspan="2">实施主体
具体说明
类别</th><th>学　校</th><th>家　庭</th><th>社　会</th></tr>
<tr><td rowspan="3">实践类</td><td rowspan="2">模拟实践活动</td><td rowspan="2">模拟法庭、模拟商店、模拟银行、市区校种植养殖及科技实践基地等</td><td rowspan="2">当家一日、今日我做“父母”等</td><td>生存岛、拓展训练、青少年绿色营地</td></tr>
<tr><td>少年宫、少年之家、活动站等</td></tr>
<tr><td>社会实践活动</td><td>生产劳动、公益劳动、政治活动、训练活动、共建活动等</td><td>家务劳动、自我服务劳动、家庭外出活动等</td><td>勤工俭学、社区服务、德育基地等</td></tr>
<tr><td rowspan="2">组织类</td><td>中共党组织</td><td>中小学党组织、大学党组织</td><td></td><td>社区党组织</td></tr>
<tr><td>群团组织</td><td>共青团、少先队、学生会、文体科技社团、学生党校等</td><td></td><td></td></tr>
<tr><td rowspan="2">环境类</td><td>人际环境</td><td>师生、生生、师师、领导与教师、教师与家长之间民主平等和谐的人际关系</td><td>父母、亲友、邻居关系等</td><td>人际交往</td></tr>
<tr><td>文化环境</td><td>校园、班级文化氛围（美化、绿化、卫生、各种教育教学设施建设）</td><td>家庭文化氛围</td><td>社区文化氛围</td></tr>
<tr><td rowspan="3">管理类</td><td>学校管理</td><td>领导管理（各种规章制度、家长学校）后勤管理（学生食、宿、学习、活动）</td><td rowspan="3">家规</td><td rowspan="3">社区规章制度
社区家长学校
社区教育委员会</td></tr>
<tr><td>年级（系科）管理</td><td>系主任管理、科领导管理</td></tr>
<tr><td>班级管理</td><td>班主任工作、学生自我管理</td></tr>
<tr><td rowspan="2">辅导咨询类</td><td>集体咨询</td><td>报告、讲座、看录像、辅导课</td><td></td><td>报刊、电视、广播的问答专栏</td></tr>
<tr><td>个体咨询</td><td>心理咨询室、热线电话、知心信箱、网上咨询等</td><td>书信、交谈</td><td>热线电话、心理咨询站、网络咨询等</td></tr>
</table>

续表

<table>
<tr><th colspan="2">实施主体
具体说明
类别</th><th>学　校</th><th>家　庭</th><th>社　会</th></tr>
<tr><td rowspan="4">传媒类</td><td>广播影视</td><td>校园广播站、校园电视台、大学校园电影周及影评活动等</td><td colspan="2">广播、电影、电视</td></tr>
<tr><td>报刊书籍</td><td>图书阅览室、读书月、读书会、校园报刊、班级图书角等</td><td>书房、家庭读书会</td><td>图书馆、书店、读报专栏</td></tr>
<tr><td rowspan="2">电脑网络</td><td>校园局域网</td><td>电脑游戏、卡拉OK</td><td>社区局域网、电脑软件</td></tr>
<tr><td colspan="3">学校、家庭、社会互联德育网络</td></tr>
</table>

(三)构建德育途径体系的意义

构建德育途径体系的意义主要反映在两个方面，一是理论意义，二是实践意义。

1. 理论意义

学校德育理论近年来有了很大的发展，但是德育途径体系的理论并不成熟。和谐德育对原来的德育途径理论进行了重要的补充和理论性的发展，这无疑会充实并丰富当代的德育理论。

在改革开放以来的德育文献中，对德育途径的一般表述是有的，但对德育途径的科学研究是非常薄弱的。许多德育专著中，没有对德育途径概念的界定，也没有对德育途径的归类和不同德育途径特点的分析阐述。《教育大词典(教育卷)》除了简明的界定之外，从实际出发提出了德育课程、学科德育、班主任、共青团、少先队等七条途径。其他论著的表述也与此大同小异。原国家教委颁布的《小学德育纲要》和《中学德育大纲》分别对德育途径表述为 4 条和 11 条，其内容基本上是一致的。一个趋向综合概括，一个侧重具体分化；叙述方式的不同。说明对德育途径的认识还有必要进行深化研究。

构建德育途径体系的理论意义在于，不仅对学校、家庭、社会三大德育途径的内涵、特点及其相互联系进行了分析，而且对具体的德育途径进行了归类，对其特点做了说明。同时，就不同学段德育途径的横向整合及纵向衔接也进行了阐述。在德育途径与德育内容的关系方面，研究了德育途径如何对应德育内容问题，一项内容如何在不同途径上和谐实施的问题。在德育途径的主辅关系方面，研究了在德育体系中，各途径如何都能发挥各自的独特功能，同时各途径又能分工合作，形成合力，以贯彻教育影响一致性原则，建立全员育人和全程育人的德育工作格局。这样的研究，以前是比较薄弱的，它必然促进对德育途径理性认识的不断深化。

2. 实践意义

德育途径体系的研究是应用性的研究，目的就是为了指导实践。当德育工作者对德育途径体系有了整体把握之后，势必增强在德育工作中对德育途径进行选择的自觉性。不同的德育内容，选择适合的德育途径，肯定有利于提高德育的实效性。例如，家庭、学校相互配合对学生进行教育，成立家长委员会是一项重要措施，可以通过班级、年级、学校成立不同层次的家长委员会，充分发挥其作用。而这一工作，就不宜通过共青团、少先队的途径去进行，因为共青团、少先队是群众性的组织，有非全员性的特点，不能充分发挥家长委员会的效能。然而，进行理想教育、革命传统教育，开展面向社会的公益性活动等，共青团、少先队又有自己独特的优势。再如，进行法制教育，可以选择模拟实践的途径与其他途径配合，效果会更好。

构建德育途径体系有利于发挥德育途径的整体效能。任何一个学段，都有相对固定的德育途径，该学段的德育工作者把握了这些途径，可以在德育工作的整体计划中，结合不同的德育内容和德育方法分别使用不同的德育途径，使所有的德育途径的作用都发挥出来，没有由于缺乏认识而被“闲置”的途径。这对于提高德育的实效性当然是有利的。同时，德育工作者在分别考虑使用各个德育途径的时候，必然会进一步对德育内容和德育方法乃至德育过程深入审视，思考其整体运作的适应性、和谐性，使德育工作更符合客观规律。

总之，对于德育途径的自觉认识，是教育工作者德育理念的重要组成部分，其实践意义是不能低估的。

(四)构建德育途径体系的原则

构建德育途径体系是一个研究的过程，也是一个实践的过程，应该遵循以下原则：

1. 全面性原则

全面性，是指把现实中客观存在的德育途径全部“挖掘”出来，进行归类划分，没有遗漏。这是构建和谐德育途径体系的基础。在这个基础上，进行德育途径的“四落实”，即每条途径德育内容的落实，德育工作计划的落实，人员设施的落实，管理机制的落实。“四落实”是每条途径真正具有德育功能，进而构建德育途径体系的前提和标志。每条途径都必须有特定的德育内容，否则就失去了德育途径的存在意义。德育工作计划是教育者在该途径中开展德育工作、组织德育活动的实施步骤、操作方式的设计和引导。人员设施是德育途径进入实践运作，发挥德育功能的主体支撑和物质保证。管理机制与工作制度是德育途径能够持续发挥德育功能，保证德育活动和德育过程具有科学性、规范性和实效性的重要因素。“四落实”是将德育途径的全面性落到实处，使每条途径都“动起来”，成为具有实体育人功能的德育工作系统，真正发挥德育途径作用的关键环节。

2. 和谐性原则

和谐性，体现了整体的合乎规律的组合。构建和谐德育途径体系，既要研究各个学段德育途径的横向组合使用的问题，又要研究各个学段之间德育途径纵向的组合使用问题，还要研究学校、家庭、社会(社区)德育途径的协调配合问题。这是提高德育实效所必需的。和谐包括德育途径内部和德育途径之间多层面多维度的和谐关系。如学科教学中知识传授、能力培养和道德认识、情感陶冶、意志训练的和谐关系，班主任工作与学科教学的和谐关系，班主任工作与少先队、共青团工作的和谐关系，德育常规管理与德育专题活动的和谐关系，同一项德育内容在不同途径的和谐实施等，德育途径和谐以对德育规律的把握和运用为基础，体现着不同途径在德育内容方法上的相互配合与协调一致，和谐是德育途径形成合力的方法、过程和结果。

3. 发展性原则

发展性，指符合客观事物的发展变化。德育途径体系必须体现发展性。像万事万物一样，德育途径也会随着时代的发展而发展。具体的德育途径有时变化很快很大。以传媒途径为例，校园里的大广播喇叭变成教室里的小喇叭，没有多长时间；从小喇叭到教室里的电视也没有多少年；现在，许多学校教室里装上了多媒体；先进的地区和学校已经开始了网络教育(包括网络德育)；许多班级开辟了网络平台。研究德育途径问题必须重视这种发展趋势，德育实践工作者也必须重视并跟上这种发展趋势。否则，就会出现教育对象在某些途径上学习探求，有的可能是盲目的，而教师却不知道或者落在学生后面。教育领域里不乏这种现象，近几年，不少教师被“把特级教师请到家里来”的光盘冲击得十分被动。值得深思的是，有的教师还不知道原因何在，仍然在那里怨天尤人。德育工作同样存在这样的问题。因此要高度重视德育途经的发展性。

4. 创新性原则

创新性，指在事物现有的基础上，遵循事物的发展规律，采用科学的方法和手段，创造不同于原事物的具有新特点的事物。德育途径的发展变化是必然的，如果我们能及时发现德育途径的新苗头，进行创造性的发展和实践，不仅能发展德育途径体系的理论，而且会提高德育实效。例如，心理健康教育是近些年在我国教育系统逐步发展起来的教育内容，而且出现了多种的心理教育方法，其中个别心理辅导是一种重要的方法(须由受过正式训练的教师承担)。然而，心理辅导教师直接接待学生的时间是有限的，而且有的学生不愿意当面交谈，于是就出现了网络心理辅导的新途径。一些学校开设了网络心理教室，学生通过网络提出问题，不写自己的名字，教师在网上给予回答。这种实践中的创造又提出了理论上的问题：网络心理辅导途径的概念，特点，使用的原则等理性认识。德育途径的创新，有的从实践来，有的从理念始，德育工作者要具有创新意识。

二、小学、中学、大学德育途径的和谐衔接

德育途径的纵向衔接，是指小学、中学、大学各个学段从育人的根本目的出发，结合各个学段的实际和学生的成长规律，整体、有效地使用各种德育途径，注意各个学段之间的互相联系，和谐衔接。德育途径的纵向衔接和德育途径的横向整合，是整体构建和谐德育途径体系中两个互相有联系的方面，它们又是整体构建和谐德育体系的一个重要组成部分。

(一)德育途径纵向衔接的重要性

1. 有利于实施全员德育和全程德育

20世纪80年代教育界在提出“全员德育”的同时，也提出了“全程德育”的口号。当时，对“全程德育”的理解，局限于某个学段里，某个教育、教学活动过程中，很少考虑从小学到中学到大学的育人“全程”。德育途径的纵向衔接，像德育目标、德育内容、德育方法的纵向衔接一样，是遵循教育方针整体构建和谐德育体系的需要，也是整体育人的需要。

2. 有利于解决学段之间的“倒挂”和“脱节”问题

教育是一个系统工程，各个学段都是系统工程中的一个局部，一个阶段。如果不把各个学段作为一个整体来考虑，是不利于培养社会主义现代化事业所需要的“四有”新人的。以往，各个学段之间的割裂现象是很严重的，虽然不能说“老死不相往来”，事实上，彼此之间是遥远的“邻居”。从德育的角度看，曾经有过“倒挂”现象，也曾经有过小学和中学学段之间，中学和大学学段之间互相“脱节”的现象。从德育途径的角度看，各个学段之间很少研究彼此德育途径的异同，更不会考虑和谐衔接的问题了。今天，上述种种现象应该结束了。和谐德育的意识，应该成为教育工作者的重要观念。

3. 有利于德育内容的螺旋式上升，强化德育实效

对于德育内容的螺旋式上升，教育工作者是有共识的；而且只有德育内容螺旋式上升，才有利于获得德育实效，巩固德育实效。例如，同是爱国主义教育，随着年段的升高，内容应逐渐地拓展和深化，德育途径也会有相应的变化。因此，德育途径纵向的自然过渡与衔接，无疑使螺旋上升的德育内容有了更适合的载体，德育工作更能落在实处。

(二)德育途径纵向衔接的实施

德育途径的纵向衔接涉及几个层面，需要共同努力。

1. 增强教育行政部门在德育途径的纵向衔接上的决策功能

各级教育决策机关在研究德育整体化的同时，要认真研究德育途径的纵向衔接问题，并且体现在决策中。教育机关的决策，往往重视德育目标、德育内容的整合与衔接，忽略德育途径的衔接。比如说，各省市和地区都有德育基地和德育实践基地，这些基地应该以不同的内容和方式，为不同学段的学生教育服务。它们是德育途径，有自身的特点，这些特点怎样与不同学段学生的特点相结合，是提高德育实效性的重要因素。再比如说，德育是系统工程，应该有计划的安排不同学段的领导干部、教师纵向之间互相考察，互相观摩，共同研究德育的衔接问题。

做好这方面的工作，小学和中学之间比较容易，中学和大学之间难度要大一些。这里有地域的问题，也有领导体制的问题。往往需要更高层的决策机关采取措施。近年来，这种情况有了很大的改观。2004 年，中共中央、国务院颁布了《关于进一步加强和改进未成年人思想道德建设的若干意见》(中发〔2004〕8 号)和《关于进一步加强和改进大学生思想政治教育的意见》(中发〔2004〕16 号）。为贯彻落实中央“两个意见”精神，教育部颁布了《整体规划大中小学德育体系的意见》。这个文件指出：“整体规划大中小学德育体系，就是根据不同教育阶段学生身心特点、思想实际和理解接受能力，准确规范德育目标和内容，科学设置德育课程，积极开展德育活动，努力拓展德育途径，有针对性地进行教育和引导，使学校德育更具科学性，更好地促进青少年学生全面健康成长。”由此可见，中央和教育部十分重视整体规划大中小学德育体系，在实施中不仅要求准确规范德育目标和内容，同时重视努力拓展德育途径。

2. 发挥各级各类学校在德育途径纵向衔接方面的主动性

各级各类学校的领导要有衔接的意识，要有系统育人、“接力”育人的思想，主动带领教师到相邻学段去考察、学习，研究教育衔接，包括德育衔接的问题。近几年，北京市有些中学的校长每年到一所和几所大学去学习考察一段时间，了解高中学生特别是本校学生升入大学以后的适应情况，了解大学教学与生活的特点，了解大学德育方面的特点，作为做好中学教育工作的重要参照。现在，也有些大学的干部、教师深入到中学校园，有的考察、学习，有的挂职锻炼或直接参与教育教学工作。这种主动性，肯定有利于不同学段的纵向衔接与系统教育。在这种主动行动中，应该考虑到德育的纵向衔接，包括德育途径的衔接问题。比如，北京某重点大学，通过对入学学生的统计，了解到该校的生源主要来自全国500所中学。该校专门立项了有关学校教育、家庭教育的相关课题，进行调查研究，召开研讨会，把德育工作与招生工作结合起来，既研究德育内容的衔接，也研究德育途径、方法的衔接。这无疑会提高该校和中学的德育的实效。

3. 做好各类德育途径和具体德育途径的衔接工作

各类德育途径都有纵向衔接的问题，应该具体研究、具体实施。例如，课程类德育途径从小学到大学变化是很大的，就专门的德育课程而言，所承载的内容有一个逐步拓展、加深的系统，这就涉及德育途径与内容及学生特点相互适应的问题。教师应该了解上下学段德育途径的使用情况，进行必要的选择。再如，组织类德育途径中，在小学少先队是最重要的具体德育途径之一，到了初中，它作为一种德育途径会逐渐淡弱。但是，如果忽略它的存在，对教育初中低年级的学生是不利的。现在，初中一年级的学生，觉得自己长大了，不爱戴红领巾，是很普遍的现象。如果重视研究、解决少先队和班级两种途径的分工与配合以及教育内容和途径的衔接问题，就可能避免这种现象，避免少先队在初中被“淹没”的问题。再如，实践类的活动，随着年级的升高，会由“模仿”“模拟”向实实在在的自主性实践过渡，不注意这种变化，就可能出现德育内容与德育途径“幼稚化”或“盲目拔高”的弊病。

总之，德育途径的衔接与德育内容的衔接，是不能分割的。内容决定形式，形式服务内容，和谐德育要求形式与内容的统一。

三、学校、家庭、社区德育途径协调配合

依据以往的研究文献，一般都是从总体上按空间特点，将德育途径分为学校、家庭、社会三大基本途径。其中以学校德育途径为主，家庭和社会密切配合，共同完成德育任务。因为三大途径过于概括、笼统、缺乏具体的实践意义，从德育实践出发，在三大途径之中，按性质特点能分出诸多具体类别，所以将空间上的这种概括分类称为总体分类。

(一)学校德育途径的特点

学校德育途径是学校为了实现德育目标，依据一定的德育原则，运用一定的德育方法，对学生进行一定内容的德育所必经的渠道。学校德育途径主要有以下几个特点。

1. 多样性。由于青少年的思想品行是在多种教育因素影响下形成的，不同的教育因素有不同的承载体，因此，学校实施德育的途径也是多种多样的。有课程类(专门课程、学科课程)，实践类(模拟实践活动、社会实践活动、劳动等)，组织类(中共党组织、共青团、少先队、群团组织等)，环境类(人际环境、文化环境)，管理类(学校管

理、年级管理、班级管理等)，辅导咨询类(集体辅导、个体咨询)，传媒类(报刊书籍、广播影视、电脑网络)共七大类近 20 项。不同的德育内容适宜于在不同的德育途径上进行，教育工作者应根据教育目的和内容的不同、学生年龄差异和德育需要，做出有针对性的选择。

2. 相对稳定性。因为学校是专门从事教育活动的场所，是对学生进行思想品德教育的主阵地，有受过专门训练的教师，有相对固定的时间和教材，在长期实践的基础上，形成了多种相对稳定的德育途径，包括：课堂教学；共青团、少先队、学生会；校会、班会、晨会；校园文化环境，班级文化环境；管理与服务等。相对于家庭与社会，无论在有计划的使用上，还是在使用的频次上，都是比较稳定的，比较规范的。

3. 主导性。学校是体现国家意志的专门育人场所，学校德育体现着学校社会主义办学的方向和性质，主导着学生思想品德的健康发展，进而关系到社会主义制度的巩固和发展。因此，学校对学生思想品德的健康成长，对学生树立正确的世界观、人生观、价值观，较之家庭和社会有更重的责任和更多的优势，学校有良好的育人环境，有目标、有计划、有组织、有课程，在培养学生优秀品德方面起着主导作用，德育的承载体——德育途径，在与社会、家庭德育途径互相配合中，也起着主导作用。学校的一些德育途径不是局限于学校范围之内的，如实践活动、媒介宣传、咨询热线等，都需要德育工作者，以学校为主导，充分发挥家庭、社会教育途径的作用，使之相互协调配合，共同完成德育任务。

(二)家庭德育途径的特点

家庭德育途径是家庭对孩子实施德育的渠道，其主要特点如下。

1. 生活化。家庭德育途径不像学校德育途径相对固定，而是在家庭日常生活中或家庭成员共同参与的活动中，家长利用有利机会，对孩子施加道德影响，培养孩子的道德观念、道德情感，训练孩子的道德行为。家庭德育在时间空间上与生活和家庭活动相统一。我国的青少年儿童绝大部分是独生子女，和父母在一起生活的时间较长，即使上了大学或是走入社会，他们中绝大多数还是生活在父母身边或与父母保持着十分密切的经济与生活的联系。父母对子女学习、就业、人生道路的选择、为人处世、社会交往的影响都是在长期生活中进行的。以血缘关系和浓厚情感为基础、为动力，在家庭生活中进行的教育，自然富有亲情色彩，孩子的品德在生活中自然形成，并在生活中强化、巩固。

2. 渗透性。家庭德育途径不像学校德育途径那样具体、明确，有组织、有计划地使用，而是渗透在家庭的言论、行动和环境之中的。孩子在与家庭成员的朝夕相处中，从父母与亲友、邻里及同事的交往中，获得对道德观念的理解和行为规范的认识，在潜移默化、耳濡目染中受到教育。家庭的经济状况、家庭成员之间的关系、家庭的文化氛围、生活习俗、家长的一举手一投足都会渗透着道德的影响，而且其影响是长期的深刻的。正如宋庆龄所说的："父母的一言一行，都对孩子产生深远的影响。"

然而，有些家长存在着明显的重智轻德现象，主要把家庭作为对孩子进行智育的场所。北京市教科院基教所对北京幼儿、小学、初中学生进行家庭教育的调查反映出：父母对孩子在德育上花费的精力和时间明显不如在知识学习上的多。在十项具体的德育途径中，家长选择率最高的是"专门和孩子交谈"，是以"说教"为主的，而对"创造良好的家庭环境""共同观看影视、阅读报刊""家庭讨论"等途径选择率很低，特别是"与孩子一起游玩"一项应该是家长对孩子施加教育影响的重要途径，而家长的选择从幼儿园、小学三年级、小学五年级、初中二年级分别只有41.8％、19.9％、17.8％、7.8％；按频次统计就更少，初二年级孩子中有1/4家长一年中只跟孩子玩一两次。由此反映出，家长们陷入了“以说教为主”的家教误区。如何使家长认识自己的德育责任，认识家庭德育的生活化、渗透性特点，把家庭作为对孩子实施德育的重要场所，是教育工作者在指导家庭教育中的重要任务。

(三)社会德育途径的特点

社会德育途径是社会(特别是社区)对儿童青少年实施德育的渠道。包括社会(社区)教育机构、大众传媒、社会交往活动、社会风气、社会舆论、社会榜样等。社会德育途径主要有以下几个特点。

1. 开放性。社会德育途径是在学校和家庭范围之外的，一般不受时间和空间的限制，也没有统一的组织和安排。特别是科技飞速发展不仅改变人们的生活方式和价值观念，也改变了德育的传播途径。电视、电脑网络、光盘软件已越来越多地成为人们接受信息的主体。学校课堂上书本里传布给学生的信息，在学生所接受的总信息中占的比重越来越小，学校不再是世外桃源，社会问题也已不再是学校以外的事情了。如贫困带给学生的学业危机和心理压力、校园暴力、性解放都给学校和家庭的教育增加了难度。改革开放的社会环境、丰富多彩的精神生活和物质生活必然带来德育途径的开放性。

2. 复杂性。社会德育途径是多层次、全方位、多渠道的，其教育影响有政治的、思想的、道德的、哲学的、法纪的、宗教的、文艺的等多方面；有低层次和高层次的、有高尚的和低俗的、健康的和腐朽的，这些必然形成教育作用的交织网，出现互相干扰、互相抵触的矛盾，以致产生负面影响，削弱和抵消积极的影响。北京市教委组织德育专家调查，无论是区县教育行政部门的干部，还是学校领导、班主任、家长，普遍认为由于社会的复杂性，德育内容和途径的“可控性”明显地减小了。这是严峻的挑战。

3. 动态性。社会德育途径比之学校德育途径没有了那种稳定的特点，它没有大纲和教材，没有固定的时间和形式，更没有固定的教育管理者和周密的计划安排，不能人为控制，随着形势的发展而变化。“拇指文化”“网络文化”“口袋书”等直接影响人们特别是青少年的思想观念、价值取向、行为方式。有的教师感慨地说：“以前我们说教育有‘代沟’的问题，现在已经是‘年沟’的问题了。”变化之大，变化之快，令人惊叹。

教育工作者应充分认识到社会德育的这种开放性、动态性和复杂性，同时也要看到它对孩子的成长起着重要作用。应主动同社会各方面密切配合千方百计调动社会积极力量，例如，成立社区教育委员会，建立校外教育网点，为青少年儿童提供优秀的精神食粮和德育活动基地，形成学校、家庭、社会协同配合的德育工作新格局。教师在利用社会德育途径时，要特别注意培养学生辨别是非、识别方向的能力，教给他们学会自主选择的方法。

(四)网络德育途径的特点

计算机网络是现代通信技术与计算机技术相结合的产物。所谓计算机网络，就是把分布在不同地理区域的计算机与专门的外部设备用通信线路互联成一个规模大、功能强的网络系统，从而使众多的计算机可以方便地互相传递信息，共享硬件、软件、数据信息等资源。

从20世纪80年代末开始，计算机网络技术进入新的发展阶段，它以光纤通信应用于计算机网络、多媒体技术、综合业务数字网络(ISDN)、人工智能网络的出现和发展为主要标志。从20世纪90年代以来，计算机网络高速发展的时期，尤其是互联网的建立，推动了计算机网络的飞速发展。

2006 年 7 月，中国互联网络信息中心发布了中国第 18 个《中国互联网络发展状况统计报告》。报告显示，中国互联网又进入一个快速发展期。其中网民(平均每周使用互联网至少 1 小时的 6 周岁以上中国公民)人数达到了 12300 万人，与上一年同期相比增长了 19.4%。在 2 亿中小学生中，上网学生已达 3000 万，中小学生互联网渗透率达到 15.4%，已超过我国平均 9.4%的水平。我国 3600 万高中学生(包括普通高中、职业高中和中专)中，已经上网的超过 1800 万，6000 万初中学生(包括普通初中和职业初中)中，也有超过 1000 万的学生在使用互联网。

网络已经伸入社会的各个角落，成为人们生活工作的重要工具，成为生活的重要组成部分。在网络上，人们可以查阅资料，可以学习；可以看电影，可以听音乐；可以聊天，可以相互交流；可以玩游戏，可以休闲娱乐……网络以惊人的速度和力量颠覆着人类的时空观念、交往方式、思维方式、生活方式。它作为一种先进的生产力，极大地促进了人类全球化的进程，推动了人类文明的发展，同时也激发了人们狂热的激情、占有欲望和想象力。

如何利用网络开展思想道德教育以及如何正确引导和规范人们的上网行为，已经成为和谐德育的重要途径。网络德育途径就是利用网络对教育对象进行道德教育以及培养上网人员良好的上网行为的活动。其内容包括德育信息、网络文化、网络德育课、虚拟社区、网上咨询答疑、在线讨论，就业指导、网上德育基地、网上家长学校、网上漫游等，它是学校德育、家庭德育、社区德育的延伸，也是德育现代化发展的必然趋势。与传统德育相比，网络德育途径有以下特点和规律。

1. 开放性。网络德育是一种真正开放式的德育，网络可以进行各种类型的信息服务，它以计算机数据库为中心，通过信息高速公路网络连通学校、家庭、社会各个角落，人们可以充分利用网络的开放性，加大对德育信息的开发、充实德育内容，从互联网上查询先进国家和地区的德育理论与实践，并努力开发本地先进的德育理念，并上网交流，建立学校、社会共享的网上德育信息资料库。

2. 交互性。交互分为实时交互和非实时交互，实时交互又分两种，即人—机—人交互、人—机交互，前者指人们通过多媒体网络进行的双向交流，受教育者可以在“网上论坛”或“在线指导”上发表自己的思想观点，大家一起讨论，后者则是德育管理者或教育者针对某一专题预先设计好问题与答案，当受教育者访问该专题时，由机器提问或解答，实现人机对话。而非实时交互是指人们通过 E-mail、电子公告板等来相互传递信息，由于这种交互的不可见性，更容易促进师生的双向民主交流，开辟网上聊天室，让师生进行网上交流，就某一热点问题，组织学生开展网上辩论，能增强学生对非主流意识的免疫力。

3. 主动性。在网络上开展德育工作，受教育者是绝对自由的，他们可以根据自己的实际情况去选择自己想要感受的德育内容，而不是由教育者指定和强迫他们接受什么样的教育，这样更容易调动他们接受教育的主动性，更容易发挥他们的能动作用，也有利于受教育者的个性发展。网络屏蔽性强，使道德行为的自由度和灵活性显著增强，学生的思想认知和体验将更多地来自平等方式下的交互传播与感染；在网络中学生的主体性得到充分的体现，有利于培养学生的主体意识，提高学生的自主性、积极性和创造性。

4. 超时空性。网络时代人们可以不受时空的限制而自由交流，这一特性解决了德育内容滞后于时代的矛盾，在网络德育中，教育工作者可随时掌握新资料、吸取新知识、利用新材料，以优化德育效果，网络德育构建了开放型的德育方式，可以联合校内外德育工作者、心理学专家等成立“网络德育咨询室”共同会诊学生的德育问题。

5. 创新性。网络是创新的产物，其创新的形式，使信息的传输过程变成参与者主动的认知过程。网络带给青少年巨大而无形的积极因素：首先是它的信息化特征催生青少年的现代观念，如学习观念、效率观念、全球意识等。它使青少年不断接触新事物、新技术，接受新观念的挑战。其次，青少年最认同互联网的平等性。据调查：青少年经常访问国外的网站，与素不相识的外国人交友、聊天或者探讨问题，它打破了年龄界限，为青少年形成全球意识起着积极的作用。

网络德育有着巨大的优势，但我们现有的用以消除道德失范现象和维护道德秩序的管理、监督、约束、制裁等种种道德法律手段，在网络社会中已发生了严重困难。如何在充分利用计算机网络带来的历史机遇的同时，抵御其消极作用？这就必须加强网络教育，引导入网者对大量的网络信息持扬弃的态度，内在地培养出自觉的网络道德意识、道德意志和道德责任，提高道德自我教育的能力。

网络德育途径的运用主要有以下几种方法。

(1)安装必要的软件对网络进行过滤，创建一个健康向上的校园网络。不论是校园网还是家庭单机上网，只要有未成年人使用，都应该安装切点过滤器和有关软件，以此来屏蔽不健康的内容，同时选择提供健康网站进行有效控制。因为网上不健康的信息太多，黄色的、迷信的、反动的、游戏的等不良信息大量存在。未成年人对这些信息缺乏抵抗能力和选择能力，如果让未成年人大量随意接触这些信息，将会对他们产生严重的影响。过滤这些信息，就是为未成年人创造一个良好的网络环境，使未成年人在网上遨游时，受到较好的影响和教育。安装过滤软件，屏蔽不良信息，是最好的也是最有效的网络德育。

(2)提高教育者自身的素质和进行网络德育的能力。教育者要加强对信息技术相关知识的学习，体验网络文化的丰富性、虚拟性、娱乐性和隐蔽性，明确网络文化的负面影响带来的青少年学生道德缺乏的症结所在，在关键环节上实施控制，增强德育的针对性和实效性。积极开发德育软件，并在制作多媒体课件时将德育内容纳入其中，在网络学科教学中渗透德育，正确引导学生。网络社会是一个充分自由和开放的社会，人们既可以无限度地汲取信息，也可以无拘束地制造信息，还可以无节制地传播信息。丰富的网络信息与传统教育信息源相比，青少年们具有更大的选择空间。对学生的思想教育方式也就应从“灌输信息”转移到帮助学生学会选择，所谓“授人以鱼不如授之以渔”，引导入网者对巨量的网络信息持扬弃的态度。

(3)充分利用校园网络开展德育活动。如在网上开辟“红色网站”，进行马列主义、毛泽东思想、邓小平理论、“三个代表”、科学发展观以及系统的革命传统教育；在网上开办“业余党校”“中学生团校”“青年学生法制学校”，开展虚拟的德育活动；利用网络的虚拟性，组织“学生论坛”，鼓励学生真实地传递心声。可结合青少年热情、积极、好奇、喜欢新生事物的特点，用他们感兴趣的内容与形式进行沟通与讨论，了解其真实想法，从而有针对性地进行引导。诸如此类的德育活动既丰富了学生的生活，也达到育人的目的。

(4)加强“上网心理咨询”和“网上心理咨询”。长时间上网除了影响学生身体健康外，还让一些学生产生心理疾患。如由于长期“泡”在网上，一些学生缺少人际交流，冷漠现实社会，久而久之就产生“孤独症”“自闭症”等。基于此，我们要积极进行“上网心理咨询”，正面宣传“上网”的利弊，教给学生预防“上网”心理疾患的方法。同时建立“网上心理咨询”辅导站。由于是人—机—人的模式，无须署名，因而学生可以大胆说出自己的隐私和心理疾患，进行网上心理咨询(通过发 E-mail 或聊天室)，帮助学生平衡心理，治疗心理疾病。

(5)建立德育网站。《中共中央、国务院关于进一步加强和改进未成年人思想道德建设的若干意见》指出：“在有条件的校园和社区内，要有组织地建设一批非营业性的互联网上网服务场所，为未成年人提供健康有益的绿色网上空间。学校要加强对校园网站的管理，规范上网内容，充分发挥其思想道德教育的功能。要遵循网络特点和网上信息传播规律，充分考虑未成年人的兴趣爱好，加强网上正面宣传，唱响主旋律，打好主动仗，为广大未成年人创造良好的网络文化氛围。”

正如一条哲理所说：一片荒芜的土地，只有种上了庄稼，野草才没有了生存的空间。学校要研究网络的特点，采取有效措施应对网络挑战，加大青少年网站的建站力度，从软件、硬件两方面给予更多的投入，建立有质量，有层次，有特色，能够吸引青少年的网站，加快青少年网络体系建设的步伐，用先进文化占领网络阵地，以健康的资讯对青少年学生进行正面教育引导，有针对性地对青少年学生开展人生观、价值观、道德观及法制宣传教育，用先进思想去武装学生的头脑。青少年网站要推出丰富多彩健康的网络内容，组织开展丰富多彩的互联网活动，起到净化网络，正面引导的作用，增强我们在网上的正面宣传和影响力，努力营造主流文化氛围。要合理安排青少年学生的课余生活，让他们参加健康、有意义、有创造性的网络活动。

(6)学校、家庭、社会形成合力，努力构建现代化德育网络体系。

学校不但要构建校园德育网络体系，加强校园网的建设，并且要尽可能地实现全国范围内学校之间、至少在地区范围内学校之间的德育网络体系的贯通与一体化，实现资源共享，为学生创造在学校上网的合理机会，这样可以把学生从社会不适宜的网络环境中争取过来，并通过强有力的网络环境的感染力量实现对学生的道德教育。

学校也应该加强同家长之间的联系，成立家长学校或建立家长委员会，充分发挥父母作为学生第一任教师具有亲情单独教育的优势，有针对性地对子女进行网络安全与网络道德方面的教育，及时提出建议或信息供广大父母教育子女时参考。

学校还应加强与社会合作，抓住网络这个良好的教育载体，认清现代网络技术在教育中的诸多优势，组织专家开发思想信息资源，共同致力于网络德育软件的研究，另外，学校也可组织学生尝试一些专题性的电子作品创作，以增加网络德育主体的参与力度。

三、学校、家庭、社区德育途径协调配合

《教育部关于整体规划大中小学德育体系的意见》指出："构建学校、家庭、社会紧密配合的德育网络，使德育工作由学校向家庭辐射，向社会延伸。学校要主动和学生家长及社会各方面加强沟通与合作，使三方教育互为补充、形成合力。"近几年，有的城市的教育领导部门要求学校安排固定的教师深入社区，了解青少年的情况，配合社区对青少年进行教育，收到了很好的效果。随着社会的进步和教育改革的不断深入，学校、家庭、社会(社区)和谐德育必将成为教育的重要发展趋势。

(一)学校、家庭、社区德育途径协调配合的新格局

所谓学校、家庭、社会(社区)和谐德育，是指三大德育途径既要

有领导、有组织的协同配合，又要充分发挥各自的优势和特点，和而不同；既要有统一的部署和计划，做到三者的德育资源共享，又要充分发挥三者各自的主动性、积极性和创造性。这是对青少年儿童实施德育的一种新的德育格局。

近几年，中国社区建设和社区教育发展迅猛，为德育一体化提供了良好的社会条件。2000 年 11 月，中共中央办公厅、国务院办公厅转发了《民政部关于在全国推进城市社区建设的意见》。这个文件指出："推进城市社区建设，是繁荣基层文化生活，加强社会主义精神文明建设的有效措施。""实践证明，大力开展社区教育，引导居民爱祖国、爱城市、爱社区，可以形成崇尚先进、团结互助、扶正祛邪、积极向上的社区道德风尚……"已经有不少地区，在各级政府机构中设立了"精神文明办公室"和"社区教育办公室"。可以预见，随着时间的推移，社区将普遍成为对青少年儿童进行思想道德教育的重要场所和环境。

在构建德育途径体系过程中，要认真研究如何使三大德育途径形成一个和谐的整体，共育"四有"新人的问题。一方面，继续巩固学校在"三结合教育"中的主动性和主导作用；另一方面也要看到，近几年越来越多的社区开始唱青少年教育的"主角"，而且成效明显。社区精神文明建设的一项重要内容就是加强对青少年的思想品德教育。研究资料表明，一些社区在教育后进青年、转化在校后进生方面发挥了重要作用。教育系统的同志应该重视这种变化，进行德育资源和德育途径的整合，适应时代发展的新构想，新创造。

应该指出，一些教育部门的同志还没有真正确立"大教育""大德育"的观念，思想还局限在学校内部，对于家庭教育关注得不够，对社区教育关注得更少。以开办家长学校为例，从统计上看，几乎所有的中小学都有家长学校。但是，相当数量的家长学校名不副实，没有很好地贯彻教育部和全国妇联联合发布的关于家长学校和家庭教育的文件精神，对广大家长进行家庭教育科学知识的培训，仍是以传统的通报情况的家长会形式代替家长学校。也没有深入社区，联合社区的力量，共同办好家长学校。从社区的角度看，有的也存在忽视社区自身的教育任务，不能与学校、家庭积极配合，对青少年儿童进行有效的教育。这种情况下，三大德育途径没有形成一个和谐的整体，德育资源得不到充分的利用，当然不利于对青少年儿童的教育培养。

(二)学校、家庭、社区德育途径协调配合的新特点

20 世纪 90 年代以来，我国一些教育发达的地区，如北京、上海、杭州等地，出现了一批三结合协同教育的典型，开创了学校、家庭、社会(社区)和谐德育的先河。研究这些文献资料，可以归纳学校、家庭、社会(社区)和谐德育途径的几个新特点。

1. 德育主体多元互动

以往，我们认为学校是实施教育的主体，家庭是实施教育的主体。现在，社区教育发展起来，也成了实施教育的主体。这正与教育理论界提出的“教育多主体论”相合。这种现实认识，体现了教育社会化，社会教育化的大教育观，是时代特征的一种反映。德育本来就是“社会主义精神文明建设”的一个组成部分，当学校孤立地进行德育的时候，往往与大环境融合得不够，力量不足。和谐德育改变了这种局面。现在，已经出现了德育的不同模式的雏形，根据社会和教育的发展趋势，可以预测，将形成日趋成熟的和谐德育模式。例如，以学校为主，联合社区、家庭共同育人的和谐德育模式；以社区为主，联合学校、家庭共同育人的和谐德育模式；以家长学校为龙头，社区、学校、家庭共同育人的和谐德育模式；等等。

2. 德育过程协调配合

三大德育途径的整合，使德育的针对性更强，目的更明确，而且同步协调。有的地区，社区与学校联合，利用本地区的网络平台，宣传栏，有线电视，配合一个时期的教育重点，开展生动、形象的教育，大大提高了德育的实效。目前，有一批成熟的社区，自办网站，社区、学校、家长共同“经营”，专栏讨论青少年的教育问题，效果很好。已经有一批年轻的班主任，建立班级博客，班级网络平台，与学生、家长、社区人士一起通过“平台”有效地影响学生。北京市教委要求学校建立“教师家长协会”，研究对学生实施教育的内容、过程、途径、方法。

(三)学校、家庭、社区德育资源整合共享的新拓展

德育途径的实施有时需要运用一定的德育资源，学校、家庭、社会各有着自身的德育资源优势，和谐德育主张学校、家庭、社会德育资源整合共享。这样，才能更好地充分发挥德育资源在育人当中的作用。从概念上讲，所有进入德育系统的、影响学生品德成长的、有利于实现德育目标实现的一切要素都视为德育资源。从空间上看，它分为学校、家庭、社区德育资源；从途径上看，分为直接与间接德育资源；从形式上看，分为有形资源(物质设备、自然景观、人文景观等)与无形资源(精神风貌、价值观念、文化传统、管理制度、网络信息等)；从时间上看，分为现时资源(国家传统文化、世界文化)与可拓展资源(未来科学文化)。德育资源为学生品德发展提供了现实基础，是道德“原生态”。俗话说：一方水土养一方人，育好一方人就要用好一方德育资源。好的德育资源作为现实生活中的客观存在，对学生思想行为产生积极的影响。构建和谐德育体系需要充分挖掘并利用学校、家庭、社区德育资源，并实现各种德育资源的有效共享。

1. 学校德育资源

第一，文化资源。关于学校文化研究，美国学者定义为：学校历史使命、物质环境、标准、传统、价值观、办学实践、信仰、假说等诸多因素综合起来的且相互影响而形成的，指导学生个体或团体行为以及理解校园内外一些事件、行为提供参考框架的一种模式。我国学者朱顺杰认为：文化资源是一所学校内部所形成的，为其成员所共同遵守并得到同化的价值观体系、行为准则和共同的思想作风的总和。学校文化是“势场”，一旦形成就具有激励、凝聚、熏陶、潜移默化、自律自省、约束、扩散、辐射功能。高品位的校园文化是思想道德生长的大课堂。首先是学校精神文化层面，如办学理念、校风班风、教风学风、心理氛围等；其次是制度文化层面，领导体制、规章制度(规章制度有学生行为日常管理制度、有共同价值愿景的师生生活制度、奖惩制度、学生品德评价制度等)；最后是物质文化层面，即通过物质设施、建筑风格来传递文化信息，把名人名言悬挂在走廊墙壁上，时刻激励学生进步，让每个景点启智，让每一棵草木说话，充满文化底蕴的学校物态环境，成为学生道德生命自由成长的空间，如图书馆、广播台、校园网、标语牌、特色橱窗、阅报栏等。

第二，教师资源。校园中最关键的因素是人，人的和谐决定着校园的和谐。教师资源集中体现在教师道德人格方面。所谓教师道德人格是指教师作为一种特定的社会角色所表现出的道德面貌和品质，在自己的职业活动中表现出来的稳定的道德理智、道德情感、道德意志和道德行为方式倾向。它是人格在道德方面的规定性。高尚的人格具有强大的影响力，可以使学生产生敬佩、模仿心理，进而根据其期望发生自觉的改变，像罗杰斯所说的“一本会说话的教科书”。苏霍姆林斯基说：“学校好比一种精致的乐器，它演奏出一种人的和谐之旋律，使之影响到每一个学生的心灵。但要奏出这样的旋律，必须把乐器的音调准，而这种乐器是靠教育者的人格来调音的。”①任何教师都是一个活生生的有理想有激情的生命个体，他的性格、气质、修养、言行和举止，既表现一个社会的行为规范和标准，也表征着他的人格魅力。社会心理学调查表明：一个班的学生在某些方面的风格往往与某一任课教师具有很大程度的相似性，这种相似性是欣赏、学习和模仿的结果。英国道德学家麦克费尔也认为，学生通过观察生活中那些重要人物是如何对待自己或其他人的，就会学到很多道德准则，一个学生从教师的言谈举止中学到的东西比从教师的授课中学到的东西要多得多。因为品德是靠感染力和榜样学习的，而非直接教来的。只有教师对学生充满激情，对自己的教学工作具有较强认同感，在课堂中的道德教育才更有效。

第三，活动资源。学校中的教学活动、劳动活动、娱乐活动、科技活动、休闲活动、竞赛活动、仪式活动等都具有道德资源的意义。对学生来说，寓教于乐的教育活动更能启迪他们的心智、陶冶其情操、形成习惯，起到良好的德育作用。例如引导学生正确“消费”时，教师要了解班级学生的生活消费情况，选择典型消费现象进行讨论，掌握消费观念，培养学生养成良好的消费习惯。再如学生通过交往活动，懂得尊重他人尊重自己，形成移情倾向，产生道德认同等。任何道德认知的获得，如负责精神、民族意识、合作理解、社会关怀、珍惜资源，乃至个性品质形成，都要经过个体多次反复的实践活动。

第四，课程资源。学科课程都具有向善的、审美的、启智的、舒

① 蔡汀：《苏霍姆林斯基选集》第 2 卷，北京：教育科学出版社，2001 年版，第 114 页。

展灵性的道德教育功能，是学生接受德育的主要载体。美国学者埃利亚斯指出：“道德教育是一个需要多学科共同研究的领域，仅仅通过一门学科来探讨这一领域既是有限的，也是危险的。”①教师要发掘和利用教材中道德资源，通过落实“知识与技能，方法与过程，情感、态度和价值观”三维目标，使学生在掌握知识和技能的同时吸取教材中道德的养分；结合学科特点，做到文以载道，寓教于文，通过知识魅力来进行道德教育。如社会科学通过诗歌、美文欣赏、传统文化、艺术等进行教育；在自然科学中，通过对自然规律的认识，坚持真理，科学家的成才之路对学生进行理想教育等。科学素质与品德素质不应成为对立的双方，而应成为如达·芬奇所说的“人类的两翼”，学识和德性是人生的良伴佳偶，不仅增进人的生存技能，而且可慰人心怀。德育应融入课程教学中，深刻挖掘课程资源的育人价值，从而帮助青少年形成正确的价值辨析、积极的人生态度、社会自我认同等，这是课程道德资源观的应有取向。

2. 家庭德育资源

第一，“五好家庭”“文明家庭”。许多地区，包括农村，提倡优良的“家风建设”，以各种方式评选优秀的家庭代表，促进和谐的社会风气。这类先进典型，是很好的教育资源。可以利用这样的教育资源，让学生采访或请进学校，给学生、家长宣讲他们的事迹，发挥教育影响力。

第二，“双合格家庭”。近几年，由全国妇联牵头，教育部、团中央等多部委联合在全国开展了“合格家长，合格人才”的“双合格”活

① 戚万学：《冲突与整合——20世纪西方道德教育理论》，济南：山东教育出版社，2000年版，第55页。

动。曾多次召开全国和地区的研讨会，并进行评选。2006 年在人民大会堂召开了表彰大会，一批社区和家庭受到了表彰。各地区也进行了表彰活动。这项活动会长期坚持下去，是很好的德育资源。社区和学校可以利用各种方式宣传“双合格”的典型经验，促进青少年健康成长。

第三，感动社会的家庭典型。传媒上经常宣传感动世人的家庭典型，如孝子、孝女，患难与共、不离不弃，邻里互助、持之以恒，久病床前有亲人等。这类感人的事迹，各地都有。他们体现了中华民族的传统美德，体现了人性的优秀品质。是我们的有利的教育资源。

3. 社区德育资源

第一，精神资源。包括社区内科技文化、历史传统、理论宣传、思想观念以及风俗习惯等。在社区，通过建起科技、环保、法制、文化、卫生、创业、公民道德教育等宣传长廊，营造文化氛围，打造社区精神，让青少年徜徉其间，其德育效果犹如“春风化雨，润物无声”。

第二，制度资源。包括在建设和谐社会、和谐社区和建设社会主义新农村背景下的街道、社区、村镇精神文明建设的各类规范、法律、公约、规章、条例等。如制度方面有学校与社会有关单位联系挂靠制度、交通安全制度、环保制度、文化建设制度等。此外，美德的成长还需要一个良好的法制环境。

第三，场所资源。不仅包括图书馆、博物馆、文体设施、青少年活动中心、影剧院、工厂、农场、社区黑板报、宣传栏、阅报栏等，而且还包括德育基地、法制教育基地、护绿基地、科技教育基地；此外，社区经济发展状况、居民生活条件对青少年品德也会产生影响。

第四，活动资源。包括公益活动与主题教育活动，如节假日的庆典活动、重大事件的纪念活动、社区精神文明建设活动、生产活动、关爱活动、城乡志愿者便民活动等。江西省南昌市东湖区在弘扬和培育民族精神活动中，充分挖掘传承民族精神的载体——中华古诗文、红色教育资源，开展了以“民族魂”为主题的弘扬和培育民族精神系列教育活动，有效地促进了东湖区未成年人思想道德建设。在活动中，要求社区所属学校充分利用广播站、板报、宣传栏大力宣传。各学校结合古诗吟诵开发了校本课程。社区、学校还共同举行“民族精神代代传”古诗吟诵比赛。

此外，还有人力资源，如校外辅导员、科技人员、劳动模范以及社区其他人员等。

4. 学校、家庭和社区德育资源共享

学校、家庭、社区各有优势的德育资源，学校主要是通过学校文化、教师人格、校园活动、学科课程来实施德育；家庭主要通过“文明家庭”“五好家庭”“双合格家庭”等的宣传、采访实施德育；而社区主要通过精神资源、制度规范、创建活动、场所设施等实施德育。共享性是指共同享有，互相利用，即把学校、家庭和社区三方有形的、无形的德育资源有机地结合起来，发挥各自优势，形成合力，共同完成德育任务，达到三者优势互补，相得益彰。美国教育家 A. 威尔森曾指出：个人的道德在家庭里、学校以及社会中形成。这三个场所为个人提供道德学习所需的整合性背景、互相支持，就像凳子三条腿一样。现代德育资源难以整合的原因在于道德学习的上述三种场所缺失了道德共识。随着学生年龄增大，社区活动时间会增多，接受来自社区的影响就会增大。学校、家庭德育要跟进社区，社区教育资源为学生融入社会感受生活提供了条件。资源的整合和共享，要以学校德育资源为核心，以家庭德育资源为基础，以社区德育资源为阵地，发挥资源的整体效应，形成一种开放、民主的学习与交流的机会。网络德育的兴起，将使德育一体化出现新的局面。在社区内的学校、家庭以及各个单位，都可以通过局域网互相连接起来，互通德育信息，孩子也参与其中，大大提高德育的影响力。

作为学校教育工作者，必须树立“大教育观”“大德育观”，放开视野，在“和谐德育体系”中完成构建德育途径体系的任务。

和谐德育方法体系的构建*

一、德育方法的含义、分类及体系构建原则

(一)德育方法的含义及特点

1. 德育方法的含义

德育方法是教育者为实现教育目标，完成教育任务，在教育原则指导下，运用各种教育手段，教育者与受教育者互相作用的活动方式总和。这个概念包括三个要点。

第一，是为达到教育目标，完成教育任务服务的，每种方法都是在教育原则指导下进行的。

第二，是教师与学生共同参与的，它包括教师的施教方式，也包括学生接受教育和品德修养的方式。在教育过程中教师是教育主体，起主导作用；学生是学习的主体，他们有主观能动性，因此任何方法都是师生“双主体”互相作用的过程。

---

* 本文是作者与宁武杰、王宝祥、关鸿羽、张国建、韩传信合写，见詹万生等著：《和谐德育论》，北京：教育科学出版社，2008年版。

第三，是各种方式的总和，既包括教育方式，又包括教育手段；既包括外显的动作方式，也包括内在的思维方式，既包括明显的教育方式也包括隐形的环境影响，氛围渗透的方式。

2. 德育方法的特点

德育方法与智育方法相比，有其自身的特点。

第一，德育方法不仅要解决知不知、会不会的问题，更要解决信与不信、行与不行的问题。它与智育方法的最大区别是不能只掌握概念，懂了还不行，还要进一步内化为自己的信念，再外化为自己的行为。德育方法要达到的目的是四个环节：一是认清道德行为正确与否，与道德表象相联系；二是掌握道德知识，内化为自己的道德观点；三是上升到理性水平，形成道德评价的标准，形成道德信念；四是外化为自己的行为。

第二，德育方法更多的是靠“渗透”，它不只是要明确概念、观点，还需要情感的支持。德育最忌讳的就是简单化、直白化，它需要尽量情景化、生活化，贴近学生思想情感实际，以防止学生的逆反心理。

第三，德育方法更多的是靠人格的力量，它与智育不同，不仅是靠教具、靠现代化教学设备，而是靠教师的道德影响力，也就是以德育德。

(二)德育方法的分类

德育方法是德育研究最活跃的一个领域。德育方法与德育目标内容、与德育途径和教育情境、与德育管理评价联系紧密，不可分割。德育方法是认识德育规律，掌握德育规律的最直接、最具体的实践操作环节。对德育方法进行一定的归纳分类，有助于深化对德育方法的整体认识。

1. 共性化的德育方法

教育方法是无限多样的，是不断地在变化、发展、更新的，我们每一个教育者都可以创造出自己的新的方法。其中，有的是一次性的不能完全重复的，有的是多次性的，可以重复的。共性化德育方法是德育过程中普遍使用的、具有共同特点的教育方法。归纳起来，可从以下几个方面加以研讨。

第一，借助理性的方法。以理性的认识或知识说服、正面教育、反面教育、启发自觉、疏导、民主讨论、利用读物、利用视听材料、作文法、批评、自我批评、报告会、读报、听新闻、讲解、小组生活讨论、主题班会等，都可以大体上归类为主要作用于学生理性的方法。理性是一种能驾驭人的感情、人的行为的最有力的手段和力量，所以，从理论认识入手实施教育是有实践基础的。同时也要看到，理性与情感、理性与意志、理性与行为之间有时存在较大的距离，想的和做的，认识与实践不一致的情况是时常存在的。

第二，借助规章制度或学校传统进行教育的方法。学校的各项制度，如遵守学生守则和日常行为规范制度、批评警示制度、先进奖励制度。学校的优良传统，如学校在办学历史中形成的优良教风、学风、领导作风等，都归属于这一类。制度、传统是德育的一种有力手段，带有强制性、约束性、标准性和陶冶教化等功能特点，因而对思想品德教育和维持学校工作的正常秩序有特殊效能。制度、传统也是借助理性的教育，由于使用的内容不同，也可以从“理性”中把制度、传统等分出来，作为一类德育方法进行研究和使用是有实践意义的。这类方法在增强学生的责任心、义务感、信心、勇气和上进心等方面都可以取得教育效果。

第三，借助情感情绪的方法。如文艺会演、诗朗诵、讲演会、读小说、美术展览、看戏、看电影、看电视、学英雄人物事迹、讲故事等。都可归于这一类、这些方法都是以情感、以艺术形象、以典型事例感动人，从而取得教育效果。

第四，借助意志锻炼的方法。军训、中间操、各种操练；遵守课堂纪律、遵守作息时间、性格训练、各种练习及其行为习惯训练等，都可归为这一类。这种方法都借助意志的力量去养成某种活动模式、行为方式、生活技能、礼貌礼节等。各种练习训练，又对养成组织性、纪律性，加强集体观念，形成各种良好习惯，锻炼坚强的意志品质，具有重要的意义。

第五，借助行为示范的方法。为人师表，以身作则，以人教人，树立典型等，都可归于这一类。这种方法有多种教育形式，是一种广义上的“身教”或“无言之教”。这种教育方法的特点是完整性、自然性、可选择性、感染性和模仿性。

第六，借助实践活动的方法。社会公益劳动、工农生产劳动、社会服务、“学雷锋、做好事”、节日纪念活动、“创三好”活动、文明礼貌月活动、勤工俭学、参观、访问、调查、家务劳动、美化环境、对话、社交等，都可以归于这一类。这是让学生“亲口尝一尝”、亲身体验的方法。学生只有通过实践才能真正形成知、情、意、行统一的完整品德。而道德实践不仅是整个道德教育的目的，它还是道德教育的源泉和动力、评价德性的标准。

第七，借助品德评价的方法，通过对学的生思想品德给予一定的评价，以影响学生思想品德健康发展的教育方法。这种方法实质也是运用理性教育的一种体现形式。

这些方法各自侧重认识、情感、意志、行为的一个方面加以归类，在现实的教育活动中，学生的认识、情感、意志、行为是紧密联系的，因而这些方法之间并非并列关系，常常是相互融合、综合运用的。只有实事求是地根据不同的时间、地点、人物、事件的具体情况，有选择地加以应用，才能取得较好的教育效果。

2. 类别化的德育方法

学生的品德发展不仅有共性，还有类型性。如男生与女生、学生干部与学生群众等类型，此为单因素分类法。还可以利用双因素法分类，如用学生成绩和品德两个标准把学生分为不同类别进行指导教育。除此之外，类别教育法大体上可以分为学生干部的教育、优秀学生的教育、后进生的教育、新生的教育、毕业班学生的教育、女生的教育等类别。类别化德育方法是一种客观存在，客观需要，对增强德育的针对性和实效性具有特定意义。

3. 个性化的德育方法

一般认为，个别教育是以个人为对象的教育。任何年龄阶段的任何一个学生，除了共同特点和类型特点之外，都同时具有个别特点。从严格意义上讲，个别教育是根据个性特点进行的德育，即“基于个别差异的教育”。

事实上，每个人在体质、发育、智力、才能、兴趣、性格等方面都有一些差别。所以，凡是有教育的地方，无论古、今、中、外，都存在个别教育的问题，不过是它在不同时代、不同国度受到社会和人们重视的程度有所不同而已。

个别教育的方法通常有个别谈话、做知心朋友、书信、网上交谈、自我修养等方法。这些都程度不同地体现了个别教育的思想和方法，在今天的社会里，这些方法的应用是不能忽视的。

4. 与德育途径相对应的德育方法

根据不同的德育途经而总结和运用的教育方法。上节所述七类德育途经都有相对应的多种教育方法。由于教学和管理是学校工作的两大主题，这里重点以课程类和管理类两类途径中的德育方法进行概要研讨。

课程类途径中的德育方法主要包括：德育课程教学与活动方法和在各学科教学中进行思想品德教育的方法。本课题在德育课程教学与活动方法的研究与实践中，特别是在《德育》读本的教学实验中，创造性地探索和总结出了德育活动课的基本理念和教学活动模式。如“以学生为中心、以情境为中心、以活动为中心”的“新三中心”理念，德育过程坚持“近 小、实、亲”和“知、情、意、行”相统一的理念。德育活动课的方法模式如：讨论探究式、辩论明理式、情感体验式、情景模拟式、角色扮演式、演讲报告式、审美鉴赏式、文艺演出式、网上互动式、游戏竞赛式、展示交流式、调查访谈式、参观考察式、社会实践式、综合实践式等。在各科教学中进行思想品德教育，如语文、历史、地理、数学、物理、化学、英语、音乐、美术、体育等学科，其主要特点是根据学科知识特点和学科教学规律，在传授知识培养能力的同时，自然和谐地进行思想品德和审美教育。这个领域是学校德育的主渠道，其教学方法模式最为丰富多彩。

管理类途径中的德育方法的重点，是班主任工作德育方法。在现实的学校生活特别是中小学教育中，所有德育途径的作用发挥，几乎都与班主任工作存在联系，如课程类的学科教学，是班主任的基本工作任务；实践类的许多实践活动要由班主任带领和指导；组织类的少先队、共青团与班主任工作协调融合；环境类和管理类的班集体建设、与家长沟通协作是班主任的重要工作内容；在辅导咨询类途径中，开展心理辅导也已经成为班主任做学生思想工作的新渠道。班主任每一个方面的工作方法中，都涉及和谐问题，各项工作之间，更需要和谐。根据班主任工作的这种综合性特点，研究如何引导班主任掌握各项工作内部及相互之间和谐联系的方法与规律，提高班主任工作的整体效能，和谐德育的思想方法和实践方法可以发挥重要的指导作用。

上述共性化、类别化、个性化德育方法只有放在具体的德育途径中，与具体的德育内容相联系，并成为将德育内容转化为学生思想品德的手段时候，才具有实践意义。所以，整体构建德育方法体系的基本标志，是课程类、实践类、组织类、环境类、管理类、辅导咨询类、传媒类等各条途径都建构了相应的方法体系，并且各条途径的方法形成协调相应、配合得当的和谐关系，产生了教育合力，才标志着和谐德育方法体系的形成。

(三)构建德育方法体系的原则

教育有法而无定法。“教育有法”是指教育确实有许多方法，“教育无定法”是指教育没有固定的方法。别人的一种方法再好，用到自己学生身上也不一定灵。方法那么多，到底用哪种方法需要选择。方法再好，不能恰当地选择和创造性地运用也是教育不好学生的。选择和运用方法并不是轻而易举的事，要讲究科学、讲究实际，要有运用方法的艺术。要根据教育目的、内容，根据学生的实际情况，根据教师自己的特点来恰当地选择和运用教育方法。也就是说，选择教育方法要与教育目的、内容、条件与学生等诸要素实现最优化结合。

1. 目的性原则

教育的方法一定要与教育目的匹配。教育方法是为教育目的服务的，同时教育方法必须与教育内容协调。我们要分析教育内容的性质、结构、特点，以确定选择什么教育方法。教师对学生的教育既有总体目标，又有具体目标，每次教育内容不同，选择的方法也就应该不同。例如对学生进行认知教育，使孩子懂得一定的道理，就应选择理性认识与生活实例相结合的教育法；训练孩子的好习惯就主要运用行为示范和意志锻炼的方法；陶冶孩子的情操主要运用环境熏陶法。教师应注意根据不同的教育目标和教育内容选择恰当的方法。

2. 层次性原则

学生的成长和发展是具有顺序性、阶段性和个别差异性的，因此教育方法的选择必须符合学生的年龄、心理与品德发展特点。举个例子说：一个小学一年级的孩子上课玩东西，教师没批评，而是走到他的桌前，边念课文边用手摸那孩子的脑袋。孩子特别高兴，“看，老师只摸我，不摸他们，老师最喜欢我。”于是他把手里玩的东西收起来，认真学习。因为这学生刚上一年级，还有点幼儿的心理，喜欢别人摸。而同样是上课玩东西，初一的学生，老师还用这种方法就不行了。学生会一晃脑袋，说：“干吗呀!”因为他已到青春期了，要独立，不喜欢人家随便摸他。所以我们选择方法必须注意学生的年龄、心理与品德发展特点。

3. 针对性原则

选择教育方法还要注意学生的个性特点，学生性格不同，气质也不同，心理水平也不同。对骄傲自满的学生应慎用奖励，对其表扬时要适当地指出他的不足或缺点，使其谦虚一些，并严格要求他；对懦弱，缺乏自信心的学生，则应运用奖励给以精神上的支持，对其批评时，应适当指出他的优点，使其树立争取进步的信心等。选择教育方法还要注意学生犯错误的程度和具体情况。对一向进步，偶犯错误而又勇于改正的学生，则不应作过分批评，但需要指出问题，教育其克服缺点，改正错误，继续前进；对明知故犯者，应给以较重批评甚至必要的惩罚；一贯表现差的学生做了一件好事，应及时给予表扬，一贯表现好的学生做了好事，就不需要每次表扬。

依据学生的年龄特点，心理特点，针对学生的实际选择和运用教育方法，是增强德育实效性的重要基础。

4. 主体性原则

教师是施教主体，教师的气质、性格、知识、能力、兴趣、爱好对自身主体性有制约作用，教师的责任感、教育科学素养及其自身的教育能力和机智也对教育方法有制约作用。有的教师擅长说理，有的教师擅长训练，有的教师逻辑思维好，有的教师形象思维好，因而选择教育的方法时要充分发挥教师的长处，以助于教育主体性的发挥。主体性原则的核心是培养学生的主体性。在教育过程中，教师要关注学生的成长需要，运用“近、小、实、亲”和“新三中心”等理念，激发兴趣，培养学生参与学习和活动的主动性、创造性和意志力，发展学生的主体性。任何德育方法都应有利于培养学生的主体性，否则，德育方法就失去意义，德育目的就难以实现。

5. 综合性原则

在方法的运用上要根据实际情况综合运用多种方法，以达到综合效应。方法尽管都是科学的，但不能只指望一种方法就可以把所有问题都解决了，任何一种方法也不是包医百病的“灵丹妙药”，教育学生企图找一个“万能钥匙”是不可能的，必须依据时间、地点、条件，选择适当的教育方法，而且尽量发挥多种教育方法的综合效应。比如培养学生的道德品质，既要对学生“晓理”，又要指导学生“践行”。“晓理”可选择讲述、谈话、讨论、指导阅读等方法，“践行”可选择训练、实践锻炼等方法。最好是同时采用几种教育方法，或以一种教育方法为主，相机运用其他方法。

和谐德育的方法运用理念不是通过某一方法的选择，而是通过某些方法的组合，形成一个和谐的教育方法体系。不同的途径、不同的教育内容要求不同方法的综合运用，综合是一种方法创新形式，对遵循德育规律，增强德育实效具有重要意义。

6．创新性原则

德育方法创新是时代发展的要求，也是德育自身发展的需要。德育方法创新贯穿德育全过程。要从德育方法与不同的教育内容、不同的实施途径、不同的学生情况和不同的教育情境的和谐关系入手，进行德育方法手段的创新。和谐不仅是认识德育规律的一个切入点，也是德育方法创新的重要条件。德育方法创新的基础，是教育者对教育规律和多种方法模式的掌握，是教育者的创新意识和创新能力。德育方法创新是发挥教育主体性的体现，是德育充分体现时代性，准确把握规律性，大力增强实效性的必然要求，也是德育工作始终保持生机活力的重要保证。

二、小学、中学、大学德育方法的特点与互鉴

(一)小学、中学、大学德育方法的特点

1．小学低年级德育方法的特点

小学低年级学生年龄小，因此教育方法要适应低年级的心理特点，要注意形象性，可操作性。对学生要求要尽量小一点，要尽量看得见、摸得着，具体、形象、直观，从小事做起，以小见大。提出的要求要明确而不含糊，具体而不抽象。这样才便于学生理解、掌握和执行。德育缺乏实效性很重要的一个原因是受“假、大、空”的影响，抽象的口号式的教育过多，有的学校一年级就讲，毛主席带领我们推翻“三座大山”。学生回家问妈妈：“毛主席怎么那么大劲呀，把三个山都推倒了？三座山是狮山、虎山、猴山吗?”一年级小学生怎能听懂

官僚资本主义这座山呢？烤鸭、烧鸡再好吃也不能往新生儿嘴里塞呀，新生儿就得吃奶，这是由他的生理特点决定的。为了提高德育实效性，中小学德育必须突出“小”字，从教学生坐立行走开始，让学生做一个有教养的文明人。对低年级学生应采用深入浅出、寓教于喻的方法，既生动又形象，适合年龄的特点。总之，我们在做德育工作时，要采用学生易于接受的方法，低年级可以采用讲故事、讲寓言等方式。

2. 小学中高年级德育方法的特点

小学中高年级是身心发展极快的时期，这时的学生活泼好动，因此德育方法必须强调活动性。开展丰富多彩的活动进行教育，即使是课堂教学也要强调活动性。我们一定要让课堂活动起来，让学生动起来。在设计活动时要强调三个字，即“新”“巧”“趣”。

第一是“新”。教师设计活动一定要有新意，立意新、观念新、面孔新、内容新、方法新。例如，在进行环保教育时，教师在讲台桌上放上几瓶子水：有纯净水、有自来水、有小河沟里的水、有工厂的污水。让学生们亲自去看一看、闻一闻，然后组织同学们去讨论。学生认识提高后，自动组织环保小分队去工厂宣传，去捞河面上的污物，同时还搞垃圾分类，动员家长不使用塑料袋等。

在进行防火教育时，教师让学生用纸和木头自己制作玩具带到学校来。老师把学生带到操场，让他们把玩具摆放在中央，然后老师把汽油洒在上面，一根火柴把它们变成熊熊大火。学生纷纷上去，要把自己的玩具抢出来，可是已经来不及了。学生眼巴巴地看着他们精心制作的玩具就这样被烧掉了，心里难过极了。然后老师开始带着他们讨论为什么不能随便玩火，怎样防火……

在进行自理教育时，教师一上课就给每个学生发了一张存款单，让每个学生自己填存款单。学生不知道怎么填，于是老师教他们，带他们到银行把自己的零花钱存起来，过了一个月再取出一部分，提高他们的自理能力。

第二是“巧”。教师设计活动一定要新颖、奇巧，使学生感到特别欣喜。例如，教育学生团结，说明人多力量大时，教师找10个学生到讲台上，每人发给一双筷子。教师说：“看你们谁最有力气能把筷子折断。”学生很容易地都把筷子折断。这时老师把十双筷子捆在一起，要求学生把他们折断。结果10个学生都没有这么大的力气。这时老师讲团结的道理，学生十分信服。然后老师继续让他们活动，让他们玩“两人三条腿”的游戏，做“五指夹豆”的游戏，听“五官争功”的相声，学生高兴极了。

在进行自我保护教育的时候，老师让学生即兴表演“当有陌生人敲门的时候”。学生有的扮演成修理暖气的，有的扮演成老爷爷，有的扮演成坏蛋。表演以后全班讨论当有陌生人敲门时应该怎么办？

教育学生谦让的时候，老师让同学们做一个小调查：在家看电视，谁决定看哪个频道？调查以后让同学们进行分析。在课堂上让学生表演“两只山羊过河”“三个和尚没水吃”的故事。这种新颖、巧妙的设计深深地吸引了学生。

第三是“趣”。教师设计活动要讲究一个“趣”字，要让学生时时感觉到活动非常有趣，有吸引力，愿意主动参加。

如在教育学生生活讲秩序的时候，教师让学生做击鼓传花的游戏，从中选出几位同学到教室前进行比赛，看一看谁最先拿出语文课本，看一看谁先掏出兜里的铅笔。有的学生翻了半天也找不着，闹出了许多笑话。

3. 初中德育方法的特点

初中生正处于青春发育期，他们的心理特点是要求独立、要自尊、要民主，因此教育方法切忌简单、粗暴、少用命令式，多用启发式，少说教多实践。

符合学生的心理水平，才能产生共鸣。有位教师在对学生进行教育时就做了精心的准备。他发现学生习惯不好，站没站相，坐没坐相。他认为青春期的孩子有两个显著的心理特点，一个是爱美，一个是注意异性对自己的观察。于是他根据这两个特点进行说服教育。首先，为学生开办《健康讲座》，从人体结构讲起，讲骨骼的发育与坐姿，给同学们看佝偻病人的照片，讲人的站、立、走与精神面貌的关系。告诉同学：良好的坐姿、站姿体现一个人的道德修养，可以给人留下美好的印象。而不良姿势常常是造成身体畸形的直接原因，既影响形体美，又会引起一系列疾病。现代学生都是爱美的，他利用学生的爱美心理进行教育。然后，又利用学生注意异性对自己观察的心理，让全班女生写出“你心中的男子汉”，让全班男生写出“你心中最美的女同学”，从坐、立、行、走写到修养风度。老师把这些文章的精华念给大家，同学们都瞪大眼睛专心地听着。男女同学都找到自己的坐标，明确了努力方向。从此，同学们都力争做到“站如松、坐如钟、行如风”，一个个上课都把腰杆挺得直直的，再也不趴桌子或歪着坐了。

初中学生道理懂得不少，但实践不多，能说不能干，因此对他们的教育要强调实践。

要让初中学生走出课堂，走向社会，去实践、去锻炼。人的道德离不开实践，实践出真知，实践是检验真理的唯一标准，实践对人的成长是十分重要的。人的道德素质主要不是出自于课堂，主要来自于实践的锻炼。人的素质是人生活的积累，人的素质可以说是生活的反映、生活的记录、实践的沉积。因此让学生到实践中去锻炼，在实践中经风雨、见世面，增长才干，是非常重要的德育方法。不少地区开展的军训、挫折教育、乡村教育、夏令营、冬令营，以及到工厂、商店、科研单位、部队、农村搞社会调查，到德育基地接受教育等都是通过实践锻炼学生的好方法。

社会实践活动可以创造出更多的方法。例如让学生去卖晚报，体会一下挣钱是多么不容易；让学生到餐馆去当服务员，体会一下劳动的艰辛；让学生去做特快专递，体会一下时间的紧迫；让学生装成盲人，体会一下残疾人的困难；让学生去接待外地的同学，锻炼一下他们的交往能力；让同学们去参观科技馆、参观科学院、参观大学、参观计算机公司，了解一下现代科技的飞速发展。总之，学校要创造各种条件，让学生到社会上去经风雨、见世面、受磨难，经受挫折，并从中得到锻炼。

4. 高中德育方法的特点

高中学生已有较强的思维能力，认识水平也比初中学生高，因此要充分相信他们，让他们通过集体自己教育自己。

学校开展的各种活动应该让高中学生自己组织，让他们讨论会议议程，主持会议，在实践中锻炼他们的组织能力。学校的各种社团活动、兴趣小组、植树种草绿化美化校园、校园文化建设甚至学校的图书馆、食堂管理等都要让学生参与。学生还可以组织各种讨论会、辩论会、影视评论会、文学作品欣赏会以及小记者采访、办学校电视台、编辑学校报纸等。

高中学生觉悟的提高需要理性思维，不能简单说教，应通过对话进行沟通，通过他们自己的思考，提高认识。要强调自我教育，鼓励他们自我认识、自我判断、自我体验、自我反思。老师要多做咨询、疏导工作，以减少逆反心理。

5. 大学德育方法的特点

当代大学生正生活在一个变革时代，改革开放、体制转轨、新技术挑战使人们思想观念、思维方式和行为方式产生裂变。这就需要我们站在历史的前沿，站在构建和谐社会的高度，重新审视大学德育的方法。认真调查研究，分析学生的思想状况，努力探索新形势下学生德育工作规律。德育方法必须具有参与性、开放性、发展性等特点。

大学德育的方法要树立“以人为本”的教育理念。坚持德育与思想理论课程建设相结合，与专业培养目标相结合，与大学生自身特点和成长规律相结合的运行机制。

要使德育方法越来越贴近学生的生活。采取德育答辩、民主对话、主题辩论、质疑答疑、师生研讨、情感沟通、心理咨询、两难问题抉择、价值观辨析等双向互动的德育方法，为学生提供一个多角度审视自我、展示自我的舞台。突出以教师为主导，学生为主体的理念，使大学生德育工作趣味盎然，润物无声。

网络技术的发展为加强和改进高校德育提供了崭新的方法。在校园网络的信息中渗透思想政治教育内容。以多媒体声、色、光、画等多种现代化手段体现出来，从而化抽象为具体，化枯燥为情趣，将可读性、服务性与权威性、指导性有机的结合起来。网络正面的声音可以摆脱时间、空间等限制，迅速而广泛地传播。要有像清华红色网站那样旨在宣传邓小平理论的网站，又要有北大在线、北大新青年这样一批既坚持正确导向，又能体现出海纳百川、兼容并蓄的时代精神的网站。另外，要建立心理咨询网站，包括心理咨询、就业咨询、学习咨询以及婚姻恋爱咨询等。大学生的心理健康问题日益突出，网络具有超时空的特点，因此这种心理咨询安全便捷，利于打开学生的心扉，帮助大学生树立正确的世界观、人生观、价值观和荣辱观。

自我教育对大学生是非常重要的方法。大学德育更有赖于学生自身对道德理想的追求和坚持不懈的自律慎独。自我完善是大学生道德修养由他律向自律的转化实现过程，是实施德育的重要方法。它包括自我认识、自我反省、自我教育、自我修养、自我实现等，从而使学生具备自我教育、自我管理、自我服务、自我学习的能力。

(二)各学段德育方法的互鉴

各学段德育方法都有其特点，但是各学段德育方法之间又是可以互相借鉴的，取长补短的。人是一个整体，成长过程不可能完全按大中小学那样截然分开，尤其是学生思想道德的发展参差不齐，不可能一刀切。尤其是现在的学生，小学生看了那么多媒体宣传，什么都“懂”，网络方法都可以采用。可是有些高中生还看卡通画，有的大学女生还抱布娃娃，对他们的教育也要注意形象性、趣味性。所以德育方法必然是你中有我，我中有你，形成互相借鉴、互相补充、互相融合的和谐整体。

小学德育方法以活动为主，提出让课堂活动起来，让学生动起来，在设计活动时要强调三个字，即“新”“巧”“趣”。这些方法在中学完全可以借鉴，甚至大学的活动也可以借鉴。

初中生正处于青春发育期，他们的心理特点是要求独立、要自尊、要民主，因此教育方法切忌简单、粗暴、少用命令式，多用启发式，少说教多实践。我们提出要让初中学生走出课堂，走向社会，去实践、去锻炼。这样的方法高中德育完全可以借鉴，包括现在的大学生也非常需要社会实践。

高中生的自我教育很重要，我们要鼓励他们自我认识、自我判断、自我体验、自我反思。老师要多做咨询、疏导工作，以减少逆反心理。这种自我教育的方法初中生可以借鉴，大学生就更需要了。

大学生的网络方法、心理咨询方法不但适合大学生，中学生完全可以借鉴。

三、学校、家庭、社区德育方法互通

学校、家庭、社区在构建和谐德育过程中，德育方法互相沟通的基本方式，是通过学校或班级家长会、家长学校等形式进行的。

(一)学校与家庭德育方法的互通

学校对家庭德育方法的指导主要包括科学的教育理念和教育方法两项内容。例如，在本课题的一项研究实验中，通过家长学校给家长介绍以下教育理念和教育方法，以使学校和家庭德育方法相互沟通，协调一致，互相配合。

1. 掌握教育的分寸

教育人要掌握分寸，要适度，这是古今中外教育家的共识。古人说过："木可雕，而病于越度；金可铸，而病于越冶。木越度，金越冶，虽有良工巧匠安施?"就是说，木头可以雕刻成工艺品，而雕刻的失败一般都是因为用力过度；金属可以铸造成各种物体，而铸造的失败一般都是由于冶炼的火候。这里讲的雕刻工艺品和铸造物体，正与教育学生相通。

其实我国儒学的"中庸之道"里也包含掌握分寸的问题，所谓中庸之道就是不偏不倚，调和折中，即把握教育方式的一种和谐程度。

在教育中分寸感是教育水平高低的重要标志，是教育艺术的体现。

(1)在爱孩子的问题上，既不能没有爱，又不能爱得过分，变成溺爱，而要找到爱的“度”，就要做到严爱结合，刚柔相济。

(2)在管理的问题上，既不能管得过严，限制了孩子的自由，又不能任其自流，而要做到宽严适度。

(3)在让孩子听话的问题上，既不能让孩子不听话，又不能让他们唯命是从，唯唯诺诺，而应找到让他们听话的“度”，使其既能接受他人意见，又有独立的见解。

(4)在对学生的民主问题上，既不能专制，一点儿民主都不给，又不能搞绝对民主，什么都由学生说了算，而应该找到民主集中的“度”，既要民主，又要集中，既要民主，又要权威。

(5)在对学生表扬的问题上，既不能无视学生的进步，又不能把学生捧到天上去，而应找到表扬的“度”，既鼓励了学生，又不使其骄傲。

(6)在对学生批评的问题上，既不能无视学生的问题，不闻不问，又不能揪住不放，翻来覆去没完没了的批评，而应找到批评的“度”，既批评了学生，又不使其情绪低落，破罐破摔。

(7)在对孩子进行说服教育的问题上，既不能没有说服教育，又不能唠唠叨叨，没完没了，而应找到说的“度”，干净利落，画龙点睛，点到为止。

(8)在培养学生独立性的问题上，既不能不敢放手，又不能放任自流，而应该找到学生独立的“度”，先领着走，后看着走，最后放开让学生独立走。

(9)在培养学生劳动的问题上，既不能什么都不让学生干，使学生成为四体不勤、五谷不分的“公子哥儿”，又不能把学生当作劳动力使用，而应找到劳动的“度”，适度劳动，主要是为了锻炼热爱劳动的品质。

(10)在对学生提要求时，既不能要求过高，使学生望而生畏，又不能要求过低，迁就学生，而应该找到要求的“度”，使学生“伸手摸不到，跳一跳能摘到”。

(11)在培养学生耐挫折能力上，既不能怕学生失败，又不能让学生总处于失败状态，而应找到失败的“度”，创造一定的失败机会，使其受到锻炼，提高耐挫折的能力。

(12)在督促学生勤学时，既要让学生刻苦，又不要逼着学生苦学(痛苦的学)，而要找到勤学的“度”，把苦学(刻苦的学)与乐学有机地结合起来。

(13)在开放的问题上，既不能把学生封闭起来，使他成为“纯而又纯”的人，又不能让其到外边随便接触，随便交往，而应找到开放的“度”，既要开放，又要适当限制与引导，防止不良影响。

2. 抓住教育时机的方法

能否抓住时机是教育水平高低的一个尺度。个性化是家庭教育的主要特点，教育者要做教育的有心人，要善于抓时机，还要善于等待时机、创造时机，总之是不失时机地进行教育。教育时机抓得准、抓得好是教育成功的重要条件。

(1)遇物而诲

所谓遇物而诲，就是遇到什么东西就利用什么东西进行教育。德育随机性很强，不一定像教学那样一课一课地讲，而要根据实际生活，抓住机会进行教育，刻意地教育反而效果不佳，要淡化教育痕迹，让学生在生活中不知不觉地接受教育。这就需要教育者抓住孩子生活中接触到的事物进行教育，把日常生活中的事物当作教科书进行教育。

(2)遇事而诲

所谓遇事而诲，就是利用生活中的事情对孩子进行教育。

(3)遇功而诲

不少人都爱在孩子犯错误、出问题时才进行教育，这虽然也是必要的，但这往往不是最佳时机，因为这时孩子心情不好，往往形成僵局。所以切忌“补漏洞式”教育，“救火式”教育，而应抓住孩子成功的机会进行教育。孩子有了成绩、取得了进步，这时心情高兴，教育者说什么也爱听。此时可以充分肯定孩子的成绩，然后针对孩子的问题提出希望，这时就是批评，孩子也能接受，教育效果比较明显。

(4)遇败而诲

孩子出了问题也是教育的机会，因为他对失败有了深切的体会，这时点拨一下能起到事半功倍的效果。

(5)遇热而诲

孩子的“热点”“兴奋点”是进行教育的好机会。孩子也有热门话题，结合他们的热门话题与其聊天也是教育的好方式。

(6)遇趣而诲

兴趣牵动着孩子心思，抓住孩子的兴趣进行教育也是最佳时机。因为有共同语言，孩子比较配合，感情更融洽，效果更突出。

(7)遇潮而诲

孩子往往爱赶新潮，虽然有时也是盲目地追时髦，但此时孩子的思维往往是活跃，利用得好了对教育有益。新奇的、新潮的、流行的东西最能吸引他们。他们赶新潮时表现的态度十分活跃，是喜、怒、哀、乐表现最充分的时候，当然也是他们的思想、心理、行为显露得最明显的时候，这正是教育的好时机。

(8)遇惧而诲

每个孩子都有疑惧心理。这种情况往往是他们最需要帮助的时候，如果这时候能得到教育者的安慰、体贴，他们感激的心理是可想而知的，这时正是家长与孩子建立感情的好时机。

(9)遇变而诲

教育孩子的好时机往往在出现新情况的时候，也就是学生的变化之中。例如刚上学，刚升级，刚毕业，刚入队，刚入团，刚得奖状，或刚犯错误，刚留级，刚受处分等。学生有了变化在内心深处总会有许多想法，甚至有许多苦处，教育者抓住这一时机进行教育，将如及时雨一样，正是时候。教师要和家长沟通，及时掌握孩子变化的规律，恰到好处地进行教育。

(10)遇欲而诲

每个学生都有欲望，有物质的欲望，也有精神的欲望，青春期的孩子还有对异性的爱慕之情。每当涉及学生欲望的时候都是学生思想斗争最激烈的时候，这也是教育学生的好时机。

(二)学校、家庭、社区德育方法互通共建

德育方法的本质和意义是将教育目的、教育理念、教育内容转化为现实的教育实践过程，以达成育人目的。整体构建和谐德育方法体系的研究重点之一，就是从学校、家庭、社区的共同生活中提炼德育主题，结合教育内容和生活实例介绍教育方法，使学校、家庭、社区形成德育目标趋同，德育内容互补，德育途径方法协调配合的整体化育人格局。这项研究的实践操作方式，是通过《和谐成长》系列实验用书(小学、初中、高中、中职每年级一册)，引导实验逐步展开的。

《和谐成长》的内容框架结构，纵向以时间为坐标，即以一年 12 个月中的节日、纪念日和主题日为引线，从中提炼德育主题，逐月延展编排，内容涉及生命健康、孝敬父母、尊老爱幼、环境保护、文化传承、民主法制、科学探索、热爱祖国、世界和平等人类生活的各个方面，富于生活气息和文化内涵。横向以空间为坐标，即以学校、家庭、社区三个生活领域为教育环境，将其整体贯通起来，根据每月节日、纪念日、主题日所蕴含的德育主题，通过“和谐校园”“和谐家庭”“和谐社区”三个栏目，设计师生互动、亲子互动、校区共建等德育活动，实现了学校、家庭、社区三方德育内容既互相联系，又互相补充；德育方法既互相沟通，又互相配合。下面分学段选例介绍。

时间：三月

年级：小学六年级

首先在“本月事典”中介绍我国植树节的由来和我们的祖先植树造林的优良传统，然后通过“生活聚焦”确立本月德育主题：节约资源，保护绿色家园，养成爱护花草树木的习惯。在“和谐校园”栏目设计学校进行节约资源和环保教育的方法，如开展课本循环使用，参加绿色环保展览，召开“节约资源助学献爱心”主题班会等。节约和环保意识是一种责任意识。与此相连接，在“和谐家庭”栏目中，介绍培养孩子的劳动习惯和责任心的方法。指导家长认识掌握：在家庭生活和孩子成长过程中，他们的责任心，只能通过给孩子一定的“责任”，只能在家长也明确地认为孩子在家中也有“责任”的这样一种环境下才能培养出来。要让孩子懂得，在家中，不只要得到家人的关心，还要学会关心家人。责任有大有小，但责任却不分大小。结合这样的家教理念和方法指导，提出“和爸爸妈妈一起来做”的亲子互动建议：住楼房的同学，选择一个花盆，在盆里种上花籽，定期浇水，观察花儿出芽、成长、开花；有自家庭院的同学，在院里或门前栽一棵小树，经常护理，观察小树成长；等等。与此相配合，在“和谐社区”栏目中，介绍学校参加社区环保教育，学生争做环保小卫士活动的方法；提出共建活动内容，如调查本地树木种类，观察树木的生长和保护情况，给主管部门写一份保护植物、改善环境的建议等。

时间：八月

年级：初中二年级

结合爱迪生发明有声电影纪念日(1910 年 8 月 27 日)，确定本月德育主题：提高学科学、爱科学、用科学的情感意识，培养崇真求是的科学态度和探索创新的科学精神。在“和谐校园”栏目中，设计学校开展科学精神教育的主题活动方法，如举办创造性思维和创造技法讲座，开展“小发明”“金点子”竞赛活动和撰写科学小论文、创新方案设计等。在“和谐家庭”栏目中，介绍家长培养孩子爱科学、爱探究的经验方法，如“孩子的灵感源于爱”，用实例讲述温馨的家庭氛围对培养孩子的创造灵感起着潜移默化的作用，家长要关心孩子的志趣，孩子感兴趣的事物，就支持他自由想象和动手，不要压抑孩子的异想天开，当孩子把自己的发现告诉家长时，如果想法可行，就可以对他说：“你的想法不错，需要爸爸帮你做些什么吗?”如果想法不可行，要鼓励孩子从另外的角度思考等。与此相连接，在“和谐社区”栏目中介绍创建学习型家庭的经验方法，如开展科学生活方式进家庭活动，举办“科学生活——服务你我他”家庭科普知识竞赛，开展家庭科技才艺比赛，请教师来社区作科学育子培训讲座，引导家庭成员用科学思想和方法指导生活，形成崇尚科学、鼓励创新、尊重知识、尊重人才的社区风尚，培育双合格家长，争创文明家庭。

时间：三月

年级：高中一年级

结合三八妇女节，确定“尊重母亲，让亲情走进心灵，学会尊重，进行亲情体验和心灵沟通”的德育主题。在“和谐校园”栏目中介绍学校开展以“尊重”为主题的教育活动的做法，如利用寒假至三八节前后时间，指导学生与父母交谈，收集父母成长的照片，进行家族探源、了解祖辈情况，为父母写传记等，使学生不仅在心理上接近父母、理解父母、感念父母之情，而且亲身体验父母的辛劳，从父母的成长故事或职业生涯中获得进取发展的精神动力。引导学生体验“尊重自己，从尊重自己的生命开始”，“尊重家庭，从尊重父母开始”，“尊重他人，从礼貌宽容待人开始”，“尊重社会，从志愿者活动开始”；通过形式多样的活动，由己到人，由家庭到社会，由知到行，提升学生修身做人的能力。结合这样的亲子互动过程，在“和谐家庭”栏目中，介绍培养孩子孝敬父母品德的方法与实例，如怎样给孩子理智的爱，而不是溺爱；怎样培养孩子自理能力及劳动习惯；怎样教孩子学会感恩；等等。与学校、家庭教育活动相连接，在“和谐社区”栏目中提出组织学生在双休日参加社区志愿者活动，为建设文明社区做贡献的建议。在这样协调联动的教育活动中，实现了学校、家庭、社区德育目标内容的趋同互补，途径方法的协调配合。

和谐德育管理体系的构建*

一、德育管理体系的含义、依据和原则

和谐德育需要和谐的管理，构建和谐的德育管理体系，是实现和谐德育的保障。

(一)德育管理体系的含义

1. 德育管理的含义

德育管理是学校管理的重要组成部分，是依据党和国家有关要求，按照学生身心发展的基本规律和思想品德形成的规律，组织、协调德育的组织与组织、组织与德育工作者之间的关系，使德育组织保持良好的机能状态，使德育工作者具有良好的精神状态，从而合理组织各种力量，提高德育实效，完成德育目标和任务的有效手段。

2. 德育管理体系的构建

和谐德育认为德育管理体系是指将德育管理诸要素进

---

* 本文是与徐安德、吴书元、张宇、李培东合写，见詹万生等著：《和谐德育论》，北京：教育科学出版社，2008 年版。

行有机整合，形成完整的科学体系。德育管理包括领导体制、机制设置、德育队伍组织、德育规章制度建立、德育环境创设等要素，将这些要素有机的联系起来，构建成德育管理内容体系；德育管理包括计划决策、组织实施、检查调整、总结提高等基本职能，各个职能前后衔接、相互结合、有序运转，构成德育管理过程体系；德育管理按学段分为小学德育管理、中学德育管理、大学德育管理，将其进行学段整合，有机衔接，构成学段德育管理体系；德育管理按三大德育场划分为学校德育管理、家庭德育管理、社区德育管理，并将三者协调配合，构成整体化的和谐德育管理体系。

(二)构建德育管理体系的意义

1. 构建德育管理体系是学校贯彻党的教育方针的重要措施

德育管理体系的核心是学校领导体制，关键是德育队伍建设，重点是教育思想的管理。只有科学的构建德育管理体系，才能从学校领导体制、教师队伍建设、教育思想等方面从根本上保证全面贯彻教育方针，发挥学校德育工作对青少年学生健康成长和对学校工作的导向、动力、保证作用。

2. 构建学校德育管理体系是落实德育首要地位的关键

只有完善学校德育管理体系，才能从战略高度把德育工作摆在学校规划、计划、议事日程的首要位置；才能形成教书育人、管理育人、服务育人的局面；才能使德育工作制度化、规范化；才能从根本上解决学校教育中重视知识传授、轻视思想道德教育的“一手硬，一手软”的错误倾向。

3. 构建学校德育管理体系是有效实施学校德育的根本保证

学校德育管理的基本职能有：调查研究、预测、决策、措施设计、执行、实施、用人、指挥、协调、指导、教育、激励、训练、监督、考核、问题分析、评价处理等，按学校德育管理周期诸阶段进行整理归纳，最基本就是计划、组织、检查和总结。从动态进行研究，将这些职能活动有机结合起来，就是一个完整的管理过程。因此，从德育管理的职能和过程来讲，学校的一切德育工作都离不开德育管理体系构建，没有科学、健全的德育管理体系，就不可能落实德育内容、实现德育目标；就不可能畅通德育的渠道；就不可能形成学校、家庭、社会共同参与德育工作的新格局；就不可能使大中小学德育实现有机的衔接。

4. 构建学校德育管理体系是深化德育改革的动力

新时期对学校德育提出了更高的要求，深化学校德育改革是深化教育改革的重要内容，如何按照德育总体目标和学生成长规律确定不同学龄阶段的内容和要求，在培养学生的思想品德和行为规范方面形成一定的目标递进层次；如何拓宽德育工作渠道建立学校教育与社会实践的有机联系；如何发挥课堂主渠道作用，寓德育于各学科教学之中；如何改进德育工作的方式方法，采用启发式、讨论式开发学生自我教育的潜能；如何健全学生思想道德行为的综合考核评价制度，以实现对学生成长方向的激励导向；如何健全教师职业道德建设的保障机制，提高教师队伍实施素质教育的水平；如何加强有关德育的法规和制度建设，依法治校、依法育人等，都是学校德育工作需要研究和解决的问题。只有构建科学的德育管理体系，才能组织、领导对新时期德育工作新课题的研究，才能推动德育进行深入改革，离开了构建德育管理体系，深化德育改革只能是一句空话。

(三)构建德育管理体系的依据

1. 理论依据

学校德育管理体系的构建要以科学理论为指导，这就是中国特色社会主义理论体系、教育科学理论和管理科学理论，以及以这些理论为基础的专题应用理论——学校管理学等。

中国特色社会主义理论体系，包括了邓小平理论、“三个代表”重要思想以及科学发展观。这个理论体系，坚持和发展了马克思列宁主义、毛泽东思想，凝结了几代中国共产党人带领人民不懈探索实践的智慧和心血，是马克思主义中国化最新成果，是党最可宝贵的政治和精神财富，是全国各族人民团结奋斗的共同思想基础。其蕴含的教育理论深刻地揭示了我国社会主义教育事业的本质和发展规律，精辟地阐述了我国教育改革和发展的一系列重大理论和实践问题，内容涉及教育的各个方面，德育始终是其中的一个重要方面。

教育学的研究对象是教育，是人类的教育现象。教育学的任务是通过对教育现象的研究，揭示教育规律。在此基础上，阐明教育工作的一般原理和基本要求，进而确定教育工作的内容方法和组织形式等。在教育学中德育是重点专设篇章。

管理学的研究对象是管理，是人类的管理现象。管理学的任务是通过对人力、物力、财力及各种关系、活动过程的研究，揭示管理规律。在此基础上，进一步阐明管理工作的一般原理和基本要求，进而确定管理工作的内容方法和组织形式等。学校管理学是研究学校管理(包括德育管理)活动和规律的科学，学校管理学的研究对象是学校内部管理的原理、原则、方法、组织机构、规章制度，人员、物资以及各项工作的管理。其中有专门的篇章论述德育管理的理论、原则、内容、方法。

构建德育管理体系必须以上述科学理论为依据，才能保证其科学性。

2. 法律、法规和政策依据

学校管理体系必须依法构建，如《中华人民共和国宪法》《中华人民共和国教育法》《中华人民共和国教师法》《中华人民共和国义务教育法》《中华人民共和国职业教育法》《中华人民共和国高等教育法》《中共中央关于改进和加强中小学德育工作的通知》《小学德育纲要》《中学德育大纲》《中国普通高等学校德育大纲》《中共中央关于进一步加强和改进学校德育工作的若干意见》《中小学德育工作规程》《关于适应新形势进一步加强和改进中小学德育工作的意见》《中共中央关于构建社会主义和谐社会若干重大问题的决定》《中共中央、国务院关于进一步加强和改进未成年人思想道德建设的若干意见》《中共中央、国务院关于进一步加强和改进大学生思想政治教育的意见》以及《教育部关于整体规划大中小学德育体系的意见》等。上述有关德育的法律法规及文件中明确规定了学校的领导管理体制；学校德育机构的设置；学校德育队伍的组成、素质要求和培训；学校德育规章制度的内容和建设；学校德育环境的建设和要求；学校德育的经费等。这样就使构建德育管理体系有了法律、法规和政策依据。

3. 实践依据

新中国的学校管理研究，是从总结实践经验开始的，总结出的学校管理的实践经验可操作性强。改革开放后，一些研究开始应用西方管理理论于学校管理中也总结出一些经验。20 世纪 90 年代以来，各学校在深化教育改革的实践中，积累了大量的丰富的学校管理经验，这些实践经验都包括了构建德育管理体系的经验，这就为构建学校德育管理体系奠定了坚实的实践基础。

4. 研究与实验依据

1985 年至 2005 年以来，我国德育理论研究取得很大进展，对德育管理的研究日趋深入。中央教科所德育研究中心主持的“八五”国家教委重点课题“我国各级各类学校德育现状调查研究”，“九五”国家重点课题“整体构建学校德育体系的研究与实验”，“十五”国家重点课题“整体构建学校德育体系深化研究与推广实验”等，取得了可喜的研究成果。在构建学校领导体制管理、德育队伍管理、德育规章制度管理、德育环境管理等要素内部体系和要素之间关系体系方面，形成了一系列符合新时期德育工作要求、具有创新性、可操作性强的研究成果，这些都为构建德育管理体系奠定了科学研究实验的基础，保证了它的科学性。

(四)构建德育管理体系的原则

构建德育管理体系不论在各要素间的体系构建，还是在大中小学各学段间的整合构建，都必须遵循基本要求和准则。构建德育管理体系应遵循的原则有：

1. 方向性原则

这是由学校的社会主义性质决定的。构建学校德育管理体系的各个环节，必须始终把坚定正确的政治方向放在首位，始终坚持全面贯彻教育方针，以培养德智体美等方面全面发展的社会主义事业的建设者和接班人为目标。

方向性原则应体现以下要求：(1)坚持马列主义、毛泽东思想和中国特色社会主义理论体系的指导。(2)坚持党的教育方针，做到依法构建学校德育管理体系。(3)坚持德育工作在素质教育中的首要位置，充分发挥德育工作在青少年健康成长和对学校工作的导向、动力、保证作用。(4)要预见未来社会发展对人才的素质要求，使学生的政治、思想、道德、法纪、心理诸方面素质能更好地适应社会发展的需要。(5)要加强和改进学校思想政治工作，增强德育工作的时代感和针对性、主动性、实效性。

2. 整体性原则

这是由德育是一个系统工程的性质所决定的。构建德育管理体系必须要有整体观念，将其视为一个系统，着眼于全局。

整体性原则应体现以下要求：(1)学校德育管理工作必须有整体的规划和计划，有统一的奋斗目标，以统一和协调德育管理内部各要素之间的相互联系。同时要做好大中小学各学段之间的有机衔接。(2)从德育整体目标出发，合理设置学校德育职能机构，做到统一指挥，明确分工、协调运转。(3)全体教职工实施德育工作岗位责任制，将德育目标内容落实到教育工作各个环节之中。(4)正确处理“以教学为中心”和“把德育摆在首位”的关系。学校工作千头万绪错综复杂，必须以教学为中心。教学是全面推进素质教育的主渠道，必须做到教书育人、为人师表。无论什么学科都必须把培养学生思想道德素质作为最重要的素质，把德育放在推进素质教育的首位。

3. 科学性原则

这是由德育管理规律的客观性所决定的。构建学校德育管理体系必须遵循德育规律、科学管理的规律、学生成长的规律。

科学性原则应体现以下要求：(1)用科学理论指导构建学校德育管理体系，克服主观主义、长官意志和经验主义的弊端。(2)采用科学的管理方法和先进的管理手段。(3)实现德育管理常规的工作模式与科研工作模式的有机结合。

4. 民主性原则

这是由管理者和被管理者在德育管理中的地位和作用所决定的。学校的教职工和学生既是管理的客体又是管理的主体，是学校的主人。必须发挥他们当家做主的自觉性和积极性。坚持以人为本。要始终把为学生的终身发展奠基作为德育管理工作的出发点和落脚点，尊重学生主体地位，发挥学生自主创新精神，做到一切发展为了学生、一切为了学生发展，促进人的全面发展。

民主性原则应体现以下要求：(1)确立学生在德育管理体系的主体地位，开发学生自我教育、自我管理的潜能，发挥学生组织和学生干部在德育管理中不可取代的作用。(2)建立必要的机制使全体教职工人人成为德育工作者，充分发挥教职工在德育工作中的主动性和积极性。(3)建立健全民主管理制度，形成完整的民主监督、民主管理体制。(4)管理者要坚持走群众路线，不断提高民主意识、民主作风的素养。

5. 创新性原则

这是由学校德育工作的创新性决定的。在构建学校德育管理体系中不仅要做到序列化、规范化、制度化，而且要通过不断总结经验做到有所发现、有所创新、有所前进，使管理者与被管理者在实现德育管理的过程中潜在的创造性品质都得到发现与开发。

创新性原则应体现以下要求：(1)既注意德育管理体系的相对稳定性，又注意总结经验，适应形势发展，不断完善、有所创新。(2)注意将构建德育管理体系中的难题转化为研究的课题，通过科研解决难题，提高德育管理的水平和实效。(3)管理者与被管理者都应把德育管理视为育人的过程、创新的过程，把发现与开发自身潜在的创造性品质作为德育管理的重要目标。

6. 有效性原则

构建学校德育管理体系必须做到具有较高的工作效率，用最少的投入取得最好的效果，增强德育的实效性。

有效性原则应体现以下要求：(1)合理地组织德育队伍，做到知人善任，人尽其才，优化组合，使每个人的潜能得到充分的开发。(2)合理、有效、充分利用校内外的德育环境，形成校内外相结合的德育网络。(3)科学安排时间周密编制活动计划，提高德育工作效率。(4)坚决克服德育管理中的形式主义、实用主义、急功近利等不良作风。

二、小学、中学、大学德育管理和谐衔接

1994 年《中共中央关于进一步加强和改进学校德育工作的若干意见》明确指出“整体规划学校的德育体系”和“加强整体衔接防止简单重复或脱节”。2000 年 12 月，中共中央办公厅和国务院办公厅印发的《关于适应新形势进一步加强和改进中小学德育工作的意见》规定：“中小学德育工作实行校长负责的管理体制。中小学校长必须全面贯彻党的教育方针，采取切实措施保障国家规定的德育目标、内容和要求在学校教育教学中落实。中小学党组织要充分发挥政治核心作用，加强自身的组织建设和思想建设，要求党员教师在德育工作中起模范带头作用，团结带领广大教职工做好德育工作；充分发挥学校工会、共青团组织、少先队组织的作用，发动广大教职工做好德育工作。”2005 年《教育部关于整体规划大中小学德育体系的意见》指出：“整体规划大中小学德育体系，充分发挥学校教育的主渠道、主阵地、主课堂作用，是一项极为紧迫的重要任务，是加强和改进大学生思想政治教育和中小学生思想道德教育的重要举措，是贯彻党的教育方针的必然要求。”还明确规定了整体规划大中小学德育体系的“六个坚持”“六个根本”的总体要求。

中央和教育部文件的基本精神是学校德育领导体制实行校长负责制的管理体制，学校党委(支部)要充分发挥政治核心作用。有些校长

把德育完全归结为思想政治工作，主张应由党组织来领导负责是不恰当的；党组织把德育简单地视为行政工作，应全部由校长领导的观点也是不恰当的。校长与学校党组织各吹各的号，各唱各的调未能形成领导合力也是不对的，必须做到两者的有机结合。

(一)大中小学德育管理体系的要素结构

根据上述文件要求，经过多年的德育实践和深化研究，本课题已基本上完成了对学校德育管理体系的整体构建，形成了德育领导体制管理、德育队伍管理、德育规章制度管理和德育环境管理的大中小学校相互衔接的德育管理体系(见表1)。

表1　整体构建学校德育管理体系结构要素

	小学	中学(中职)	高等学校
领导体制管理	校长负责制与党支部发挥政治核心作用，保证作用的领导体制。	校长负责制与党支部发挥政治核心作用、保证作用的领导体制。	党委是学校德育工作的领导核心，在党委统一部署下，建立和完善校长及行政系统为主实施的德育管理体制，校长对学生德、智、体、美等素质教育全面负责。 系(科)应建立相应的德育工作领导小组。
德育队伍管理	小学教师是学校德育工作的基本力量。学校党组织的负责人、主管德育工作的行政人员、思想品德课教师、班主任、大队辅导员是德育工作的骨干力量。 从2000年开始实施全国中小学德育工作先进集体和先进个人的评选表彰制度。对于德育工作成绩突出的教育工作者优先授予特级教师称号。	中学教师是学校德育工作的基本力量。学校党组织的负责人、主管德育工作的行政人员、思想政治教师、班主任、团委书记是德育工作的骨干力量。 从2000年开始实施全国中小学德育工作先进集体和先进个人的评选表彰制度。对于德育工作成绩突出的教育工作者优先授予特级教师称号。	高等学校德育队伍包括学生专职政工人员。思想政治理论课教师和兼做德育工作的业务教师及党政干部。 学生专职政工人员是指专职从事学生思想政治教育的人员，包括学校分管德育工作的党委副书记(或兼副校长)、学生工作部(处)、团委中从事学生思想教育的人员、系党总支副书记(或兼副系主任)、

续表

	小学	中学(中职)	高等学校
			团总支书记、辅导员(或年级主任)以及专职从事思想政治教育的其他人员等。 学生专职政工人员和思想政治理论课教师都是德育专职教师。要优化队伍结构,建设一支专兼结合、功能互补、政治坚定、业务精湛的德育队伍,要培养和造就一批思想政治教育专家和教授。
规章制度管理	1.《小学德育纲要》 2.《中小学生守则》 3.《小学生日常行为规范》 4.《小学班主任工作暂行规定》 5.《关于实施〈中华人民共和国国旗法〉严格中小学升降国旗制度的通知》 6.《中小学教师职业道德规范》 7.《中小学德育工作规程》 8.《关于加强中小学教师职业道德建设的若干意见》 《中共中央、国务院关于进一步加强和改进未成年人思想道德建设的若干意见》 《教育部关于整体规划大中小学德育体系的意见》 《教育部关于进一步加强中小学班主任工作的意见》	1.《中学德育大纲》 2.《中小学生守则》 3.《中学生日常行为规范》 4.《中学班主任工作暂行规定》 5.《关于实施〈中华人民共和国国旗法〉严格中小学升降国旗制度的通知》 6.《中小学教师职业道德规范》 7.《中小学德育工作规程》 8.《关于加强中小学教师职业道德建设的若干意见》 《中共中央、国务院关于进一步加强和改进未成年人思想道德建设的若干意见》 《教育部关于整体规划大中小学德育体系的意见》 《教育部关于进一步加强中小学班主任工作的意见》	1.《中国普通高等学校德育大纲》 2.《高等学校学生行为准则》《普通高等学校学生管理规定》 3.《高等院校校园秩序管理者若干规定》 4.《德育专职教师工作条例、业绩考评和奖励制度与措施》 《中共中央、国务院关于进一步加强和改进大学生思想政治教育的意见》 《教育部关于整体规划大中小学德育体系的意见》

续表

	小学	中学(中职)	高等学校
德育环境管理	1. 建立社会实践基地。 2. 各校有校训、校规、校服、校歌。 3. 设置广播室(演播室)、图书室、阅览室、宣传橱窗、阅报栏、黑板报、少先队室。 4. 绿化美化校园。 5. 开展丰富多彩的课外活动，建立各种课外活动小组。	1. 建立社会实践基地。 2. 各校有校训、校规、校服、校歌。 3. 设置广播室(演播室)、图书室、阅览室、宣传橱窗、阅报栏、黑板报、少先队室。 4. 绿化美化校园。 5. 开展丰富多彩的课外活动，建立各种课外活动小组。	1. 德育经费确立科目、列入预算。德育现代化设施、设备和活动场所，纳入总体建设规划。 2. 校园文化建设和小区建设。开展各种文明健康的文化、科技和体育等活动；建设“文明、整洁、优美、有序”的校园环境；加强广播、影视、报栏、专刊等宣传阵地的建设与管理。

(二)大中小学德育管理和谐衔接的特点

1. 大学与中学党组织的联系有所加强

中学德育工作的基本任务之一是使学生中的优秀分子将来能成长为坚定的共产主义者。中组部和教委于1994年颁布了《对中学生进行党的基本知识教育》的意见，在高中(职高)普遍建立了青年学生业余党校，经过中学党组织的教育，已涌现出一批党的积极分子。但由于年龄有限，仅有个别的积极分子入党。升入高等学校后，需要大学的党组织在中学的基础上进一步引导和教育，以强化影响他们入党的积极性。通过近年来的实践探索，大学与中学党组织的联系有所加强。

2. 大中小学校德育骨干队伍之间的联系有所加强

有些高等学校主动请中学德育骨干为高校德育队伍介绍中学德育情况和经验；有些区县教育局的主管领导和学校领导主动邀请高校德育领导介绍中学生在大学的表现和大学德育经验，这样促进了大中学校德育骨干队伍之间的联系。目前，全国实行的小学升初中就近入学的制度，为加强中小学德育队伍之间的联系提供了方便。许多中小学德育队伍之间已经形成了固定的联系。总之，大中小学德育骨干队伍之间的联系有所加强还是初步的，今后需进一步完善。

3. 大中小各学段的德育规章制度进行了初步的交流和沟通

目前许多中学、小学德育工作者互相了解对方的德育规章制度，许多大学、中学德育工作者也互相了解各自的德育规章制度。这样就使执行德育规章制度从小学、中学再到大学逐步形成有机的循序渐进的体系。

三、学校、家庭、社区德育管理协调合作

(一)建立学校、家庭、社区共同参与的领导体制

学校德育领导体制是学校领导体制的重要组成部分或重要体现，它是由学校领导体制决定的。1994 年 8 月颁发的《中共中央关于进一步加强和改进学校德育工作的若干意见》中规定："完善德育工作管理体制。各级各类学校党组织都要加强对学校思想政治教育工作的领导。不管学校实行何种领导体制，校长都要对学生的德智体全面发展负责；在党委(总支、支部)的统一部署下，学校都要建立和完善校长及行政系统为主实施的德育管理体制。"《中共中央、国务院关于进一步加强和改进未成年人思想道德建设的若干意见》(中发〔2004〕8 号)规定："各级党委和政府要把加强和改进未成年人思想道德建设作为一项事关全局的战略任务，纳入经济社会发展总体规划，列入重要议事日程，切实加强和改善领导。要形成党委统一领导、党政群齐抓共管、文明委组织协调、有关部门各负其责、全社会积极参与的领导体制和工作机制。"《中共中央、国务院关于进一步加强和改进大学生思想政治教育的意见》(中发〔2004〕16 号)明确指出"要建立健全党委统一领导、党政群齐抓共管、有关部门各负其责、全社会大力支持的领

导体制和工作机制，形成全党全社会共同关心支持大学生思想政治教育的强大合力。”

学校德育工作的领导体制是学校德育工作运作的核心，不仅事关学校德育工作的全局，而且对整个学校教职员工起着导向、动力和保证作用。成立由党政主要领导、德育骨干各方面负责人、社区、家长代表参加的德育领导小组，具体组织领导学校德育工作。

健全、完善学校德育领导体制是构建与实施学校德育系统工程的中枢环节。在学校德育管理体系中包括领导体制、队伍建设、制度建设、环境建设等要素，其中起领导与决定作用的是领导体制。只有健全、完善学校德育领导体制，才能建立强有力的德育组织机构，建好德育队伍，形成全员、全方位、全过程的育人局面，使德育工作科学化、制度化、系列化、规范化，使德育资源得到充分开发形成良好的育人氛围。总之，健全、完善学校德育领导体制才能使整个德育工作系统有序地高效地运作。

和谐德育认为，健全、完善学校德育领导体制是沟通学校、家庭和社会共同参与德育工作新格局的核心。德育是个系统工程，学校、家庭和社会共同参与德育工作才可能取得实效。在这三方面教育中，学校是沟通的桥梁，形成合力的核心。只有健全、完善学校德育领导体制，才能使学校的桥梁和核心作用得以发挥，实现学校、家庭和社会共同参与德育工作的新格局。

(二)组建学校、家庭、社区三结合的德育队伍

德育队伍是实施德育的主体，是实现德育目标的组织保证。建设一支结构合理、思想性和业务性相结合、专职与兼职相结合、骨干队伍与基础队伍相结合的功能互补、示范性较强的德育队伍，是整体构建学校、家庭、社区和谐德育体系的关键，是实施素质教育，完成教育任务、实现培养目标的基本保证。

从广义上理解，德育队伍应是一个扩大意义的概念，包括德育骨干队伍、德育基础队伍、德育队伍的社会力量。

德育骨干队伍包括学校中层以上的党政领导、思想政治与思想品德课教师、年级组长、班主任、政治辅导员、教导员、团队专职干部等。德育骨干队伍是学校德育总体计划的设计者和实施者，是全面推进以德育为首位的素质教育的核心力量。德育骨干队伍以德育为自己的主业，不断地在这一领域进行探索、实践、学习、研究和提高，为德育的实施和发展起着骨干作用。

德育基础队伍包括其他学科教师和除教师外的教育工作者。各学科的任课教师具有人数多、分布广、文化课知识、专业理论知识和技能娴熟，随时可结合本学科教学渗透德育的优势。在行政系统中从事管理工作的人员、在实验室、电教室、图书馆岗位上直接从事与教育教学活动有关联的辅助人员，以及在医疗卫生、总务后勤等岗位上的其他专业技术人员是学校实施德育一支重要的力量。发挥全体教职员工的育人作用，全方位落实“教书育人”“管理育人”“服务育人”，德育的总体目标才能较好地实现。

德育队伍社会力量是指广大工人、农民、知识分子、解放军官兵等，科学家、教育家、优秀工程技术人员、企业管理人员以及英雄模范人物是他们的优秀代表。德育队伍的社会力量是学校德育队伍的有效补充，充分发挥社会力量的作用，可以使学校德育充分融入到学校、家庭、社会的大德育体系中，实现德育的整体化、系统化、社会化，可以增加学生社会实践的机会并提高德育质量。

德育骨干队伍具有协调、调动、安排德育基础队伍和社会力量的作用。只有将上述三支德育队伍紧密结合，才能更好地发挥德育队伍的整体功能，才能实现全员育人。

(三)建立健全学校、家庭、社区共同遵循的德育制度

在中央颁布的一系列德育文件中，都十分重视德育制度的建设和管理。1994 年 8 月颁布的《中共中央关于进一步加强和改进学校德育工作的若干意见》中指出："学校德育工作要有法制保障。学校德育的地位、任务和主要方针、原则要有权威性和稳定性，必须制定相应的法律法规，以保证教育者、受教育者及社会有关方面共同遵循。社会主义经济体制的逐步建立和教育的改革、发展使这种法律建设更为必要和迫切，要把这个问题进一步地纳入整个法制建设中加以解决。"1999 年 6 月，《中共中央、国务院关于深化教育改革全面推进素质教育的决定》指出："全面推进素质教育，根本上要靠法制、靠制度保证。各级人民政府和各部门要切实做到依法行政，保证教育方针的全面贯彻执行。""制定有关素质教育的制度和法规，逐步实现素质教育制度化、法制化。"《中共中央、国务院关于进一步加强和改进未成年人思想道德建设的若干意见》(中发〔2004〕8 号)指出："要积极探索实践教学和学生参加社会实践、社区服务的有效机制，建立科学的学生思想道德行为综合考评制度。"

德育制度是指德育工作者和德育对象分别或共同遵守的、按一定程序办事的规程或行动准则。其中包括宪法、教育及其他方面法规所涉及的德育内容，有关教育行政法规、教育方面的地方性法规中德育的内容，有关教育部门规章，教育方面地方政府规章中涉及德育的内容，以及学校依照以上法律、法规、制度综合本校实行制定的各种制度。

德育制度是德育管理理论和经验的基础，德育管理的重要组成部分，是德育管理的重要手段。要对德育实行科学管理，必须有健全的

规章制度，使大家有章可循。只有制度健全，才能有利于德育管理者领导、检查、评价各个单位的德育工作，促进德育工作的发展，保证德育工作的质量。不仅要建立健全德育制度，而且要注意制度之间的联系，做到整体化、系列化，还要建立制度执行情况的监督检查机构，从而构成德育制度管理体系。

学校可以根据中央和国家主管部门、地方行政部门制定的有关德育法规、条规、规则等文件精神，结合本校实际情况，制定学校内部切实可行的德育规章制度。学校领导及班主任、辅导员要宣讲并组织学习有关德育规章制度；在校园、教室、办公室等醒目之处要张贴重要的德育规章制度。通过宣传学习使德育工作者和德育对象对德育规章制度了解、理解、掌握，从而自觉去执行。学校要组织对学校、年级(系)、班级德育规章制度贯彻执行情况的督促检查，检查人员应由学校领导、教师、学生(学生组织成员)各方代表组成，可分为每日、每月、每学期的检查，并将检查结果在适当位置上公布于众。坚持定期对德育规章制度的执行进行监督检查，对执行好坏的集体、个人进行奖励与惩戒。

家庭要通过家长学校、家庭教育指导中心等多种形式，了解、学习、宣传国家、教育部门、学校制定的德育规章制度，积极配合学校贯彻落实各种德育政策法规和规章制度，共同做好育人工作。社会要保障德育制度的贯彻落实。高度重视并充分发挥校外教育基地、爱国主义教育基地和社区教育的作用，依托社会的各种活动阵地和德育资源，组织开展富有吸引力的德育活动。

(四)建设学校、家庭、社区整体优化的德育环境

党和国家历来十分重视德育环境的建设和管理。1994 年 8 月颁布的《中共中央关于进一步加强和改进学校德育工作的若干意见》中规定："保证经费投入，改善物质条件……学校要为德育工作提供必要的场所与设备，不断改善条件，优化手段。"要求"中小学都要有自己特色的进行爱家乡、爱祖国教育的基地和乡土教材。"强调"重视校园文化建设。要大力开展学生喜闻乐见的、丰富多彩的、积极向上的学术、科技、体育、文艺和娱乐活动，建设以社会主义文化和优秀民族文化为主体、健康生动的校园文化，要努力净化校园环境，抵制消极、腐朽思想渗透和影响，抑制低俗文化趣味和非理性文化倾向；引导校园文化气氛向健康、高雅方向发展。在整个社会主义精神文明建设中，学校应成为最好的小环境之一，并对大环境的优化做出积极贡献。"2005 年 4 月《教育部关于整体规划大中小学德育体系的意见》明确指出："构建学校、家庭、社会紧密配合的德育网络，使德育工作由学校向家庭辐射，向社会延伸。学校要主动和学生家长及社会各方面加强沟通与合作，使三方教育互为补充、形成合力。"

德育环境是指学校实施德育时周围世界的状况及其对德育的影响，从空间讲包括学校的德育环境、家庭的德育环境、社会的大德育环境，从内容讲学校德育环境，既包括硬件设备条件，如实施德育所必需的基地、场所、设备及教育手段等，还包括学校德育的软件设备、条件，如校园文化、校风等。

德育环境管理的目的就是要建立学校、家庭、社区整体优化的德育环境。对学校、家庭、社区德育环境诸项内容进行合理的整合，同时，建立相应的机构和必要的制度。社区、各级教育行政部门和学校要提供德育工作所必需的场所、设施，建立德育资料库。各省、自治区、直辖市都要因地制宜确定并重点建设一批德育基地。学校除充分利用这些基地外，还要利用当地的有利条件，开发德育资源，建设好学校级的德育基地。加强校园环境建设和管理要做到：校园环境整洁优美，富有教育性，努力净化校园环境；严禁任何单位和个人在学校中进行宗教活动；严禁宣扬暴力、凶杀、色情、迷信的图书报刊、音像制品在学校中传播。校园绿化美化要精心设计、精心实施体现思想性、艺术性、知识性、趣味性、实用性相结合。加强校园文化建设，积极引导开展校园文化活动应注意兼顾思想性、知识性和娱乐性；注意内容的广阔性、形式的多样性和本身固有的娱乐性；注意弘扬主旋律，提倡多样性；在管理上注意管而不死、活而不乱，从宏观着眼，大处着手，在微观上给予具体指导和帮助；注意洋溢时代气息，勇于开拓创新，培养良好校风。校风是学校德育重要组成部分，是教育人、培养人不可缺少的一个重要方面。它时时刻刻发挥着引导人、充实人、熏陶人、影响人的重要教育作用。家庭德育环境建设要量力而行，不仅要重视硬件建设，更重要的是在软件建设上能够适合学生思想道德发展，符合学生成长成才的条件。并要积极配合学校、社区建设和谐的德育环境。

青少年思想品德的形成发展是人的自然性和社会性的统一。青少年在他们自己活动中，能动地接受外界社会的各种影响，通过自身内部知、情、意、行的矛盾运动，逐步地形成发展起来。环境对青少年思想品德形成有很大关系，在我国传统道德教育中，更是十分重视环境的影响熏陶，“孟母三迁”“近朱者赤，近墨者黑”等都充分说明了环境对人产生的影响和作用。作为学校、家庭、社区德育软环境的校园文化、家庭文化、社区文化建设甚为重要，和谐德育认为，建设学校、家庭、社区整体优化的德育环境必将为建设和谐文化，培育文明风尚提供实践依据。

和谐德育评价体系的构建*

一、德育评价体系的含义、意义和原则

(一)德育评价体系的含义

1. 德育评价的含义

德育评价是国家机关、教育行政部门、教育督导和教育科研等专业机构及学校等主体根据党和国家的教育方针、德育法规和德育目标，依据各类学校学生身心发展规律，为给德育决策提供依据和保证德育目标的实现，有计划、有组织地运用科学手段、形式和方法对有关区域评价对象中人员范围(学校、教师、学生)、事物范围(德育条件、德育过程、德育效果)、时间范围(年度、学期、月、周)的德育实施状况和成效所进行的价值判断活动过程。

这一界定包含了以下六个要素。第一，德育评价不仅是对德育情况的描述更是一项教育价值判断活动。这是德

* 本文是与徐安德、吴书元、张宇、李培东合写，见詹万生等著：《和谐德育论》，北京：教育科学出版社，2008 年版。

育评价的本质。第二，德育评价是一种系统的收集德育资料的过程，系统性是其重要特点。不仅收集资料，更注重对德育资料的解释、分析。第三，德育评价以一定的理论政策为依据。这就是党和国家的德育政策法规、教育目的和德育目标以及学生身心发展规律。第四，学校德育评价的主要内容是德育思想、德育组织、德育实施状况、德育实效等。这些是保证德育目标实现的主要方面，也是德育评价必须抓住的重点。第五，参与德育评价的主体是广泛的。不仅有政府、教育行政部门组织的德育工作检查评估，还有人大、政协等组织所进行的德育工作视察；不仅有教育督导部门的德育执法检查评估和教育科研部门的专业性德育评估，还有师生参与的对学校德育工作的评价；不仅有学校德育自评，还有社会其他部门、有关人士对学校德育的不同形式的评价。第六，德育评价的根本作用是为正确决策提供可靠的依据，从而保证德育目标的实现。

2. 德育评价体系的构成

德育是系统工程，这就决定了必须构建德育评价体系。从德育评价学段而言，要构建小学各年级、初中各年级、高中(中职)各年级、高等院校各年级的互相衔接的评价体系；从评价对象而言，要构建对学校德育评价、班级德育评价、学生品德评价的诸方面相互联系的评价体系；从评价内容而言，应构建评价德育条件、评价德育过程、评价德育效果有机结合的评价体系。德育评价与一般的德育检查、考核、评比最大的区别之一，是必须构建一套德育评价指标体系。这一体系是由反映评价对象某一方面特征的主要因素和数字或模糊量参数构成的，而由德育评价对象所包含的德育评价指标所构成的集合和整体，这就是德育评价指标体系。

（二）构建德育评价体系的意义

1. 构建德育评价体系为正确评价学校德育提供了客观依据

德育评价的实质是一项教育价值判断活动，正确进行德育评价必须有赖于科学正确的客观依据。由于德育的内涵、外延的丰富性和德育过程的长周期性、多维性，使德育评价变量因素繁多，过程复杂，效度难以把握，因而长期以来没有一套科学可行的德育评价指标体系。继承和发展德育评价理论，构建德育评价体系，就为德育评价提供了客观依据，就可以科学地评价学校德育，克服主观随意性，增强客观准确性，同时还统一了人们对每项指标重要性的认识，发挥了统一人们价值观念，把人们的价值认识凝聚在指标和指标的全系数之中的作用。

2. 构建德育评价体系为深刻认识学校德育开辟了一条重要途径

德育评价的基本功能是对学校绩效以相关因素进行价值评判，只有深刻认识评价对象，才能对学校德育特征做出正确的判断。由于德育是一个复杂的综合整体，这就给人们深刻认识评价对象造成了很大的困难。评价指标是由构成评价对象的主要因素分解而来的，是评价对象本质特征的具体化。通过评价指标把复杂的整体对象分解为各个组成部分，把对复杂的整体认识转化为对较简单的各个组成部分的认识，这就给评价者深刻认识评价对象开辟了一条重要途径，从而为提出加强和改进学校德育工作的有效措施提供依据。

3. 构建学校德育评价体系为实施德育督导检查提供了有效机制

学校德育目标是根据社会主义现代化建设的要求，根据党和国家有关学校德育的方针、政策、规定而提出的，通过德育活动努力争取达到的目的。长期以来，由于种种原因，德育的首要地位还没有完全落实，在少数学校“一手硬，一手软”的问题还比较突出。“重智轻德”

“智育是硬指标，德育是软指标”的现象在一些学校还不同程度的存在，德育目标落实得还不够好。其中一个重要原因就是缺乏科学完整的学校德育评价体系，没有建立有效的督导检查运行机制。学校德育目标是一个宏观的概括化的体系，不能直接用来做评价的指标。我们在实践中突破了德育目标不能量化为评价指标的旧观念，确立了以“间隔选点”等对德育目标进行指标演变量化的新体系，使德育看得见，摸得着，实在可行。这种机制的运行，能够使德育由软变硬，由虚变实，由“让位”到“首位”，真正实现“德育为首，诸育并举”。

总之，构建学校德育评价体系是全面贯彻党的教育方针，全面推进素质教育，实现育人为本，德育为先，将德育落实到教育工作中的各个环节的重要措施。

(三)构建德育评价体系的原则

明确构建学校德育评价体系的原则，才能统一思想和行动，防止和克服构建学校德育评价体系过程中的主观性和随意性，保证其科学性。构建学校德育评价体系必须遵循以下基本原则。

1. 方向性原则

方向性原则是指构建学校德育评价体系要与社会主义精神文明建设中的思想道德总目标相一致，要与党和国家教育方针、法律法规规定的教育目标、德育目标相一致。方向性原则还要求构建的学校德育评价指标体系具有导向作用，通过评价指标的导向作用，把评价对象的德育活动引导到实现德育目标上来。方向性原则是首要的、具有决定意义的基本原则。

2. 科学性原则

第一，要有科学的态度，即采取客观的实事求是的态度，按客观规律办事，反对主观臆断；第二，要以科学理论为指导，构建学校德育评价体系和评价方法要符合德育规律、青少年成长规律，要科学、全面，防止片面性。要在周密调查研究和科学实验的基础上去构建，防止盲目性、随意性；第三，构建学校德育评价体系必须具有整体完备性，要把握德育工作的全局和各组成部分之间的内在联系，建立起层次分明、要求明确、反映学校德育本质的学校德育评价体系；第四，科学的构建学校德育评价体系的指标、权系数，采用科学的方法收集评价信息，这是评价科学化的重要保证。

3. 可行性原则

可行性原则是指构建学校德育评价体系必须切实可行。为此，构建学校德育评价指标体系时应注意：一是要尽量精减指标的数量。指标越多越细，对评价对象的认识就越具体，但也不是越多越好，因为指标过多，纷繁复杂就难以操作，失去了可行性。二是要提高德育评价指标的区分力。构建德育评价指标要从评价对象的实际出发，既不是高不可攀，也不是一蹴而就。三是要求评估标准应是具体的可操作的，而不是抽象的概念化的条文，评估的手段方法应简便易行，为绝大多数人所理解、接受，评价的等级量标也不宜过细，过于烦琐。

4. 定性评价与定量评价相结合的原则

定性评价是人们对评价对象基本属性和特征的总体认识，一般对评价对象进行抽象分析，而不做具体量的分析，最后给出定性结论。德育评价中的定性评价是对评价对象所进行的定性描述分析和鉴定。定性评价有时脱离评价对象量的变化实际，只凭以往的经验和评价者的主观印象来给评价对象下结论，因而难免存在片面性。定量评价是人们对评价对象实际状况做出精确的量的认定。是对评价对象运用数学方法所进行的定量分析、比较和鉴定。定量评价结论较为可靠、精确、符合现代科学研究精神。但是它的运用也有局限性，客观世界中的事物不是全部能用数量关系来测评描述的，事物的运动变化状况也不是量化可穷尽的。特别是学生的思想品德是一个内在素质与外在行为表现的统一体，同时又是一个动态发展的过程，因此就更难以用唯一的数学方法进行量化。因此构建学校德育评价体系必须坚持定性评价和定量评价相结合的原则，做到以定性分析为主，在量化的基础上作定性的描述，尽可能让定性指标有量的测定，最终在深入发掘德育本质及规律的基础上给出以定性评价为主的科学评价结论。

5. 终结性评价与形成性评价相结合的原则

终结性评价是指对评价对象基本项目评价活动结束后的最终结果的评判和鉴定，是指经过各种定性定量测评之后，对评价对象德育工作的阶段性成效的终结性评价和鉴定。它要对评价对象的德育工作做总体的定性和鉴定，具有终结性定论的性质。形成性评价是指对评价对象活动过程不断地考评、检测和督导，以及时了解活动的信息，及时发现和纠正活动的偏差，督导评价对象按既定方向和原则开展活动，是对评价对象的阶段性德育工作全过程进行不断的考评、检测、评估和督导。它要不断地收集整理德育过程的信息，检测有关数据，考评有关项目和对象，对德育的运行状况进行准确评估，纠正过程中的问题和偏差，督导评价对象有效地深入地开展德育工作。学校德育工作是一个复杂的系统工程，因此必须注重形成性评价。德育的科学评价必须把终结性评价与形成性评价有机地结合起来，使形成性评价为终结性评价奠定基础，终结性评价成为形成性评价发展的必然结论。这样才能客观公正地反映评价对象的实际，并推动德育工作深入发展。

6. 静态评价与动态评价相结合的原则

所谓静态评价，是指把评价对象放到相对稳定的状态中，对其实际情况、发展水平作相对值的测评。德育评价中的静态评价，是对评价对象相对稳定阶段的德育实际状况和发展水平作相对值的测评，做出静态描述。它能使人们对评价对象相对稳定阶段的德育工作状况做出基本认识，对其德育发展水平做出基本估计。但是，事物是不断发展变化的，运动是永恒的，静态只是相对的。因而任何一个静态的德育评价都是有条件的、暂时的、过渡的，因而是相对的。要对德育工作做出客观的评判，还必须进行动态评价。所谓动态评价，是指把评价对象放到其整个发展过程中进行考察，从一定的时空背景和环境背景了解对象过去的、当前的发展状况，分析其未来的发展趋势，从其动态发展中对其做出符合实际的评判结论。静态评价和动态评价各有自己的长处，但也各有自己的局限性，静态评价只能就评价对象相对稳定状态做出评判，而不能对其发展的全过程做出评判；动态评价更全面、更深刻地反映对象的真实情况，但很难把握。所以，德育评价中应该把两者有机地结合起来，以使评价者在相对稳定状态中从横向比较方面对评价对象的德育状况进行认识和评价，又在发展历史中从纵向比较方面对评价对象的德育状况进行全面深刻的认识和评价。

7. 外部评价与自我评价相结合的原则

所谓外部评价，是指评价对象自身以外的组织、单位、人员所进行的评价。所谓自我评价是评价对象对自身工作的评价。德育评价的外部评价和自我评价都是相对的。在德育评价实践中，必须坚持外部评价与自我评价相结合的原则，尤其要重视发挥自我评价的作用。因为外部评价总是有条件的、有限制的，不可能对一个评价对象进行长年累月的全天候、全过程的考察和评判。而自我评价则是学校德育评价最主要、最经常的评价方式，是一种充分发挥评价对象主观能动作用，进行自我认识、自我完善、自我教育、自我提高的过程。在德育评价实践中日益显示出其优越性。外部评价包括国家各级政府、各级教育行政部门的视导性评价、检查性评价、认可性评价和鉴定性评价，包括督学系统的督导评价，专家同行的评价，社会评价，机关团体的评价，企业用人单位的评价等。用于诊断性评价、形成性评价，但大部分是终结性评价。外部评价能更好地体现评价的客观性、权威性，是发挥德育评价功能的重要方式。根据上述分析在构建学校德育评价体系时必须坚持外部评价与自我评价相结合的原则。

8. 德育评价诸功能有机结合的原则

德育评价既具有诊断性功能、鉴定总结功能、科学管理功能，又具有反馈调节功能、激励导向功能。因此，在各种形式的评价过程中都要注意发挥德育评价的上述功能，既要实事求是地客观地考察分析评价对象的实际，严格实行评价标准，对评价对象给予公正客观的结论，以发挥德育评价的诊断性功能、鉴定总结性功能、科学管理功能。又要坚持具体地分析评价对象的实际情况，不能僵化地一刀切，不能一成不变地对待每一个评价对象。要用一分为二的观点看问题，既要看到评价对象存在的问题和偏差，又要看到其基础、发展、提高以及可开发的潜力，在坚持标准的同时，对评价对象从多方面去肯定和激励以发挥评价反馈调节功能和激励导向功能。

二、小学、中学、大学德育评价和谐衔接

(一)建立三级德育评价体系

德育评价是一个完整的、系统的、网络化的体系。这个体系包括学校德育评价、班级德育评价和学生品德评价三个级别，涵盖小学、

中学(中职)、大学(高职)三个学段，每个学段都有自己的体系，这些体系是由不同的评价指标构成(图 1)：

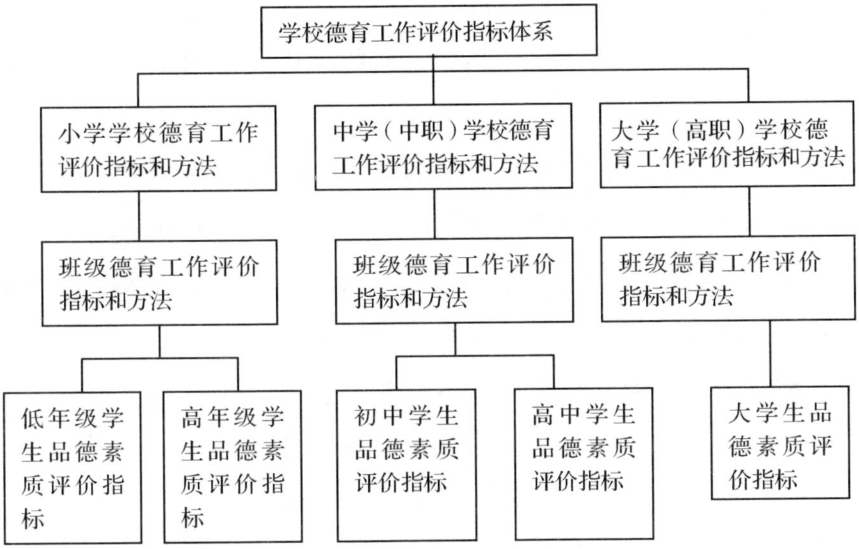

图 1　学校德育工作评价指标体系

在这个体系中，学生品德评价是德育评价的核心，班级德育工作评价是德育评价的重要内容，学校德育工作评价是全面衡量一个学校德育工作的重要手段。形成一个上级教育行政部门抓学校德育工作评价，学校领导抓班级德育工作评价，班主任抓学生品德素质评价的不同层次的德育评价系统，发挥这个系统的功能，是促进学校德育工作整体优化的根本保证。

在使用德育评价指标体系进行评价时要注意：这个指标体系既可以整体使用，对学校(班级)德育进行整体评价，也可以使用其中的一部分，对学校(班级)德育的某些方面进行评价；既可以坚持评价指标的考察内容，也可以根据评价实际的要求，修改部分评价指标。用修正后的指标体系对学校(班级)进行德育评价。一句话，对评价指标可以灵活运用，但其依据必须是评价实际的需要。

对学校(班级)的评价，一般在期中和期末进行，这样有利于评价信息的及时反馈，从而督促学校(班级)采取措施及时纠偏，促进德育工作的顺利开展。对学生个体品德素质的评价可采用定期和不定期相结合的办法进行，一般在期末定期评价，其他时间不定期进行，但评价时间不要间隔太久。在评价方法的选用上，无论是德育工作评价还是学生品德评价，一般采用以自评为主、他评为辅的办法。这是因为，内因是事物变化发展的根本原因，自查自评的自我调节功能最强，是搞好德育工作，提高自我修养的原动力。

对学校(班级)德育工作评价结果等级的认定往往采用四等评定的办法：一等为 90～100 分；二等为 80～89 分；三等为 60～79 分；四等为 59 分以下。对一等的授予德育工作示范学校(班级)称号，二等授予德育工作先进学校(班级)称号，三等为德育工作达标学校(班级)，四等为德育工作不合格学校(班级)。对学生个体品德素质评价结果的等级认定一般分为四等：一等(80 分以上)为优；二等(70～79 分)为良；三等(60～69 分)为达标；四等(59 分以下)为未达标。不论是对德育工作的评价还是对学生品德素质的评价其结果都要用定性的语言做出评价小结或做出评语，这些定性分析要注意全面性、准确性以及指出今后努力的方向。

(二)小学德育工作评价指标体系

小学德育评价指标体系包括学校德育工作评价、班级德育工作评价、学生思想品德评价三项内容。学校德育工作评价由评价指标、评价标准、评价方法构成。小学与中学和大学的德育评价指标体系基本相同。因此，我们统称其为学校德育工作评价指标、评价标准和评价方法，其具体内容见表 1。

表 1　学校德育工作评价表

一级指标	二级指标	三级指标	评价标准	评价方法	等级分值			实际得分
					一	二	三	
A_1 德育条件 30 分	B_1 德育规划 6 分	C_1 德育目标	①学校总体德育任务规范科学、明确 ②德育目标分解具体、合理	查资料	2	1.5	1	
		C_2 工作计划	①计划具有针对性、导向性、可操作性 ②德育计划与其他计划衔接配套	查资料	4	3	2	
	B_2 德育组织 10 分	C_3 机构建设	①建立完善的德育管理体制 ②德育机构设置合理	调查	3	2	1	
		C_4 队伍建设	①队伍结构合理，分工明确 ②德育干部工作踏实、有效，德育队伍建设措施有效	统计调查	4	3	2	
		C_5 制度建设	①有健全的德育工作、评价制度 ②能反映学校德育工作特色	查资料	3	2	1	
	B_3 德育环境 10 分	C_6 文化氛围	①校园周边环境文明，社区文化影响好 ②校园内部环境优美，校园文化建设好	调查	5	3	1	
		C_7 物质装备	①德育活动设施齐全，德育资料丰富 ②有稳定的德育实践基地	调查	5	3	1	
	B_4 德育经费 4 分	C_8 经费筹集	①来源渠道畅通 ②有专项足额的投入	查资料调查	2	1.5	1	
		C_9 经费使用	①使用合理、合法 ②使用有效	调查	2	1.5	1	
A_2 德育过程 35 分	B_5 德育常规 14 分	C_{10} 依法治校	①严格按照法律、法规、政策、制度管理学校 ②经常对师生进行法纪教育	调查	2	1.5	1	

续表

一级指标	二级指标	三级指标	评价标准	评价方法	等级分值 一	等级分值 二	等级分值 三	实际得分
A_2 德育过程 35 分	B_5 德育常规 14 分	C_{11} 班级管理	①经常指导班级德育工作 ②班级德育工作进步明显	调查 查资料	3	2	1	
		C_{12} 教书育人	①注重师德教育，注重品德表率作用，育人意识强 ②思想品德、思想政治课发挥德育主渠道作用，各学科均有机渗透德育	调查 观察	5	3	1	
		C_{13} 管理育人	①促进学校的学风、校风建设 ②提高学生自我管理能力	调查 问卷	2	1.5	1	
		C_{14} 服务育人	①全员育人意识强 ②利用后勤服务渠道实施育人	调查 观察	2	1.5	1	
	B_6 德育活动 12 分	C_{15} 校内活动	①重大节日礼仪活动形成序列 ②升旗仪式庄重规范 ③德育活动丰富多彩富有成效	查资料 观察	5	4	2	
		C_{16} 校外实践	①经常开展各种形式的校外实践活动 ②校外实践具有计划性和成效性	调查 问卷	4	3	2	
		C_{17} 心理咨询	①经常开展心理咨询活动 ②定期举办心理辅导讲座	调查	3	2	1	
	B_7 德育科研 5 分	C_{18} 科研组织	①有专人负责德育科研的领导工作 ②参加德育科研培训	查资料 听课	3	2	1	
		C_{19} 专题研究	①研究内容具体，具有针对性 ②研究成果能指导德育实践	查资料 调查	2	1.5	1	
	B_8 德育建档 4 分	C_{20} 结果处理	①运用评价结果改进工作 ②档案整理规范有序	查资料 问答	2	1.5	1	

续表

一级指标	二级指标	三级指标	评价标准	评价方法	等级分值			实际得分
					一	二	三	
		C_{21} 结果上报	①定期进行德育工作自查 ②定期向上级汇报德育工作	调查	2	1.5	1	
A_3 德育条件 35 分	B_9 校风校貌 8 分	C_{22} 校园风气	①校园环境教育性强 ②学校形成正确舆论	观察 座谈	4	3	2	
		C_{23} 师生面貌	①政治思想空气浓厚 ②学校形成强大的凝聚力	座谈	4	3	2	
	B_{10} 师生品德 12 分	C_{24} 教师品德	①教职员工职业道德好，无违纪违法现象 ②教职员工要求进步层面大	查资料 座谈	4	3	2	
		C_{25} 学生品德	①学生品德测评合格率高，优秀率逐年上升 ②学生违纪率低，犯罪率为零	查资料 座谈	8	6	3	
	B_{11} 社会评价 8 分	C_{26} 社会影响	①学生受社会好评 ②教职工在社会上形象好	调查	4	3	2	
		C_{27} 各方评价	①上级及有关部门对学校德育工作评价高 ②家长及社会对学校德育工作反映好	查资料 问卷	4	3	2	
	B_{12} 优化创新 7 分	C_{28} 发展水平	①德育工作纵向比较，进步明显 ②德育工作横向比较，地位上升	比较 统计	3	2	1	
		C_{29} 特色效应	①德育工作创新性强 ②德育工作示范性强	比较 调查	4	3	2	
总　分				等　级				
评价小结：								

1. 小学德育工作评价指标体系

小学德育工作评价指标体系见表1。

2. 小学班级德育工作评价指标体系

小学班级德育工作评价指标体系包括评价指标、评价标准和评价方法，具体内容见表2。

表2　小学班级德育工作评价表

一级指标	二级指标	三级指标	评价标准	评价方法	等级分值			实际得分
					一	二	三	
A_1 德育条件 20分	B_1 工作计划 7分	C_1 工作计划	①德育目标明确，目标层次分明、具体、合理 ②德育工作计划有针对性、导向性，并按计划进行	查资料座谈	4	3	2	
		C_2 实施方案	①有具体的学生品德评价方案 ②评价方案措施可行、有效	查资料座谈	3	2	1	
	B_2 德育组织 6分	C_3 制度建设	①制度健全 ②制度具有可行性	查资料座谈	3	2	1	
		C_4 队伍建设	①建立了班委会、队委会，形成了德育骨干层 ②设立了红领巾监督岗	查资料座谈	3	2	1	
	B_3 德育环境 7分	C_5 班级文化	①教室布置体现学段和育人特色 ②有浓厚的德育氛围	看现场座谈	4	3	2	
		C_6 德育网络	①有家长联系制度 ②有班级、社会、家庭教育网络	查资料座谈	3	2	1	
A_2 德育过程 40分	B_4 常规管理 13分	C_7 课堂管理	①课堂教学秩序好，学风浓 ②学科教学德育渗透好	听课座谈	4	3	2	
		C_8 课外管理	①学生课间做有益活动，文明习惯养成好 ②课外活动适合学生身心特点	看现象问卷	4	3	2	

续表

一级指标	二级指标	三级指标	评价标准	评价方法	等级分值 一	等级分值 二	等级分值 三	实际得分
A_2 德育过程 40分		C_9 两操管理	①两操组织好，出操率高 ②学生动作规范	看现象 问卷	2	1.5	1	
		C_{10} 干部管理	①干部选拔、培养形式多样 ②干部能主动有效地开展工作	座谈 问卷	3	2	1	
	B_5 德育活动 15分	C_{11} 主题晨会	①升旗仪式时，同学庄重、严肃 ②教育主题符合学生的身心特点	看现场 座谈	3	2	1	
		C_{12} 班队活动	①活动有计划性、教育性 ②活动组织有序，形式多样	查资料 看现场 座谈	3	2	1	
		C_{13} 校外活动	①活动组织有序，形式多样 ②社会反映好	座谈 问卷	3	2	1	
		C_{14} 个性培养	①经常性的心理教育符合学生年龄特点 ②培养发展学生的特长和个性	问卷 座谈	3	2	1	
		C_{15} 大型活动	①积极组织、参加学校的大型活动 ②活动效果好	查资料 座谈	3	2	1	
	B_6 专题教育 12分	C_{16} 典型教育	①能抓住偶发事件和大型活动开展德育工作 ②能抓住各类先进典型进行示范引导	查资料 座谈	3	2	1	
		C_{17} 主旋律教育	①能根据时代主旋律开展教育活动 ②开展从小学做祖国和时代新主人教育活动	问卷 座谈	4	3	2	
		C_{18} 家校联系	①定期进行家校联系 ②家长委员会能协助班级开展工作	走访 查记录	3	2	1	

续表

一级指标	二级指标	三级指标	评价标准	评价方法	等级分值			实际得分
					一	二	三	
		C_{19} 环保教育	①有计划地开展环保教育 ②学生环保意识增强	问卷调查	2	1.5	1	
A_3 德育效果 40 分	B_7 班风班纪 15 分	C_{20} 遵纪守法	①学生自律意识强 ②无违纪、违法事件发生	问卷座谈	5	3	1	
		C_{21} 舆论影响	①班级正气足，学生集体荣誉感强 ②学生是非观正确	座谈	5	3	1	
		C_{22} 道德风尚	①学生遵守公德、爱护公物、维护公共秩序，文明礼貌 ②助人为乐、团结友爱、关心集体形成风气	座谈走访	5	3	1	
	B_8 个体面貌 10 分	C_{23} 德育达标	①学生品德素质养成好 ②品德评价达标率、优秀率高	查资料	5	3	1	
		C_{24} 个体优化	①不同层面学生都有进步 ②互相帮助，共同前进形成风气	查资料对比	5	3	1	
	B_9 班级特色 15 分	C_{25} 集体荣誉	①班级受学校表彰次数增加 ②学生受学校表彰人次增多	查资料对比	5	3	1	
		C_{26} 管理水平	①德育工作讲究方法，活动有记录，效果明显 ②学生主体地位得到增强	访教师座谈	5	3	1	
		C27 示范效应	①班级德育工作有特色 ②典型经验推广取得较好效益	查资料座谈	5	3	1	
总　分				等　级				
评价小结：								

3. 小学生(1—3年级)思想品德评价指标体系

小学生1—3年级思想品德评价指标体系见表3。

表3　小学生(1—3年级)思想品德评价指标体系

一级指标	二级指标	三级指标	等级分值			实际得分
			一	二	三	
A_1 思想政治素质 10分	B_1 爱国爱家乡 4分	C_1会唱《国歌》，升国旗时肃立、行礼，认真听国旗下讲话	1	0.5		
		C_2努力学好品德与生活、品德与社会课	2	1.5	1	
		C_3知道我国是社会主义国家，能在地图上找到家乡位置，关心家乡建设	1	0.5		
	B_2 爱党爱队 3分	C_4知道中国共产党是一个伟大、光荣的政党，我国是共产党领导下的多民族国家	1	0.5		
		C_5按《少先队队章》要求自己，爱护并坚持每天佩戴红领巾，积极参加少先队活动	2	1.5	1	
	B_3 爱科学爱集体 3分	C_6努力学好各门功课，学习主动、专心，学习兴趣浓，习惯好	2	1.5	1	
		C_7在集体活动中守纪律、听指挥，努力为集体多做好事	1	0.5		
A2 道德素质 40分	B_4 团结友爱 6分	C_8能与同学团结友爱、和睦相处、不背后说人坏话	3	2	1	
		C_9待人热情，有同情心，乐于帮助他人	3	2	1	
	B_3 孝亲敬长 6分	C_{10}孝敬父母，尊敬老人	3	2	1	
		C_{11}不撒娇，不耍脾气，听从师长教导	3	2	1	

续表

一级指标	二级指标	三级指标	等级分值			实际得分
			一	二	三	
A2 道德素质 40分	B_4 遵守公德 9分	C_{12}遵守公共秩序，说话做事不妨碍他人的工作和休息	3	2	1	
		C_{13}爱护公用设施、文物古迹	3	2	1	
		C_{14}保护公共环境卫生，不乱丢废弃物	3	2	1	
	B_7 诚实守信 9分	C_{15}独立完成学习任务，不抄他人作业和试卷	3	2	1	
		C_{16}不说谎话，做错了事能主动改正	3	2	1	
		C_{17}借东西要还，拾到东西主动归还失主或交公	3	2	1	
	B_8 文明礼貌 5分	C_{18}正确使用文明礼貌用语	3	2	1	
		C_{19}对来客热情大方，做客时文明有礼	2	1		
	B_9 勤劳节俭 5分	C_{20}能做力所能及的自我服务劳动、家务劳动	3	2	1	
		C_{21}不与同学比吃、比穿	2	1		
A_3 法纪素质 30分	B_{10} 遵纪守法 24分	C_{22}按时上学，不迟到，不早退，不逃学，有事请假	3	2	1	
		C_{23}遵守课堂纪律，维护课堂秩序，不打扰同学学习	3	2	1	
		C_{24}未经别人许可，不拿别人东西，借东西及时归还	3	2	1	
		C_{25}不欺负弱小，不讥笑戏弄他人	3	2	1	
		C_{26}诚实守信，不说谎话，考试不作弊	3	2	1	
		C_{27}不打架，不骂人	3	2	1	
		C_{28}遵守交通规则，过马路走行人横道	3	2	1	
		C_{29}不损害花草树木，不破坏公共设施	3	2	1	

续表

一级指标	二级指标	三级指标	等级分值			实际得分
			一	二	三	
	B_{11} 自我保护 6分	C_{30}独自在家中时不给陌生人开门，不跟随陌生人	2	1.5	1	
		C_{31}知道火警、匪警等电话号码，遇到危险时，及时告知老师、家长或有关部门	2	1.5	1	
		C_{32}不玩火，不独自游泳，不做危险游戏	2	1.5	1	
A_4 心理素质 20分	B_{12} 情绪性格 5分	C_{33}活泼开朗，乐观向上	2	1.5	1	
		C_{34}主动大方与人交往，在集体活动中善于表现自我	3	2	1	
	B_{13} 意志品质 5分	C_{35}做事认真负责，不怕困难，有毅力	2	1.5	1	
		C_{36}能控制自己的不良行为和习惯	3	2	1	
	B_{14} 创新进取 6分	C_{37}有观察大自然的兴趣，愿意提出各种疑问	2	1.5	1	
		C_{38}不盲目附从别人，敢于提出不同意见	2	1.5	1	
		C_{39}积极进取，不骄傲自满	2	1.5	1	
	B_{15} 身心健康 4分	C_{40}正确对待疾病，不怕打针吃药	2	1.5	1	
		C_{41}主动做好个人卫生，积极参加体育锻炼	2	1.5	1	
总分			等级			
评价小结：						

4．小学生(高年级)思想品德评价指标体系

小学生高年级(4—6 年级)思想品德评价指标体系见表 4。

表 4 小学生(4—6 年级)思想品德评价指标体系

一级指标	二级指标	三级指标	等级分值			实际得分
			一	二	三	
A_1 思想政治素质 10 分	B_1 爱国爱党爱家乡 6 分	C_1 尊敬国旗、国徽、党旗、党徽，升降国旗，奏唱国歌时肃立行礼。努力争当国旗手和护旗手	2	1.5	1	
		C_2 关心国家大事，关心家乡建设，不做有损祖国和民族尊严的事	2	1.5	1	
		C_3 积极参加“雏鹰行动”，在“五自”活动中进步明显	2	1.5	1	
	B_3 爱科学爱集体 4 分	C_4 相信科学，不参加封建迷信活动	2	1.5	1	
		C_5 有集体意识和为集体服务的能力，努力完成集体交给的任务，在集体中互相合作，关心他人	2	1.5	1	
A_2 道德素质 40 分	B_4 团结友爱 6 分	C_6 热情善良，有同情心，主动关心和帮助有困难的同学	3	2	1	
		C_7 宽容、谦让，能正确处理与同学的矛盾	3	2	1	
	B_5 孝亲敬长 6 分	C_8 关心体贴父母，主动做力所能及的家务劳动	3	2	1	
		C_9 尊敬师长，听从他们的正确教导	3	2	1	
	B_6 遵守公德 9 分	C_{10} 自觉遵守和维护公共秩序，讲究公共卫生	3	2	1	
		C_{11} 爱护公物，保护文物，不损毁公共设施	3	2	1	
		C_{12} 主动参加环保活动，爱护花草树木，保护有益动物	3	2	1	

续表

<table>
<tr><th rowspan="2">一级指标</th><th rowspan="2">二级指标</th><th rowspan="2">三级指标</th><th colspan="3">等级分值</th><th rowspan="2">实际得分</th></tr>
<tr><th>一</th><th>二</th><th>三</th></tr>
<tr><td rowspan="7">A₂ 道德素质 40分</td><td rowspan="3">B₇ 诚实守信 9分</td><td>C₁₃为人真诚、质朴，不撒谎、不欺诈他人</td><td>3</td><td>2</td><td>1</td><td></td></tr>
<tr><td>C₁₄借东西要还，拾到东西主动归还失主或交公</td><td>3</td><td>2</td><td>1</td><td></td></tr>
<tr><td>C₁₅遵守诺言，答应别人的正当事情要尽力办好，办不好时要说明理由</td><td>3</td><td>2</td><td>1</td><td></td></tr>
<tr><td rowspan="2">B₈ 文明礼貌 5分</td><td>C₁₆说话文明，尊重他人，对人热情有礼貌</td><td>3</td><td>2</td><td>1</td><td></td></tr>
<tr><td>C₁₇初步掌握家庭、学校、社会上接人待物的日常生活礼节</td><td>2</td><td>1.5</td><td>1</td><td></td></tr>
<tr><td rowspan="2">B₉ 勤劳节俭 5分</td><td>C₁₈能做力所能及的自我服务劳动和简单的生产劳动</td><td>3</td><td>2</td><td>1</td><td></td></tr>
<tr><td>C₁₉勤俭节约，珍惜劳动成果</td><td>2</td><td>1.5</td><td>1</td><td></td></tr>
<tr><td rowspan="11">A₃ 法纪素质 30分</td><td rowspan="8">B₁₀ 遵纪守法 24分</td><td>C₂₀按时上学，不迟到，不早退，不逃学，有事请假</td><td>3</td><td>2</td><td>1</td><td></td></tr>
<tr><td>C₂₁遵守课堂纪律，维护课堂秩序，不打扰同学学习</td><td>3</td><td>2</td><td>1</td><td></td></tr>
<tr><td>C₂₂未经别人许可，不拿别人东西，借东西及时归还</td><td>3</td><td>2</td><td>1</td><td></td></tr>
<tr><td>C₂₃不欺负弱小，不讥笑戏弄他人</td><td>3</td><td>2</td><td>1</td><td></td></tr>
<tr><td>C₂₄不参加封建迷信活动，不进网吧等未成年人不宜场所</td><td>3</td><td>2</td><td>1</td><td></td></tr>
<tr><td>C₂₅遵守交通法规，不乱穿马路</td><td>3</td><td>2</td><td>1</td><td></td></tr>
<tr><td>C₂₆不随地吐痰，不乱扔果皮纸屑</td><td>3</td><td>2</td><td>1</td><td></td></tr>
<tr><td>C₂₇不在课桌椅、建筑物和古迹上涂抹刻画</td><td>3</td><td>2</td><td>1</td><td></td></tr>
<tr><td rowspan="3">B₁₁ 自我保护 6分</td><td>C₂₈能分辨是非，不被坏人利用</td><td>2</td><td>1.5</td><td>1</td><td></td></tr>
<tr><td>C₂₉不做危险的事，离家外出要跟父母打招呼</td><td>2</td><td>1.5</td><td>1</td><td></td></tr>
<tr><td>C₃₀遇到突发事件能有效地保护自己并及时传递信息</td><td>2</td><td>1.5</td><td>1</td><td></td></tr>
</table>

续表

一级指标	二级指标	三级指标	等级分值			实际得分
			一	二	三	
A_4 心理素质 20分	B_{12} 情绪性格 4分	C_{31} 活泼开朗、乐观向上，能虚心接受别人的意见	2	1.5	1	
		C_{32} 喜欢集体活动，善于表现自我，能主动大方与人交往	2	1.5	1	
	B_{13} 意志品质 4分	C_{29} 做事有毅力、有耐心，善始善终	2	1.5	1	
		C_{30} 有较强的自我心理调控能力	2	1.5	1	
	B_{14} 创新进取 8分	C_{31} 对身边自然现象有探索欲望，参加科技活动	2	1.5	1	
		C_{32} 有寻根究底的探索精神，敢于发表不同意见	3	2	1	
		C_{33} 能灵活运用所学知识解决实际问题	3	2	1	
	B_{15} 身心健康 4分	C_{34} 正确认识自己身体特征，积极锻炼身体	2	1.5	1	
		C_{35} 正确认识和对待疾病	2	1.5	1	
总　分			等　级			
评价小结：						

(三)中学(中职)德育工作评价指标体系

1. 中学(中职)学校德育工作评价指标体系见表1

2. 中学(中职)班级德育工作评价指标体系

中学班级德育评价指标体系包括评价指标、评价标准和评价方法，具体内容见表5。

表 5　中学(中职)班级德育工作评价指标表

一级指标	二级指标	三级指标	评价标准	评价方法	等级分值			实际得分
					一	二	三	
A_1 德育条件 20 分	B_1 德育目标 7 分	C_1 工作计划	①德育目标明确具体 ②工作思路切合实际 ③落实措施有力	查资料	4	3	2	
		C_2 实施方案	①具有可行性和针对性 ②学生主体作用得到充分体现	查资料 调查	3	2	1	
	B_2 德育组织 6 分	C_3 制度建设	①健全、科学、规范 ②具有可行性、针对性	查资料 调查	3	2	1	
		C_4 队伍建设	①班委会、团支部民主选举，竞争上岗 ②干部职责明确，能有效开展工作	查资料 调查	3	2	1	
	B_3 德育环境 7 分	C_5 班级文化	①教室布置反映班级主题建设需要，教育作用大 ②班级德育氛围浓	看现场 座谈	4	3	2	
		C_6 德育网络	①建有班级、社会、家庭三位一体的大网络 ②家长委员会定期开展活动	查资料 访谈	3	2	1	
A_2 德育过程 40 分	B_4 常规管理 13 分	C_7 课堂管理	①课堂秩序井然 ②激励学生积极思维、主动探索	听课 座谈	5	3	1	
		C_8 课外管理	①加强学生良好习惯的养成教育 ②“两操”出操率高，动作规范 ③开展丰富多彩的课外活动	看现场 查资料	4	3	2	
		C_9 班干部管理	①形成班级德育核心 ②班团干部能以身作则，工作有特色	座谈 问卷	4	3	2	
	B_5 德育活动 15 分	C_{10} 主题班会	①主题鲜明、组织严谨、形式多样、有计划性 ②发挥学生主体作用	查资料 座谈	3	2	1	
		C_{11} 班团活动	①定期按时开展活动，形式多样 ②有创意、有针对性、有教育性	查资料 座谈	3	2	1	

续表

<table>
<tr><th rowspan="2">一级指标</th><th rowspan="2">二级指标</th><th rowspan="2">三级指标</th><th rowspan="2">评价标准</th><th rowspan="2">评价方法</th><th colspan="3">等级分值</th><th rowspan="2">实际得分</th></tr>
<tr><th>一</th><th>二</th><th>三</th></tr>
<tr><td rowspan="7">A_2
德育过程
40 分</td><td rowspan="3"></td><td>C_{12}
学科渗透</td><td>①能恰当地选择切入点进行德育渗透
②及时做好后进学生转化工作</td><td>查资料
座谈</td><td>3</td><td>2</td><td>1</td><td></td></tr>
<tr><td>C_{13}
社会实践</td><td>①形式多样、生动活泼，有教育性
②定期交流实践体会、调查报告</td><td>查资料
座谈</td><td>3</td><td>2</td><td>1</td><td></td></tr>
<tr><td>C_{14}
大型活动</td><td>①积极认真组织参加学校的大型活动
②活动效果好</td><td>查资料
座谈</td><td>3</td><td>2</td><td>1</td><td></td></tr>
<tr><td rowspan="4">B_6
专题教育
12 分</td><td>C_{15}
典型教育</td><td>①树立正面典型，发挥榜样示范作用
②发掘学生闪光点，激励学生上进</td><td>查资料
座谈</td><td>3</td><td>2</td><td>1</td><td></td></tr>
<tr><td>C_{16}
生理心理教育</td><td>①青春期教育、心理教育有针对性
②引导学生树立正确的价值观</td><td>查资料
座谈</td><td>3</td><td>2</td><td>1</td><td></td></tr>
<tr><td>C_{17}
创新素质教育</td><td>①计划性强、按时开展活动
②培养学生求异思维能力
③鼓励学生追求新知、发明创造、热爱生活</td><td>查资料
座谈</td><td>3</td><td>2</td><td>1</td><td></td></tr>
<tr><td>C_{18}
重大事件教育</td><td>①具有及时性和针对性
②有正确的价值导向</td><td>座谈</td><td>3</td><td>2</td><td>1</td><td></td></tr>
<tr><td rowspan="3">A_3
德育效果
40 分</td><td rowspan="3">B_7
班风班纪
15 分</td><td>C_{19}
遵纪守法</td><td>①学生法纪观念增强
②学生违纪现象少，犯罪率为零</td><td>查资料
座谈</td><td>5</td><td>3</td><td>1</td><td></td></tr>
<tr><td>C_{20}
舆论导向</td><td>①有正确的舆论导向
②班级德育认同感强</td><td>座谈</td><td>5</td><td>3</td><td>1</td><td></td></tr>
<tr><td>C_{21}
道德风尚</td><td>①多数同学关心社会，有公德心、有责任感
②优良道德风尚在班级发扬光大</td><td>座谈</td><td>5</td><td>3</td><td>1</td><td></td></tr>
</table>

续表

<table>
<tr><th rowspan="2">一级指标</th><th rowspan="2">二级指标</th><th rowspan="2">三级指标</th><th rowspan="2">评价标准</th><th rowspan="2">评价方法</th><th colspan="3">等级分值</th><th rowspan="2">实际得分</th></tr>
<tr><th>一</th><th>二</th><th>三</th></tr>
<tr><td rowspan="5">A_3
德育效果
40 分</td><td rowspan="2">B_8
个体面貌
10 分</td><td>C_{22}
德育达标</td><td>①德育达标率、优秀率逐年提高
②群体中积极层面大</td><td>查资料
座谈</td><td>5</td><td>3</td><td>1</td><td></td></tr>
<tr><td>C_{23}
个体优化</td><td>①不同层面学生进步明显
②学生个性鲜明、人格健全</td><td>查资料
座谈</td><td>5</td><td>3</td><td>1</td><td></td></tr>
<tr><td rowspan="3">B_9
班级特色
15 分</td><td>C_{24}
集体荣誉</td><td>①个人或班集体受上级表彰次数增多
②集体形象好，社会影响好</td><td>查资料
座谈</td><td>5</td><td>3</td><td>1</td><td></td></tr>
<tr><td>C_{25}
管理水平</td><td>①德育工作讲究方法，活动有记载，效果明显
②集体形象好，社会影响好</td><td>查资料
座谈</td><td>5</td><td>3</td><td>1</td><td></td></tr>
<tr><td>C_{26}
示范效应</td><td>①班级德育工作有特色
②典型经验推广取得较好效益</td><td>查资料
座谈</td><td>5</td><td>3</td><td>1</td><td></td></tr>
<tr><td colspan="3">总　分</td><td></td><td colspan="2">等　级</td><td colspan="3"></td></tr>
<tr><td colspan="9">评价小结：</td></tr>
</table>

3. 初中学生思想品德评价指标

初中学生思想品德评价指标见表 6。

表 6　初中生思想品德评价指标

一级指标	二级指标	三级指标	等级分值			实际得分
			一	二	三	
A_1 政治思想素质 15 分	B_1 爱国爱社会主义 5 分	C_1 尊重国旗、国徽、国歌，维护国家利益和荣誉	2	1.5	1	
		C_3 关心国家大事，关心家乡建设，并做力所能及的事	3	2	1	
	B_2 爱党爱团爱队 5 分	C_4 初步了解中国共产党的基本知识，拥护党的领导	2	1.5	1	
		C_5 参加团队组织的活动，完成团队组织交给的任务	3	2	1	
	B_3 爱人民爱集体 5 分	C_6 尊重劳动人民，尊重各民族的民族信仰和民族习惯	2	1.5	1	
		C_7 关心集体，热爱劳动，正确处理个人与集体的关系	3	2	1	
A_2 道德素质 30 分	B_4 团结友爱 6 分	C_8 尊重、关心他人，有同情心	3	2	1	
		C_9 与同学建立真正的友谊，不搞哥们儿义气	3	2	1	
	B_5 孝亲敬长 6 分	C_{10} 关心体贴父母，帮助父母做力所能及的事	3	2	1	
		C_{11} 正确对待师生间的不同意见，能用恰当的方式与师长交流看法	3	2	1	
	B_6 遵守公德 6 分	C_{12} 遵守公共秩序，保护公共财产，讲究公共卫生	2	1.5	1	
		C_{13} 树立环保意识，遵守环保法规	2	1.5	1	
		C_{14} 维护公共安全，爱护各种公共安全设施	2	1.5	1	
	B_7 诚实守信 6 分	C_{15} 待人诚实，不说谎话、大话、空话，不弄虚作假	3	2	1	
		C_{16} 言而有信，许诺别人的正当事情尽力去做。做不到时要说明原因	3	2	1	
	B_8 见义勇为 6 分	C_{17} 有一定分辨是非的能力，为人正直	3	2	1	
		C_{18} 同学有困难时，能进行帮助	3	2	1	

续表

一级指标	二级指标	三级指标	等级分值			实际得分
			一	二	三	
A_3 法纪素质 35分	B_{10} 遵纪守法 30分	C_{19}按时到校，不迟到，不早退，不旷课	3	2	1	
		C_{20}不在教室内追逐打闹、喧哗，维护学校良好秩序	3	2	1	
		C_{21}遵守交通规则，不闯红灯，不违章骑车	3	2	1	
		C_{22}不烫发，不染发，不佩戴首饰，不化妆	3	2	1	
		C_{23}不随地吐痰，不乱扔废弃物	3	2	1	
		C_{24}不说脏话，不骂人，不打架，不吸烟，不喝酒	3	2	1	
		C_{25}不赌博，不涉足未成年人不宜的活动场所	3	2	1	
		C_{26}不看色情、暴力、迷信书刊，不参加迷信活动	3	2	1	
		C_{27}不损害花草树木，不破坏公共设施	3	2	1	
		C_{28}不说谎，不骗人，不参与偷盗、抢劫行为	3	2	1	
	B_{11} 民主观念 5分	C_{29}积极参与班干部的选举，尊重他人权利	2	1.5	1	
		C_{30}按民主集中制原则组织活动、处理问题	3	2	1	
A_4 心理素质 20分	B_{12} 情绪性格 5分	C_{31}性格开朗、积极进取，能较好地调解自己的心理	2	1.5	1	
		C_{32}会与他人交往，待人热情宽容、真诚友善	3	2	1	
	B_{13} 意志品质 5分	C_{33}意志坚定，能正确面对成功与失败	2	1.5	1	
		C_{34}自立自强，有艰苦奋斗的精神	3	2	1	
	B_{14} 创新精神 5分	C_{35}有较强的好奇心、求知欲和想象力	2	1.5	1	
		C_{36}注重科学的学习方法，善于独立思考，有一定的动手能力和创造意识	3	2	1	

续表

一级指标	二级指标	三级指标	等级分值			实际得分
			一	二	三	
	B_{15} 身心健康 5分	C_{37}注意个人卫生，加强身体锻炼	2	1.5	1	
		C_{38}能正确对待青春期身体、心理的变化，男女同学正常交往，融洽相处	3	2	1	
总　分			等级			
评价小结：						

4. 高中(中职)学生思想品德评价指标

高中(中职)学生思想品德评价指标见表7。

表7　高中(中职)学生思想品德评价指标

一级指标	二级指标	三级指标	等级分值			实际得分
			一	二	三	
A_1 思想政治素质 25分	B_1 爱国爱社会主义 8分	C_1关心国家和世界大事，关心国家的民主政治和法律制度建设	2	1.5	1	
		C_2学好思想政治课，正确认识国情，正确处理个人利益和国家利益的关系，立志报效祖国	2	1.5	1	
		C_3尊重国旗、国徽、国歌，不做有损国格和国家利益的事	2	1.5	1	
		C_4关心社会、关心家乡建设，有社会责任感	2	1.5	1	
	B_2 爱党团组织 6分	C_5积极参加党的基本知识的学习，坚决拥护党的领导	3	2	1	
		C_6积极参加团的活动，在活动中起带头作用	3	2	1	

续表

<table>
<tr><th rowspan="2">一级指标</th><th rowspan="2">二级指标</th><th rowspan="2">三级指标</th><th colspan="3">等级分值</th><th rowspan="2">实际得分</th></tr>
<tr><th>一</th><th>二</th><th>三</th></tr>
<tr><td rowspan="4">A_1 思想政治素质 25分</td><td rowspan="2">B_3 爱劳动爱集体 6分</td><td>C_7 热爱劳动，积极参加社会实践活动</td><td>3</td><td>2</td><td>1</td><td></td></tr>
<tr><td>C_8 关心集体，维护集体利益，正确处理个人与集体的关系</td><td>3</td><td>2</td><td>1</td><td></td></tr>
<tr><td rowspan="2">B_4 科学人生观 5分</td><td>C_9 热爱科学，反对封建迷信，追求真善美</td><td>2</td><td>1.5</td><td>1</td><td></td></tr>
<tr><td>C_{10} 勤奋学习、立志成才，有正确的审美观和人生理想</td><td>3</td><td>2</td><td>1</td><td></td></tr>
<tr><td rowspan="11">A_2 道德素质 25分</td><td rowspan="2">B_5 团结互助 4分</td><td>C_{11} 热情善良，待人诚恳宽厚，富有同情心</td><td>2</td><td>1.5</td><td>1</td><td></td></tr>
<tr><td>C_{12} 同学之间发生矛盾时，能互谅互让，多做自我批评，妥善化解</td><td>2</td><td>1.5</td><td>1</td><td></td></tr>
<tr><td rowspan="2">B_6 孝亲敬长 4分</td><td>C_{13} 关心体贴父母，主动与父母分担忧愁</td><td>2</td><td>1.5</td><td>1</td><td></td></tr>
<tr><td>C_{14} 尊重师长，主动与师长交流思想、沟通情感</td><td>2</td><td>1.5</td><td>1</td><td></td></tr>
<tr><td rowspan="3">B_7 遵守公德 6分</td><td>C_{15} 有较强的环保意识，参与社会环保活动</td><td>2</td><td>1.5</td><td>1</td><td></td></tr>
<tr><td>C_{16} 遵守公共秩序，保护公共财产，讲究公共卫生，维护公共安全</td><td>2</td><td>1.5</td><td>1</td><td></td></tr>
<tr><td>C_{17} 尊重他人的隐私、尊重他人的荣誉和人格</td><td>2</td><td>1.5</td><td>1</td><td></td></tr>
<tr><td rowspan="2">B_8 诚实守信 5分</td><td>C_{18} 守信用，不说大话、空话，作风扎实</td><td>2</td><td>1.5</td><td>1</td><td></td></tr>
<tr><td>C_{19} 待人真诚、表里如一，不弄虚作假</td><td>3</td><td>2</td><td>1</td><td></td></tr>
<tr><td rowspan="2">B_9 见义勇为 6分</td><td>C_{20} 为人正直、富有正义感，敢于主持公道</td><td>3</td><td>2</td><td>1</td><td></td></tr>
<tr><td>C_{21} 同学有困难时，能提供力所能及的帮助</td><td>3</td><td>2</td><td>1</td><td></td></tr>
<tr><td rowspan="2">A_3 法纪素质 20分</td><td rowspan="2">B_{10} 遵守纪律 6分</td><td>C_{22} 自觉遵守班级、学校的规章制度</td><td>3</td><td>2</td><td>1</td><td></td></tr>
<tr><td>C_{23} 自觉维护纪律，及时劝阻并帮助同学改正违纪行为</td><td>3</td><td>2</td><td>1</td><td></td></tr>
</table>

续表

一级指标	二级指标	三级指标	等级分值			实际得分
			一	二	三	
A_3 法纪素质 20分	B_{11} 遵守法规 8分	C_{24}认真学习法律、法规知识，自觉遵守法律、法规	2	1.5	1	
		C_{25}抵制违法乱纪行为，抵制黄、赌、毒	2	1.5	1	
		C_{26}协助有关部门调查处理违法犯罪行为	2	1.5	1	
		C_{27}自觉履行法定义务，并运用法律武器保护自己	2	1.5	1	
	B_{12} 民主观念 6分	C_{28}珍惜民主选举权利，正确行使民主权	2	1.5	1	
		C_{29}积极参与班级民主管理	2	1.5	1	
		C_{30}按民主集中制原则组织活动，处理问题	2	1.5	1	
A_4 心理素质 30分	B_{13} 情绪性格 6分	C_{31}谦虚谨慎、活泼开朗、积极向上，能展示推销自我	3	2	1	
		C_{32}能正确认识自我，能较好地调节自己的情绪，敢于开展批评与自我批评	3	2	1	
	B_{14} 意志品质 6分	C_{33}意志坚定，能经受挫折，正确处理个人与社会的关系	3	2	1	
		C_{34}勇敢顽强，做事果断有耐心、有主见、有艰苦奋斗的精神	3	2	1	
	B_{15} 创新精神 9分	C_{35}有自信心，勇于探究未知领域	3	2	1	
		C_{36}善于思考，善于运用所学知识解决实际问题	3	2	1	
		C_{37}能运用科学方法学习，工作效率高	3	2	1	
	B_{16} 身心健康 9分	C_{38}了解性生理、性道德的基本知识	3	2	1	
		C_{39}积极参与体育锻炼，无不良嗜好	3	2	1	
		C_{40}男女同学正常交往，能正确处理个人感情问题	3	2	1	
总　分			等　级			
评价小结：						

(四)大学(含高职)德育工作评价体系

1. 大学(含高职)学校德育工作评价指标体系参见图 1

2. 大学(含高职)班级德育工作评价指标体系

大学班级德育工作评价指标、评价标准和评价方法见表 8。

表 8　大学(含高职)班级德育工作评价表

<table>
<tr><th rowspan="2">一级指标</th><th rowspan="2">二级指标</th><th rowspan="2">三级指标</th><th rowspan="2">评价标准</th><th rowspan="2">评价方法</th><th colspan="3">等级分值</th><th rowspan="2">实际得分</th></tr>
<tr><th>一</th><th>二</th><th>三</th></tr>
<tr><td rowspan="8">A_1
德育条件
24 分</td><td rowspan="2">B_1
德育目标
6 分</td><td>C_1
工作计划</td><td>①德育目标分解具体明确，具有导向性
②工作思路切合实际，具有可操作性
③落实措施有力，具有激励性</td><td>查资料</td><td>3</td><td>2</td><td>1</td><td></td></tr>
<tr><td>C_2
实施方案</td><td>学生品德素质评价方案和班级德育实施方案具有可行性和针对性
学生主体作用得到充分体现</td><td>查资料
调查</td><td>3</td><td>2</td><td>1</td><td></td></tr>
<tr><td rowspan="4">B_2
德育组织
12 分</td><td>C_3
班委会</td><td>①坚持民主与集中相结合的原则选拔任用主要班干部
②干部职责明确，有效开展工作</td><td>调查
座谈</td><td>3</td><td>2</td><td>1</td><td></td></tr>
<tr><td>C_4
团支部</td><td>①能发挥党联系学生的桥梁和纽带作用
②开展有针对性的思想教育工作和组织发展工作</td><td>调查
座谈</td><td>3</td><td>2</td><td>1</td><td></td></tr>
<tr><td>C_5
党课小组</td><td>①扎实开展党课基本知识学习
②学习活动有计划，按时实施</td><td>查资料
座谈</td><td>3</td><td>2</td><td>1</td><td></td></tr>
<tr><td>C_6
制度建设</td><td>①健全、科学、规范
②具有可行性和针对性</td><td>查资料</td><td>3</td><td>2</td><td>1</td><td></td></tr>
<tr><td rowspan="2">B_3
德育环境
6 分</td><td>C_7
班级文化</td><td>①有思想政治教育阵地
②文化氛围有利于思想政治教育</td><td>看现场
调查</td><td>3</td><td>2</td><td>1</td><td></td></tr>
<tr><td>C_8
德育网络</td><td>①建有班级、社会、家庭三位一体的德育网络
②德育网络畅通有效</td><td>查资料
调查
问卷</td><td>3</td><td>2</td><td>1</td><td></td></tr>
</table>

续表

一级指标	二级指标	三级指标	评价标准	评价方法	等级分值			实际得分
					一	二	三	
A_2 德育过程 38分	B_4 常规管理 9分	C_9 干部管理	形成班级德育核心 干部能以身作则，起模范带头作用	调查问卷	3	2	1	
		C_{10} 组织纪律管理	组织纪律能有效贯彻实施 管理形成制度	查资料调查	3	2	1	
		C_{11} 日常思想管理	班干部能主动做同学的思想政治工作 思想政治工作深入细致	调查问卷	3	2	1	
	B_5 德育活动 20分	C_{12} 政治教育活动	利用各种形式开展政治教育活动 政治方向和价值取向正确	查资料调查	4	3	2	
		C_{13} 社团活动	指导和管理有力 无不良倾向	调查问卷	3	2	1	
		C_{14} 宿舍文化活动	有正确的价值导向 设计合理，布置适当，健康高雅	座谈	3	2	1	
		C_{15} 文体活动	参加面广 水平逐步提高	查资料座谈	3	2	1	
		C_{16} 文化活动	组织、指导、管理有力 活动有特色	查资料座谈	3	2	1	
		C_{17} 社会实践活动	有主题、有计划、有组织、有措施 活动效果好	查资料调查	4	3	2	
	B_6 专题教育 9分	C_{18} 典型教育	树立正面典型，发挥榜样示范作用 发挥学生闪光点，激励同学上进	座谈查资料	3	2	1	
		C_{19} 重大事件教育	具有及时性和针对性 有正确的价值导向	座谈	3	2	1	
		C_{20} 生理心理教育	引导同学树立正确的价值观 青春期教育、心理教育有针对性	座谈查资料	3	2	1	

续表

一级指标	二级指标	三级指标	评价标准	评价方法	等级分值			实际得分
					一	二	三	
A3 德育效果 38分	B_7 班风班纪 15分	C_{21} 遵纪守法	同学法纪观念增强 同学违纪现象少，犯罪率为零	查资料 座谈	5	3	1	
		C_{22} 舆论导向	有正确的舆论导向 班级德育认同感强	座谈	5	3	1	
		C_{23} 道德风尚	多数同学关心社会，有公德心，有责任感 优良道德在班级发扬光大	座谈	5	3	1	
	B_8 个体面貌 8分	C_{24} 德育达标	德育达标率、优秀率逐年提高 群体中积极层面大，要求进步同学逐年增加	查资料 座谈	4	3	2	
		C_{25} 个体优化	不同层面学生进步明显 学生的个性特长得到充分发展	查资料 座谈	4	3	2	
	B_9 班级特色 15分	C_{26} 集体荣誉	个人或班集体受上级表彰次数增多 集体形象好，社会影响好	查资料 座谈	5	3	1	
		C_{27} 管理水平	德育工作讲究方法，活动有记载，效果明显 学生主体地位得到增强	查资料 座谈	5	3	1	
		C_{28} 示范效应	班级德育工作有特色 典型经验推广取得较好的效益	查资料 座谈	5	3	1	
总　分				等　级				
评价小结：								

3. 大学生(含高职生)思想品德评价指标

大学生(含高职生)思想品德素质评价指标见表9。

表9　大学学生品德素质评价指标

一级指标	二级指标	三级指标	等级分值			实际得分
			一	二	三	
A_1 思想政治素质 30分	B_1 政治理论 10分	C_1认真学习思想政治理论课，成绩优秀	3	2	1	
		C_2能运用所学理论正确分析社会生活中的政治、经济、文化、道德现象	3	2	1	
		C_3能正确识别各种社会思潮，主动与各种错误言行作斗争	4	3	2	
	B_2 爱国爱党 10分	C_4关心国家和世界大事，能正确认识中国国情，有为现代化建设贡献力量的思想和能力	3	2	1	
		C_5有对国家和民族负责的意识，正确处理个人利益和国家利益的关系，不做有损国格和国家荣誉的事	3	2	1	
		C_6拥护中国共产党领导，接受党的教育，积极要求进步	4	3	2	
	B_3 科学世界观 10分	C_7关心集体，积极参加集体活动，正确处理个人与集体的关系	3	2	1	
		C_8有健康、高雅的审美情趣和正确的审美观，有正确辨别美丑的能力	3	2	1	
		C_9有正确的恋爱观，能正确处理个人感情问题	4	3	2	
A_2 道德素质 25分	B_4 勤劳敬业 4分	C_{10}热爱劳动，热爱劳动人民，积极参加社会实践，在劳动中埋头苦干	2	1.5	1	
		C_{11}有正确的学习目的，有良好的学风，努力完成各项学习任务	2	1.5	1	
	B_5 社会公德 5分	C_{12}遵守公共秩序，爱护公共财物，保护公共设施，讲究公共卫生，维护公共安全，敢于批评各种不道德的行为	3	2	1	

续表

<table>
<tr><th rowspan="2">一级指标</th><th rowspan="2">二级指标</th><th rowspan="2">三级指标</th><th colspan="3">等级分值</th><th rowspan="2">实际得分</th></tr>
<tr><th>一</th><th>二</th><th>三</th></tr>
<tr><td rowspan="10">A_2
道德素质
25 分</td><td></td><td>C_{13} 待人有礼，尊重他人，乐于助人</td><td>2</td><td>1.5</td><td>1</td><td></td></tr>
<tr><td rowspan="2">B_6
孝亲敬长
4 分</td><td>C_{14} 关心、体贴父母、长辈、主动为父母分忧解愁</td><td>2</td><td>1.5</td><td>1</td><td></td></tr>
<tr><td>C_{15} 尊老爱幼，主动与师长交流沟通思想，尊重老师的劳动成果；对外籍教师和国际友人以礼相待</td><td>2</td><td>1.5</td><td>1</td><td></td></tr>
<tr><td rowspan="2">B_7
见义勇为
4 分</td><td>C_{16} 为人正直、富有正义感，主持公道</td><td>2</td><td>1.5</td><td>1</td><td></td></tr>
<tr><td>C_{17} 能主动热情为同学服务，别人有难时，能主动提供力所能及的帮助</td><td>2</td><td>1.5</td><td>1</td><td></td></tr>
<tr><td rowspan="2">B_8
诚实守信
4 分</td><td>C_{18} 待人诚实、表里如一，不弄虚作假</td><td>2</td><td>1.5</td><td>1</td><td></td></tr>
<tr><td>C_{19} 作风扎实，言而有信，不说大话、空话</td><td>2</td><td>1.5</td><td>1</td><td></td></tr>
<tr><td rowspan="2">B_9
职业道德
4 分</td><td>C_{20} 有全心全意为人民服务的思想</td><td>2</td><td>1.5</td><td>1</td><td></td></tr>
<tr><td>C_{21} 有敬业意识、服务意识、质量意识、法纪观念</td><td>2</td><td>1.5</td><td>1</td><td></td></tr>
<tr><td rowspan="8">A_3
法纪素质
20 分</td><td rowspan="3">B_{10}
民主观念
6 分</td><td>C_{22} 正确行使法律所赋予的各项民主权利</td><td>2</td><td>1.5</td><td>1</td><td></td></tr>
<tr><td>C_{23} 按民主集中制原则组织活动、处理问题</td><td>2</td><td>1.5</td><td>1</td><td></td></tr>
<tr><td>C_{24} 积极参与班级民主管理</td><td>2</td><td>1.5</td><td>1</td><td></td></tr>
<tr><td rowspan="3">B_{11}
遵守法规
8 分</td><td>C_{25} 认真学法，自觉遵守宪法和各方面法律、规定</td><td>3</td><td>2</td><td>1</td><td></td></tr>
<tr><td>C_{26} 自觉履行法律所规定的义务</td><td>3</td><td>2</td><td>1</td><td></td></tr>
<tr><td>C_{27} 主动与违法犯罪现象做斗争，并正确运用法律武器保护自己</td><td>2</td><td>1.5</td><td>1</td><td></td></tr>
<tr><td rowspan="2">B_{12}
遵守纪律
6 分</td><td>C_{28} 模范遵守学校的规章制度</td><td>3</td><td>2</td><td>1</td><td></td></tr>
<tr><td>C_{29} 能与各种违纪行为做斗争</td><td>3</td><td>2</td><td>1</td><td></td></tr>
</table>

续表

一级指标	二级指标	三级指标	等级分值			实际得分
			一	二	三	
A_4 心理素质 25分	B_{13} 情绪性格 7分	C_{30}能正确认识自我，敢于开展批评与自我批评	2	1.5	1	
		C_{31}能正确看待自己与他人个性品质上的差异，并建立和谐融洽的人际关系	2	1.5	1	
		C_{32}有较好的心理调适能力，能在各种场合展示推销自我	3	2	1	
	B_{14} 意志品质 6分	C_{33}意志坚定，不怕挫折，有良好的适应能力	3	2	1	
		C_{34}谦虚谨慎、积极向上，富有艰苦奋斗和开拓进取精神	3	2	1	
	B_{15} 创新精神 6分	C_{35}有自信心，善于思考，勇于探索，勇于创新	3	2	1	
		C_{36}积极参加实践活动，善于运用所学知识解决实际问题	3	2	1	
	B_{16} 身心健康 6分	C_{37}积极参加体育锻炼，体育达标，个人卫生好，无不良嗜好	3	2	1	
		C_{38}积极参加各种健康的文化活动	3	2	1	
总分			等级			
评价小结：						

(五)大中小学德育评价体系的衔接

德育评价体系是一个系统工程。由于大中小学学校办学特点和学生的年龄特点、认知水平的差异性以及品德形成发展规律的制约性，所以各个不同学段的德育培养目标各有侧重。德育评价体系构建，一方面适合不同学段德育培养目标的阶段性、层次性要求，另一方面还要考虑相应学段的连续性和递进性。既要防止“倒挂”又要避免脱节，力求实现德育目标的和谐衔接。中职与高中、高职与大学虽然学生在年龄层次上基本一致，但由于培养目标和职业特点不同，因此在评价标准上也应有所区别。

1. 评价指标的衔接

德育评价指标是进行德育评价的基本依据。在学生思想品德评价指标的制定上，政治素质、思想素质、道德素质、法纪素质、心理素质随着年龄的增长，年级的递升，社会阅历的增加，在小学、初中、高中(中职)、大学(高职)各个不同时期，权重应该有所不同。见表 10。

表 10　学生品德评价指标权重安排统计表

学段＼权重＼指标	思想政治素质	道德素质	法纪素质	心理素质
小学	10	40	30	20
初中	15	30	35	20
高中	25	25	20	30
大学	30	25	20	25

注：道德素质、心理素质权重虽然降低，但要求在提高。

在班级德育工作评价指标的制定上，因为学生活动范围的增大，活动能力、自主能力、心理素质、文化水平的提高，各学段班级德育工作评价指标也应各有侧重(以德育组织和德育活动评价为例)。见表 11。

表 11　班级德育组织、德育活动评价指标统计表

内容/指标 学段	德育组织	德育活动
小学	制度建设、队伍建设	主题晨会、班队活动、校外活动、个性修养、大型活动
中学	制度建设、队伍建设	主题班会、班团活动、课堂渗透、大型活动、社会实践
大学	班委会、团支部、党课小组、制度建设	政治教育活动、社团活动、宿舍文化活动、文体活动、文化活动、社会实践活动

2. 评价标准的衔接

德育评价标准是衡量德育达到德育目标程度的准则和尺度。在班级德育工作评价中随着学段的提高，其评价标准是相互衔接逐步提高的(以队伍建设评价为例)。见表 12。

表 12　班级德育队伍评价标准示意表

<table>
<tr><td>标准/项目
学段</td><td colspan="3">德育组织</td></tr>
<tr><td>小　学</td><td colspan="3">①建立了班委会、队委会，形成了德育骨干
②设立了红领巾监督岗</td></tr>
<tr><td>中　学</td><td colspan="3">①班干部民主选举，竞争上岗
②干部职责明确，能有效开展工作</td></tr>
<tr><td rowspan="2">大　学</td><td>班委会</td><td>团支部</td><td>党课小组</td></tr>
<tr><td>①坚持民主与集中相结合的原则选拔任用主要班干部
②干部职责明确，有效开展工作</td><td>①发挥党联系学生的桥梁和纽带作用
②开展有针对性的思想教育工作和组织发展工作</td><td>①扎实开展党课基本知识学习
②学习活动有计划，按时实施</td></tr>
</table>

在学生的思想政治素质的评价中，其评价标准也是相互衔接，逐

步提高的(以爱国、爱社会主义的评价为例)。见表 13。

表 13　爱国、爱社会主义评价标准示意表

标准 项目 学段	爱国、爱社会主义
小学 低年级	会唱《国歌》，升国旗时肃立、行礼，认真听国旗下讲话 努力学好品德与生活课 知道我国是社会主义国家，能在地图上找到家乡位置
小学 高年级	尊敬国旗、国徽、升降国旗，奏唱国歌时肃立行礼，努力争当国旗手和护旗手 认真学好品德与社会课 关心国家大事，关心家乡建设，不做有损祖国和民族尊严的事
初中	尊重国旗、国徽、国歌，维护国家利益和荣誉 认真学好思想品德课，积极参加并完成国家号召的各项活动 关心国家大事，关心家乡建设，并做力所能及的事
高中	关心国家和世界大事，关心国家的民主政治和法律制度建设 学好思想政治课，正确认识国情，正确处理个人利益和国家利益的关系，立志报效祖国 尊重国旗、国徽、国歌，不做有损国格和国家利益的事 关心社会，关心家乡建设，有社会责任感
大学	认真学习思想政治理论课，成绩优秀 能运用所学理论正确分析社会生活中的政治、经济、文化、道德现象 能正确识别各种社会思潮，主动与各种错误言行做斗争 关心国家和世界大事，能正确认识中国国情，有为现代化建设贡献力量的思想和能力

学校德育评价是一个连续发展的动态过程，其评价体系的和谐衔接，是学校进行德育工作的有力保证。在学生成长的儿童期、少年期、青年期这几个身心发展的不同阶段，是世界观、人生观、价值观、荣辱观萌芽并形成的关键时期。通过德育评价的导向功能、诊断功能、激励功能、调节功能，推进学校德育工作，让学生自始至终处在一个良好的德育氛围、育人环境之中，对提高学生品德素质，把他

们培养成为有理想、有道德、有文化、有纪律的社会主义接班人，具有重要意义。

三、学校、家庭、社区德育评价协调一致

(一)学校德育工作评价的协调一致

1. 评价主体要体现学校、家庭、社区三结合

学校德育工作评价，指德育评价主体按照一定的原则、标准和程序，运用科学的方法和手段对学校德育工作状态所进行的事实基础上的价值判断。学校评价的主体一般是各级国家机关、上级教育行政部门、教育督导和教育科研等专业机构以及学校自身。和谐德育认为，评价主体还应吸纳学校家长委员会的代表和学校所在社区管理委员会的代表参加，共同承担起评价主体的责任。评价主体要体现学校、家庭、社区三结合，有利于支持和激励学校坚持办学的社会主义方向，坚持全面贯彻教育方针，坚持把德育工作摆在素质教育的首位，树立“育人为本、德育为先”的思想，并将这一要求落实到教育工作中的各个环节。把全体学生培养成为热爱社会主义祖国的具有社会公德、文明行为习惯的遵纪守法的公民。

2. 评价内容应包括学校、家庭、社区三方面

学校德育评价包括德育条件、德育过程和德育效果三个方面的评价。德育条件包括德育规划、德育组织、德育环境、德育经费等要素，这是德育工作能否顺利开展的必要保证。其中德育环境包括学校周边社区环境、校园文化环境、受教育者家庭环境等；也包括德育活动得以开展的必要的德育设施、德育活动场所、社区德育资源等物质条件。社区环境、校园环境、家庭环境对学生的影响是多方面的，学校应该尽量利用正面影响，克服负面影响，营造一个有利于德育工作

的氛围。因此，评价学校德育环境既要看客观存在的校内外的德育环境状况如何，更要看学校为改善这种环境所进行努力的程度如何，还要看社区、家庭对学校德育环境创设、利用和改善的支持力度如何。评价内容包括学校、家庭、社区三个方面，评价的目的要有利于优化学校的德育环境，改善学校工作条件，促进学校、家庭、社区在德育方面的有机结合。

3. 评价实施需要学校、家庭、社区共同参与

学校德育评价既是一个对学校德育工作进行检查验收的过程，一个对学校德育工作进行督导评估的过程，又是一个对学校德育工作进行调控和改进的过程。在对学校德育工作进行评价时，应根据德育工作评价指标体系、评价侧重点以及学校的实际情况，确定评价目标，拟出评价方案。学校德育评价指标内容繁多，涉及面广，评价的实施需要学校、家庭、社区共同参与，以满足评价结果的真实性、全面性、客观性和准确性。在确定评价目标时要区分重点和难点，明确评价的主要方向和主要要求。实施评价要根据评价的目标要求，选用不同的评价方法收集各种德育信息，对评价对象依据各自不同的角度进行独立测评。收集评价信息时要从学校、家庭、社区等多方面获取，整理评价结果时要正确对待不同评价主体做出的不同评价，通过综合分析，抓住事物的本质和要害。在做出结论时，要把定性语言描述和定量分析结合起来，并以定性分析来说明产生这一结果的原因。学校、家庭、社区共同参与德育评价，有利于实现评价的科学性、客观性和导向性。

(二)班级德育工作评价的协调一致

1. 评价主体要体现学校、家庭、社区三结合

班级德育工作评价，是指德育评价主体按照一定的原则、标准和

程序，运用科学的方法和手段对班级德育状态所进行的在事实基础上的价值判断。班级评价主体一般是学校领导和德育机构以及班级自身。和谐德育认为，班级德育评价主体还应吸收本班学生家长代表和所在社区负责未成年人思想道德教育的干部参加。学校、家庭、社区三结合的评价主体，有利于发挥评价的导向、激励和鉴定功能，优化班级德育工作，明确方向，调动工作积极性，促进班级德育工作不断改善，最终达到预定目标。

2. 评价内容应包括学校、家庭、社区三方面

班级德育评价的内容主要包括德育条件的评价、德育过程的评价、德育效果的评价。其中班级德育过程是班级德育的主要方面，而德育活动是班级德育过程的基本方式。如主题班会、团队活动、党课小组活动、节日庆典活动、技能竞赛活动、宿舍文化活动、社会实践活动等。上述德育活动能否顺利开展、效果如何，主要取决于学生和班主任自身的工作，还与家长和社区的参与和支持是分不开的。家长是否积极支持孩子参加德育活动，必要时是否亲自参加德育活动，社区是否大力支持德育活动，并提供条件协助组织德育活动，也应列为班级德育评价的内容。和谐的班级德育评价内容应包括学校、家庭、社区三方面。

3. 评价实施需要学校、家庭、社区共同参与

班级德育效果是班级德育水平的外在表现，是班级德育工作的目的。良好德育效果的形成是良好的班级德育条件、科学规范的班级德育过程的必然结果。良好的班级德育条件是班级学生、班主任及任课教师共同创造的结果，也是学校、家庭、社区和谐共建和大力支持的结果；科学规范的班级德育过程不仅需要班级学生、班主任及任课教师的共同操作，也需要学校、家庭、社区共同的维护和参与。因此，

班级德育效果不仅取决于班级自身建设，也取决于班级德育实施的工作条件和环境，是学校、家庭、社区良好教育氛围和德育效能的具体体现。评价实施中学校、家庭、社区的共同参与能更好地调动各方面德育共建的积极性，更好地追求班级德育效果。

(三)学生思想品德评价的协调一致

1. 评价主体要体现学校、家庭、社区三结合

学生品德评价(也称品德测评或品德考评)是指特定的评价主体遵循学生思想品德形成规律，依据一定的社会行为规范和学段德育目标，对学生已经形成或正在形成的品德素质和行为表现所进行的在事实基础上的价值判断。它是一种对学生品德成长过程进行宏观调控，对学生品德培养目标进行科学预测的有计划、有组织的教育活动。评价的主体一般是教育行政部门、学校、教师(主要是班主任)以及学生自身，评价的对象是学生。学生的学习、生活不仅局限在学校范围之内，家庭、社区以及相关的单位、部门均是学生接受知识、了解信息、增加体验、展示自我的场所，学生的道德素养在不同的环境和条件下不仅反映出道德形象的一致性，有时也表现出不同条件和背景下道德形象的差异性。和谐德育要求学生品德评价要以全面的、整体的、多角度的视野看待学生，不能以偏概全、以点带面。评价主体不仅局限于学校、教师及教育行政部门，还包括家庭、社区等与学生生活相关的各种场所，评价主体体现学校、家庭、社区三结合，是和谐德育实现学生评价客观、公正、全面、真实的保障。

2. 评价内容学校、家庭、社区三方面要统一

学生品德素质评价应以德育五要素为依据，对学生的政治素质、思想素质、道德素质、法纪素质和心理素质等五方面内容的进行评价。学生品德素质评价主要以学生在各种具体问题上的行为表现为依

托，因为思想品德的抽象性无法以具体的形态展现出来，一定的思想总会外化为一定的行为。所以，在对学生品德进行评价时，要抓住“行为”这一根本要素，从实际出发，针对不同学段、不同年龄、不同对象的特点，做出科学的、切合实际的评价。和谐德育鼓励学生积极参与学校、家庭、社区的实践活动，以增长自身在不同环境条件下的生活体验。因此，学校、家庭、社区三方面都应当对学生的政治素质、思想素质、道德素质、法纪素质和心理素质等五方面内容的进行客观公正、实事求是的评价，以引导学生思想品德全面和谐的发展。

(1)政治素质的评价。政治素质评价是指对学生的基本政治立场、观点、态度和行为的价值判断。它是学生思想品德评价的核心内容，关系到培养什么人、怎么培养人的根本问题，关系到国家、民族前途命运的大问题。虽然在不同的学段，对学生政治素质的要求不同，但从总体上看，评价学生政治素质，主要应看其对党、对社会主义祖国的感情，看其对党的基本路线、方针、政策的理解，对中国人民根本利益的基本认识及其行为表现。

(2)思想素质的评价。思想素质评价是指对学生世界观、人生观、价值观、荣辱观等思想观念的价值判断。它是德育评价诸要素中最本质的因素，关系到引导学生思想意识健康成长的问题。评价学生思想素质，应从学生具体的学习、生活领域和各种现实问题中去考察、评判他们的思想状况。在评价时，一要坚持全面的观点，根据不同学段学生的身心发展特点区别对待。二要坚持辩证的观点，看学生在每一具体的德育活动中的思想发展状况，看其主流。三要坚持重点论，要重点考查学生在德育过程中世界观的形成发展水平。

(3)道德素质的评价。道德素质评价是指对学生的道德认知、道德情感、道德意志、道德信念、道德行为等方面的价值判断，它是促进学生道德品质健康发展的重要手段。青少年是祖国的未来，它们的道德素质水准关系到中华民族未来的道德水准。评价学生的道德素质主要应评判他们是否具有正确的道德认知；是否具有高尚的道德情感；是否具有坚强的道德意志；是否具有崇高的道德信念；是否具有良好的道德行为。

(4)法纪素质的评价。法纪素质评价是指对学生的社会主义民主、法制、组织纪律等基本知识的认识和态度，以及在遵纪守法方面行为表现的价值判断。对学生进行法纪素质评价，就是为了让学生知法、懂法、守法、用法、护法，习惯在法制范围内行使自己的民主权利，并勇于同违法犯罪行为做斗争。这是社会主义法制建设和时代发展的客观要求。评价学生的法纪素质，要重点考察他们是否具备基本的法纪常识和社会主义法制观念；是否形成了遵纪守法的良好品质；是否懂得同丑恶现象、不良现象、违法犯罪现象做斗争；是否了解自己的合法权益并学习运用法律武器保护自己。

(5)心理素质的评价。心理素质评价是指对学生的心理状态、心理品质、心理能力、心理特征所进行的价值判断。心理素质的外在表现综合体现为心理健康状况。一个心理健康的学生，应具有以下的一些特点：一是自觉，即努力学习；二是自知，即自我意识观念明确；三是自爱，即正视现实，约束自己；四是自信，即乐观向上，对未来充满信心；五是自尊，即自我尊重，维护自己的人格和名誉；六是自强，即有理想、有生活目标；七是自制，即遵守社会道德行为规范。评价学生心理素质，主要看心理是否健康，有无不良心理行为表现。

3. 评价实施需要学校、家庭、社区共同参与

学生品德评价是对学生个体日常生活、学习过程、品德内在本质与外在行为进行的综合评价。和谐德育认为，学生的思想品德是在学

校、家庭、社区共同教育和影响下逐步形成的，对学生实施全面、客观、公平、公正的品德评价，需要学校、家庭、社区的共同参与。同时，还要保持三方面在品德评价指标及评价方法的一致性。首先，要保持学校、家庭、社区在学生品德评价指标上的一致性。评价指标是德育目标的具体化，它既是学生努力的方向，又是品德评价的依据。指标的制定必须要有导向性、科学性、可行性、可测性，并做到简明扼要、协调一致。其次，要保持评价形式的一致性。学生思想品德的评价一般有评分、评等、评语等形式，学校、家庭、社区在评价形式上保持一致，才便于整合、分析学生来自不同侧面的评价信息，较好地反映学生思想品德状况，以进一步发挥品德评价的引导、激励作用，使学生在家成为好孩子，在校成为好学生，在社会成为好公民。